**예술**과 **경제**를 움직이는 다섯 가지 **힘**

# 예술과 경제를 움직이는
# 다섯 가지 힘

ART & ECONOMY

김형태 지음

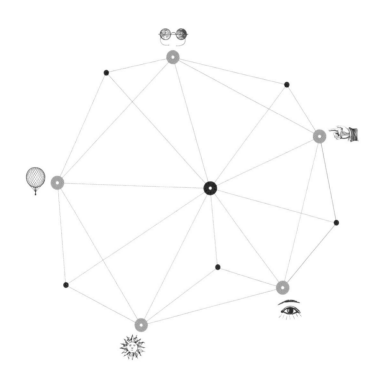

문학동네

차 례

# 위기의 경제,
## '그들의 눈'이 필요하다 프롤로그

예술과 경제, 정말 달라도 한참 달라 보이는 분야다. 하지만 정말 그럴까. 예술이 고민하는 것과 경제가 고민하는 것은 그렇게 다를까. 예술과 경제는 서로 다른 힘에 의해 움직이는 전혀 다른 세계일까. 이 책의 답변은 "그렇지 않다"이다. 예술과 경제를 움직이는 '공통된 힘'이 있다는 뜻이다. 예술과 경제를 움직이는 힘은 다섯 가지로 집약된다. 투시력, 재정의력, 원형력, 생명력, 중력-반중력이 그것이다. 작용하는 힘이 같다면 돌아가는 원리도, 문제의 해법도 비슷할 것이다. 화가, 조각가, 건축가들이 문제와 위기를 타개하기 위해 던지는 기발한 질문과 경이로운 대답은 위기에 처한 경제와 기업경영에도 새로운 시각을 제공해줄 수 있다. 저성장이 고착화된 위기의 경제가 예술에 길을 물어야 하는 이유다.

06

예술 거장들의 획기적인 그림이나 조각품을 보면, 고난을 겪던 위기의 시대에 처절한 고뇌와 몸부림을 통해 창조된 경우가 많다. 폴 세잔, 콘스탄틴 브란쿠시, 외젠 들라크루아, 반 고흐, 마크 로스코 같은 화가들은 모두 실패를 거듭하던 팍팍하고 어려운 시기에 예술을 재정의하는 획기적 작품을 만들어냈다. 예술의 거장들은 투시력, 재정의력, 원형력, 생명력, 중력-반중력이란 에너지를 통해 앞뒤가 꽉 막혀 한 치 앞도 보이지 않는 상황을 타개하고, 도도하게 흐르는 예술의 흐름을 한순간에 바꾸어 버렸다.

실패의 시기에 무너지지 않고 실패를 '성공적 실패'로, '부활의 씨앗'으로 만든 예술가들에게는 한 가지 공통점이 있다. 어려운 때일수록 예술적 감각의 촉을 더욱 예민하게 갈고, 예술을 움직이는 다섯 가지 힘을 더욱 적극적으로 활용한다는 점이다. 주류에서 밀려난 비주류이고 경제적으로 어렵고 비록 당장 가시적 성과를 올리지 못할지라도, 다섯 가지 힘으로 충만한 예술가는 결국 가볍게 하늘로 날아오른다. 경제도 마찬가지다. 이 다섯 가지 에너지로 무장한 개인이나 기업은 위기를 극복하고 지속적 성장을 이어갈 수 있다.

### '닮음'과 '다름'을 꿰뚫어보는 힘, 투시력

투시력은 가로막은 것을 꿰뚫고 그 너머에 있는 것을 볼 수 있는 능력이다. 뛰어난 화가는 일반인들이 보지 못하는 것들을 볼 수 있다. 심지어 투명인간도 볼 수 있고, 첨예한 갈등 속에서 조화와 통합의 가능성도 볼 수 있다. 또한 같은 대상도 다르게 보고, 다른 대상도 같게 본다. 닮음과 다름을 꿰뚫어보는 것은 말처럼 그렇게 쉽지 않다. 예술이든 경제든 '닮음'과 '다름'은 피상적 모습이 아니라 본질적 차원에서 규정되어야 한다. 겉으로 보이는 출렁이는 파도가 아니라 저 깊은 바다 밑에서 묵직하게 흐르는 해류가 닮아야 진짜 닮은 것이다. 비슷해 보이지만 다른 그림, 달라 보이지만 비슷한 그림을 비교해보면 예술적 투시력이 경제적 투시력에 주는 시사점을 발견할 수 있다. 로스코의 그림이나 아마존의 비즈니스 모델은 닮음과 다름을 가리는 투시력이 있어야 그 본질을 정확히 파악할 수 있다.

화가가 투명인간을 그려내는 것도 투시력이 있기 때문이다. 위장예술 camouflage art 작가들이 그린 투명인간 그림은 기발하다. 경제위기도 투명인간 그림에서 아이디어를 얻어 위기가 비껴가게 할 수 있다. 착시optical illusion가 예술로 승화된 것이 착시예술이다. 예술적 착시를 살펴봄으로써, 경제적 착시가 어떻게 생기고 이를 어떻게 해결할 수 있느냐에 대해 새로운 통찰력을 얻을 수 있다. 조직을 이끄는 리더라면 착시라는 장애물을 뚫고 진실을 보는 투시력을 갖추어야 한다. 동시에 착시를 활용할 수도 있어야 한다. 투명인간 그림이 주는 또다른 메시지. 진짜 전쟁이든 비즈니스 전쟁이든 남은 나를 보지 못하는데, 나는 남을 볼 수 있다면 백전백승할 수 있다. 본다는 것은 곧 힘이자 권력이기 때문이다.

## 판을 뒤집고 게임 자체를 바꾸는 능력, 재정의력

재정의력은 기존의 틀 속에서는 해결 불가능했던 문제가 자연스럽게 해결되도록 상황을 새롭게 정의하는 힘이다. 되도록 많은 사람들이 지붕 아래서 비를 피할 수 있게 하는 방법을 생각해보자. 대부분은 어떻게 지붕 아래 사람들을 질서정연하게 배치시켜서 더 많은 인원을 수용할까를 고민할 것이다. 재정의력을 가진 사람은 주어진 조건에서 벗어나 그냥 지붕 자체를 늘려버린다. 재정의한다는 말은 판을 뒤집는다는 말이기도 하고 게임 자체를 바꾼다는 말이기도 하다.

재정의력을 가진 예술가는 우선 문제를 새롭게 정의한다. 기발한 질문을 던진다는 말이다. 문제를 새롭게 재정의하면 해답 또한 새로워진다. "미술의 역사는 미술에 대한 재정의의 역사다"라고 할 만큼, 예술의 대가들은 나름대로 미술을 재정의했다. 주세페 아르침볼도, 르네 마그리트, 엘 그레코, 조반니 베르니니, 우타가와 쿠니요시가 미술을 어떻게 재정의해 색다른 작품을 만들어냈는지 보면 감탄을 금할 수 없다.

경제의 역사도 경제에 대한 재정의의 역사다. 불평등이 심화되고 GDP란 지표가 심각한 한계를 드러내고 있는 지금, 과연 무엇이 잘사는 것인가에 대한 재정의는 중요하다. '참을 수 없는 화폐의 가벼움'이 만연한 경제에선 화폐에 대한 재정의도 필요하다. 사실주의를 통해 사실주의를 극복한 극사실주의 그림은, 한국 경제의 새로운 성장모델도 '수출을 통한 수출의 극복'이라고 조언해준다. 예술의 대가들이 예술을 재정의해 판을 새로 짜듯이, 기업과 산업, 그리고 시장을 재정의할 수 있는 리더가 경제의 판을 새로 짤 수 있다. 구스타브 쿠르베, 클로드 모네, 피터 몬드리안, 마우리츠 에셔, 그리고 마르셀 뒤샹이 CEO라면 기업을 전혀 다르게 재정의하고 경영할 것이다.

## '오래된 미래'를 보고 만들어내는 힘, 원형력

원형은 근원적 형태요, 원형력은 그 원형을 파악해 활용하는 힘이다. 예술의 원형력은 대상의 근원적 형태를 파악해 그려내는 능력이고, 경제의 원형력은 제품과 기술의 원형을 파악해 사업화하는 힘이다. 원형은 단순히 근원적인 형태가 아니라 줄기세포처럼 다양한 형태로 발현될 수 있는 형태다. 원형이 일관성과 함께 다양성, 그리고 과거와 함께 미래를 품고 있는 이유다.

그림에선 세잔이 원형을 연구한 대표적 화가이고 파울 클레, 호안 미로, 몬드리안도 원형을 추구한 화가다. 생 빅투아르 산 그림을 수십여 점이나 그린 세잔은 화가라기보다 끊임없이 실험을 통해 목표에 도달해가는 과학자 같은 느낌을 준다. 조각에선 브란쿠시와 헨리 무어, 건축에선 르코르뷔지에가 원형을 포착해 작품화한 대가들이다. 기업 중에선 월트 디즈니, 레고, 러쉬가 원형의 힘을 잘 보여준다. 스테이크 그릴 '조지 포먼'이나 믹서 '비타믹스'도 원형에 충실해 성공했다. 세상이 복잡해지고 기술이 첨단화될수록 소비자들은 군더더기 없이 원형에 충실한 제품에 끌린다. 편안함도 느낀다. 원형은 오래된 미래이기 때문이다.

빌바오 구겐하임 미술관은 미술품보다 더 예술적인 건축으로 유명하다. 조선산업 붕괴로 폐허가 된 스페인의 도시 빌바오를 부활시킨 미술관이기도 하다. 시스코Cisco란 기업의 성장모형이 왜 빌바오 구겐하임 미술관을 닮았는지 분석해보면 예술과 경제를 움직이는 힘이 유사함을 알 수 있다.

## 자신을 죽여서 새롭게 태어나는 힘, 생명력

생명력은 '살아 있음'을 간파하고 활용하는 힘이다. 살아 있음이란 항상 움직이고 변하는 에너지 흐름이다. 그래서 성장하고 소용돌이친다. 생명력을 가진 예술가나 기업은 끊임없이 스스로를 죽임으로써 지속적으로 성장한다. 레오나르도 다빈치의 '이중나선계단', 고흐의 〈별이 빛나는 밤〉, 구스타프 클림트의 〈생명의 나무〉, 게르하르트 리히터의 〈선원들〉, 제임스 왓슨과 프랜시스 크릭의 DNA이중나선구조, GE와 인텔, 그리고 넷플릭스의 비즈니스 모델에 이르기까지, 이들 모두에는 한 가지 공통점이 있다. 바로 생명력이 충만하다는 점이다.

　살아 있음이 시각적으로 표현된 형태가 바로 나선형이다. 살아 있는 것은 자연이든, 예술이든, 기업이든, 인생이든 모두 나선형으로 성장한다. 살아 있음은 또한 아름답다. 예술이든 경제든 그 아름다움은 방향성과 변동성의 조화, 즉 '관리된 다양성managed diversity'에서 나온다. 고흐, 알폰스 무하, 그리고 리히터는 예리한 촉으로 생명력을 보고 그려냈다. 기업의 CEO도 시장의 에너지가 충돌해 솟아나는 나선형 소용돌이를 볼 수 있어야 한다. 그래야 끊임없이 자신을 죽이고 새로운 성장곡선으로 갈아탈 수 있다. 생명력을 가진 기업은 자신을 성공시킨 바로 그 요인에 의해 실패할 수 있다는 사실을 알고 있다. 이렇게 보면 한강의 기적이 죽어야 한국 경제가 살 수 있다.

## 무거움과 가벼움의 충돌과 균형, 중력과 반중력

중력은 잡아당기는 힘이요, 반중력은 중력을 뿌리치고 날아오르는 힘이다. 예술에서도 경제에서도 중력과 반중력이 충돌한다. 중력은 무겁고 반중력은 가벼우니 '무거움'과 '가벼움'의 부딪힘이라 생각해도 좋다. 그림 중에는 중력에 순응하는 그림도 있고 중력에 저항하는 반중력적 그림도 있다. 또한 중력과 반중력 간의 균형을 기발하게 표현하는 작품도 있다. 중력과 반중력은 경제를 움직이는 힘이기도 하다. 경제는 중력에 순응하기도, 저항하기도, 균형을 찾기도 한다. 고흐가 단일 소실점$^{vanishing}$ $^{point}$을 통해 그림 전체의 통일성을 확보했듯, 중앙은행은 물가안정이란 목표를 단일 소실점으로 삼아 경제라는 화폭의 중심을 잡는다. 역원근법 $^{reverse\ perspective}$으로 그려진 비잔틴 성상화聖像畫, Icon는 어색하고 부자연스럽다는 느낌을 준다. 마이너스 금리의 세계도 역원근법으로 그려진 비잔틴 성상화처럼 기이하고 부자연스럽다.

## 예술공간과 경제공간을 새롭게 연결하는 블랙홀

이 책은 다양한 예술작품을 통해 다섯 가지 힘이 어떻게 예술과 경제를 관통해 작용하고 있는지 살펴본다. 책의 구성은 투시력부터 시작해 재정의력, 원형력, 생명력, 중력과 반중력의 순서로 되어 있지만 꼭 이 순서로 읽을 필요는 없다. 각 장이 독립적이고 자체완결적으로 구성되어 있기 때문에 가장 흥미롭다고 생각하는 장부터 읽으면 된다.

중요한 사실은 지금 '우리'에게 필요한 것은 '그들의 눈'이라는 것이다. 우리는 경제요 경제인이고, 그들은 예술이요 예술가다. 예술가들이 창출해낸 기발한 그림, 조각, 그리고 건축물은 예술의 공간과 경제의 공간을 새롭게 연결하는 블랙홀이다. 부족한 점이 많지만 이 책이 예술을 통해 경제를 보고, 또한 경제를 통해 예술을 보고자 하는 독자들에게 작은 징검다리가 되었으면 하는 바람이다.

이 책은 조선일보 위클리비즈에 2년여 동안 연재한 '예술과 금융'이란 칼럼이 기초가 되었다. 이지훈 당시 조선일보 경제부장(현 세종대 교수)의 강력한 독려가 없었다면, 머릿속에서만 맴돌던 아이디어를 글로 표현할 생각을 하지 못했을 것이다. 이지훈 교수에게 감사드린다. 예술과 경제를 움직이는 다섯 가지 힘은 가족에도 적용되는 것 같다. 언제나 나를 잡아당겨주는 중력이요, 편안함을 주는 원형이요, 활기를 주는 생명력이요, 끊임없이 나를 재정의하도록 울타리가 되어주는 사랑하는 아내 지은, 그리고 두 아들 홍석, 명석에게도 감사의 뜻을 전하고 싶다.

2016년 6월

미국 워싱턴 DC에서, **김형태**

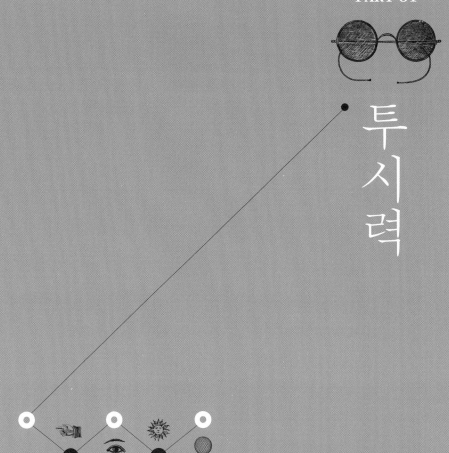

## PART 01

투
시
력

# 닮음과 다름을 꿰뚫어보는
## 투시력

로스코와 터너, 아마존과 삼성

얼핏 보면 전혀 다른 그림인데 집중해서 보면 놀랍게 비슷한 그림들이 있다. 각각 영국과 미국을 대표하는 화가 윌리엄 터너와 마크 로스코의 그림도 이런 경우다. 터너는 18세기 후반에 태어나 19세기 초에 활동한 풍경화가다. 로스코는 추상표현주의 화가로 20세기 중반에 활동했으니, 두 사람 사이에는 시간적으로도 120년 정도의 차이가 있다.[1] 이들의 공통점은 시대나 미술사조에 있지 않다. 터너와 로스코 그림의 독창성은 풍경화냐 추상화냐에 관계없이 '색을 만들어내는 방법'에 있는데, 바로 이 점이 비슷하다. 두 사람 모두 색을 겹겹이 쌓아 신비로운 색이 안개처럼 피어나게 하는 방식을 취했다. 그림의 본질적 가치는 독창성에 있다. 터너와 로스코, 두 화가의 그림은 가치 창출의 원천, 즉 경쟁력의 원천이 닮았다.

# '진정한 형태를 찾기 위해선
# 색채의 단단한 껍질을 깨버려야 한다'

터너의 그림을 보면 모든 것이 연기 같다. 하늘도, 눈보라도, 배도 모두
한데 어우러져 출렁인다. 형태는 희미하고 명확하지 않다. 모든 게 녹아
내리는 용암 같기도 하고 피어오르는 수증기 같기도 하다. 색과 형태가
하나로 융합되어 꿈틀거린다. 〈눈보라〉란 작품을 보자.

　휘몰아치는 나선형 에너지에 형태는 희미하게 녹아버렸다. 형태보다
색이 지배하는 그림이다. 하지만 낭만주의의 강렬한 원색과는 달리 터너
의 색은 새벽 호숫가의 물안개처럼 아련하게 피어오른다. 색을 칠했다기

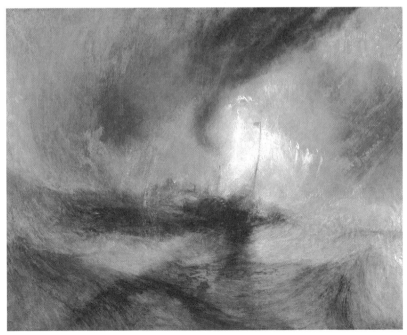

윌리엄 터너, 〈눈보라〉

17

보다는 층층이 쌓았기 때문이다. 형태는 화폭을 지배하는 연기 같은 색속에 희미하게 녹아 있을 뿐이다. 터너는 '진정한 형태를 찾기 위해선 색채의 단단한 껍질을 깨버려야 한다'고 생각했다. 그는 전통적 색채라는 단단한 껍질을 깨고 그 속에 감추어진 새로운 색감을 보는 **투시력**을 가졌던 것이다.

터너의 색은 연기처럼 몽롱하다. 경계도 명확하지 않다. 터너가 활동하던 시기는 명확한 색과 뚜렷한 형태를 가진 그림이 최고로 간주되던 빅토리아 시대였기 때문에 그의 그림은 각광받을 수 없었다.[2] 당시 안개 같은 연기 하면 먼저 생각나는 것이 증기기관이 뿜어내는 연기였고, 그 연기는 산업동력의 원천이지 창조적 예술의 원천은 아니었다. 흔히 하는 말로 터너는 시대를 잘못 타고났다. 시대를 앞서가는 작품은 항상 실패를 먼저 맛본다. 물론 지금은 영국 역사상 가장 위대한 화가이자 국민화가로 칭송받는 터너지만 당시엔 환영받지 못하는 비주류 작가에 불과했다. 그래서 그의 작품이 고국인 영국보다 미국 보스턴이나 필라델피아 박물관에 더 많이 소장되어 있는 것인지 모르겠다.


추상화가 로스코가 색면화가 뉴먼과 다르고,
풍경화가 터너를 닮은 이유


로스코는 예일 대학을 다닌 엘리트였지만 공식적으로 회화 교육을 받아본 적은 거의 없다. 그는 초기엔 구상화, 다음은 아메바처럼 흐물거리는 추상화, 그리고 1950년대부터 비평가들이 '멀티폼multiform'이라고 이름 붙인 안개같이 피어오르는 사각형 추상화에 몰두했다. 로스코도 터너처럼 색을 겹겹이 쌓아 저 깊은 곳에서부터 물안개처럼 신비로운 색이 피어오르게 했다. 쌓인 색들은 때론 어울리고 때론 충돌하며 위로 솟아난다. 색의 깊이를 표현하기 위해 로스코는 의도적으로 위아래로 긴 캔버스를 사용했다.

섬세하게 쌓은 색은 단순히 색의 차원을 넘어 다양한 이미지로 변해 나타난다. 그 이미지는 보는 이의 경험이나 기분에 따라 수평선, 바다, 구름, 그 무엇으로도 느낄 수 있다. 비평가들이 로스코의 추상화를 다양한 형태, 즉 멀티폼이라 이름 붙인 이유다. 대부분 사람들은 로스코의 작품이 바넷 뉴먼이나 클리퍼드 스틸 같은 색면화가color field painter들의 작품과 비슷하다고 한다.3 다음 페이지의 로스코 그림과 뉴먼 그림을 비교해보자.

두 그림을 얼핏 보면 직사각형 형태의 공간구성과 면으로 구성된 색들의 조합, 즉 색면 조합이 유사해 보인다. 하지만 색을 만들어내는 방식, 그리고 색과 색이 만나는 경계선에 초점을 맞추어 두 그림을 관찰하면 확연히 다르다. 뉴먼 같은 색면화가의 작품은 색이 명확하고, 색들이 만나는 경계선도 분명하다. 명확한 색들이 평면적으로 만나 조합되다보니 정적인 그림이다. 마치 꽉 짜인 고체 같은 느낌을 준다. 이에 반해 로스코 그림에선 색과 이미지가 깊은 곳으로부터 층층이 쌓여 생성되고 분출되어 나오기 때문에 동적인 생명력이 있다. 피어오른다는 느낌, 즉 기체 같은 느낌을 준다.

하나의 파란색 같지만 로스코의 그림을 자세히 보면 색상, 채도, 명도가 각기 다른 다양한 파란색이 겹쳐 있다. 뉴먼의 그림이 얇은 그림이라

마크 로스코, 〈무제〉

바넷 뉴먼, 〈단일성 6〉

면 로스코의 그림은 깊은 그림이다. 사각형을 가르는 경계선에도 큰 차이가 있다. 로스코의 그림에 자주 보이는 경계선은 단절의 경계선이 아니라 희미함 속에서 다른 것을 포용하는 연결지대다. 뉴먼의 경계선은 그야말로 공간과 공간을 명쾌하게 단절시키는 경계선이다. 로스코의 그림은 밑에서 피어올라 퍼져나가는 안개처럼 포용하는 그림이요, 뉴먼의 그림은 단칼에 장막을 찢어내듯 깔끔하게 잘라내는 그림이다.

어느 것이 우월하고 어느 것이 열등하다는 뜻이 아니다. 두 그림은 본질적으로 다르단 말일 뿐이다. 그림의 생명이자 가치, 그리고 존재 이유인 독창성, 그 독창성을 창출하는 방식이 다르다. 공간구성이 유사하고 사용한 색이 비슷하지만, 화가가 그림을 통해 도달하고자 한 목적과 이를 표현한 독창적 기법이 본질적으로 다르다. 살아생전 로스코는 자신이 색면화가로 분류되는 것에 강한 불만을 나타내곤 했다.

로스코의 그림은 본질적으로 터너의 그림과 닮았다. 일반적으로 터너의 그림은 묘사의 대상이 분명히 존재하는 풍경화로, 로스코의 작품은 순수추상화로 분류된다. 하나는 풍경화, 다른 하나는 인물화라면 그래도 같은 구상화 안에 속하지만, 하나는 구상화, 다른 하나는 추상화니 달라도 너무 달라 보인다. 하지만 시각을 달리해 그림이 추구하는 본질적 가치와 화가의 독창적 경쟁력이 어디에 있는지 주목하면 두 그림은 매우 닮았다. 로스코 스스로도 그렇게 느낀 것 같다. 로스코는 자기보다 120여 년 전에 태어난 터너의 그림을 볼 때마다 "터너가 내 그림을 보고 영감을 얻었군"이라는 농담을 던지곤 했다.

비슷함과 다름을 인식하는 혜안은 경제와 경영에서도 중요하다. 기업의 경우도 비슷해 보이는데 전혀 다른 기업이 있고, 반대로 달라 보이는데 비슷한 기업이 있다. 기업뿐 아니라 산업이나 기술도 마찬가지다. '닮음'과 '다름'을 새롭게 보는 눈은 예술뿐 아니라 경제경영에서도 지극히 중요하다. 다른 기업이나 경영자가 보지 못하는 산업·기술·비즈니스 모델의 유사점 또는 차이점을 꿰뚫고 투시할 수 있으면, 당연히 앞서나갈 수 있기 때문이다. **닮음과 다름을 꿰뚫어보는 투시력**을 가진 리더는 비슷한 상품과 비즈니스가 넘쳐나는 시대, 동시에 서로 다른 것들을 조화롭게 껴안아야 하는 시대에 치열한 경쟁을 뚫고 기업을 성장시킬 수 있다.

세계시장에서 잘나가는 기업들을 예로 들어보자. 삼성전자, 애플, 아마존, 세 개의 기업 중 어디와 어디가 더 닮았을까, 더 가까울까. 얼핏 생각하면 쉽게 답이 나오는 문제 같다. 삼성전자와 애플은 모두 제품을 만드는 제조회사다. 특히 스마트폰을 두고 양 사가 치열한 경쟁을 벌이고 있다. 산업 분류상으로도 같은 산업에 속한다. 반면 아마존은 인터넷 기반 전자상거래회사다. 다양한 분야로 비즈니스를 확장하고 있지만, 핵심은 소비자와 생산자를 연결해주는 인터넷플랫폼회사다. 이렇게 보면 삼성전자와 애플이 닮았다. 국적이란 차원에서 보면 삼성은 한국 회사지만 애플과 아마존은 나스닥에 상장된 미국 회사다. 허름한 차고에서 창업한 배경도 비슷하다. 그러니 기업문화란 차원에선 애플과 아마존이 비슷하지 않을까 하는 생각이 든다. 과연 그럴까. 그렇지 않다. 이런 생각은 단지 겉으로 드러난 구도와 색의 조합이 비슷하다는 이유로 로스코의 그림을 뉴먼의 그림과 비슷하게 보는 것과 같다.

　화가가 창의적 작품을 통해 가치를 창출하고 자신만의 경쟁력을 키우듯 기업도 자신만의 가치 창출방식과 핵심경쟁력을 갖고 있다. 기업의 핵심경쟁력에 초점을 맞추어 다시 비교해보면, **아마존은 애플과 비슷해 보이지만 본질은 삼성전자와 가깝다.** 아마존을 로스코라고 생각하면 삼성은 터너, 애플은 뉴먼이다. 왜 그럴까.

　아마존은 전자상거래회사고 삼성은 제조회사이기에 이 둘은 로스코의 추상화와 터너의 풍경화만큼이나 달라 보인다. 그렇지만 로스코와 터너가 그림의 독창성이자 경쟁력인 색을 표현하는 방식에서 비슷하듯, 아마존과 삼성도 기업의 가치를 창출하는 핵심경쟁력이 유사하다. 바로 '속도'다. 끊임없이 변하는 반도체기술을 주도하기 위해 신속히 투자하고 빠르게 생산하는 것이 삼성의 핵심경쟁력이다. 신속한 배달을 요구하는 고객들에게 배송 시스템의 혁신을 통해 최대한 빠르게 배송하는 것이 아마존 비즈니스의 핵심이요, 경쟁력의 원천이다. 두 기업 모두 속도를 경쟁력이자 가치 창출의 본질로 삼고 있는 것이다.

　미국에서 아마존의 프라임 서비스를 이용하면 미국 어디에 살고 있든, 어떤 상품을 구매하든 이틀, 즉 48시간 이내에 배달해준다. 최근엔 몇 달러만 추가로 지불하면 하루 만에 배송해주는 서비스도 나왔다. 아마존이 취급하는 엄청나게 다양한 종류의 상품, 그리고 미국의 지리적 크기를 고려할 때 정말 엄청난 속도다. 삼성이 차세대 반도체 개발을 위해 지속적으로 막대한 투자를 하는 것처럼 아마존은 배송 시간을 줄이기 위해 로봇, 드론, 물류 및 배송 시스템과 같은 인프라에 지속적으로 대규모 투자를 하고 있다. 아마존의 CEO 제프 베조스는 한 인터뷰에서 아마존을 '인프라기업'이라고 정의했다. 처음엔 무슨 말인지 잘 이해되지 않았으나 이제는 '아, 그렇구나' 하는 생각이 든다.

아마존에서 속도가 핵심경쟁력인 이유는, 속도가 빨라질수록 거래하는 품목도 늘릴 수 있기 때문이다. 최근엔 신선도가 중요한 과일, 야채, 심지어 회까지 배달한다. 아마존을 통해 살 수 없는 게 거의 없을 정도다. 속도가 경쟁력이다보니 기업의 문화와 규율이 빡빡해질 수밖에 없다. 아마존은 종업원들이 24시간 내내 일하는데, 시간이 생명이기에 화장실 가는 시간도 따로 정해져 있다고 한다. 구글이나 애플과 달리 종업원들의 불만도 많다. 비난의 목소리도 있다. 어찌 보면 아마존의 기업문화는 미국보다는 한국 기업에 더 가까운 것 같다는 느낌을 받는다.

삼성과 아마존은 모두 속도로 승부한다. 삼성은 신속한 생산, 아마존은 신속한 배송이 핵심경쟁력이다. 이렇듯 가치 창출 차원에서 두 기업은 닮았다. 이에 반해 애플은 속도가 핵심경쟁력인 회사가 아니다. 스마트폰 출시처럼 애플의 혁신은 시간을 두고 가끔 한 번씩 발생하지만 그 정도가 크고 파괴적이다. 이런 경우는 생산 과정에서 시간을 조금 단축하는 것은 큰 의미가 없다. 오히려 직원들이 게으르고 여유롭게 생각하도록 시간을 주는 기업문화가 유리하다. 아이폰이나 아이패드를 만들어내는 힘, 즉 이것저것을 해체하고 다시 재구성하는 능력은 아마존의 속도와는 다른 능력이다. 그림으로 치면 입체파인 파블로 피카소의 것과 같은 능력이다. 그래서 애플은 아마존이나 삼성과 다르다. 가치 창출방식과 핵심경쟁력 차원에서 보면, 삼성과 아마존이 닮았고 애플은 다르다.

# 왜 사람들은 마티스 호텔 대신
## 다빈치 호텔을 선택할까

착시예술과 착시경제

## 본다는 것의 '안나 카레니나 법칙'

"행복한 가정은 행복한 이유가 모두 비슷하지만 불행한 가정은 불행한
이유가 각기 다르다."

톨스토이의 소설『안나 카레니나』에 나오는 문장이다. 가정이 행복하
려면 부부간의 사랑뿐 아니라 구성원의 건강, 경제력, 부모와 자식의 관
계 등이 좋아야 한다. 이런 조건들이 전부 충족돼야 비로소 행복해질 수
있다는 점에서, 행복한 가정은 배경과 특징이 모두 비슷하다고 할 수 있
다. 반면 불행한 가정은 제각각 부부관계 때문에, 말썽 피우는 자식 때문
에, 고부간 갈등 때문에, 경제 문제 때문에 등 서로 다른 이유로 불행할
수 있다. 재러드 다이아몬드 교수는 그의 명저『총, 균, 쇠Guns, Germs, and
Steel』에서 야생동물이 집에서 기르는 가축이 될 수 있는 다양한 조건으로

동물의 크기, 식성, 성격 등을 언급했다. 행복한 가정의 조건처럼, 그중 하나라도 충족되지 못하면 가축이 될 수 없다고 한다.[4] 이것이 바로 **'안나 카레니나 법칙'**이다. 다이아몬드 교수는 "흔히 성공의 이유를 한 가지 요소에서 찾으려 하지만, 실제 어떤 일에서 성공을 거두려면 먼저 수많은 실패 원인을 피할 수 있어야 한다"고 설명한다.

안나 카레니나 법칙은 '보는 것'에도 적용된다. 우리가 무엇을 보기 위해서는 만족시켜야 할 조건들이 많다는 뜻이다. 무엇을 본다는 것의 과학적 정의는 '대상에 비친 빛이 반사되어 눈의 망막에 상이 맺히고, 그것을 뇌가 인식하고 해석하는 것'이다. 본다는 것은 매우 정치하고 복잡한 인식 과정이다.

①우선 보는 대상이 존재해야 하고 ②빛이 있어야 하고 ③빛이 대상에 흡수되거나 굴절되지 않고 반사되어야 하며 ④그 빛은 특정한 범위의 파장을 갖는 가시광선이어야 하고 ⑤눈의 망막에 상이 맺혀야 하며 ⑥맺힌 상을 최종적으로 뇌가 인식하고 해석하는 과정이 모두 이루어져야 비로소 볼 수 있다. 이 조건 중 하나라도 충족되지 못하면 우리는 대상을 볼 수 없다. 세상을 전부 보는 것 같지만 사실 인간이 볼 수 있는 세상은 지극히 작은 일부에 불과하다.

본다는 행위와 관련성이 높은 분야가 그림, 조각, 건축, 영화 등과 같은 시각·조형예술이다. 그림이 독창적이란 말은 새롭게 보고 새롭게 표현했다는 뜻이다. 조금 넓게 생각하면, 보는 것은 예술에만 국한되지 않는다. **과학의 발전도, 경제나 기업의 발전도 과거에 '보지 못했던 것'을 '보는 것'이요, '보았던 것'이라도 다시 '새롭게 보는 것'이다.** 남들이 보지 못한 것을 보고, 같은 것이라도 새롭게 보는 사람은 예술가나 과학자뿐 아니라 경영자로도 성공할 수 있다. 새롭게 볼 수 있는 사람이 세상을 새롭게 바꿀 수 있다.


## 예술가는 '존재하지 않는 것'도 볼 수 있다

대상이 존재해도 너무 작으면 눈으로 볼 수 없다. 세균과 같은 미생물은 현미경을 통해서만 볼 수 있고, 더 작은 입자는 전자현미경으로만 볼 수 있다. 대상이 너무 커도 볼 수 없다. 시야가 한정돼 있기 때문이다. 대상이 너무 멀리 떨어져 있어도 볼 수 없다. 그만큼 빛이 약하기 때문에 빛의 반사를 눈으로 인식하기 힘들다. 그래서 먼 곳을 보려면 망원경이 필요하고, 우주를 보려면 천체망원경이 필요하다. 너무 작거나 너무 멀리 떨어져 있기는 하지만 어쨌든 미생물이나 화성은 실제로 존재하는 실체다. 실체가 있어도 뒤쪽, 안쪽은 보기 어렵다.

예술가가 예술가인 이유는 '존재하지 않는 것'도 보기 때문이다. 꿈, 상상, 감정 등이 대표적인 예다. 초현실주의 화가들은 꿈과 상상을 그린다. 피카소는 정면에서는 보이지 않는 옆, 위아래 부분까지 해체하고 재조합해 하나의 평면에 보여준다. 인상주의 화가들은 순간적 인상을 보고, 표현주의 화가들은 내면의 격정적 감정을 본다. 빛 대신 자신의 감정을 대상에 투영시켜 그 반사된 느낌을 그리기도 한다. 작가의 감정이 빛과 같은 파동이라면 과학적으로도 가능한 일이다. 빛의 광원은 태양이지만 감정의 광원은 화가 자신인 것이다.

최근엔 현미경으로만 볼 수 있는 유기체를 작품으로 표현하는 바이오

미술도 있다. 일명 '땡땡이 화가'로 유명한 쿠사마 야요이는 어린 시절 겪은 조현병과 환각으로 인해 모든 사물이 점으로 인식된다고 한다. 그는 어렸을 때 "벽면을 타고 끊임없이 증식해가는 좁쌀 같은 것들을 벽에서 끄집어내어 스케치북에 옮겨 확인하고 싶었다"고 고백한다. 정신질환도 예술로 승화되면 이처럼 아름답다.

## 동물은 어떻게 세상을 보는가

동물이 세상을 보는 방법은 사람과 다른 경우가 많다. 사람은 어두운 곳에서는 아무것도 볼 수 없지만 고양이는 밤에도 잘 본다. 눈의 동공이 세로 형태에서 가로 형태로 바뀌면서 확대되기 때문에, 인간이 볼 수 없는 희미한 빛도 인식할 수 있다. 고양이는 귀를 통해서도 본다. 쥐가 내는 초음파 소리도 들을 수 있다. 코를 통해서도 본다. 개보다는 못하지만 냄새를 잘 맡기 때문이다. 얼굴에 난 수염을 통해서도 본다. 길고 가느다란 수염이 공기의 민감한 움직임과 파동을 예민하게 인식하기 때문이다. 고양이가 사람보다 못하는 것은 색 구별뿐이다. 영장류를 제외한 대부분의 포유류는 색을 잘 구별하지 못한다. 하지만 청각, 후각, 촉각 모두 사람보다 뛰어나다. 고양이는 코를 통해, 귀를 통해, 그리고 수염을 통해 세상을 훨씬 폭넓게 인식한다. 눈으로 보는 시각이 사람보다 발달한 동물은 조류, 특히 매와 같은 육식 조류다. 매는 사람보다 여덟 배 정도 멀리 볼 수 있고, 시야 또한 넓다. 볼 수 있는 색채도 풍부하고 명확하다.

특이한 방식으로 세상을 보는 동물 중 하나는 박쥐다. 박쥐에 관한 유명한 실험이 있다. 눈을 가린 박쥐는 문제없이 주변 장애물을 헤쳐 날아갔지만, 귀를 막은 박쥐는 모두 장애물에 걸려 넘어졌다. 왜 그랬을까.

박쥐는 초음파로 세상을 보기 때문이다. 초음파도 빛처럼 파장이다. 박쥐는 입과 코에서 사방으로 초음파를 내보내고, 주변 장애물에 부딪혀 돌아오는 초음파를 인식한다. 본다기보다 듣는다고 표현할 수도 있다. 초음파도 일종의 음파이기에 귀를 통해 인식되기 때문이다. 박쥐는 초음파를 통해 주변에 어떤 형태, 크기, 재질의 장애물이나 먹잇감이 있는지 파악할 수 있는데 이는 보는 행위에 가깝다. 결국 박쥐는 초음파를 통해 귀로 세상을 보는 것이다. 초음파를 이용해 공간을 인식하는 것도 특이하지만, 스스로 초음파를 날려보낼 수 있다는 점은 참으로 부러운 능력이다. 빛이 있어야만 볼 수 있는 사람과 달리, 세상을 보는 데 외부의 도움이 필요 없으니 말이다.

## 우리는 '뇌가 인식하고 해석한 것'을 보는 것이다

망막에 맺힌 상을 최종적으로 인식하고 해석하는 것은 뇌다. 우리는 '눈에 보이는 것'을 보는 것이 아니라, '뇌가 인식하고 해석한 것'을 보는 것이다. 따라서 어떤 이유로든 뇌가 사물을 잘못 해석하면 우리는 현실과 다르게 사물을 보게 된다. 바로 착시현상이다. 이는 마치 통역사가 잘못 통역하면 청중이 발표자의 원래 의도나 사실과는 다르게 이해할 수밖에 없는 것과 같은 이치다.

착시란 '실제 존재하는 사물의 물리적 형태와 눈을 통해 뇌가 인식하는 형태가 서로 다름'을 의미한다. 착시가 발생하는 이유는 눈을 통해 들어온 시각적 정보를 뇌가 처리하고 해석하는 과정이 매우 복잡하고 동시에 완벽하지 않기 때문이다. 착시가 보편적으로 뿌리박힌 이유는 인류의 진화와도 관련 있다. 진화론적 관점에서 보면, 착시가 발생하는 것이 생존에 도움이 되었기 때문에 아직까지 착시현상이 남아 있는 것이다.

어둠 속에서 직선 형태의 나뭇가지와 곡선 형태의 맹수가 섞여 있는 상황을 상정해보자. 직선을 곡선으로 잘못 본, 즉 착시한 인간은 도망가든지 활을 쏘든지 해서 생존 가능성을 높였을 것이다. 물론 잘못 판단했을 수도 있다. 하지만 맹수가 아닌데 맹수로 잘못 보아 지불한 비용은 고작 활 한두 개, 또는 도망가는 데 소비한 에너지 정도다. 맹수인데 맹수로 인식하지 못해 목숨을 잃었을 경우의 비용에 비하면 지극히 미미하다. 인류의 조상들은 험난한 자연환경 속에서 착시 덕분에 생존할 확률이 높았고, 현존하는 우리는 그들의 후손들이다.

## 착시, 구성의 오류, 그리고 경제적 착시

착시가 보는 기능과 관련 있다보니 착시를 시각예술로 승화시킨 경우까지 생겨났는데, 바로 착시예술이다. 〈왜곡된 체스판〉 또는 〈휘어진 체스판〉이라고 불리는 다음 그림은 착시의 대표적인 예다.

작은 정사각형들로 구성된 체스판인데, 가운데로 갈수록 직선이 곡선으로 변하고 정사각형도 볼록 튀어나와 보인다. 그러나 놀랍게도 그림엔 곡선과 휘어짐이 없다. 작은 사각형들은 모두 직선이다. 검은색과 하얀색 정사각형들이 서로 교차되고, 중앙 부분 정사각형들 안에 존재하는 더 작은 정사각형들이 마치 맹수의 눈과 얼굴을 연상시키며 착시를 불러일으키는 것이다. 체스판을 구성하는 작은 사각형들을 하나씩 분리해보면 정확히 90도로 만나는 직선으로 만들어진 정사각형들이다. 이것이 원

래 그림의 진실된 형태다. 그러나 눈을 통해 뇌가 인식하는 형태는 전혀
다르다. 왜 그럴까.

　이유는 각각의 부분들에 적용되었던 형태와 논리가 전체로 가면서 왜
곡되는 데 있다. 이런 면에서 이 그림은 **'구성의 오류**fallacy of composition**'**로
이해할 수도 있다. 구성의 오류란 각 부분에 적용되었던 논리가 부분의
합인 전체에는 그대로 적용되지 않는 것을 뜻한다. 축구장에서 경기를
더 잘 보겠다고 일어서면 나뿐 아니라 모든 사람들이 같이 일어서기 때문
에 앉아 있을 때보다 다리만 더 아프지, 나아지는 게 없다. 구성의 오류를
보여주는 쉬운 예다.

　경제적 차원에서 발생하는 구성의 오류를 살펴보자. 경제 시스템 안에
존재하는 열 개의 은행이 모두 건전하다고 해서 금융 시스템 전체가 건전
한 것은 아니다. 열 개 은행들이 상품과 비즈니스를 통해 복잡하게 연결
되는 과정에서 새로운 위험이 발생하기 때문이다. 개별 은행이 문제없이

잘해도 전체 금융 시스템에 문제가 생길 수 있는 것이다. 분명 각 은행 차원에서는 통제 가능한 위험이었는데 그것들이 전체로 합해지면서 그 위험이 〈휘어진 체스판〉처럼 구부러지고 휘어진다. 마치 직선과 곡선이 다른 것처럼, 전혀 다른 차원의 위험이 생긴다. 바로 시스템 위험이다. 그래서 금융 시스템 전체의 위험을 막기 위해서는 각 은행 차원에서의 규제, 즉 미시건전성 규제뿐 아니라 시스템 전체 차원의 거시건전성 규제가 필요하다.

오바마 대통령이 미국의 지역대학을 완전히 무료화하기 위해 600조 원을 지원해야 한다고 제안해 뜨거운 논쟁을 불러일으킨 적이 있다. 당시 반대측에서 반박의 근거로 제시한 것이 구성의 오류다. 지역대학에서 무료로 교육을 받고 졸업하면 미래에 취직될 가능성이 높아지고 소득도 높아질 것 같지만, 실제로는 그렇지 않다는 주장이다. 미국 노동부 자료에 의하면 미래에는 대학 졸업자의 수에 비해 그들이 취직할 자리는 점점 줄어들 전망이다. 대학 졸업자에 대한 수요가 늘지 않는 상황에서 무턱대고 졸업자만 늘리면, 여전히 취직은 되지 않고 지역대학 졸업자만 더욱 좌절시킬 뿐이다. 따라서 그 예산을 무료 교육이 아닌 다른 방식으로 투자해 취직 기회를 늘리는 방향으로 도움을 주는 게 더 효과적이라는 논리였다. 지역대학 졸업생 한 명만을 놓고 봤을 때의 장밋빛 희망이 전체 졸업생의 관점에서 생각하면 어두운 잿빛으로 변해버릴 수 있는 것이다. 정책입안자가 빠지기 쉬운 착시다.

〈휘어진 체스판〉 그림은 평균을 구할 때 많이 언급되는 **'심슨의 역설** Simpson's paradox'과도 관련된다. 심슨의 역설이란 '데이터 전체를 대상으로 평균을 구해 얻어지는 결론'과 '데이터를 성격이 다른 작은 그룹으로 구분해서 평균을 구한 결론'이 완전히 달라지는 경우다. 정확히 표현하면 성격이 다른 부분들을 구분하지 않고 그냥 합해서 평균을 내면 잘못된 결론을 유도하기 쉽다는 말이다.

A사와 B사의 고혈압약을 예로 들어보자. 데이터는 고혈압 환자의 약 복용 후 치료효과를 나타낸다. 환자는 고혈압의 정도가 약한 그룹과 아주 심한 그룹으로 구분된다. A사 약은 경미한 고혈압 환자 100명을 대상으로 했을 때 80명(80퍼센트)에게 효과가 있었고, 심한 고혈압 환자 40명을 대상으로 했을 때 20명(50퍼센트)에게 효과가 있었다. B사 약은 경미한 환자 100명을 대상으로 했을 때 78명(78퍼센트), 심한 환자 5명을 대상으로 했을 때 2명(40퍼센트)이 효과를 보았다. 그런데 식약청에서 증상이 약한 환자와 심한 환자를 모두 포함한 전체 환자의 평균적인 효과를 보고 싶어했다. 전체 평균을 구해봤더니, 이게 어찌된 일인가. A사 혈압약의 경우, 전체 140명에 투여해 100명(80명+20명)이 치료되어 71퍼센트의 성공률을 보인 반면, B사 약의 경우는 105명에 투여해 80명(78명+2명)이 치료되어 76퍼센트의 성공률을 보였다. 이 통계만 놓고 보면 B사 약이 더 우월한 것이다.

왜 이런 현상이 발생한 것일까. **'숨어 있는 변수**lurk variable'가 있기 때문이다. 여기서 숨어 있는 변수는 환자들에게 있어 '고혈압의 정도'다. 경미한 고혈압 환자보다 심한 고혈압 환자를 치료하기가 훨씬 힘들고, 따라서 성공률이 떨어지는 게 당연하다. 환자 구성을 보면 A사가 B사에 비해 치료하기 힘든 중증 고혈압 환자의 비중이 훨씬 높다. 성공률이 낮은 환자가 데이터 속에 상대적으로 많이 포함되어 있기 때문에, 전체 평균을 구했을 때 성공률이 낮아질 수밖에 없다. 따라서 이런 경우는 전체 평균을 가지고 판단하면 잘못된 결론을 내리게 된다. 일종의 통계적 착시요, 평균의 착시다.

**기업의 경영자도 심슨의 역설과 관련된 경제적 착시에 빠지기 쉽다.** 앞의 이야기를 조금 바꾸어 A와 B를 같은 제약사 내부의 서로 다른 개발팀이라고 가정해보자. 만일 회사의 최고경영자가 전체 평균만을 토대로 판단하면 B팀이 A팀보다 우수하다고 평가할 것이다. 실제로 우수한 성과를 낸 A팀 대신 B팀 책임자를 임원으로 승진시키고 B팀 팀원들에게 보너스를 주는 우를 범할 수 있다.

A사와 B사 중 한 곳을 인수하려는 다른 제약사의 경우도 생각해보자. 만일 심슨의 역설을 알아채지 못한다면 전체 평균이 높은 B사를 인수하려 할 것이다. 선택받지 못했지만 더 우수한 A사의 기술이 경쟁사로 가게 된다면, B사를 인수한 기업의 주가가 하락하리라는 것은 불을 보듯 명백하다. 차세대 성장동력을 육성하기 위해 우수한 기술 지원에 자금을 배분하려는 정책당국자도 마찬가지다. 심슨의 역설에 빠지면 A사의 우수한 기술 대신 상대적으로 부족한 B사의 기술을 선택할 수 있다. 국가경제적으로 큰 손실이다.

우리는 본의 아니게 착시에 빠져 실수를 저지르는 경우가 많다. 기업을 경영하거나 경제를 운영할 때, 수없이 많은 통계자료를 보는데 가장 흔히 접하는 것이 평균 수치다. 비록 극단적인 데이터가 거의 없고 분산이 작아 '평균의 오류'에서는 벗어나 있다 해도, 심슨의 역설에 주의를 기울여야 한다. 평균이 어떤 자료에서 나왔는지 확인하고, 성격이 다른 자료들이 섞여 있을 경우에는 반드시 분리해서 평가해야 한다. 데이터에 파묻혀 간과하기 쉬운 '숨어 있는 변수'를 정확히 찾아내는 투시력이 중요하다. 함부로 데이터를 합해 평균을 구하는 것은 〈휘어진 체스판〉처럼 사실과 전혀 다른 경제적, 사회적, 정치적 착시를 불러일으키기 쉽다.


## 사람들은 왜 마티스 호텔 대신에 다빈치 호텔을 선택할까

착시에는 여러 가지가 있다. 주변 상황에 따라 우리가 보고자 하는 대상의 크기가 달라 보이는 '에빙하우스Ebbinghaus 착시' 역시 대표적 착시 중 하나다. 다음 그림에서 가운데 위치한 동그라미 두 개의 크기를 비교해보자.

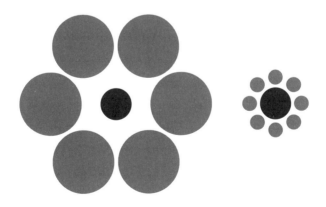

어떻게 보이는가? 크기가 달라 보이겠지만 사실은 정확히 같은 크기의 동그라미들이다. 그런데 오른쪽 동그라미가 더 커 보인다. 주위를 둘러싸고 있는 다른 동그라미들이 착시를 불러일으키기 때문이다. 주변 동그라미가 작으면 가운데 동그라미가 실제보다 커 보이는 반면, 주변 동그라미가 크면 가운데 동그라미가 실제보다 작아 보인다. 에빙하우스 착시에서 주목할 점은, 우리가 보려고 하는 것의 형태와 주변을 둘러싸고 있는 것들의 형태가 일치할 때 착시가 심해진다는 것이다. 만일 이 그림에서 원을 둘러싸고 있는 도형이 원이 아니라 사각형이나 삼각형이면 착시가 거의 일어나지 않는다. 설사 일어난다고 해도 아주 미미하다. 주변을 둘러싸고 있는 도형들의 형태가 중심에 있는 도형의 형태와 다르면, 우리 뇌는 이 두 가지를 분리해 인식하기 때문이다.

비즈니스에서도 에빙하우스 착시가 흔하다. 역으로 생각하면, 착시를 전략적으로 활용해 성과를 올릴 수도 있다. 여름휴가시장을 놓고 로마의 다빈치 호텔과 파리의 마티스 호텔이 경쟁하고 있다고 가정해보자. 지역 자체의 특색이 워낙 다르기 때문에 두 호텔의 가격과 시설이 비슷하다면 어느 호텔이 확연히 우월하다고 평가하기 힘들다. 다빈치 호텔은 격조 있는 건물이 고풍스럽고, 주변에 찬란한 로마의 고대 유적지가 풍부하다는 장점이 있다. 반면 마티스 호텔은 근처에 박물관과 쇼핑할 곳이 많고, 서비스가 좋다는 장점이 있다. 장단점이 서로 다르기 때문에 어느 한쪽의 손을 들어주기 어렵다. 둘 중 한 곳을 선택하려는 사람이라면 고민에 빠질 수밖에 없다.

이제 다빈치 호텔과 전략적 제휴를 맺고 있는 걸리버 여행사가 어떻게 에빙하우스 착시를 활용해 고객들로 하여금 다빈치 호텔을 선택하게 만드는지 살펴보자. 방법은 간단하다. 다빈치 호텔과 다른 모든 조건은 유사하지만 한두 가지가 열등한 로마의 미켈란 호텔을 선택 옵션에 추가하는 것이다. 미켈란 호텔은 딱 한 가지, 아침에 공짜로 제공되는 커피가 없다는 점만 다빈치 호텔과 다르다. **당신이라면 로마의 다빈치 호텔과 파리의 마티스 호텔 중 어떤 호텔을 선택하겠는가.**

다빈치 호텔과 마티스 호텔만 비교할 경우에는 조사대상 100명의 선택이 정확히 5 대 5로 갈렸다. 그런데 결과에 전혀 영향을 줄 것 같지 않은, 즉 선택될 가능성이 현저히 낮은 미켈란 호텔을 추가하니 90명이 다빈치 호텔을 선택했다. 어떻게 이런 현상이 발생할 수 있을까. 새로 추가된 미켈란 호텔 때문이다. 다빈치 호텔과 비슷하지만 공짜 커피가 없어 명백하게 열등한 조건의 호텔이 추가됨으로써, 고객의 비교 프레임이 바뀌었기 때문이다. 이전에는 다빈치 호텔을 마티스 호텔과 비교했지만, 이제는 다빈치 호텔을 미켈란 호텔과 비교하게 됨으로써 우월함이 쉽게 입증되는 다빈치 호텔을 선택해버리는 것이다. 선택의 대상을 택하기에 앞서 선택의 프레임을 택하는 것이라고 할 수 있다. 고객들은 마땅히 다빈치 호텔을 마티스 호텔과 비교해야 함에도 불구하고, 마케팅전략이 불러일으킨 착시효과 때문에 미켈란 호텔과 비교해 결정을 내렸다. 진실은 다빈치 호텔이 미켈란 호텔보다 우수하다는 것뿐인데, 우리 뇌는 다빈치 호텔이 마티스 호텔보다 우월한 것 같은 착시와 환상에 빠진 것이다.

선택 과정에서 발생하는 착시현상은 현실세계에서 빈번하게 발생한다. 이런 현상이 발생하는 원인을 사람들의 비합리성 탓으로 돌릴 수도 있겠지만, 더욱 의미 있는 해석은 인간의 뇌가 착시를 일으키도록 진화해왔다는 해석이다. 착시가 진화를 거쳐 우리 뇌에 깊이 뿌리박혀 있다면 그만큼 착시를 전략적으로 활용할 여지가 많다. 후보 A와 B가 경쟁하고 있는 상황에서 A의 인기를 높이려면 A-를 찾아서 고려대상이 되도록 해야 한다. 상품 B의 가치를 높이려면 B-를 찾아야 한다. A와 B를 비교하는 게 마땅하지만 선택의 착시에 의해 비교의 프레임이 A와 A-, B와 B-로 형성된다. 얼핏 보기에 선택될 가능성이 전혀 없는 선택안일지라도, 그것이 첨가됨으로써 선택의 프레임을 왜곡한다. 〈휘어진 체스판〉처럼 선택의 프레임을 휘게 만든다.

선택의 대상이 되는 기업 또는 상품의 입장이라면, 얼마나 적절한 A-를 찾아내어 제시할 수 있느냐가 핵심이다. 주의할 점은 주변에 다른 도형이 아닌 원이 있어야 가운데 있는 원의 크기에 대해 착시를 불러일으키듯, A-가 A와 정말 비슷하면서 한두 가지만 약간 부족해야 착시를 일으킬 수 있다는 것이다. 전혀 관계없는 것들이나, 너무 차이가 벌어질 만큼 열등한 것으로는 착시효과를 일으킬 수 없다. 미팅에 나갈 때 나의 가치를 최대한 높이려면, 대부분 나와 비슷한 수준인데 한두 가지만 부족한 친구를 데리고 나가야 한다. 나의 상대적 가치를 높인다고 거의 모든 면에서 나보다 못한 친구를 데리고 나가면 아무 소용이 없다. 파트너의 선택에 착시를 일으키지 못하기 때문이다.

경제현상에도 착시가 있는데 보통 경제학에선 **경제적 환상**economic illusion 이라고 부른다. 화폐환상money illusion이 가장 많이 알려진 예다. 인플레이션, 즉 물가가 상승할 때 사람들이 인플레이션을 정확히 반영한 실질가치로 이해하지 못하고 여전히 명목가치라는 환상에 매달리는 현상을 말한다. 지난 1년간 임금이 3퍼센트 올랐는데 물가는 5퍼센트 올랐다면, 실제로는 임금이 2퍼센트 감소한 것이나 마찬가지다. 그런데 물가상승을 고려하지 못한 채 임금이 올랐다고 인식하는 것은 착시요, 환상이다. 반대의 경우도 마찬가지다. 임금이 2퍼센트 떨어졌는데 물가가 3퍼센트 떨어졌으면, 실제 임금은 1퍼센트 오른 셈이다.

화폐환상은 부채환상debt illusion과도 연결된다. 어떤 국가든 국민의 저항이 큰 세금을 통해서만 자금을 조달하는 데에는 한계가 있다. 국채발행으로 채무자가 된 정부는 인플레이션을 활용해 국채의 실질가치를 축소하는 정책을 쓰기도 한다. 미국의 경우 대공황 이후 늘어난 정부부채를 지속적 인플레이션을 통해 정부의 실질적 부담을 줄임으로써 해결해왔다. 결국 채권자인 투자자가 그만큼 부담을 가져가게 되는데, 그래서 "인플레이션도 일종의 세금inflation tax"이란 말이 나왔다. 정부가 미래를 생각하지 않고 과도하게 국채를 발행해 정부부채가 늘어나는 것도 정부부채환상이다.

정부부채도 개인이나 기업의 부채처럼 갚아야 한다. 최근 들어 재정 확대가 필요한 나라들이 세금을 올리기는 어려우니 주로 국채발행에 자금조달을 의존하고 있는데, 국가부채는 저절로 없어지는 게 아니다. 우리가 갚지 못하면 후손이 갚아야 한다. 그리스처럼 경제가 너무 어려워지면 채권국들이 빚을 탕감해주기도 한다. 물론 일정한 수준까지는 국채발행과 재정지출 확대를 통해 경제성장률을 높이고, 결과적으로 세금수입을 확대해 정부부채비율을 축소시킬 수 있다. 하지만 실증연구 결과를 보면, 정부부채비율이 선진국의 경우는 GDP 대비 90퍼센트, 신흥국의 경우는 60퍼센트를 넘으면 경제성장을 오히려 저해한다.[5] 국채발행과 재정지출 확대를 통해 경제성장률을 높인다는 논리는 국가부채가 일정 수준 이하일 경우에만 적용된다는 말이다. 국채발행을 통한 재정지출 확대가 긍정적 효과를 가져오는 범위를 벗어났음에도 불구하고, '재정지출과 정부부채를 늘리면 자동적으로 경제가 성장한다'고 생각하는 것은 오판이요, 대표적인 경제환상이다.

최근 들어 부의 양극화, 소득의 양극화가 심화되면서 대부분 국가들이 국민의 불만을 가라앉힐 방법을 고민하고 있다. 그중 하나가 돈을 풀어 자금조달을 쉽게 함으로써 국민의 경제적 착시를 유도하는 것이다. 돈을 풀어 누구나 자금을 쉽게 조달할 수 있게 만들고, 이런 자금이 부동산과 같은 특정 섹터에 집중되도록 하면 '내 집 소유' 같은 단기간 착시를 만들 수 있다. 하지만 착시를 통해 만끽했던 거품은 사라지기 마련이다. 미국 서브프라임 사태가 대표적 예다. 내 집도 갖게 되고 더 잘살게 된 것 같은 환상에 빠지지만 경제적 착시일 뿐이다. 이런 착시에 빠지지 않으려면 국민 한 사람 한 사람이 다양한 형태의 착시를 뚫고 진실을 볼 수 있는 투시력을 갖추어야 한다.

# 어떻게 '투명인간'을 그릴 수 있을까?
## '보이지 않는 것'이 경쟁력

본다는 것은 곧 권력이다. 힘이 있는 사람은 자신은 감추면서 남들을 볼 수 있다. 회사에서도 부장이 뒷자리에 앉고 일반사원은 앞자리에 앉는다. 감옥에서 간수는 수감자를 볼 수 있지만 수감자는 간수를 볼 수 없다. 나는 남을 보되 남은 나를 보지 못하면 얼마나 좋을까. '투명인간'에 사람들이 그리도 열광하는 이유다. 전쟁도 마찬가지다. 나는 적을 보는데 적은 나를 볼 수 없다면 이미 99퍼센트 이긴 게임이다. 진짜 전쟁이든 경제전쟁이든 '보이지 않는 것'은 경쟁력이요, 승리의 원천이다.


### 투명인간의 딜레마와 위장예술

어떻게 하면 나는 남을 볼 수 있는데, 남은 나를 볼 수 없게 만들 수 있을까. 첫번째 방법은 투명인간이 되는 것이다. 투명인간에 대한 최초의 소설은 1898년에 발간된 허버트 조지 웰스의 『투명인간The Invisible Man』이다. 몸을 투명하게 만드는 약을 발명한 남자가 온갖 악행을 저지르다가 결국 고독하고 비참한 최후를 맞는다는 줄거리다.6

그런데 투명인간에겐 문제가 하나 있다. 투명인간이면 눈의 망막도 투명해야 하는데 투명한 망막은 상을 맺지 못하고 빛이 통과해버린다. 즉 투명인간은 남에게 보이지 않지만, 자신도 남을 볼 수 없다. 바로 **투명인간의 딜레마**다. 내가 남을 볼 수 없다면, 설령 남이 나를 보지 못한다 한들 무슨 소용인가. 서브프라임 사태 이후 사람들은 금융시장의 실패를 이야기한다. 시장의 실패는 곧 '보이지 않는 손'의 실패다. 금융시장에서 '보이지 않는 손'이 작동하지 않은 것은, 투명인간처럼 스스로 장님이 되어 시장을 제대로 보지 못했기 때문이다.

둘째, 카멜레온처럼 색과 모양을 주변 환경과 같게 만들 수도 있다. 투명인간처럼 굳이 몸 전체를 투명하게 하지 않아도 남들 눈에 띄지 않는 방법이다. 예술에도 이런 분야가 있다. 바로 **위장예술**이다. 네덜란드의 아티스트 데지레 팔먼은 사람이 카멜레온처럼 주위 환경과 일체가 되는 방법을 연구해왔다. 그는 주변 환경과 똑같은 색과 무늬의 옷을 입고 분장해서 배경에 녹아든 모습을 사진으로 찍어 작품을 만든다. 〈계단〉이란 작품을 보면, 옷의 무늬와 색깔이 계단과 너무 비슷해서 세심히 들여다보지 않으면 어디에 사람이 있는지 파악하기 힘들다.

중국 작가 리우 볼린도 위장예술가다. 대표작이 없던 무명 시절, 그는 가족과 친구들로부터 왠지 멀어지는 느낌을 받았다고 한다. 존재감 없는 투명인간이 된 느낌 말이다. 그의 작품 〈슈퍼마켓 3〉을 보면 자신이 구입

리우 볼린, 〈슈퍼마켓 3〉
Liu Bolin, *Hiding in the City No. 96 Supermarket III*, 2010. Courtesy of Klein Sun Gallery and the artist, (c) Liu Bolin.

한 플라스틱병들 속에 파묻혀 주체성을 상실해가는 무기력한 현대인의 모습이 기발하게 표현돼 있다.

금융 측면에서 보면 배경은 실물경제다. 금융이 실물경제와 일체가 된다는 것은, 위장예술처럼 금융이 존재감을 잃고 실물경제 속에 녹아든다는 뜻이다. 이런 금융은 너무 소극적이다. 조금만 몸을 움직여도 배경과 어긋나 적에게 들키기 때문이다. 결국 아무 일도 벌이지 말고 가만히 있어야 생존할 수 있다는 것인데, 움직이지 않아야 생존하는 금융은 사실상 죽은 금융이다.

나는 남을 볼 수 있으되, 남은 나를 볼 수 없게 만드는 마지막 방법을 살펴보자. 표면이 빛을 굴절시키거나 흡수해도 남이 나를 볼 수 없다. '보이지 않는 비행기'로 알려진 스텔스기가 채택한 '감추기' 방법이다. 우리는 빛이 물체에 부딪힐 때 반사되는 가시광선을 통해 대상을 본다. 그래서 깜깜한 밤처럼 빛이 없는 데서는 대상을 볼 수 없다. 한편, 빛이 있어도 물체의 표면이 특이해 빛을 흡수하거나 굴절시키면 빛이 내 눈에 반사되지 않기 때문에 그 물체를 볼 수 없다. 『해리포터』에 나오는 투명망토처럼 이런 특성을 가진 물질을 메타물질이라고 한다. 스텔스기가 보이지 않는 이유는 빛을 사방으로 분산시키고 동시에 빛을 흡수하기 때문이다. 하지만 보이지 않더라도 비행기가 내뿜는 열은 감지할 수 있다. 열이 방사되면 적외선망원경으로 보는 것이 가능하다. 그래서 스텔스기는 열을 냉각시켜 방출하는 능력까지 갖추고 있다.

금융도 스텔스기와 유사한 특성을 가진다면, 금융위기 같은 외부의 적에 노출되지 않을 수 있다. 방법은 세 가지다. 첫째, 스텔스기가 빛을 흡수하듯 금융사가 충분한 자본력을 갖춰 위험을 흡수하면 된다. 둘째, 스텔스기가 빛을 굴절시키듯 위험과 충격이 비껴가게 하면 되는데, 이를 금융에서는 위험을 헤지hedge한다고 한다. 메타물체가 빛을 굴절시키듯 메타금융상품을 개발함으로써 위험을 굴절시켜 비껴가게 할 수 있다. 셋째, 스텔스기가 열감지기에 걸리지 않기 위해 열을 냉각시켜 방출하듯 다가온 위험을 변환시키는 능력 또한 필요하다.


지진을 피하는 '투명건물'과 경제위기를 피하는 '투명경제'

지진이란 땅속에서 발생한 에너지 파동이 지표까지 전달되어 땅이 흔들리는 현상을 말한다. 지진이 파동이라면, 스텔스기에서 설명한 대로 파동을 분산, 굴절, 흡수함으로써 지진이 건물을 비껴가게 할 수 있다. 투명망토로 가려 건물을 투명하게 만들거나, 스텔스기처럼 감추는 방법을 응용해 건물을 지을 수 있다면 지진파는 건물을 '못 보고' 지나치게 된다. 공상과학소설에나 나올 듯한 이야기지만 최근 실용 단계에 접근하고 있는 기술들이다. 지진을 막는 기본적인 접근법부터 살펴보자.

지진을 막는 방법으로는 내진耐震, 제진制震, 면진免震, 세 가지가 있다. **내진은 지진을 '견디어낸다'는 말이다.** 건물의 재질과 구조를 지진과 싸워 이겨내도록 튼튼하게 짓는 것이다. 구조와 재질이 지진으로부터 발생한 흔들리는 힘을 흡수하는 게 기본 원리다. 권투에 빗대어 말하면 건물의 맷집을 키우는 것으로, 대놓고 맞는 권투다. 전쟁으로 말하면 직접 맞붙어 싸우는 전면전이다. 그렇다면 어떤 건물이 진정 강한 건물인가. 단단한 게 강한가, 부드럽고 휘어지는 게 강한가? 일본 관동 대지진 후부터 진행된 유강柔强 논쟁이다.

지진이 자주 발생하지만 인명 피해가 거의 나지 않기로 유명한 뉴질랜드를 보자. 뉴질랜드는 왜 지진에 강한가. 건축법상 내진 설계를 엄격히 준수해야 하기 때문이기도 하지만 전문가들은 무엇보다 나무라는 재질과 나무를 사선으로 연결한 구조를 지적한다. 나무를 통해 부드럽게 휘어지고 어느 정도 흔들리게 하는 것이 건물의 붕괴를 막는다는 말이다. 철은 평상시에 흔들리지 않아 튼튼하지만 지진파에는 약하다. 한번 흔들리면 통제가 안 되기 때문이다. 목재는 부드럽고 유연해서 지진파에 휘고 흔들리지만 쉽게 부러지지 않는다. 휘고 흔들리는 유연성 덕분에 지진파를 견디는 것이다.

**제진은 지진을 '통제하는 것'이다.** 건물의 다양한 부분에 별도 장치를 내장시켜 지진에 상응하는 힘을 건물에서 중립화하거나 흡수하는 것이다. 내진이 얼굴을 그냥 들이대고 주먹을 맞는 것이라면, 제진은 몸과 얼굴을 흔들어 날아오는 주먹의 힘을 약화시키는 것이다. 버스가 흔들릴 때 양다리를 이용해 중심을 잡는 것과 같은 이치다.

**면진은 지진을 '피하는 것'이다.** 면진의 '면免'자는 '면역'이나 '면제'에 쓰는 한자와 같다. 정확히 표현하면 피한다기보다 지진이 건물을 비껴가게 하는 것이다. 가능하기만 하다면 제일 좋은 방법이다. 싸우지 않고 승리할 수 있으니 말이다. 권투로 말하면 맞지 않거나 맞더라도 최소한으로 맞는 권투다. 이론적으로 보면 건물을 지반으로부터 분리 또는 격리해 공중에 띄우면 지진파동을 완전히 피할 수 있다. 하지만 이는 공상과학소설이나 마그리트의 그림에서나 가능한 일이다. 현실적으로 가능한 기술은 건물과 지반이 닿은 면적, 그리고 마찰을 최소화하는 것이다. 건물과 지반 사이에 탄력성 있는 바퀴나 부드럽게 미끄러지는 물질을 설치해 지진의 영향을 최소화할 수 있다.

'왜 건물을 띄우지 못하랴Why not floating the building'라는 생각은 100여 년 전 세계적으로 유명한 건축가 프랭크 로이드 라이트에게서 시작됐다. 일본 제국호텔을 건축할 때, 지반이 충분히 단단하지 않다는 주장에 대해 로이드는 "건물은 반드시 지반에 고정되어야 한다는 고정관념에서 벗어나야 한다"고 주장했다. 무른 땅이 단단한 땅보다 오히려 지진에 더 강할 수 있다는 주장이었다. 실제로 일본 관동 대지진 때 무른 땅에 지어진 제국호텔이 살아남음으로써 '뜬 건물floating structure'이 더욱 주목받게 되었다. 현재 개발이 진행중인 최신 기술은 지진이 보지 못하는 투명망토seismic invisibility cloak를 건물에 씌워 지진파를 피하는 방법이다. '띄우기'가 아니라 '씌우기'를 통해 지진을 피해가는 방법이다.

내진, 제진, 면진, 이 세 가지 방법은 서로 배타적인 방법이 아니다. 상황에 따라 가장 적합한 방법을 선택하고, 필요에 따라 몇 가지를 동시에 사용하면 가장 효과적이다.

지진이 파동인 것처럼 기업이나 경제가 직면하게 되는 위기도 파동이다. 주기적으로 발생한다는 점, 특정 기업에서 발생해서 산업 전체로, 경제 전체로, 다른 국가로까지 전파된다는 점에서 파동적 성격이 강하다. 위기가 파동이라면 지진이란 파동을 막기 위해 개발된 혁신적 과학기술과 건물 설계방식에서 아이디어를 얻을 수 있지 않을까. 경제란 건축물을 경제위기란 파동으로부터 보호하기 위해서는 경제적 내진, 제진, 면진의 설계가 필요하다.

**경제적 내진은 무엇보다 경제체질을 강하게 하는 것이다.** 한국의 경우, 경상수지 흑자기조의 유지, 재정건전성, 높은 신용등급 등이 기본적 안전망이다. 한국은 1998년 외환위기 이후 고정환율제도를 변동환율제도로 바꾸었다. 변동환율제도처럼 유연한 제도는 평상시엔 조금 흔들릴지 몰라도 위기엔 강하다. 환율제도뿐 아니라 경직되지 않고 유연한 제도는 위기에 강하다.

**경제적 제진은 위험을 중립화시키고 흡수하는 장치를 경제 곳곳에 설치해놓는 것이다.** 하나의 기업, 하나의 산업에 너무 힘이 쏠리지 않도록 하고, 경제주체들이 스스로 위험관리를 할 수 있도록 다양한 보험과 위험헤지상품들을 활성화한다. 그리고 경제 곳곳에 내장되어 있는 지급보증은 위기 때 시한폭탄 역할을 하므로 평소에 일정 수준을 넘지 않게 관리해야 한다.

**경제적 면진은 우리 경제에 투명망토를 씌워 위기가 비껴가게 하는 것이다.** 과거에도 그러했고 미래 한국에 또다시 위기가 온다면 이는 자본의 유출입과 관련된 외화자금시장에서 발생할 가능성이 높다. 자본유출 때 위험을 흡수하는 것은 외환보유고다. 하지만 흡수만으론 부족하다. 자본의 흐름에서 발생하는 위험을 굴절시키고 변환시키는 전략을 고민해야한다. 투명망토가 지진파를 굴절시키듯, 과도한 자본유입은 자본유출로, 과도한 자본유출은 자본유입으로 중립화시킬 필요가 있다. 평상시 개인, 기업, 금융기관이 외국시장에 대한 투자를 늘리고 외화자산 보유를 확대하면, 경제적 지진파동이 급습해 자본이 유출될 때 지진파를 비껴가게할 수 있다. 자본유출로 인해 원화가치가 하락할 경우, 보유하고 있는 외화자산을 팔아 원화로 바꾸면 큰 이익을 볼 수 있기 때문이다.

지진의 경험에서 배웠듯이, 경제도 내진 설계만으론 강력한 지진에 대비하기 힘들다. 경제적 제진 설계와 면진 설계가 같이 추진되어야 한다. 경제도 '위기라는 적'에게 보이지 않는 것이 힘이다.

# 에셔의 물고기,
## 새가 되어 하늘을 날다

그림과 수학, 정말 관련 없어 보이는 분야다. 하지만 예술가들 못지않게 수학자들에게서 존경받는 예술가가 있다. 바로 천재 판화가 마우리츠 에셔다. 수학적 난제들을 기하학적으로 형상화해 미술계뿐 아니라 수학계, 과학계, 심지어 철학계에도 충격을 준 화가다. 에셔 작품의 주제는 패러독스다. 너무도 달라서 서로 대립하고 갈등하는 존재들이 등장하는데 희한하게도 이것들이 가까워지고 하나가 된다. 에셔는 다름, 갈등, 대립 속에서 남들이 보지 못하는 닮음, 화해, 조화를 본 것이다. 에셔의 천재적 투시력이 여기에 있다.

에셔는 낮과 밤, 하늘과 바다, 천사와 악마처럼 대립하는 두 대상을 바라보는 시각이 독특하다. 〈천국과 지옥〉이란 작품을 보면 하얀 천사와 검은 박쥐로 표현된 악마가 서로 겹치지 않고 정확히 아귀가 맞아떨어진 채 공간을 채우고 있다. 천사의 형상은 정확히 그를 둘러싸고 있는 악마의 형상에 의해 규정된다. 천사와 악마는 적이지만 상대방이 없으면 존재가치가 사라진다. 에셔의 작품에서 다름과 대립은 싸움과 적대감을 의미하지 않는다. 서로가 서로를 필요로 하는, 그래서 상대방이 없으면 나도 존재할 수 없는 관계, 즉 **서로가 서로를 품고 있는 관계**다. 정치에서 보수와 진보, 여권과 야권, 그리고 경제에서 실물과 금융, 대기업과 중소기업의 관계가 바로 이런 관계다. 둘의 관계는 적처럼 보이지만 사실은 서로가 서로를 필요로 하는 동지관계다.

한 걸음 더 나아가 에셔는 특정 대상이 전혀 다른, 대비되는 것으로 변해가는 과정도 기발하게 표현했다. 〈하늘과 바다 1〉(이하 '하늘과 바다')을 보자. 바닷속을 헤엄치던 물고기가 점차 하늘을 나는 새로 변해간다. 하얀 물고기는 배경인 하늘로 변하고, 원래 배경이었던 검은 바닷물은 검은 새가 되어 하늘로 날아간다. 주류가 비주류가 되고 비주류가 주류가 되는 것이다. 가난한 사람이 부자가 되고 부자가 가난한 사람이 된다고 생각해도 좋다. 미미하던 신생기업이 기발한 혁신을 통해 대기업으로 변하고 기존의 틀에만 얽매였던 대기업이 위축되는 경우로 해석해도 좋다. 이 작품은 자유민주주의의 본질을 표현한다고 볼 수 있다. 자유민주사회란, 구성원 누구라도 상하좌우 어느 방향으로든 이동할 수 있는 가능성

마우리츠 에셔, 〈하늘과 바다 1〉

이 열려 있는 사회다. 최소한 그럴 수 있다는 믿음이 있는 사회다. 물고기가 새가 되어 비상하듯 개천에서 용이 나올 수 있어야 진정한 자유민주사회란 뜻이다.

에셔의 통찰력은 대립과 갈등, 그 자체에 있지 않다. 에셔가 표현하고자 하는 것은 이질감에서 유발되는 갈등 자체가 아니다. 에셔가 독창적으로 보여주는 것은, 서로 다르고 첨예하게 대립하는 것처럼 보여도 결국은 하나라는 것, 그러니 화해하고 조화할 수 있다는 것이다. 이렇게 보면 에셔의 작품은 매우 따뜻하다. 수학적, 기하학적으로 치밀하게 구성된 작품임에도 불구하고 말이다.

이 작품에서 주목해야 할 또다른 점은 제목이다. 물고기가 새로 변해가는 과정을 표현했으면 제목이 '새와 물고기'가 되어야 맞지 않을까. '하늘과 바다'가 아니라 말이다. 작품을 자세히 보자. 정확히 말하면 새로 변한 것은 물고기가 아니라 검은 바닷물이다. 하늘 또한 새들이 비상할 수있게 구조를 짜주고 넉넉히 자리를 내주었다. 물고기가 새가 되기 위해선 물고기의 힘만으로는 부족하다. 대립을 조화로, 다름을 닮음으로 변화시키는 것은 배경이다. 현실에서도 마찬가지다. 빈자가 부자가 되고, 신생기업이 대기업으로 성장하려면 치밀하게 설계되고 포용력을 지닌 정책, 그리고 이를 뒷받침하는 사회적 공감대란 배경이 필요하다. 기성세대가 젊은이들에게, 윗사람이 아랫사람에게, 부자가 가난한 자들에게, 기득권자가 신규 참가자들에게, 그들도 날 수 있는 공간을 내주어야 대립이 조화로 변할 수 있다.

## 테셀레이션을 통한 치밀한 공간 분할

주제뿐 아니라 이를 기하학적으로 구현한 에셔의 방법 또한 독특하다. 회화기법 차원에서 보면 에셔의 가장 큰 특성은 쪽매맞춤, 즉 테셀레이션tessellation이다. 테셀레이션이란 동일한 기하학적 모양을 겹치지 않게 반복적으로 배열함으로써 특정한 평면을 빈자리 없이 채우는 공간 분할방식이다. 모자이크와 비슷하다고 생각하면 된다.

에셔는 스페인 그라나다에 있는 알함브라 궁전의 이슬람 아라베스크 무늬에서 많은 아이디어를 얻었다고 한다. 들어가고 나오는 모양을 갖는 두 형태가 정확히 끼워맞추어지는 방식이 반복돼 전체 공간을 생성한다. 〈하늘과 바다〉를 좀더 자세히 들여다보자. 이 작품에서 물고기가 새가될 수 있는 이유는 물고기와 새의 생김새, 즉 들어가고(오목) 나오는(볼록) 굴곡진 형태가 비슷하기 때문이다. 자세히 보면 새의 뾰족한 날개는 물고기의 뾰족한 지느러미와 겹친다. 그리고 볼록 튀어나온 물고기 주둥이는 새의 꽁지에 들어맞는다. 만일 새의 형태가 올록볼록, 들쑥날쑥하지 않고 보름달처럼 동그란 모양이었으면 이런 테셀레이션은 불가능하다. 물고기와 새의 경계 부분이 완전히 달라 보이지만 뒤집어보면 휘어진 정도, 즉 곡률이 일치하기 때문에 정확히 맞아떨어진다.


## 월마트는 에셔의 새, 아마존은 에셔의 물고기

경제적인 차원에서 보면 에셔의 〈하늘과 바다〉는 월마트와 아마존의 경쟁을 생각나게 한다. 월마트는 오프라인 유통업의 최강자다. 미국 주민 80퍼센트 정도의 주거지 10킬로미터 안에 월마트 매장이 위치한다고 할 정도로 거대한 유통망을 갖고 있다. 아마존은 최고의 전자상거래회사다. 지금 미국에선 양자 간의 경쟁이 치열하다. 월마트는 오프라인을, 아마존은 온라인을 평정하고 이제는 진정한 최강자를 가리기 위해 한판승부를 벌이고 있다.

먼저 싸움을 건 쪽은 물론 아마존이다. 책에서 시작했지만 신속한 배송을 무기로 유통상품을 급속히 확대해가고 있다. 음식물처럼 신선도가 요구되는 품목에서 소비자의 집 근처에 매장을 갖고 있는 월마트에 밀리기는 하지만 그 이외의 품목에서는 경쟁이 치열하다. 아직 오프라인 시장의 규모가 더 크기 때문에 월마트가 장악한 시장이 더 크다고 할 수 있지만, 아마존이 속도 혁신을 통해 무섭게 추격하고 있다. 이를 반영하듯 최근 월마트의 이익이 많이 줄고 주가가 하락하고 있다. 하지만 월마트도

호락호락하지 않다. 온라인 유통망에 과감히 투자를 확대해 아마존의 심장부를 겨냥하고 있다. 미국 내에서라면 이틀 만에 모든 품목이 배송되는 아마존의 프라임 서비스에 대응해, 사흘 만에 배송되는 온라인 타호 서비스를 시작했다. 이에 맞서 아마존은 하루 만에 배달되는 서비스를 내놓았다. 경쟁만큼 소비자에게 좋은 것은 없다. 두 기업의 경쟁이 치열해질수록 소비자들은 더 싸고 더 빠르게 상품을 구입할 수 있으니 말이다.

배송에 관한 한 아마존의 혁신은 육해공을 가리지 않는다. 아마존은 2013년 드론을 통한 상품 배송을 허락해달라고 미 항공 당국에 요청했다. 월마트도 드론의 사용 허가를 요청했다. 월마트와 아마존은 오프라인과 온라인이란 차이가 있을 뿐, 둘 다 소매 유통채널로서 비즈니스의 본질이 같기 때문에 에셔의 물고기와 새처럼 상대방으로 변환될 수 있다. 서로가 서로에게 접근해갈수록 경쟁이 치열해질 수밖에 없는 이유다. 에셔의 〈하늘과 바다〉에 비유하면, 아마존은 바닷속을 벗어나 하늘(오프라인)로 비상하고자 하는 물고기요, 월마트는 하늘뿐 아니라 깊은 물속(온라인)까지도 넘보는 새와 같다. 과연 물고기가 바다를 박차고 나와 하늘로 비상할 수 있을지, 하늘을 나는 새가 먹잇감을 찾아 깊은 바닷속으로 잠수할 수 있을지, 결과가 궁금하다.

금융의 차원에서 보면 테셀레이션은 위험헤지, 특히 동적헤지dynamic hedge와 유사하다. 헤지란 주식을 사면 선물futures 같은 파생상품을 팔고, 주식을 팔면 파생상품을 사서 주가 변화와 관계없이 수익구조의 모양을 일정하게 만드는 것을 말한다.7 사고파는 들쑥날쑥한 모양이 정확히 테셀레이션을 닮았다. 특히 동적헤지는 주가가 변할 때마다 지속적으로 아귀를 맞추어 수정해가는 것이다. 〈천국과 지옥〉에서 주변으로 갈수록 천사와 악마가 결합된 모양이 작아지듯 주식투자 포지션이 작아지면 맞물린 파생상품도 같이 작아진다.

최근 한국 사회에는 갈등과 대립이 많아졌다. 경제성장이 충분히 높은 사회에선 웬만한 갈등은 잠복한다. 경제주체들에게 돌아오는 파이가 충분히 커지기 때문에 굳이 조그만 이익관계에 집착해 싸울 필요가 없는 것이다. 하지만 성장률이 낮아지고, 특히 저성장이 고착되면 세상이 달라진다. 이젠 나누는 문제가 중요해진다. 모두들 자기 자신에게 돌아오는 파이에 대해 민감하게 반응한다. 전체 파이가 커지지 않으니 물어뜯고 싸워서라도 자신이 차지하는 몫을 키우려 한다. 한국의 경제성장률이 3퍼센트 아래로 떨어졌다. 이미 한국 경제는 저성장 경제로 진입한 것이다. 이럴 때일수록 한국 사회에도 갈등과 대립을 아름다운 조화로 그려내는 에셔의 지혜가 필요하지 않을까.

## "그들이 되기 전에는 절대 그 이상을 볼 수 없다"

그림이 그림을 그릴 수 있을까. 다소 엉뚱한 이 발상은 에셔의 유명한 작품 〈그리는 손〉의 주제다.

위쪽 손이 펜을 들고 아래쪽 손을 그리고 있는데, 자세히 보니 동시에 위쪽 손이 아래쪽 손에 의해 그려지고 있지 않은가. 어느 손도 다른 손 없이는 존재할 수 없다. 에셔가 그리고자 한 것은 손 자체라기보다 한 손이 다른 손을 잉태하고 있는 모순적 순환관계다. 이 같은 순환의 패러독스는 에셔 작품의 가장 큰 특징 중 하나다. 그렇다면 우리는 어떻게 이 작품이 이상하고 모순적이라고 느끼는 것일까. 답은 우리가 작품 밖에서 작품을 보고 있기 때문이다. 그림을 그리는 진짜 손은, 그림 속 손이 아니라 그림 바깥에 있는 에셔의 손이라는 사실을 알고 있기 때문이다.

에셔는 "진정한 화가는 눈에 보이는 것 이상을 볼 수 있어야 한다"고 말했다. 그리고 "그들이 되기 전에는 절대 그 이상을 볼 수 없다"고 보는 방법까지 말해줬다. '그들'이란 그림 밖에서 그림을 보는 자들이다. 우리가 그림 속에 함몰돼 있으면 그림 안에 존재하는 잘못을 절대로 인식할 수 없다. 그림에서 벗어나서 봐야 비로소 잘못이 보인다. 한 단계 높은, 바깥 세계의 시각이야말로 에셔가 말한 '그들'의 시각이다. 분야는 다르

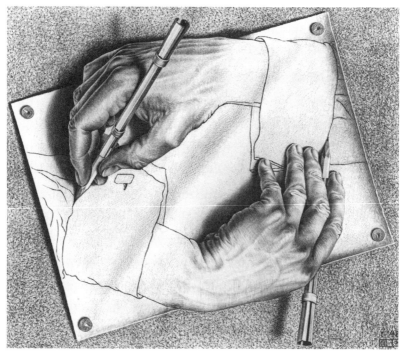

마우리츠 에셔, 〈그리는 손〉
M.C. Escher's "Drawing Hands"

지만 아인슈타인의 통찰력과 일맥상통하는 대목이다. 아인슈타인은 상대성이론 발표 후 인터뷰에서 말했다.

"지극히 어려운 문제는, 그 문제가 논의되는 차원과 동일한 차원에서는 결코 풀어낼 수 없다. 문제가 제기된 차원과는 차원이 달라져야 해결책을 구할 수 있다."

글로벌 경제에도 모순적 순환이 반복된다. 〈그리는 손〉처럼, 기존 위기를 해결하기 위해 양적완화quantitative easing정책을 그린 경제정책의 손이 이미 또다른 위기의 손을 그려버렸다. 위기 극복을 위해 태어난 양적완화가 또다른 위기 가능성을 잉태하고 있다는 말이다.

한국 경제에 주는 시사점도 있다. 경제위기도 에셔의 말처럼 우리가 아닌 '그들'의 입장에서 생각해야 한다. 에셔 작품에서 '그들'은 화폭 너머에 있는 화가요, 관람자다. 한국 경제에서 '그들'은 외국인 투자자들이다. 우리가 아무리 불평하고 반론을 제기해도 그들은 항상 '그들의 관점'에서 한국을 본다. 그림을 벗어나야 그림의 잘못이 보이듯, 우리의 시각을 벗어나야 한국 경제의 문제가 더 잘 보일 수 있다. '그들'이 한국 경제의 건전성을 평가하는 대표적 지표는 경상수지 흑자, 단기외채비율, 예대비율, 국가신용등급, 그리고 외평채의 신용부도스와프Credit Default Swap 프리미엄이다.[8] 한국 경제에 시스템 위험을 유발하는 자본유출은 우리의 의지와 관계없이 '그들'이 행하는 것이니, 효과적인 위기관리를 위해서는 '그들'의 입장에서 생각하는 지혜가 절실하다.

# 시스티나 성당의 〈천지창조〉,
마지막 순간은 필요한 에너지가 다르다

## '다른 에너지'로 채워야 할 '열린 공간'

바티칸 시스티나 성당에 미켈란젤로가 그린 르네상스 시대의 걸작, 〈천지창조〉가 있다. 그중 한 장면이 〈아담의 창조〉다. 이 작품에서 가장 주목해 봐야 할 곳은 살짝 떨어져 있는 손가락 끝이다. 하느님이 아담에게 뻗치는 손을 보면 손가락이 닿을 듯 말 듯한 상태이지 결코 직접 닿아 있지 않다.

　손을 꽉 잡아주는 형태로 그릴 수도 있었을 텐데 왜 미켈란젤로는 두 손가락 사이에 살짝 열린 공간을 두었을까. **서로가 서로를 향하되 절대 완결되지 않고 '열려 있는 상태', 바로 이것이 창조의 본질이기 때문이다.** 동시에 두 손을 이어주는 것은 신체적 접촉 이상의 그 무엇이어야 한다는 사실을 암시하고 있다. 미켈란젤로가 표현하고자 한 것은 찌르르 '다른

미켈란젤로, 〈아담의 창조〉

에너지'로 채워야 할 '열린 공간'이다. 종교적 의미를 부여한다면 믿음이나 신앙심이 바로 그 다른 에너지일 수 있겠다.

〈아담의 창조〉에서 하느님과 천사들을 둘러싼 두루마기가 뇌의 모양과 비슷하다고 말하는 사람들도 있다. 모양말고도 뇌의 세포구조가 〈아담의 창조〉와 비슷한 면이 있다. 뇌에서 신경세포(뉴런)와 신경세포를 연결하는 부분을 시냅스라고 한다. 신경접합부 정도로 번역할 수 있겠다. 그런데 특이한 점은 이 시냅스가 서로 완전히 붙어 있는 것이 아니라 살짝 떨어져 있다는 점이다. 신경세포 끝부분까지는 정보가 전기신호로 오지만, 전기에너지로는 시냅스를 통과할 수 없기에 다른 신경세포로 정보가 전달될 수 없다. 시냅스에선 도파민 같은 신경전달물질 형태의 화학신호로 바뀌어야 정보가 전달된다. 시냅스공간은 너무도 미세하지만 이 공간을 채우기 위해서는 전기에너지와는 전혀 다른 화학에너지가 필요한 것이다. 최첨단 자동차를 타고 왔어도 시냅스란 바다는 배가 있어야만 건널 수 있다.

충분한 양의 전기에너지가 들어와 신경세포 말단에 있는 신경전달물질의 저장소를 자극하면, 여기서 신경전달물질이 분비되어 나온다. 도파민, 세로토닌, 아세틸콜린, 에피네프린 같은 신경전달물질은 살짝 떨어진 건너편에 있는 신경세포의 수용체와 아귀가 정확히 맞아떨어져야 전달될 수 있다. 특정한 신경전달물질이 특정한 모양을 한 열쇠라면, 여기에 맞는 자물쇠 모양을 갖는 특정 수용체만이 신경전달물질을 받아들일 수 있다. 이 결합을 통해 정보가 전달된다. 이를 화학시냅스라고 한다.

흘러들어온 전기에너지를 그냥 전달하면 될 텐데 왜 굳이 신경전달물질이라고 하는 화학에너지로 변환시켜 신호를 전달하는 것일까. 무엇보다 다양성을 확보할 수 있기 때문이다. 서로 다른 신경전달물질은 서로 다른 정보를 전달하고, 서로 다른 수용체는 서로 다른 신경전달물질과 결합된다. 뇌는 아무 정보나 도매급으로 처리하지 않는다. 전기에너지가 아무리 많이 들어와도 이를 일률적으로 전달하지 않는다. 뇌는 다양한 열쇠와 자물쇠를 가지고 있기 때문에 짝이 맞는 적합한 정보만 전달한다. 맞지 않는 열쇠는 수용체가 거부한다. 인간의 뇌는 본질적으로 까다롭다. 뇌는 선별적으로 작동해 다양성을 소중히 여기도록 진화한 것이다.

## '달성'과 '거의 달성'은 하늘과 땅 차이다

마지막 마무리가 부족할 때 흔히 "2퍼센트가 부족하다"는 말을 한다. 98퍼센트까지 잘해온 사람이, 혹은 기업이 왜 마지막 2퍼센트가 부족해 실패하는 것일까. 마지막 완성을 위한 2퍼센트는 그전의 98퍼센트와 다르기 때문이다.

다르다는 것은 두 가지 의미에서다. 첫째는 필요한 에너지의 종류는 같은데, 필요한 양이 확연히 다른 경우다. 만일 어떤 일을 완성하는 데 에너지 100이 필요하다고 하자. 50퍼센트까지 완성하는 데 에너지 50이, 98퍼센트까지 완성하는 데 에너지 98이 필요한 것이 아니다. 예를 들면 98퍼센트 완성할 때까지 50이 들고, 나머지 2퍼센트를 완성할 때 나머지 50이 필요할 수 있다. 그러면 나머지 2퍼센트를 완성하기 위해 2의 에너지만을 투입하는 사람은 당연히 실패한다. 10이나 20을 쏟아부어도 부족할 수 있다. 그런 상황에서 "거의 다 되었습니다"라는 말은 "전혀 안 되어 있습니다"라는 말에 더 가까울 수 있다. 그래서 마무리짓는 일이 그토록 어려운 것이다. 예술작품이든, 신제품 개발이든, 극지탐험이든, 과학실험이든 마지막 단계에서 실패하는 경우가 많은 이유도 여기에 있다.

흔히 "어떻게 2퍼센트밖에 남지 않았는데 포기할 수 있는가" "어떻게 마지막 단계만 남았는데 실패할 수 있는가"라고 한다. 하지만 틀린 말이다. '마지막 2퍼센트이기 때문에', 또는 '마지막 단계이기 때문에' 그만큼 어렵고 실패 가능성이 높은 것이다. 기업의 CEO라면, 조직 내외에서 이런 말들을 수없이 많이 들어보았을 것이다. "거의 다 되었습니다" 또는 "조금만 더 하면 됩니다" 하는 말들을. 하지만 그런 말은 "아무것도 되지 않았다"는 말과 진배없다.

두번째 경우는 마무리 단계에서 필요한 에너지가 이전에 사용하던 에너지와는 다른 경우다. 시냅스공간 또는 시냅스간격은 30나노미터 정도의 지극히 미세한 간격이지만 전기신호는 통과하지 못한다. 전기신호가 신경전달물질을 통해 화학신호로 전환되어야 이 '넓은 바다(?)'를 건널 수 있다.

일상생활에서도 마지막 순간에 전혀 다른 에너지가 필요한 경우가 있다. 싸움에서는 깡이라고도 하고, 운동에서는 정신력, 군대에선 군기라고 한다. 경기에서 승리하거나 행군 마지막 순간에 낙오하지 않으려면 단순한 체력과는 다른 그 무엇이 필요하다. 다른 에너지가 필요하다는 말이다. 마지막 2퍼센트, 그림이든 상품이든 명품의 차이는 바로 이 2퍼센트의 차이다. 이 작은 차이를 메우기 위해 평생을 투자하고 엄청난 자금을 투자하는 것이다. 미세해 보이지만 너무도 큰 차이가 명품이냐 아니냐를 가르고 가격 차이를 결정한다. 뭔가 다른 것으로 채워져야 할 부분이다. '달성'과 '거의 달성'은 하늘과 땅 차이다. 아인슈타인의 말을 빌리자면, **"원자와 원자 사이의 공간은 우주공간만큼이나 넓다".**

덴마크의 지방세와 오바마의 총기 규제가 실패한 이유[9]

좁은 것 같지만 넓다. 가까운 것 같지만 멀다. 아는 것 같지만 사실은 모른다. 정책을 만드는 정책입안자와 이를 수용하는 국민 간에 생각의 차이가 얼마나 큰지를. 국민의 생각과 반응이 어떠할지 예상하고 정책을 시행하지만 막상 뚜껑을 열어보면 다른 경우가 허다하다. 그제서야 그 좁아 보였던 차이가 얼마나 큰 것인지 깨닫는다. 아인슈타인의 말을 응용하면, 정책입안자와 정책수용자 사이의 공간은 너무도 넓다. 그리고 이 공간은 냉철한 이성과 합리적 분석만으로 좁히기 힘들다. 다른 에너지가 필요하다. 진정 국민의 마음을 헤아리는 배려, 그리고 국민이 단순히 정책을 받아들이고 순응하는 로봇이 아니라 한발 앞서 생각하고 대처하는 적극적 경기자active player임을 인식해야 이 간극이 메워질 수 있다. 또한 힘있는 갑이 을의 생각을 아우를 수 있는 포용력이 있어야, 이 새로운 에너지로 부족한 공간을 채울 수 있다.

비만은 만병의 근원이다. 유전, 스트레스, 운동부족, 생활습관 등 여러 가지 원인이 있지만 아무래도 먹는 것과 관련이 많다. 불포화지방, 즉 콜레스테롤이 주범으로 지목되어 지방 섭취를 줄이자는 캠페인이 광범위하게 진행되었다. 심지어 국가 차원에서 포화지방이 일정 수준(2.3퍼센트) 이상 함유된 버터, 우유, 치즈, 육류 등의 식품에 지방세fat tax를 부과하는 나라까지 생겼다. 바로 덴마크다. 이유는 충분히 이해된다. 지방이 그렇게까지 국민 건강을 해치는 것이 확실하다면 국가가 관리하는 게 당연하다. 의료비, 건강보험 등 정부가 부담해야 할 비용을 선제적으로 줄인다는 의미도 있다. 지방세로 거두어들인 세금은 국민 건강을 위한 재원으로도 사용될 수 있으니 일석삼조의 효과가 기대된다는 게 지방세 도입 당시 덴마크 정부의 발표였다. 지방세는 세계적인 주목과 부러움을 받으며 2011년에 닻을 올렸다. 영국을 비롯해 많은 국가들에서도 지방세를 도입하자는 목소리가 높아졌다. 하지만 덴마크의 지방세는 2012년, 도입한 지 1년 만에 서둘러 닻을 내렸다.

국민 건강을 위해 시작한 지방세는 왜 실패했을까. 한마디로 정책입안자와 수용자 간의 거리가 생각한 것보다 훨씬 멀었기 때문이다. 덴마크 국민이 정부가 예상한 대로 로봇처럼 행동하지 않았다는 뜻이다. 더 직설적으로 말하면 덴마크 국민은 정부의 정책적 기대에 순응해 움직이는 로봇이 아니었다. 덴마크 국민은 포화지방이 많이 함유된 식품 수요를 줄이지도 않았고, 세금이 더해져 값이 오른 식료품을 구입하지도 않았다. 대신 이웃나라 독일이나 스웨덴 등에서 이전에 먹던 식품을 그대로 구입했다. 국민의 지방 섭취는 줄지 않고, 낙농제품이나 육류를 생산하던 덴마크의 농가들만 판매급락으로 손해를 보았다. 원재료를 가공하던 업체들도 문을 닫아 실업률이 급증했다. 국민의 분노가 위험 수준까지 다다르자 정부는 서둘러 지방세를 폐지했다. 그리고 다음 단계로 자신 있게 추진하던 설탕세sugar tax 도입계획도 취소했다.10 의도는 좋았지만 국민의 반응을 잘못 예측한 것이 화근이었다. 아무리 세금에 대한 순응도가 높은 덴마크 국민이지만 가격 인상, 특히 세금 부과에 저항이 강하고, 사방이 이웃 국가와 연결된 개방경제하에서 쉽게 대체재가 구해질 수 있다는 사실을 간과했던 것이다.

무엇보다 세금을 부과한 식품들이 국민의 생활과 너무 밀착된, 없어서는 안 될 식품이었다는 점도 문제였다. 지방 좀 덜 먹기 위해 포기할 수 있는 식품들이 아니었단 말이다. 한국의 경우로 비유하자면, 국민의 소금 소비량을 줄이겠다는 목적으로 김치세를 매긴 것과 같은 꼴이다. 덴마크 정부는 국민이 지방세에 대해 순응하는 소극적 반응자passive responder가 아니라 이를 문제로 인식하고 해결책을 모색하는 적극적 경기자임을 알지 못했다. 국민을 위한 정책이었으나 국민의 관점에서 생각하지 못했던 것이다. 아무리 명분이 좋은 정책이라도, 국민이 수용하는 건 또다른 차원의 문제다. 뇌의 시냅스처럼 전기에너지로는 소통할 수 없고 화학에너지로 전환되어야 소통할 수 있다. 코드가 맞아야 한다는 말이다.

미국의 총기 규제도 비슷하다. 오바마 대통령 취임 후, 하루가 멀다 하고 빈번하게 발생하는 총기사고 문제를 해결하기 위해 총기 구입을 엄격히 규제하겠다고 발표했다. 사실 총기 규제정책은 실로 용기 있는 정책이었다. 그동안 총기 제조업자들의 강력한 로비 때문에, 말을 그럴싸하게 한 사람들은 많았어도 실질적인 총기 규제안을 들고 나온 대통령은 거의 없었기 때문이다. 그러나 결과는? 앞으로 총기를 구입하지 못할 가능성을 고려해, 총을 갖고 있지 않았던 사람들까지 너도나도 총기를 구입하기 시작했다. 총기산업은 때아닌 특수를 맞기까지 했다. 오바마 정부는 국민이 이런 반응을 보이리라고는 전혀 생각하지 못했다. 총기가 생명을 위협하는 위험한 무기인 만큼, 미국 국민이 가장 두려워하는 상황은 남들은 모두 총기를 가졌는데 나만 못 가지고 있는 상황이다. 총기 구입 규제강화는, 원하면 언제나 살 수 있는 가능성을 봉쇄함으로써 그러한 최악의 경우를 현실화시키는 조치로 해석되었다. 이전까지는 원하면 언제든 구입할 수 있다는 열린 가능성이 그나마 총기 구입 수요를 줄이고 있었던 것이다.

흔히 경험하는 일이지만, 정치인이나 정책입안자는 스스로 국민과 거리가 지극히 가깝다고 생각한다. 원자와 원자 사이의 거리만큼이나 말이다. 이 정도 미세한 차이면 국민의 마음을 충분히 읽고 있다고 확신하기 쉽다. 하지만 이 차이는 아인슈타인의 말처럼 우주공간만큼이나 넓을 수 있다. 그리고 이 거리는 전혀 다른 에너지에 의해서만 좁혀지고 메워질 수 있다. 〈아담의 창조〉를 완성하는 신앙심처럼, 뇌세포에서 신호를 전달하는 신경전달물질처럼, 열려 있는 공간을 채우는 것은 기존과는 다른 에너지다.

# 앵그르와 들라크루아를 통해 본
## '아폴로 경제'와 '디오니소스 경제'

그림을 보다보면 주제는 비슷한데 확연히 다른 느낌을 주는 그림들이 있다. 예술에 대한 조예 또한 대단했던 철학자 니체는 예술작품을 '아폴로적인 예술'과 '디오니소스적인 예술'로 구분했다.11 아폴로는 빛의 신으로 순수하고 고상하며 이성적인 절제의 신이다. '바쿠스'라고도 불리는 디오니소스는 포도주의 신이다. 포도주가 상징하듯 디오니소스는 충동적이고 광적이며, 속박과 경계를 허무는 해체의 신이다. 니체의 기준에서 보면 그리스와 로마를 동경하는 신고전주의는 아폴로적 예술이며, 격정적인 낭만주의는 디오니소스적 예술이다. 미술사학자 하인리히 뵐플린의 분류에 따르면, 아폴로적 예술은 르네상스적 예술이요, 디오니소스적 예술은 바로크적 예술이다. 예술의 역사를 보면 마치 경제에서 호황과 불황, 정상과 위기가 거듭되는 것처럼 아폴로적 예술과 디오니소스적 예술이 주기적으로 반복된다.

## 질서정연하고 꽉 짜인 앵그르의 작품
## vs 격정적이고 무질서한 들라크루아의 작품

아폴로적 미술을 대표하는 장 오귀스트 도미니크 앵그르와 디오니소스적 미술을 대표하는 외젠 들라크루아는 19세기 초·중반 프랑스를 대표하는 거장들이었다. 앵그르는 당시 주류였던 신고전주의의 최고 거장이었고, 들라크루아는 신고전주의를 극복하고자 했던 낭만주의의 선봉장이었다. '왕'이라는 비슷한 주제가 얼마나 다르게 그려질 수 있는지 살펴보자.

앵그르의 〈왕좌에 앉은 나폴레옹 1세〉는 황제로 즉위하는 나폴레옹 1세를 묘사하고 있다. 근엄하게 앉아 기다란 두 개의 황제봉을 들고 있는 구도는, 전통적으로 제우스를 그릴 때 화가들이 사용했던 구도 그대로다. 나폴레옹의 모습은 한 치의 흐트러짐 없이 곧고 빳빳하다. 부러질지언정 구부러지거나 휘지 않을 자세다. 조각같이 딱딱해 오히려 표정이나 자세가 자연스럽지 않고 인위적이다. 하얗고 붉은 황제복에 휘감겨 있는 얼굴은 검은색 배경에 대비되어 과장되게 빛난다. 특히 인체의 윤곽선이 명확하기 때문에 인물과 배경의 경계가 확연히 구분된다. 수직으로 세운 꼿꼿한 자세, 그리고 사선으로 길게 뻗어 있는 두 개의 황제봉이 역삼각형 구도를 이룬다. 전형적인 직선 구도다. 형태와 색이라는 회화의 기본 골격에서 보면, 뚜렷한 선과 형태가 색보다 부각되는 그림이다. 사용된 하얀색, 진홍색, 검은색은 채도가 높아 맑고 순순한 느낌을 준다. 구성도 질서정연하고 깔끔하다. 물리학 용어로 표현하면, 무질서하지 않고 정돈된 작품, 즉 엔트로피가 매우 낮은 작품이다.

장 오귀스트 도미니크 앵그르, 〈왕좌에 앉은 나폴레옹 1세〉

이처럼 인위적이고 이성적인 앵그르의 그림을 참지 못하고 극복하려한 화가가 바로 들라크루아다. 〈사르다나팔루스의 죽음〉이란 작품을 보자. 사르다나팔루스는 아시리아의 마지막 왕인데, 그가 반란군에게 죽임을 당하기 전 궁전 하렘의 여인들을 몰살시키는 장면을 상상해 그렸다. 한마디로 아비규환이요, 전형적인 디오니소스적 그림이다. 격정적인 몸부림, 마치 피가 흐르는 것 같은 진홍색 침대보, 여기저기 어지럽혀져 있는 보물들, 모두가 혼란스럽고 무질서하다. 엔트로피가 높은 작품이다. 팔을 받치고 비스듬히 누워 몰살 장면을 바라보는 왕의 모습은 앵그르가 표현한 곧고 뻣뻣한 나폴레옹과 명료하게 대비된다. 윤곽이 희미해 사람들과 배경이 제대로 구분되지 않고 그저 격정적 색들이 뒤섞여 몸부림

외젠 들라크루아, 〈사르다나팔루스의 죽음〉

치고 있다는 느낌을 준다. 화면을 뒤덮고 있는 색들은 주로 붉은색, 하얀색, 검은색 계열로 앵그르의 그림에 사용된 색들과 매우 비슷하지만 색들의 채도가 낮아 탁하다는 느낌을 준다. 특히 색의 역할이 다르다. 들라크루아의 그림은 앵그르의 그림과 달리 형태 없이 색의 흐름과 조화만으로도 그림이 될 것 같은 그림, 즉 색이 형태를 주도하는 그림이다.

〈사르다나팔루스의 죽음〉은 미국 연방준비제도이사회(이하 '연준') 의장을 역임한 앨런 그린스펀이 처음 말한 '비이성적 과열irrational exuberance'이란 경제용어가 꼭 들어맞는 그림이다. '비이성적 과열'은 미국 증시가 버블 경고에도 불구하고 거침없이 상승하던 1996년, 그린스펀이 이성을 잃고 과열된 증시를 빗대어 한 말이다. 프랑스의 대문호 빅토르 위고는 들라크루아의 〈사르다나팔루스의 죽음〉을 회화의 주류가 신고전주의를 벗어나 낭만주의 시대로 접어드는 전환점이 되는 가장 중요한 작품이라고 평가했다. 정적이고 안정적인 구도, 그리고 절제된 색조를 특징으로 하는 신고전주의 미술을 뿌리째 흔들고 있기 때문이다.


## 서로 충돌하며 순환하는 아폴로 경제와 디오니소스 경제

극단적으로 상반되는 아폴로와 디오니소스의 프레임이 적용되는 대상은 예술만이 아니다. 경제에도 앵그르의 그림처럼 정적이고 이성적인 경제(아폴로 경제)가 있고 들라크루아의 그림처럼 격정적이며 비이성적인 경제(디오니소스 경제)가 있다. 시기적으로 보면 2008년 글로벌 경제위기가 닥치기 이전의 10년간은 광기와 격정이 넘쳐흐르는 디오니소스 경제였다. 부동산도 주가도 그야말로 비이성적 과열 상태였다. 마치 죽음을 눈앞에 둔 사르다나팔루스 왕의 요동치는 궁전처럼 말이다. 그러다 미국에서 서브프라임 사태가 터졌고 연이어 유럽에서 그리스발 위기가 발생했다. 이후 경기침체를 맞은 세계 경제는 비이성적 과열에 대한 반발 내지 반성으로 안정과 정적인 질서가 강조되는 아폴로 경제로 복귀했다. 앵그르의 그림에 나타나는 뚜렷한 윤곽선처럼 정부와 시장 간, 실물과 금융 간, 그리고 은행과 자본시장 간에 칸막이가 높게 쳐졌다.

경제도 아폴로와 디오니소스의 프레임에서 배워야 할 점이 있다. **합리적으로 잘 돌아가는 경제만이 '정상'이고 격정이 넘쳐나는 경제, 그리고 위기에 빠진 경제는 '비정상'이라는 생각은 틀렸다.** 안정과 위기가 서로를 극복하고 순환하며 돌아가는 게 바로 '정상적 경제'다. 때로는 질서정연하고 이성적으로 보이지만 때로는 무질서하고 비이성적이고 광적이기도 한 것이 엄연한 현실 경제다. 두 힘이 충돌하며 발전하는 예술처럼 경제도 이성과 격정, 질서와 무질서가 충돌하며 발전한다.


## 인생 자체가 아폴로와 디오니소스의 투쟁 과정

사실 우리가 살아가는 인생 자체가 아폴로적 시기와 디오니소스적 시기가 순환되며 진행된다. 일주일만 보더라도 그렇다. 월요일부터 금요일까지는 꽉 짜인 직장생활이 주도하는 아폴로적 요일이요, 금요일 저녁부터 일요일까지는 여유를 갖고 긴장을 풀 수 있는 디오니소스적 요일이다. 계절적으로도 비슷하다. 봄을 거쳐 휴가철인 여름까지는 들떠 있는 디오니소스적 계절이요, 가을을 거쳐 겨울까지는 가라앉은 아폴로적 계절이다. 하루만 놓고 보더라도 아침에 일어나 출근하고 저녁에 퇴근할 때까지는 아폴로적 시간인데 반해, 퇴근 후 생맥주 한잔에 영화 한 편 볼 수 있는 밤은 디오니소스적 시간이다. 대한민국은 디오니소스 시대를 제대로 경험하지 못했다. 제대로 흥을 돋우며 놀아본 적이 없다는 말이다. 그래서 디오니소스적 에너지가 부족하다. 열정과 감성, 그리고 높은 엔트로피는 젊은이를 규정하는 가장 큰 특성이다. 한국의 학생들이나 젊은이들은 너무 착하다. 착하다는 말은 아폴로적이란 말과 비슷하다. 때로는 자신만의 세계에 흠뻑 취하기도 하고, 끓어오르는 열정을 뿜어내기도 하고, 반항도 해봐야 디오니소스적 또는 바로크적 에너지가 생긴다. 분명 디오니소스는 우리 사회와 문화, 그리고 경제를 구성하는 하나의 근본적 힘이다.

디오니소스적 기업은 아직 젊은 창업기업이나 벤처기업에서 나올 가능성이 높다. 대기업은 질서와 합리성이 우선시되는 아폴로적 기업일 수밖에 없다. 열정적이고 튀는 창업기업이 계속 생겨나야 기업 생태계에서도 아폴로와 디오니소스가 균형을 이룰 수 있다. 경제가 지속적으로 성장하려면 합리적 아폴로와 열정적 디오니소스라는, 근본이 서로 다른 두 개의 에너지가 필요하다. 두 에너지가 서로 대립하고 경쟁하면서 조화롭게 꼬여야 한국의 경제도 사회도 문화도 균형 있게 발전할 수 있다. 한국 사회를 보면 한쪽 줄이 현저히 짧다. 한쪽 줄이 아무리 길어도 다른 줄이 현저히 짧으니 성장의 새끼줄을 길게 꼬아나갈 수 없다. 무엇보다 필요한 것은 좌충우돌하며 튀는 젊은 세대와 젊은 기업을 받아들이는 기성세대와 기득권 그룹의 포용력이다. 한국에서도 경제와 문화의 낭만주의, 그리고 이를 선도하는 경제와 문화의 들라크루아를 보고 싶다.

# 피카소보다 미래파 닮아야,
## 한국 경제 성공한다

### 피카소는 눈이 팔에 달린 외계인

파블로 피카소의 눈은 외계인의 눈이다. 사물을 바라보는 시각이 하나로 고정되어 있지 않고 상하좌우 다양하다. 눈은 앞에서 보고, 코는 옆에서 보고, 귀는 위에서 본 것을 하나의 평면 화폭에 재통합해 그려내기 때문이다. 피카소가 입체파로 불리는 이유다. 지구에 사는 우리의 눈은 두 개이고 두 개 모두 얼굴 앞에 박혀 있기 때문에 이런 식으로 대상을 볼 수 없다. 만일 눈이 네 개 정도 있고 눈이 팔처럼 얼굴에서 길게 빠져나와 여기저기를 유영할 수 있는 외계인이라면 정확히 피카소 같은 그림을 그릴 수 있을 것이다. 팔이 네 개이고 팔 끝에 있는 네 개의 손에 각각 눈이 붙어 있다고 상상해도 된다.

피카소 그림은 얼핏 보면 대상이 마구잡이로 해체되고 덧붙여진 듯 보

파블로 피카소, 〈우는 여인〉

이지만 사실 이는 대상을 바라보는 시각이 하나에서 여러 개로 확장됐을 때 나타나는 당연한 결과물이다. 바로 입체파가 회화에서 이룩한 혁신이기도 하다. 〈우는 여인〉은 피카소의 연인 중 한 명이었던 도라 마르를 모델로 한 그림이다. 눈물방울이 손톱과 겹쳐 흘러내리고, 통곡하며 일그러진 얼굴 모습이 입체적으로 해체되어 표현되어 있다. 피카소는 진실을 보려면 다양한 시각에서 보아야 한다며 대상을 해체하고 다양한 각도에서 재조합했다.


## 미래파, 화폭 속에 시간과 속도를 담다

피카소 그림은 대상을 바라보는 눈이 여러 개여서 상하좌우를 동시에 그려낼 수는 있지만 여전히 정적이다. 시간이 특정 시점에 고정되어 있기 때문에 시간 흐름에 따른 동적인 변화 모습은 담아낼 수 없다. 그렇다면 과연 다양한 시각視角이 아니라 다양한 시간時間 흐름을 하나의 화폭에 담아내는 그림이 가능할까.

　20세기 초 이탈리아를 중심으로 풍미했던 미래파가 추구했던 회화다. 미래파는 시간의 흐름에 따른 대상의 움직임, 그리고 여기서 발생되는 속도감과 역동성을 표현하고자 했다. 입체파 이전까지 대부분의 그림은 고정된 시점時點에, 고정된 시각에서 바라본 대상을 그렸다. 피카소를 비롯한 입체파가 고정된 시각을 자유롭게 해방시켰다면 미래파는 고정된 시간을 해방시켰다. 미래파는 시각은 고정시키되 시점을 변화시키며 대상이 변하는 모습을 그렸다. 마침내 속도와 역동성을 구현해낼 수 있게 된 것이다. 동시에 미래파는 겉으로 드러난 피상적 모습보다 그 안에 내재되어 있는 본질적 패턴을 그림에 담아냈다. 예술이든 경제든 시대적 환경에 영향을 받기 마련이다. 1905년 아인슈타인이 공간뿐 아니라 시간까지 포괄하는 상대성이론을 발표했고 시간에 대한 이런 관심이 예술에도 반영된 것이다.

미래파 역시 외계인의 눈을 가졌다. 피카소적 외계인과는 전혀 다른 눈이다. 시간 속에서 연속적으로 움직이는 패턴을 포착할 수 있다는 점에서 카메라 또는 영사기를 닮은 눈을 가졌다. 피카소의 눈처럼 여러 개의 눈이 몸밖으로 빠져나와 있지는 않지만 눈 대신 사진기가 박혀 있다는 점에서 미래파 또한 외계인이다. 그렇다면 외계인의 눈을 가진 미래파는 어떻게 다양한 시점, 즉 시간적 흐름을 하나의 평면에 표현할 수 있었을까. 대표적인 미래파 화가인 자코모 발라가 그린 〈줄에 매인 개의 움직임〉이란 작품을 보자.

자코모 발라,
〈줄에 매인 개의 움직임〉

강아지라면 당연히 다리가 네 개일 것이다. 하지만 미래파 그림에선 달리는 강아지의 다리 개수가 훨씬 많아진다. 왜냐하면 연속촬영 사진기처럼 강아지가 달리는 하나하나의 다른 순간들을 동일 화면에 겹쳐 표현하기 때문이다. 서로 다른 다섯 순간에 본 네 개의 다리를 표현하다보니 마치 강아지의 다리가 스무 개인 것처럼 보인다. 부분적으로 겹쳐진 다리들 전체는 삼각형 또는 부채꼴 모양과 유사하다. 이처럼 동작의 연속적 패턴이 잘 표현된 작품으로 마르셀 뒤샹의 〈계단을 내려오는 누드 넘버 2〉도 유명하다. 당시 미술계에 엄청난 충격을 준 작품인데 이를 패러디한 〈계단을 내려오는 뒤샹〉도 있다. 이처럼 미래파 작품의 가장 큰 특성은 유사한 패턴이 시간간격을 갖고 연속적으로 반복된다는 데에 있다.

## 반도체와 주가연계증권은 시간과 속도를 담은 미래파 상품

비슷한 패턴이 연속적으로 반복된다는 점에서 메모리반도체의 시장점유율 변화도 미래파 회화를 닮았다. 반도체 D램DRAM의 용량별 시장점유율 추이를 보면 발라가 그린 강아지 다리의 부채꼴 모양과 유사하다. 1기가바이트든 2기가바이트든 4기가바이트든 어떤 신제품도 3~4년 이상 1위를 차지하지 못하고 연속적으로 변해가는 모습이 마치 발라의 강아지 다리처럼 동일한 패턴을 반복한다. 반도체 시장점유율은 미래파 그림처럼 그 변화 형태가 단절적이지 않고 연속적이다. 사람, 동물, 기차가 연속적으로 움직여가듯 반도체 D램의 용량도 연속적으로 진화해가는 것이다.

반도체가 미래파 그림과 닮은 이유는 반도체산업의 특성에 근거한다.

마르셀 뒤샹, 〈계단을 내려오는 누드 넘버 2〉

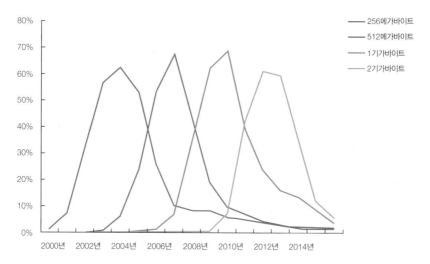

〈반도체 D램의 용량별 시장점유율 추이〉

메모리반도체산업의 특성은 목표가 단순하고 명확하다는 것이다. 반도체 크기를 줄이면서 메모리 용량을 극대화하는 것이다. 기술 변화 차원에서 보면 메모리반도체는 제품주기가 매우 짧고 기술 혁신이 어느 정도 예측 가능하다. 256메가바이트, 512메가바이트 제품이 엊그제 같은데 벌써 1기가바이트, 2기가바이트, 4기가바이트를 넘어섰다. 제품 수명주기가 짧으니 과감한 투자와 신속한 생산이 경쟁력이다. 남보다 빨리 투자하고 생산하는 것이 반도체산업의 핵심경쟁력이다. 끊임없이 혁신이 이루어지지만 혁신의 정도에 점프가 없어 파괴적이지 않다. 혁신은 점진적이며 비슷한 패턴이 반복된다. 클레이튼 크리스텐슨 교수의 표현을 따르면 반도체의 혁신은 파괴적 혁신destructive innovation이 아니라 점진적 혁신enhancing innovation이다. 반도체는 생산성 향상이 혁신으로 이어지는 경우가 많고 과학적 연구보다 생산 현장에서 혁신이 이루어지는 경우가 많다.

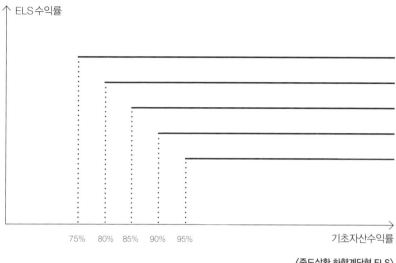

ELS수익률

75%  80%  85%  90%  95%

기초자산수익률

〈중도상환 하향계단형 ELS〉

　　뒤샹의 〈계단을 내려오는 누드 넘버 2〉를 볼 때마다 생각나는 금융상품이 있다. 바로 주가연계증권ELS이다. ELS는 주가지수나 개별 주식가격의 변동에 연동되어 수익이 결정되는 증권이다. ELS는 2003년 처음 한국에 도입된 이후 진화를 거듭하고 있는 자본시장의 대표적 금융상품이다. 혹자는 단군 이래 가장 성공한 자본시장의 금융상품이라고도 한다. ELS는 어떤 금융상품보다 시장환경에 신속하게 적응하여 움직인다. 특히 중도상환 하향계단step-down형 ELS는 만기 이전이라도 특정 조건을 만족하면 조기에 상환되는 구조를 갖고 있어 투자자들에게 인기가 높다. 예를 들어, 6개월 후에 계약 당시 기초자산가격의 95퍼센트 이상이 유지되면 4퍼센트 이자율이 제공되고, 12개월 후에는 90퍼센트 이상이 유지되면 8퍼센트 이자율이 제공되는 구조다. 6개월을 주기로 조금씩 변화되는 이자지급 패턴이 계단을 내려오는 뒤샹의 그림을 닮았다. 계단을 내려오는 여인을 사람으로 보지 말고 머리에서 다리까지를 하나의 꺾인 직선으로 보면 비교가 쉬워진다.


## 바이오시밀러도 반도체와 닮은 미래파 상품

반도체와 기술진화 패턴이 비슷한 산업으로 세포배양을 통해 복제약을 만드는 바이오시밀러biosimilar 산업이 있다. 같은 바이오산업이니 바이오시밀러는 신약 개발을 핵심으로 하는 오리지널바이오original biologics와 유사하다고 생각할 수 있다. 의약품을 다룬다는 점에선 물론 그렇다. 하지만 다른 각도에서 기술과 경쟁력의 본질을 보면 바이오시밀러 산업은 오히려 반도체산업과 유사할 수 있다. 반도체산업과 유사하다면 미래파 그림처럼 속도와 예측 가능하게 움직이는 패턴이 중요하다. 왜 바이오시밀러가 오리지널바이오보다 반도체에 가까운지 보려면 먼저 반도체산업, 오리지널바이오 산업, 그리고 바이오시밀러 산업의 본질적 특성을 살펴봐야 한다. 반도체의 특성은 앞에서 살펴보았고 이제 오리지널바이오, 즉 신약 개발산업을 살펴보자.

　신약 개발산업은 반도체산업과 극명하게 대비되는 산업이다. 세계 의약품시장을 보면, 오리지널바이오라 불리는 신약 개발은 그야말로 '그들만의 리그'다. 20~30년 전과 비교할 때 세계 10위 안에 든 기업에 거의 변화가 없기 때문이다. 다음 표는 오리지널바이오 산업과 반도체산업의 세계 순위 변화에 어떤 차이가 있는지를 명확히 보여준다.[12]

　2000년 세계 상위 10위에 속했던 기업 중 여덟 개가 14년 후인 2014년

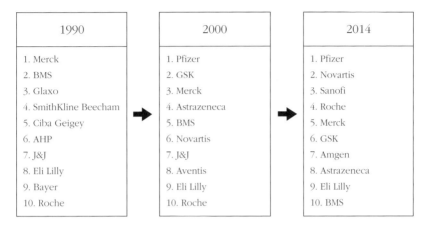

| 1990 | 2000 | 2014 |
|---|---|---|
| 1. Merck | 1. Pfizer | 1. Pfizer |
| 2. BMS | 2. GSK | 2. Novartis |
| 3. Glaxo | 3. Merck | 3. Sanofi |
| 4. SmithKline Beecham | 4. Astrazeneca | 4. Roche |
| 5. Ciba Geigey | 5. BMS | 5. Merck |
| 6. AHP | 6. Novartis | 6. GSK |
| 7. J&J | 7. J&J | 7. Amgen |
| 8. Eli Lilly | 8. Aventis | 8. Astrazeneca |
| 9. Bayer | 9. Eli Lilly | 9. Eli Lilly |
| 10. Roche | 10. Roche | 10. BMS |

〈오리지널바이오(제약) 산업의 세계 순위 변화〉

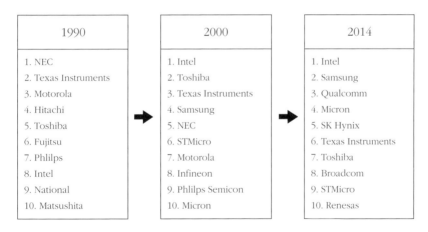

| 1990 | 2000 | 2014 |
|---|---|---|
| 1. NEC | 1. Intel | 1. Intel |
| 2. Texas Instruments | 2. Toshiba | 2. Samsung |
| 3. Motorola | 3. Texas Instruments | 3. Qualcomm |
| 4. Hitachi | 4. Samsung | 4. Micron |
| 5. Toshiba | 5. NEC | 5. SK Hynix |
| 6. Fujitsu | 6. STMicro | 6. Texas Instruments |
| 7. Phlilps | 7. Motorola | 7. Toshiba |
| 8. Intel | 8. Infineon | 8. Broadcom |
| 9. National | 9. Phlilps Semicon | 9. STMicro |
| 10. Matsushita | 10. Micron | 10. Renesas |

〈반도체산업의 세계 순위 변화〉

에도 여전히 10위에 속해 있다. 오리지널바이오 산업은 워낙 위험이 높고 기초실험, 동물실험, 인체실험 등에 소요되는 실험주기가 길기 때문에 자본과 네트워크를 갖춘 미국과 유럽의 몇몇 대형 제약사가 시장을 지배한다. 혁신은 제약사보다 과학자들이 주도하고, 혁신이 자주 일어나지는 않지만 한번 일어나면 기존 제품과 시장을 파괴할 정도다.

바이오란 글자가 들어가 있지만 복제약인 바이오시밀러는 성격과 경쟁력의 원천이 다르다. 먼저 비즈니스 목적이 명확하다. 오리지널바이오는 실험실에서 이루어지는 R&D 중 어느 것이 성공할지 불확실한 산업이다. 그러나 바이오시밀러는 특정 신약의 특허가 만료되는 시점에 이와 약효가 유사한 복제약을 개발해내는 것이기 때문에 반도체의 메모리 용량 확대처럼 가야 할 목적지가 확실히 정해져 있다. 신약 개발이 과학자들의 연구에 의해 주도되는 반면, 바이오시밀러는 생산과 운영 경험, 효율적 생산설비가 생산성 향상뿐 아니라 혁신을 가져온다.

또한 반도체와 바이오는 산업청정공간Industrial Clean Room 기준이 가장 높은 산업들이기도 하다. 고품질 제품 생산을 위해 미세한 오염물질을 정치하게 제거해야 하기 때문이다. 이렇게 보면 바이오시밀러는 오리지널바이오보다 오히려 반도체산업에 가깝다. 로스코의 그림이 얼핏 보면 뉴먼의 그림과 비슷해 보이지만, 본질적으로는 터너의 그림과 더 비슷한 것과 동일한 이치다. 오리지널 약이 이미 개발되어 사용되어왔기 때문에, 약효와 기본구조는 이미 알려져 있다. 바이오시밀러의 핵심경쟁력은 기초실험, 동물실험, 인체실험, 식약청 승인절차에 이르기까지 누가 신속하게 오리지널 약과 유사한 약효를 내는 복제약을 만들어내느냐에 달려 있다. 속도를 높이기 위해 두 개의 과정을 동시에 진행하기도 한다. 반도체처럼 속도가 중요한 경쟁력의 원천이다. 그렇다면 바이오시밀러 산업은 반도체산업에서 크게 성공한 한국이 또 한번 큰 성공을 거둘 수 있는 미래 성장동력이 아닐까.

## 한국 경제의 에너지, 미래파처럼 시간과 속도에서 찾아야

한국 경제는 미국, 중국, 일본처럼 '규모의 경제'가 작동하는 대규모 경제가 아니다. 규모가 안 될 때에는 속도를 높여야 한다. 경제에서도 속도는 중요한 에너지원이다. 한국은 속도로 승부해야 한다. 실물에서 반도체 D램의 성공, 그리고 금융에서 ELS의 성공이 좋은 예다.

한국은 한 번에 크게 변하는 산업보다 지속적으로 점진적 변화를 요구하는 산업에서 국제경쟁력을 가질 수 있다. 밤을 새워서라도 기한을 맞추는 부지런함과 순발력이 승부를 좌우하는 산업에서라면 경쟁력이 있다. 피카소처럼 하나의 제품에 다양한 관점을 담을 수 있다면 **입체파적 상품**이다. 뒤샹이나 발라처럼 시간 흐름에 따른 연속적 변화를 압축해서 담을 수 있다면 **미래파적 상품**이다. 한민족은 여전히 단일민족에 가깝고 언어도 인종도 그렇다. 최근 다문화 가정이 많이 증가하기는 했으나 다민족 국가에 비해 다양한 관점을 담기가 쉽지 않다. 한국 경제엔 오히려 유사 패턴이 연속적으로 겹치며 반복되는 미래파적 상품이 더 적합하다. 제조업 분야의 반도체, 바이오시밀러, 재충전 가능 배터리, 그리고 금융업 분야에서는 ELS가 미래파를 닮은 상품들이다.

## PART 02

재
정
의
력

# 외계인 지구 보고서와
밑 빠진 독에 물 채우기, 물 없이 식물 키우기

캐나다에서 상영되었던 〈왓 온 어스What on Earth〉란 공상과학영화에 나오는 이야기다.[1] 지구를 침공할 계획을 갖고 있는 외계 행성에서 정보를 수집하기 위해 스파이를 보낸다. 기초자료에 의하면 지구를 지배하는 것은 인간이라는 생명체라고 하는데, 과연 사실인지 파악하기 위해서다. 지구에 파견된 스파이들은 인간들의 생활 패턴을 유심히 살핀다. 언제 일어나고 자는지, 무엇을 먹고 마시는지, 그리고 하루종일 무엇을 하는지 등을 상세히 파악해 보고서를 작성한다.

외계인들이 특히 주목한 것은 아침마다 자동차라고 불리는 다리 네 개 달린 생명체를 몰고 회사로 출근하는 사람들의 모습이다. 사람들은 주차장이란 곳에 자동차를 세워놓았다가 퇴근 시간이 되면 다시 차를 몰고 집으로 돌아갔다. 일주일마다 규칙적으로 주유소에서 차에 기름을 넣고, 차를 깨끗하게 세차하는 장면도 눈에 띄었다. 다음은 외계인 스파이들이 이러한 관찰을 토대로 '지구 침공 준비위원회'에 제출한 지구 관찰보고서의 내용이다.

> 우리는 그동안 지구에 대해 잘못 알고 있었다. 지구를 지배하고 있는 것은 사람이 아니다. **지구를 지배하고 있는 것은 '자동차'다.** 우리가 지구의 권력자라고 알고 있던 인간들은 매일 자동차를 모시고 주차장이란 곳으로 향한다. 사람들이 하루종일 뼈빠지게 일하는 동안 자동차는 주차장에서 아무 일도 안 하고 놀기만 한다. 저녁이 되면 사람들은 또 자동차를 모시고 집으로 향한다. 자동차는 아무 일도 하지 않는데, 사람들은 일주일에 한 번 이상 주유소라는 식당에서 기름을 사 먹이고, 세차장이란 목욕탕에서 샤워도 시켜준다. 결론적으로 말해 지구를 지배하는 권력자는 사람이 아니라 자동차다.

외계인 스파이는 지구의 지배자를 자동차라고 재정의했다. 나름대로 논리도 붙였다. 재미있는 공상과학 스토리지만, 무시할 수 없는 통찰력이 엿보인다. 외계인은 우리 지구인과는 전혀 다르게 현상을 보고 해석했는데, 그 출발점은 상황을 새롭게 재정의하는 것이다. 사방이 꽉 막혀 있는 상황을 돌파하려면, 도저히 실마리가 보이지 않는 문제를 해결하려면, 기존과는 완전히 다른 틀에서 생각해봐야 한다. 마치 외계인처럼 독특하고 때론 기이하기까지 한 색다른 시각이 필요하다는 말이다. 그리고 그 출발점은 '문제를 재정의'하는 것이다. 문제가 새롭게 정의되면 쉽게 상상하기 힘든 새로운 답이 나온다.


## 어떻게 밑 빠진 독에 물을 채울 것인가

〈달마야 놀자〉라는 영화가 있다. 사고를 친 조폭들이 잠시 피신하기 위해 절에 숨어들고, 여기서 조폭 못지않게 싸움을 잘하는 스님들과 티격태격하며 벌어지는 에피소드를 코믹하게 그렸다. 박신양이 조폭 두목, 정진영이 스님들의 리더를 맡아 연기했다.

이 영화에서 주지스님이 매사에 부딪히는 스님들과 조폭들을 공정하게 경쟁시켜 승부를 가리는 장면이 나온다. 바로 '밑 빠진 독에 물 채우기'다. 말 그대로 밑 빠진 독에 먼저 물을 채우는 팀이 승리하는 게임이다. 양 팀은 기를 쓰고 물을 길어다 독에 채우지만, 야속하게도 연못에서 물을 뜨고 나르는 동안 독 속의 물은 새어나간다. "조금만 더 빨리 부으면 돼. 더 빨리, 더 빨리 날라와"라며 독려하는 박신양과 정진영의 모습이 여전히 눈에 선하다. 물이 빠져나가는 속도를 줄이려고 최대한 평평한 땅을 찾아 독을 옮겨보기도 하지만 헛수고일 뿐, 서로가 이기는 데만 혈안이 되어 낑낑거리는 모습이 절로 웃음을 자아낸다.

밑 빠진 독에 물 붓기는 과연 답이 있는 문제인가. 아무리 연못 가까이에 독을 놓고 재빨리 물을 부어대도 독은 절대 채워지지 않는다. 빨리 물을 날라와 빨리 부으면 그만큼 빨리 밑으로 빠져나간다. '독을 세워놓고 물 채우기'로 정의하면 결코 이 문제를 풀 수 없다. 생각해보자. 주지스님은 '밑 빠진 독에 물을 채우라'고 했지, 독을 세워놓고 채워야 한다고는 말하지 않았다. 스님과 조폭 모두 독에 물을 채우려면 당연히 세워놓아야 한다고 생각했기 때문에(밑이 막혀 있는 독에서는 당연히 그렇다), 주지스님이 말하지도 않은 가정하에서 문제를 풀었던 것이다. 밑이 있는 독에 물을 채우는 것과 밑이 없는 독에 물을 채우는 것은 전혀 차원이 다른 문제다. 그런데도 양 팀은 과거의 경험, 고정관념, 상식의 틀에서 벗어나지 못하고 답이 나올 수 없게 정의된 문제를 풀고 있었다.

이 문제를 풀려면 **문제를 새롭게 재정의**해야 한다. '어떻게 밑 빠진 독에 물을 채울까'가 아니라 '어떻게 열린 공간을 물로 가득차게 할까'로 말이다. 이렇게 문제를 재정의하면 답이 보인다. 열려 있으니 쏟아붓는 전략으로는 문제를 해결할 수 없다. 그렇다면? 답은 '담그는' 전략이다. 물로 가득찬 연못 속에 독을 통째로 담그면, 뚫린 독의 맨 아래에서 맨 위까지 물로 가득차기 때문에 밑 빠진 독에 물을 채울 수 있다. 바로 주지스님이 원하던 답이다.


## 어떻게 물 없이도 식물을 키울 수 있을까? 부활식물

문제를 재정의하는 것은 식량 문제의 해결에도 새로운 아이디어를 제공한다. 물 부족 문제는 인류가 직면한 심각한 문제 중 하나다. 그런데 물 부족은 단순히 물이 부족한 문제로만 끝나지 않는다. 물 부족은 필연적으로 식량 부족으로 이어진다. 전 세계 식량은 곡물에 절대적으로 의존하고 있으며, 특히 쌀, 밀, 옥수수에 대한 의존도가 95퍼센트를 차지한다. 식물은 물 없이 생존할 수 없다. 게다가 식물은 한 장소에 고착되어 움직일 수 없기 때문에 물의 공급과 효율적 활용이 더더욱 중요하다. 이제까지 식량 문제에 관해서는 품종 개량과 다변화를 통한 곡물 증산이 대표적인 해결책으로 논의되어왔다. 그런데 이런 접근법에는 근본적인 한계가 있다. 품종이 개량되어 한 개 생산하던 것을 두 개 생산한다고 하더라도, 이들 곡물이 모두 물에 의존하기는 마찬가지이기 때문이다. 새로운 방식이 오히려 더 많은 물을 필요로 할 수도 있다. 전 지구적으로는 물 부족 때문에 경작 가능한 지역이 급속히 줄어드는 추세다. 생산성이 두 배 늘었다 하더라도 경작 가능한 면적이 반으로 줄었다면, 결국 전체 생산량은 그대로인 것이다. 식량 문제의 심각성이 여기에 있다.

식량 문제에 있어서도 재정의가 필요하다. **곡물 증산 문제는 '물의 문제'로 재정의되어야 한다.** 동물은 움직일 수 있기 때문에 목이 타면 물이 있는 곳으로 찾아갈 수 있다. 하지만 식물은 한자리에 뿌리를 내리고 있어 사정이 다르다. 문제 해결을 위해선 더 새롭고 획기적인 접근법이 필요한 이유다.

식량 문제를 물의 문제로 재정의하면, 곡물 증산 문제에 대한 해결책은 두 가지 방향으로 귀결된다. 하나는 인위적으로 비를 많이 오게 하는 것이고, 다른 하나는 물이 부족하거나 심지어 없는 환경에서도 생존할 수 있는 곡물을 개발하는 것이다. 전자는 현재 인류가 가지고 있는 기술로는 실현하기 힘들다. 어느 정도 달성 가능성이 있다 해도 부작용이 너무 크다. 그래서 남은 유일한 방법이 물 없이도 생존할 수 있는 곡물을 개발하는 것이다. 우리가 잘 알고 있듯 선인장은 가뭄에 저항하는 곡물이다. 수분 증발을 최소화하기 위해 잎이 바늘처럼 날카롭고, 수분을 저장하는 능력도 뛰어나다. 그래서 가뭄에 대한 인내력이 크다. 전문용어로는 '건조내성desiccation tolerance'이 크다고 한다. 반면 인류의 주식인 쌀, 밀, 옥수수는 가뭄과 건조에 대한 인내력이 매우 약하다. 물 없이는 키울 수 없는 곡물들이다. 식량 문제가 갈수록 심각해지는 이유가 여기에 있다.

남아프리카공화국 케이프타운 대학의 질 파란트 교수는 이에 대한 해결책으로 '부활식물resurrection plant'에 주목한다.[2] '부활초'라고도 하는 이 식물은 가뭄과 같이 물이 공급되지 않는 환경에서는 말라 있는 상태로 생명을 유지하다가, 물이 공급되면 놀랍도록 빠른 속도로 성장하는 특이한 식물이다. 물이 공급되면 24시간 안에 색도 초록색으로 변하고 잎도 솟아난다. 죽은 줄 알았는데 다시 살아난다 하여 부활식물이라고 불린다. 부활식물은 동물로 치자면 겨울잠을 자는 동물과 유사하다. 겨울엔 잠을 자면서 에너지를 비축했다가 봄이 오면 깨어나 활동하는 곰처럼 물이 없을 땐 마른 상태로 목숨만 부지하다가 비가 오면 깨어나 성장하기 때문이다. 겨울에 휴면을 취하는 게 아니라 건조할 때 휴면을 취하는 것이니, 동면의 겨울 동冬자 대신에 마를 건乾자를 써서 '건면乾眠'이라고 표현하는 게 정확할 것 같다. 부활식물은 미국과 멕시코 국경 지역인 치후아후안 사막, 엘살바도르의 사막, 그리고 아프리카의 사막 지역에서 발견할 수 있다.

대부분 식물은 물이 부족하면 말라 죽기 마련인데 이 식물은 어떻게 죽지 않고 건조해질 수 있을까. 과학자들은 그 비밀이 유전자에 있다고 추측하고 연구를 진행중이다. 만일 이런 유전자를 추출해 쌀이나 밀 같은 곡물에도 이식할 수 있다면, 쌀과 밀을 재배할 수 있는 경작지를 몇 배로 늘릴 수 있으며 식량 문제도 자연히 해결할 수 있다. 식량 문제 해결을 위한 혁신의 출발점은 식량 문제를 물의 문제로 재정의하는 것이다. 그러면 해결방안도 새롭게 도출된다.


## 진짜 고수는 이미 이겨놓고 싸운다

『로마인 이야기』로 유명한 시오노 나나미가 쓴 또다른 책『십자군 이야기』를 보면, 이슬람의 영웅 술탄 살라딘 이야기가 나온다.[3] 제3차 십자군 전쟁 때 예루살렘 성을 둘러싼 전쟁에서 그가 보여준 전쟁에 대한 재정의와 전략적 아이디어는, 총성 없는 비즈니스 전쟁을 벌이고 있는 기업의 리더들에게도 많은 시사점을 제공한다. 제1차 십자군전쟁에서 십자군은 천신만고 끝에 예루살렘 성을 탈취한다. 예루살렘은 기독교의 유일한 성지로, 사실상 십자군전쟁의 가장 큰 명분이자 목표이기도 했다. 11~12세기 당시 십자군, 즉 유럽인들에게 전쟁과 승리의 개념은 단순했다. 바로 '성 뺏기'가 그것이다. 적이 차지한 성을 뺏으면 승리하는 것이고, 빼앗기면 지는 것이 중세 시대 게임의 법칙이었다. 그래서 방어를 위해선 점령 지역에 성부터 쌓았다.

술탄 살라딘은 투르크족 출신의 이슬람 왕이었는데, 아이디어가 많고 전략적 지혜가 뛰어났다. 살라딘이 이끄는 군대는 처음에는 예루살렘 성을 비롯해 십자군이 건설한 수십 개의 성을 공격했으나 번번이 실패했다. 혁신적 리더는 생각이 유연하다. 전통적 전략이 실패할 때 거기에 고착되어 매달리지 않는다는 뜻이다. 혁신적 리더답게 살라딘은 실패 원인을 곱씹어 분석했다. 원인은 명확했다. 십자군과 이슬람군이 생각하는 전쟁의 개념이 달랐던 것이다. 그리고 그동안 전쟁은 십자군이 정의한 전쟁방식에 의해 진행되어왔다.

십자군이 정의하는 전쟁은 성 뺏기인 반면 이슬람군의 전쟁은 광활한 평지와 사막에서 말을 타고 싸우는 것이다. 성을 빼앗고자 다양한 방법을 동원하긴 했지만, 애초에 이슬람군은 성 뺏기 전쟁에 익숙하지 않았다. 장점인 기동력을 발휘할 수 없었고, 이전과는 달리 지루한 장기전을 벌이다보니 군사들이 쉽게 지쳤다. 이슬람군은 '그들의 전쟁방식', 즉 '적의 방식'으로 싸우고 있었던 것이다. 축구선수가 야구선수를 상대로 야구 경기를 하고 있는 셈이었다. 이슬람군이 전쟁에서 승리하기 위해서는 자신이 원하는 방식, 자신이 강점을 지닌 방식, 즉 '나의 방식'으로 전쟁을 재정의해야 했다. 그것은 십자군을 성밖으로 끌어내 평지에서 싸우는 전략이었다.

전쟁방식이 재정의되자 가장 중요한 과제는 어떻게 십자군을 성밖으로 끌어내느냐 하는 문제로 집약되었다. 십자군도 바보가 아니다. 자신들이 견고하게 구축한 성안에서 잘 버티기만 하면 자연스럽게 승리를 거머쥘 수 있는데 굳이 성밖으로 몰려나올 이유가 없었다. 고민에 고민을 거듭하던 살라딘의 전략적 아이디어가 빛을 발한 것은 또 한번의 재정의를 통해서였다. '자신의 입장'이 아닌 '그들의 입장', 즉 십자군의 입장에서 생각해보기로 한 것이다. 예루살렘은 기독교와 이슬람 모두의 성지였지만 그 의미와 중요도는 크게 달랐다. 이슬람 세계에서 최고의 성지는 마호메트가 태어난 메카이고, 다음이 마호메트의 무덤이 있는 메디나, 그리고 세번째 성지가 예루살렘이다. 하지만 십자군에게는 1위도, 2위도, 3위도 모두 예루살렘이다. 따라서 유일한 성지인 예루살렘을 빼앗기면 다른 수십 개 성을 전부 지켜내도 패배한 것이나 다름없다.

상대방 입장에서 생각하자 해법이 나왔다. 살라딘은 먼저 엄청난 수의 군인을 예루살렘으로 보내 몇 겹으로 에워싸게 해 대공세가 임박했음을 의도적으로 알리는 모양새를 취했다. 사실 그중에는 군대 규모를 과장하기 위해 동원된 민간인도 많았다. 무엇보다 중요한 것은 이 같은 사실을 첩자들을 통해 십자군 점령 지역에 퍼뜨렸다는 것이다. 살라딘은 예루살렘의 위상을 고려할 때 다른 곳에 있던 십자군들이 예루살렘을 돕기 위해 성밖으로 나올 것이라고 확신했다. 이에 각 성에서 예루살렘으로 가는 통로, 특히 오아시스가 있는 길목에 병사들을 배치해두었다. 살라딘의 생각은 맞아떨어졌다. 예루살렘이 위기에 빠져 있다는 소식이 퍼지자 다른 성에 있던 십자군들이 몰려나왔다. 우리가 영화를 통해 흔히 보았듯 중세 유럽의 군인들은 엄청나게 무거운 갑옷을 입은 채 긴 창을 들고 육중하게 움직였다. 사막에는 전혀 어울리지 않는 군대다. 복장 자체가 사막의 더운 날씨를 견디기 어려울 뿐 아니라 옷과 장비가 무거워 기동력도 떨어진다. 때문에 십자군은 위험을 무릅쓰고 오아시스가 있는 길을 택하지 않을 수 없었다.

이슬람 군대는 천 조각 같은 가벼운 옷을 입고 날렵하게 칼을 휘두르며 공격하는 스타일이었다. **십자군이 사막 평지로 나온 순간, 사실상 게임은 끝난 것이다.** 800년 이후의 일이지만, 로알 아문센과 로버트 스콧이 남극 정복을 놓고 경쟁할 때, 준비 과정에서 이미 게임이 끝난 것과 비슷하다. 에스키모인이 즐겨 입는 털가죽 방한복을 선택한 아문센은 영국의 모직 신사복을 선택한 스콧을 압도했다. 운송수단도 만주의 조랑말을 선택한 스콧은 에스키모 썰매 개를 선택한 아문센에게 경쟁상대가 되지 못했다.

전쟁이든 비즈니스든 진짜 고수는 이미 이겨놓고 싸운다.『손자병법』에 나오는 승전후구전勝戰後求戰의 의미이기도 하다. **치밀한 준비와 사전 전략에서 승패는 이미 갈리고, 전쟁은 이를 확인하는 절차일 뿐이다.** 성밖으로 나온 십자군은 완패했고 그 기세를 몰아 살라딘은 고립된 예루살렘까지 점령했다. 전쟁이든 기업경영이든 우리가 원하는 장소에서, 우리가 원하는 시간에, 우리가 원하는 방식으로 싸울 수 있으면 100퍼센트 승리한다. 자신이 원하는 방식으로 경쟁하고 싸울 수 있도록 게임을 재정의할 수 있는 리더는 위대한 리더다.

## 블랙록은 왜 자산운용에서 구상화와 추상화를 섞었을까

과거가 자금조달형 경제였다면, 지금은 자금운용형 경제다. 상대적으로 못살던 시대에는 이것저것을 짓고 만들어야 하기 때문에 자금을 조달하는 일이 중요했다. 저성장 시대에 진입한 선진국은 그동안 벌어놓은 것, 갖고 있는 것을 잘 운용하는 것이 국부를 창출하는 길이다. 한국도 마찬가지다. 이처럼 경제의 근본적 특성이 바뀌면, 금융과 금융회사의 기능도 재정의될 필요가 있다. 앞서가는 기업은 근본적인 힘의 변화를 감지하고 스스로를 재정의해 새롭게 변신시킨다. 그렇지 않으면 기존과는 전혀 다른 비즈니스 모델을 가지고 새롭게 등장하는 기업에 의해 무방비로 공격당할 수밖에 없기 때문이다.

보수적이고 움직임이 무거운 금융업 역시 진화한다. 환경이 바뀌면 새로운 환경에 기발하게 적응하는 금융사가 나타나 금융업을 새롭게 정의해가기 때문이다. 서브프라임 사태 이전까지 사실상 금융업을 새롭게 정의한 금융사는 골드만삭스였다. 골드만삭스는 중개업무보다 자기거래 및 투자를 통한 영업이익의 비중이 과반을 넘을 정도로 트레이딩에 강했다. 이 회사는 지속적인 신상품 개발을 통해 금융계의 해결사로 활동하며 금융업을 새롭게 정의해갔다.

최근엔 영국의 GDP보다도 큰 규모의 자산을 운용하고 있는 블랙록 BlackRock이 주목받고 있다. 이 회사는 운용대상으로 편입하고자 하는 기업의 증권을 미리 발굴해 그 기업으로 하여금 발행토록 유도하고, 다음엔 거래 증권사로 하여금 인수하게 하고, 최종적으론 자신들 그릇에 담는 비즈니스 모델을 추구하고 있다. 전체 과정을 스스로 관리한다는 의미에서 자산운용사인 블랙록이 간접적으로 투자은행의 업무까지 수행한다고 볼 수 있다.4 여기에 더해 블랙록은 구상화와 추상화처럼 워낙 성격이 달라 전통적으로 금기시되어왔던 액티브펀드active fund와 패시브펀드 passive fund의 동시 운용도 시작했다.5 그림으로 치면 구상화와 추상화가 섞여 있는 모습이 바로 블랙록이다. 이뿐이 아니다. '알라딘'이란 자사의 거래 플랫폼을 통해 고객들의 거래를 집중시킴으로써 거래 시스템으로서의 역할도 한다. 블랙록은 전통적인 자산운용업 개념을 지속적으로 파괴하면서 동시에 자산운용업을 새롭게 정의해가고 있다.

금융을 새롭게 재정의해 글로벌시장을 흔들 수 있는 한국의 금융사는 어디서 나올까. 몸이 무거운 은행, 증권사, 보험사보다 몸이 상대적으로 가벼운 사모투자전문사private equity fund 같은 자산운용사 쪽이 가능성이 더 높지 않을까.

# 아르침볼도, 마그리트, 그리고 벤저민 프랭클린 효과

뒤집기를 통한 혁신의 재정의

채소로 사람의 얼굴을 그릴 수 있을까. 얼굴이 얼굴답기 위해서는 눈, 코, 입, 귀가 있어야 한다. 코는 아래위로 길고, 입은 좌우로 길고, 눈과 귀는 두 개여야 한다. 그뿐이 아니다. 외계인 얼굴이 아니라면 눈이 맨 위에, 그 아래 중앙에 코, 그리고 맨 아래 입이 위치해야 한다. 이런 복잡한 조건이 모두 갖추어지고 부분 부분이 조화롭게 결합되어야 얼굴다운 얼굴이 된다.

그런데 지금으로부터 400년 전인 16세기 바로크 시대에 활동했던 주세페 아르침볼도는 전혀 새로운 방식으로 얼굴을 그렸다. 주변에서 흔히 보는 채소들을 엮어서 사람의 얼굴을 그려낸 것이다. 그의 작품 〈채소 기르는 사람〉을 보자.

눈은 깐 마늘로, 코는 길쭉한 무로, 입술은 버섯을 두 개 겹쳐 표현했다. 특히 양파로 표현된 볼이 이상하다기보다 귀엽다는 느낌까지 든다.

주세페 아르침볼도, 〈채소 기르는 사람〉

머리카락과 턱수염은 열무 무청으로 기발하게 표현했다. 아르침볼도는 치밀한 사전 연구를 통해 얼굴 각 부분을 표현할 수 있는 채소를 발굴하고 적재적소에 위치시켜 이 그림을 완성했다. 마치 20세기 입체파인 피카소, 초현실주의 화가인 살바도르 달리, 마그리트를 보는 듯하다. 그런데 아르침볼도는 왜 그림 제목을 〈채소 기르는 사람〉으로 지었을까. 채소로 구성되어 있긴 하지만 그저 사람의 얼굴인데 말이다. 그의 천재성이 바로 여기에 있다. 이제 위아래를 바꾸어 이 그림을 다시 보자. 사람의 얼굴은 보이지 않는다. 채소가 검은 그릇에 담겨 있는 평범한 그림이다. 다시 위아래를 바꾸어보면 검은색 모자를 쓴 채소를 기르는 농부의 얼굴이 나온다. 그래서 제목이 〈채소 기르는 사람〉이다.


## 모래를 들키지 않게 숨기는 최고의 장소는 모래밭[6]

제2차세계대전 당시 비행기를 잡아내는 레이더망 기술은 독일이 영국보다 앞서 있었다. 영국은 자국 방어를 위해 독일을 선제 공습하는 전략을 취했는데, 독일의 정밀한 레이더에 걸려 번번이 실패하고 말았다. 공습을 감행한 영국 공군기들이 독일 레이더망에 걸려 대부분 격추되었다는 뜻이다. 영국으로서는 이 문제를 해결하는 것이 전쟁의 승패를 가르는 핵심과제였다. 야간 공습을 더 많이 할까도 생각해봤지만, 야간이라고 레이더를 피할 수 있는 것은 아니었다. 동시다발적으로 대규모 공습을 할까도 고려해봤지만, 이것도 레이더에 걸려 독일군 공군기와 대공포의 목표물이 되었다. 저공비행이 레이더에 걸릴 가능성을 줄여줄 수는 있었지만 당시 저공비행에는 한계가 있었다.

가장 근본적인 해결책은 스텔스기같이 레이더에 걸리지 않는 비행기를 개발하는 것이었지만, 당시 기술로선 불가능했다. 가능하다 하더라도 새로운 비행기 개발이 1~2년 내에 완료되는 것이 아니기 때문에 개발하기도 전에 독일군에게 패할 것이 뻔했다. 이대로 가다간 영국은 패배할 것이 불을 보듯 명백했다. '어떻게 하면 아군기가 적군 레이더에 걸리지 않도록 할 수 있을까' 하는 문제는 고민에 고민을 거듭해도 해결될 기미가 보이지 않았다.

당시 영국 총리였던 윈스턴 처칠도 이 문제로 여러 날 밤잠을 이루지 못했다. 그러던 어느 날 새벽 두시가 넘은 시간, 뒤척이다 겨우 잠이 들었는데 따르릉 전화벨이 울렸다. 국방부 장관으로부터 온 전화였다. 다급하면서도 동시에 자신감 없는 목소리였다.

"총리 각하, 우리 공군의 수석 물리학자인 존스가 독일 레이더망을 피할 수 있는 아이디어를 냈습니다."

"오, 그래. 정말 대단한 사람이구먼. 그 아이디어가 무엇인가?"

국방부 장관은 계속 머뭇거리며 말을 제대로 이어가지 못했다.

"그런데 그 아이디어라는 게 좀……"

"이 사람아, 그래, 그 아이디어가 뭐란 말인가?"

"아이디어가 조금 황당합니다. 총리 각하께 보고드려야 할지 정말 고민 많이 했습니다. 각하, 들으시고 화내시지 마십시오."

"이보게, 장관. 지금 황당이고 아무개고 가릴 처지인가. 지금 당장 전략회의 소집해."[7]

레지널드 V. 존스 박사는 단순하고도 기발한 아이디어를 냈다. 그의 아이디어는 종이같이 얇고 작은 금속물질을 독일 상공에 살포하는 것이었다. 살포된 금속 조각들이 마치 수없이 많은 폭탄이 떨어지는 것 같은 시그널을 보냄으로써 독일 레이더를 혼란에 빠트리게 된다는 논리였다. 선진화된 독일 레이더라도 당시 기술로는 폭탄과 금속 조각을 모두 같은 전자파동으로 인식할 수밖에 없음을 존스는 알고 있었다. 즉 그의 전략은 "모래를 들키지 않게 숨기는 최고의 장소는 해변가 모래밭"이라는 격언과도 들어맞는 방법이었다.

이 아이디어가 황당하다고 반대하는 사람들도 많았으나 처칠은 '창문을 열라Let us open the Window'라는 작전명을 붙여 이 작전을 허락했다. 결과는 기대 이상이었다. 독일군 레이더에 뭔가 엄청나게 잡혀서 전투기를 출격시키고 대공포를 쏘아보면 어이없게도 금속 조각이었다. 영국군은 한 지역에 금속구름을 살포하고 다른 지역에 공군기를 출격시키는 방식으로, 또는 금속구름에 비행기가 같이 숨어가는 방식으로 독일군의 대공포와 전투기를 무력화시켰다. 덕분에 함부르크 대공습에서는 80대 정도, 에센 공격에서는 50대 정도의 공습기를 무사히 지켜낼 수 있었다. 반대로 거의 무방비 상태로 노출된 독일군의 피해는 엄청나, 함부르크에서만 사망자가 5만 명이었다. 물론 몇 주 후 독일은 금속 조각과 전투기를 구분하는 방법을 개발했지만 이미 치명적 타격을 입은 후여서 패배를 돌이킬 수 없었다.[8]

존스 박사가 기발한 방법을 생각해낼 수 있었던 이유는 직면한 문제를 다르게 정의했기 때문이다. 이전에 영국군이 집착한 질문은 "어떻게 하면 아군기를 변화시켜 적군 레이더에 걸리지 않도록 할 수 있을까"였다. 반면 존스의 질문은 "어떻게 하면 독일군 레이더가 아군 전투기를 제대로 인식하지 못하게 만들 수 있을까"였다. 비슷한 것 같지만 다른 질문이다. 존슨 박사는 영국군의 문제를 독일군의 문제로 뒤바꾸어 재정의해버린 것이다. 아르침볼도의 그림에서 채소 그릇을 거꾸로 뒤집으면 사람 얼굴이 되듯이 말이다.

존스 이전의 사람들처럼 문제를 정의하면, 아군기를 첨단으로 만들지 않는 이상 해법이 나오지 않는다. 하지만 존스처럼 문제를 새로이 정의해 질문을 던지면, 영국 공군기는 그대로 있어도 독일군이 헷갈려서 제대로 잡아내지 못하게 만드는 방법에 초점을 맞출 수 있다. 그래서 생각해낸 것이 금속 조각으로 만든 금속구름, 그리고 이를 통한 레이더망 무력화다. 아르침볼도가 생각을 거꾸로 뒤집어 독창적인 그림을 그렸듯이, 군사작전이든 경영전략이든 경제정책이든 상황을 거꾸로 뒤집어보는 것은 아이디어를 제공해주는 출발점이 될 수 있다.


## 손이 아닌 머리로 그린 화가 마그리트에게 배우는 '창조적 융합'

그림은 손으로만 그리는 것이 아니다. 가슴으로도 그리고 머리로도 그린다. 초현실주의 화가 르네 마그리트는 머리로 그림을 그렸던 대표적인 화가다. 그는 기발한 아이디어와 논리적 생각을 그림으로 표현한 지적인 화가다. 마그리트는 우리 주변에서 쉽게 볼 수 있는 것, 우리에게 익숙한 것들을 기발하게 재구성해 그림으로 표현했다. 그의 작품에는 평범한 사람 눈에는 관련없어 보이는 것을 창조적으로 결합한 것이 많다.

그림이든 경제든 창조는 새로운 것을 발명하는 것만이 아니다. 창조는 '새로운 눈'을 갖는 것이다. 관습적 결합과 익숙한 인과관계를 해체하고 새롭게 합성하는 것이 창조적 융합이다. 분리, 변형, 재배열, 재합성을 통해 새로움을 창조하는 것은 경제와 금융에도 필요한 능력이다.

창조적 융합을 위해 마그리트가 사용한 방법 중 하나는 **'거꾸로 뒤바꾸기**reversion'다. 〈공동 발명〉이란 작품을 보자. 우리가 익숙하게 알고 있는 그림은 상반신이 사람이고 하반신이 어류인 인어다. 그런데 마그리트는 상체와 하체를 뒤바꿨다. 상반신이 어류이고 하반신이 사람인 그림을 그린 것이다. 너무나 익숙한 대상을 지극히 사실적으로 표현했기 때문에 뒤바꿈이 유발하는 효과는 가히 충격적이다.

금융에서도 신상품을 개발하는 데 뒤바꾸기가 활용된다. 대표적 상품이 역모기지reverse mortgage대출이다. 역모기지대출이란 고령자가 자신의 집을 담보로 노후 생활자금을 연금 형태로 지급받고, 사망 후 은행이 주

르네 마그리트, 〈공동 발명〉

택을 처분하여 원리금을 상환받는 상품이다. 익숙히 알고 있는 모기지대출의 상품구조와 자금 흐름이 뒤바뀐 형식이다. 모기지는 먼저 은행으로부터 주택 매입자금을 차입해 주택을 구입하고 빌린 돈은 추후 장기에 걸쳐 갚아나가면 된다.

한편, 마그리트의 그림에는 유난히 창문이 많이 등장한다. 그중 〈인간의 조건〉이란 작품은 얼핏 보면 창문을 통해 들판 풍경이 보이는 평범한 그림이다. 그런데 자세히 보면 가운데 나무가 있는 부분은 실제 풍경이 아니라 캔버스에 그려진 풍경임을 알 수 있다. 그렇다면 관람객이 보는 것은 캔버스에 그려진 나무인가, 아니면 창밖에 있는 나무인가. 여기서 우리의 인식이 혼란스러워진다. 바로 마그리트가 추구하는 초현실주의다. 마그리트는 항상 창밖이나 문밖에 있는 것을 보려 했다. 그의 그림에선 안이 밖이고 밖이 안이다. 캔버스에 가려 있는 것, 우리 관습과 익숙함에 가려 있는 바깥의 것을 표현하는 것이 마그리트의 그림이다.

최근 국내외 자본시장에서 인기 있는 금융상품으로 '상장지수펀드 exchange-traded fund, ETF'가 있다. ETF는 거래소에서 거래되는 펀드다. 특히 실물 ETF는 겉으로 드러난 모양은 펀드지만 실제로는 금, 석유, 구리 등 다양한 실물자산에 투자한다. 마그리트의 그림에 비유하면, ETF는 창문 안쪽에 있는 펀드라는 이름의 캔버스다. 하지만 실제로 담고 있는 것은 바깥쪽 풍경, 즉 실물자산이다. 금 ETF에 투자하면 증권에 투자한 것 같지만 사실은 금에 투자한 것이다. ETF는 실물자산을 바라보는 마그리트의 창문이다.

르네 마그리트, 〈인간의 조건〉

적의 도움을 받아 적을 친구로 바꾼 '벤저민 프랭클린 효과'

뒤바꾸기는 예술뿐 아니라 대인관계를 재정의하는 혁신적 방법이기도
하다. 조직의 내부에서든 외부에서든 좋은 대인관계를 맺는 것, 특히 서
로의 관계가 원만하지 않고 껄끄러울 경우 이를 부드럽게 해결하는 것이
리더의 역할이자 능력이다.

107

우리는 대개 특정 사람과 좋은 관계를 맺기 위해 그에게 먼저 호의를 베푼다. 그런데 이를 거꾸로 생각해, 상대방이 먼저 자신에게 호의를 베풀게 유도함으로써 적대적 관계를 풀어간 사람이 있다. 미국 건국의 아버지 중 한 명인 벤저민 프랭클린이다. 미국 달러 지폐 중에서 가장 액면이 큰 100달러 지폐에 나와 있는 인물이 바로 프랭클린이다. 그가 펜실베이니아 주 의원으로 활동하던 시절, 그를 너무나 싫어하는 앤더슨(가명)이란 정적이 있었다. 앤더슨은 프랭클린이 하는 일마다 사사건건 반대하고 트집잡는, 정말 원수 같은 존재였다. 프랭클린은 내색하지 않았지만 스트레스를 많이 받았다. 그러던 어느 날 프랭클린은 앤더슨과의 관계에 결론을 내야겠다고 결심한다. 그리고 한 가지 전략을 생각해낸다.

프랭클린은 앤더슨에게 책 한 권을 빌려달라고 부탁한다. 앤더슨은 별것 아닌 책이니 부담 없이 "좋다"고 한다. 어쩌면 속으로는 모든 세상이 다 아는 앙숙에게 책까지 빌려주지 않으면 쩐쩐한 사람이라고 소문이라도 날까봐 두려웠는지도 모르겠다. 어쨌든 책을 빌려준 날 저녁, 잠자리에 든 앤더슨은 자꾸 프랭클린에게 책을 빌려준 일이 생각났다.

'프랭클린은 내가 정말 싫어하는 사람인데, 내가 왜 책을 빌려주었을까. 내가 정신 나간 것은 아닌가. 내가 그렇게 일관성도 줏대도 없는 사람인가. 내가 혹시 프랭클린에게 잘 보이려고 한 것 아닌가.'

그야말로 온갖 상상이 맴돌아 도저히 잠을 이룰 수 없었다. **인지부조화**cognitive dissonance 때문이다. 당시가 1750년대이니 아직 이런 용어가 생기지 않았을 때지만, 어쨌든 프랭클린은 앤더슨이 인지부조화를 느끼도록 유도한 것이다. **사람의 뇌는 일관성과 조화를 사랑하고 부조화를 혐오한다.** 자신의 생각과 행동 간에 부조화가 생기면 어떻게든 해결하려 하는

것이 우리의 뇌다. 앤더슨이 잠을 이루지 못한 이유다.[9]

앤더슨이 이런 뇌의 갈등, 즉 인지부조화를 해결하는 방법에는 두 가지가 있다. 하나는 빌려준 책을 도로 빼앗아오는 것이고 다른 하나는 프랭클린에 대한 자신의 생각을 긍정적으로 바꾸는 것이다. 앤더슨 입장에서 보면, 행동을 바꾸는 것보다 생각을 바꾸는 것이 쉽다.

'프랭클린은 사실 괜찮은 구석도 꽤 있어. 알고 보면 봐줄 만한 친구야. 항상 책을 읽고 공부하려는 자세도 좋고. 그래서 책을 빌려준 거야.'

생각이 여기까지 이르면 앤더슨의 뇌는 더이상 갈등하지 않는다. 예상치 못한 자신의 행동을 합리화한 것이지만, 뇌의 입장에선 마침내 편안함을 얻었다. 두 다리 쭉 펴고 잘 수 있을 정도로 말이다. 다음날 아침, 국회에서 프랭클린을 만난 앤더슨은 책 잘 읽었느냐고 인사까지 건넨다. 프랭클린의 표현을 빌리면, 그 인사가 앤더슨이 평생 처음 자신에게 건넨 인사라고 한다. 그다음 스토리는 말하지 않아도 예상된다. 프랭클린은 앤더슨에게 계속 '호의를 받는 상황'을 만들었을 것이고, 앤더슨은 프랭클린을 위해서가 아니라 자신을 위해, 자신의 뇌를 편하게 하기 위해 기꺼이 호의를 제공했을 것이다. 결국 그리하여 프랭클린과 앤더슨은 마치 영화처럼 적에서 친구가 되었다. 그래서 이를 '**벤저민 프랭클린 효과** Benjamin Franklin Effect'라고 부른다.

인지부조화를 극복하려는 뇌의 몸부림은 물리학의 에너지보존 법칙, 경제학의 수요공급 원리만큼이나 근원적이고 보편적인 현상이다. 누구도 여기서 자유로울 수 없다. 거꾸로 보면 그만큼 활용도도 높다. 벤저민 프랭클린 효과는 지금도 유효하다. 1750년으로부터 300년이 채 지나지 않았으니, 진화의 시계로 보면 눈 깜짝할 순간도 안 된다. 그 시대 사람들이나 지금 사람들이나 같은 뇌를 갖고 있다. 물론 지금 사람들은 인지부조화란 용어도 알고 있고, 이를 활용하는 상대방의 전략을 간파할 수도 있다. 그래서 상황 설정이 더욱 자연스럽고 치밀해야 한다. 인지부조화를 전공하는 뇌과학자나 인지심리학자도 눈치채지 못하게 말이다.

그렇다면 벤저민 프랭클린 효과를 얻기 위해서 가장 중요한 것은 무엇인가. 상대방이 전혀 부담 없이 나에게 호의를 베풀 수 있는 상황을 만드는 것이다. 상대방이 스스로 빗장을 풀고 호의를 베풀게 되면, 그것이 아무리 작은 호의라도 게임은 끝난 것과 다름없다. **이제부터는 인지부조화를 정말 혐오하는 그의 뇌가 알아서 답을 찾을 것이기 때문이다.** 수업 시간에 필기도구를 빌린다든지, 커피 자판기 앞에서 동전을 빌린다든지, 상대방이 부담을 느끼지 않을 작은 호의를 받는 것으로 시작하는 것이 핵심이다. 일단 연필 하나를 빌려주면 그다음엔 마술에 걸린 듯 책도 빌려주고 돈도 빌려주게 된다. 상대방이 아니라 자신을 위해서, 인지부조화를 극복하기 위해 그렇게 하는 것이다. 프랭클린이 한 말이다.

"내가 호의를 베푼 친구는 나중에 나에게 호의를 베풀지 않을 수 있지만, 내게 호의를 베푼 적은 계속 나에게 호의를 베풀게 된다."

주의할 점은 지나치게 부담스러운 부탁, 자연스럽지 못하고 인위적인 냄새를 강하게 풍기는 부탁은 오히려 역효과를 내기 쉽다는 사실이다. '이렇게 무례한 부탁을 하는 것을 보니 내가 그 사람을 싫어한 것도 당연했어. 역시 나는 사람 보는 눈이 있어.' 상대방이 이렇게 생각하게 되면, 상대방의 뇌에 인지부조화를 야기하기는커녕 오히려 '인지조화'를 강화하게 만든다. 그가 나를 싫어하는 것을 그의 뇌가 더욱 조화롭게 받아들이게 된다는 말이다.

# 엘 그레코, 베르니니, 그리고
## 던롭의 타이어에서 배우는 '창조적 뒤틀림'

## 바로크 시대는 뒤틀림의 시대

바로크Baroque는 '일그러진 진주'라는 포르투갈어에서 유래했다. 영어로는 이상야릇하고 기괴하다는 뜻이다. 르네상스 시대의 균형과 조화미에서 벗어나 곡선적 뒤틀림과 극명한 명암 대비를 특징으로 17세기를 풍미한 예술사조가 바로크로, 정치와 예술에서 기존 질서가 무너지고 새로운 패러다임이 모색되는 과정에서 나타났다. 1517년 루터의 종교개혁으로 기독교 세계가 분열되었고 교황의 권위가 추락했다. 권력의 빈 공간은 어떻게든 채워지기 마련. 약화된 교황의 권위를 대신하겠다고 나온 것이 중앙집권적 절대왕정이었다. 루이 14세 같은 절대왕정 군주는 그림, 조각, 건축 같은 조형예술을 통해 자신의 권위를 과시하고자 했다. 사실 당시 예술가들을 억압한 것은 교황과 절대왕정뿐만이 아니었다. 역설적일 수도 있지만, 이성과 합리성을 앞세우고 균형과 조화를 강조하는 르네상스의 꽉 짜인 규범이 예술가들을 숨막히게 했다. 바로크는 르네상스 시대의 규범에 억눌려 있던 인간 감성이 용솟음친 결과이기도 하다. 휘어짐과 뒤틀림으로 창조적 정신이 형상화됐다.

바로크 시대의 뒤틀림을 대표하는 화가는 엘 그레코El Greco다. 엘 그레코를 그대로 번역하면 '그리스에서 온 사람', 즉 그리스인이란 말이다. 본명은 도메니코스 테오토코폴로스다. 베네치아의 속령이었던 그리스의 크레타에서 태어난 그레코는, 이탈리아 베네치아에서 르네상스의 거장 베첼리오 티치아노에게 배웠고 로마를 거쳐 스페인에서 활동했다. 당시로보면 국제적으로 활동한 화가였다. 엘 그레코의 대표작 〈그리스도의 세례〉를 보자.

세례를 받는 그리스도와 세례를 주는 요한 모두 몸에 비해 얼굴이 너무 작다. 얼굴은 그냥 놔두고 몸만 길쭉하게 잡아 늘인 느낌이다. 사람보다 외계인 같아 보인다. 뒤틀리고 꿈틀대는 기운이 신비로운 색과 어우러져 화폭 전체를 지배하고 있다.

엘 그레코의 작품 중에서 뒤틀림의 백미를 보여주는 것은 〈라오콘〉이다. 고대의 조각 라오콘 군상을 보고 나름대로 재해석한 그림인데, 인체가 휘어지고 비틀어지고 뒤틀려 있다. 사실 그레코의 그림에 나오는 인물들은 모두 고무로 만들어진 것처럼 늘어나고 휘어져 있다. 흐물흐물하다고 형태가 없는 것은 아니다. 자동차 타이어처럼 기본 형태는 유지하되 충격이 오면 고무의 유연성으로 부러지지 않고 휘어지면서 그 충격을 잘 흡수해낼 것 같은 느낌을 준다. 그레코의 신앙심이 깊었다는 점을 생각하면, 세상의 시련이 충격으로 다가올 때 이를 흡수하고 견디어내는

엘 그레코, 〈그리스도의 세례〉

엘 그레코, 〈라오콘〉

유연성은 바로 신앙의 힘임을 표현했다고 해석할 수도 있다.

　엘 그레코의 그림이란 것을 모르고 보면, 400년 후에나 나타나는 20세기 초현실주의 작품으로 오해할 수 있을 정도로 현대적인 그림이다. 엘 그레코가 창조한 뒤틀림은 현대미술에 와서 대가들의 표현방식으로 자리잡았다. 뒤틀림이란 관점에서 보면 피카소나 달리도 엘 그레코와 궤를 같이한다.

## 엘 그레코에게서 찾은 창조적 뒤틀림의 코드

뒤틀림은 경제에도 있다. 어찌 보면 경제의 역사는 뒤틀림의 역사다. 시대에 따라 뒤틀리는 분야가 달라질 뿐이다. 한국 경제의 뒤틀림을 보자. 경제성장 초기에 수출원가를 낮추기 위해 노동자가 뒤틀림의 대상이 되었다. 뒤틀린 임금을 통해 수출경쟁력을 확보한 것이다. 대기업과 특정 산업에 자본이 집중된 것도 자본 배분의 뒤틀림이었다. 외환위기 이전 고정환율제도하에서는 환율의 뒤틀림을 통해 수출경쟁력을 확보한 적도 있다. 기업이 부채차입에 의존해 성장을 도모한 것도 일종의 잡아 늘이기요, 뒤틀기다. 한때는 기업의 부채가 잡아 늘여졌고 지금은 가계부채와 정부부채가 잡아 늘여져 있다. 우리뿐만이 아니다. 세계 각국은 나름대로 경제 뒤틀기를 하고 있다. 양적완화 같은 방만한 통화정책도 경제 뒤틀기요, 그리스 위기도 과도한 재정 뒤틀기의 결과다. 일본의 아베노믹스도 환율 비틀기다. 마이너스 금리는 이자율 비틀기다. 이렇게 보면 최근의 세계 경제는 조화롭게 균형을 이룬 '르네상스적 경제'가 아니라 뒤틀림에 의존하는 '바로크적 경제'다.

　엘 그레코는 어떻게 뒤틀 수 있었을까. 핵심은 창조적 융합에 있다. 첫째, 그 당시 가장 잘나가던 그리스, 이탈리아(베네치아와 피렌체), 스페인 미술의 장점을 파악해 자기 방식으로 융합했다. 어떤 분야든 첨단시장을 알아야 무엇이 새로운지도 알 수 있다는 말이다. 둘째, 베네치아 미술에서 색채의 강렬함을, 피렌체 미술에서 구성의 정교함을 익혔다. 그리고 융합했다. 융합을 잘하려면 융합의 대상이 되는 전공 분야를 먼저 확실하게 꿰차야 한다. 제대로 아는 분야가 없는데, 융합할 전문 분야가 없는데 창조적 융합이 나올 수 없다. 셋째, 엘 그레코의 그림은 부분을 전체에서 분리할 수 없다. 형태와 형태, 색과 형태가 물리적 결합이 아닌 화학적 융합으로 어우러져 있기 때문이다. 전체 화폭이 하나의 물결침이요, 꿈틀거림을 이룬다.


## 차가운 대리석으로 따뜻한 체온을 조각해낸 베르니니

변신變身이란 몸의 형태가 바뀌는 것이다. 상상력을 자극하는 흥미로움 때문에 변신은 예술과 신화의 중요한 주제가 되어왔다. 특히 그리스신화에서는 그 전반을 꿰뚫는 대표적 주제가 변신이라고 할 만큼 다양한 변신이 등장한다. 가장 익숙한 변신은 동물, 심지어는 구름이나 비로 변해 여자들에게 접근하는 바람둥이 제우스의 변신이다. 제우스가 무언가를 성취하기 위해 적극적 변신을 했다면 무언가를 피하기 위한 소극적 변신도 있다. 대표적 예는 요정 다프네의 변신이다. 아폴로에 쫓기던 다프네가 월계수로 변해가는 환상적 순간을 화가와 조각가는 즐겨 다루었다. 그 중 단연 뛰어난 작품은 소름 끼칠 정도로 정교한 조반니 베르니니의 작품이다.

그의 작품을 보면 감탄할 수밖에 없다. 딱딱하고 차가운 대리석으로 어떻게 이처럼 체온의 따뜻함이 느껴지는 정교한 작품을 조각할 수 있었을까. 17세기 바로크 시대에 활동했던 베르니니가 조각해낸 인물들은 더이상 딱딱한 돌덩어리가 아니다. 맥박이 뛰고 따뜻한 호흡이 느껴지고 부드러운 피부결까지 느껴진다. 베르니니는 마치 밀가루 반죽을 빚듯이 돌덩어리를 빚어냈다. 세밀한 붓으로 그려낸 그림만큼 조각도 정교할 수 있음을 보여준 조각가다. '변신'이라고도 불리는 작품 〈아폴로와 다프네〉를 보자.

조반니 베르니니,
〈아폴로와 다프네〉

Photo by Alvesgaspar

116

아폴로가 도망치는 다프네를 잡는 순간, 그녀는 월계수로 변한다. 나뭇가지로 변하는 손가락, 땅에 뿌리내리는 발가락, 흩날리는 옷자락, 긴박한 얼굴 표정, 이 모든 것이 너무도 감각적이다. 뒤틀림이라는 바로크적 특성도 잘 드러나 있다. 정교한 표현력에 관한 한 역사상 가장 위대한 조각가라고 평가하지 않을 수 없다. 베르니니는 기쁨, 괴로움, 아쉬움의 감정이 절정에 이른 그 찰나적 순간을 절묘하게 포착해 정교하게 표현해냈다. 그래서 바로 눈앞의 장면을 보듯 느낌이 생생하다. 정치나 경제도 국민들에게 생동감을 주려면 베르니니 작품처럼 머리카락 한 올, 핏줄 하나하나가 다 느껴질 정도로 정교하고 섬세해야 한다.

효모로 밀가루를 발효시키듯 베르니니는 조각칼 하나로 돌을 발효시켜 무거움을 없애버렸다. 무게가 사라진 가벼운 대리석, 이를 통해 베르니니는 다프네를 나무로 변신시킬 수 있었다. 돌의 차가움을 따뜻함으로, 돌의 무거움을 가벼움으로, 돌의 딱딱함을 밀가루 반죽 같은 부드러움으로 바꾸어버렸다. 대리석의 전통적 특성을 극복했다는 데에 역설적으로 베르니니의 탁월함이 있다.

금융도 마찬가지다. 변신하려면 먼저 전통적 금융을 극복해야 한다. 돌같이 딱딱하고 무거운 '금융을 위한 금융'을 벗어나야 한다는 말이다. 금융이 복지에, 교육에, 문화에, 노동에 공헌할 수 있어야 '금융을 통해 금융을 극복'할 수 있다. 금융이슈들은 돌처럼 무겁다. 그래서 지루하고 이해하기도 힘들다. 베르니니가 돌을 밀가루처럼 다루었듯 무거운 주제일수록 가볍고 부드럽게 다룰 수 있어야 한다. 그래야 커뮤니케이션이 원활해지고 수용력도 커진다.

〈아폴로와 다프네〉를 감상하는 또다른 포인트는 어디부터 어디까지가 아폴로이고 다프네인지, 어디까지가 몸이고 어디부터 나뭇가지이고 뿌리인지 구별하기 힘들다는 것이다. 그 경계가 기발하게 하나로 융합되어 있기 때문인데 변해가는 모습이 자연스럽다. 조직이든 개인이든 변신은 힘들다. 자연스러운 변신은 더욱 힘들다. 베르니니가 신, 사람, 그리고 식물의 경계를 자연스럽게 허물었듯이 성공적 변신의 전제조건은 '경계 허물기'다.

## 고객 지향적 변신을 추구한 제우스, 한국 금융산업의 롤모델

다프네는 월계수로 변신했지만, 쫓아가던 아폴로는 변신하지 못해 사랑하는 다프네를 놓쳐버렸다. 만일 바람둥이 제우스였다면 어떻게 했을까. 다프네가 변하기 전에 자신이 먼저 변신해 목적을 달성했을 것이다. 목적의 정당성을 차치하고 제우스의 변신을 보면 항상 성취하고자 하는 목적이 분명했다. 동시에 목적 달성을 위한 변신전략이 지극히 고객 지향적이다. 자신을 상대방의 입장에서 재정의하는 전략이다. 상대방이 원하는 것, 좋아하는 것을 먼저 철저히 파악한 후 그것에 맞추어 변신했다. 티토스의 공주 에우로페가 황소를 좋아한다는 정보를 획득한 제우스는 황소로 변해 그녀에게 접근했다. 참고로 현재의 유럽Europe이란 말은 이 에우로페Europe에서 유래했다. 16세기 베네치아의 명장 베첼리오 티치아노가 그린 〈에우로페의 납치〉는 에우로페가 황소로 변한 제우스에게 납치되는 장면을 묘사한 그림이다. 황소의 등에 매달려 절망적으로 하늘을 쳐다보는 에우로페의 모습이 인상적이다.

제우스의 변신은 여기서 끝이 아니다. 스파르타의 공주 레다가 백조들과 어울려 놀기 좋아한다는 사실을 알고 백조로 변신했고, 비를 좋아하

베첼리오 티치아노, 〈에우로페의 납치〉

는 아르고스의 공주 다나에를 유혹하기 위해 황금 비雨로까지 변신했다. 제우스의 성공 열쇠는 상대방에 대한 철저한 연구와 상대방 입장에서 생각하기, 치밀한 준비, 그리고 상황에 맞는 변신이다.

금융도 변신해야 한다. 다프네처럼 현실도피를 위해 식물로 변하는 소극적 변신이 아니라, 제우스 같은 적극적 변신이다. 월계수로 변해가는 다프네처럼, 위험을 다루는 **금융 본연의 동물적 특성을 거세당하고 식물로 변해가는 한국 금융산업의 모습**이 마음을 아프게 한다.

자전거 혁신의 양대 축은 속도와 안정성이다. 페달을 한 번 돌릴 때 더 멀리 나가기 위해서는, 즉 더 빨리 가기 위해서는 바퀴를 크게 만드는 것이 중요했다. 안정성 측면에서도 큰 바퀴가 유리하다. 바퀴가 클수록 같은 높이의 장애물이라도 부딪힐 때 입사각이 작아져 작은 돌이나 웅덩이를 잘 타고 넘을 수 있기 때문이다. 승차감도 좋아진다. 그래서 1880년대 영국에서 나타난 것이 우리가 '빈폴 자전거'라고 알고 있는 '큰 앞바퀴 자전거high wheeler'다. 앞바퀴가 불균형적으로 크고 뒷바퀴는 작기 때문에 운전자는 앞바퀴 위쪽에 앉게 된다.

　당시 자전거 제작자들은 자전거의 속도를 높이고 안정성도 확보하기 위해 바퀴 크기를 키우는 데 몰두했다. 바퀴의 크기가 자전거의 성능을 규정하고 자전거의 혁신을 정의했기 때문이다. 이런 정의하에서는 바퀴

큰 앞바퀴 자전거

120

의 크기에 집착할 수밖에 없다. 물론 최대한 늘릴 수 있는 길이는 사람의 다리 길이까지다.

그런데 큰 앞바퀴 자전거는 결정적 단점을 갖고 있었다. 앞바퀴가 불균형적으로 크다보니, 미적으로 아름다워 보이긴 하지만 한 번 넘어지면 앞으로 꼬꾸라지기 일쑤였다. 목뼈가 부러지는 경우가 많았다. 하지만 바퀴의 크기가 곧 자전거의 안정성이라고 정의하는 한에서는 더이상 혁신이 진행되기 힘들었다. 그러던 중 영국 스코틀랜드의 수의사였던 존 던롭이 자전거의 안전성에 대해 전혀 다른 각도에서 아이디어를 내게 된다. 어린 아들이 자전거를 타고 놀다가 자주 넘어지고, 자전거를 탄 후에는 항상 머리가 띵하다고 말하는 것을 듣고 해결방안을 고민하던 중, 자전거의 안전성은 바퀴의 크기가 아니라 바퀴의 충격흡수력에 있다는 생각을 떠올린 것이다.

문제가 **'어떻게 충격을 타고 넘을까'**가 아니라 **'어떻게 하면 충격을 흡수할까'**로 재정의되자, 답은 견고하면서도 동시에 충격을 흡수할 수 있는 물질을 찾는 데 맞추어졌다. 바로 고무였다. 바퀴는 그때까지 나무나 철로 만들었고 기껏해야 가죽으로 감싸 만들었는데, 던롭은 처음으로 우리가 현재 보는 것과 같은 고무 타이어를 만들기 시작했다. 그가 바로 지금도 타이어, 테니스공, 골프공 등으로 유명한 던롭 사의 창업자인 존 보이드 던롭이다. 처음엔 철이나 나무로 만든 뼈대를 고무로 감싸는 수준이었다. 이후 공기 빠진 축구공에 바람을 넣다가 아이디어를 얻어 고무로 만든 타이어 안에 공기를 주입하는 공기주입식 타이어pneumatic tire를 발명하게 된다. 공기주입식 타이어는 충격흡수력이 획기적으로 뛰어났기 때문에 이전처럼 앞바퀴를 비정상적으로 크게 만들 필요가 없었다.

던롭은 재정의 덕분에 크기로 충격을 넘어가던 시대에서, 부드러운 고무와 가벼운 공기로 충격을 흡수하는 시대를 열었다. 고무와 공기는 엘 그레코 그림에 나오는 인물들처럼 유연하고 휘어질 수 있기 때문에 충격을 자연스럽게 흡수할 수 있다.

## 고바야시가 핫도그 먹기의 신기록을 수립할 수 있었던 이유

미국의 독립기념일은 7월 4일이다. 전국적으로 다채로운 행사가 열린다. 가장 유명하고 사람들이 많이 몰리는 행사는 수도인 워싱턴 DC에서 열리는 독립기념일 공식 행사와 불꽃놀이다. 전국에서 몰려온 사람들로 워싱턴 DC는 그야말로 발 디딜 틈이 없을 정도다. 같은 날 뉴욕 시 남부에 있는 코니아일랜드에도 사람들이 몰린다. 1916년부터 이어져내려온 '네이선 핫도그 빨리 먹기 대회Nathan's Hot Dog Eating Contest' 때문이다. 이 행사가 세계적으로 주목받기 시작한 건 2001년부터다. 핫도그는 가장 미국적인 음식인데, 날씬한 체격의 일본인 다케루 고바야시가 우승을 차지했기 때문이다. 미국에선 그가 '코비'라는 애칭으로 통한다. 고바야시는 2001년부터 2006년까지 연속 우승을 차지했다. 2007년 미국인 조이 체스트넛에게 우승 트로피를 넘겨줬지만 다른 나라 사람들에게까지 핫도그 먹기 대회를 알린 주인공이 바로 고바야시다.

고바야시가 특히 유명해진 이유는 외국인이라서가 아니라 그가 세운 놀라운 기록 때문이다. 고바야시 이전의 최고 기록은 12분에 25개였다. 그런데 2001년 고바야시는 이전의 두 배인 50개의 기록으로 우승을 차지했다. 대회가 처음 열린 1916년에는 우승 기록이 13개였다. 당시는 제한 시간이 10분이었지만, 12분으로 계산해도 15~16개 정도다. 고바야시 전까지 최고 기록이 25개였으니, 85년 동안 갱신된 기록이 처음 개최 때 기록의 두 배 속도에도 이르지 못했다. 어찌 보면 당연할 수 있다. 먹는다는 것은 다른 외부 기술이 개입되기 힘들고 전적으로 인간의 신체, 특히 '위'와 관련되어 있다. 85년은 인간의 위가 진화하기에는 너무 짧은 기간이다. 게임의 규칙이 바뀐 것도 아니고, 고바야시가 핫도그를 주식으로 하는 외계 행성에서 온 외계인도 아닌데 어떻게 이런 기록이 가능했을까. 답은 고바야시가 핫도그 먹기 게임을 새롭게 재정의했기 때문이다.

이전에 참가했던 선수들이 전략을 세우지 않았던 것은 아니다. 돈과 명예가 걸려 있는 게임인데 어찌 연구와 훈련 없이 참가할 수 있겠는가. 다만 그들은 예외 없이 '어떻게 하면 핫도그를 많이 먹을 수 있을까'로 문제에 접근했다. 고바야시는 달랐다. 고바야시는 '어떻게 하면 핫도그를 쉽게 먹을 수 있을까'로 문제를 새롭게 재정의했다.[10] 또한 "마라톤 경기가 100미터 경기의 단순한 연장이 아니듯, 핫도그 먹기 경기는 단순히 일상생활에서 많이 먹는 것의 연장이 아니다. 즉 전혀 본질이 다른 경기다"라고 게임을 규정했다.

핫도그 빵과 소시지를 분리해서 먹는 것, 소시지를 먹을 때 반으로 잘라 먹는 것, 물에 적셔 먹는 것, 먹으면서 위에 공간을 만들기 위해 펄쩍펄쩍 뛰는 것 등은 모두 게임에 대한 고바야시의 새로운 정의, 그리고 새로운 질문에 대한 해답이었다. 훈련방식도 체계적이고 과학적이었다. 위를 신축적으로 만들기 위해 경기 전에 식단을 조절하고 음식을 잘 흡수하려면 신진대사가 활발해야 한다는 점에 착안해 근력 키우기 운동에 주력한 점 등은 모두 핫도그 먹기 경기에 대한 새로운 정의로부터 유도된 방법들이다. 특히 이 같은 '극단적 먹기 게임'에선 위의 크기보다 신축성이 승리의 열쇠다. 위는 평상시 크기의 네 배까지 확장될 수 있기 때문이다. 전혀 새로운 혁신적 방식에 힘입어 23세의 날씬한 고바야시는 이전 기록을 두 배로 늘리며 우승을 차지했다.

먹기 대회 선수들에게는 '먹는 자food eater'가 아니라 '싸우는 자food fighter'라는 명칭이 붙는다. 먹기 대회 선수들은 경쟁자들과도 싸워야 하지만 동시에 음식과도 싸워 이겨야 한다. 싸움에서 이기려면 전략과 훈련이 필요한 것은 당연한 이치다. 고바야시의 연승 가도에 제동을 건 사람은 캘리포니아 산호세 출신의 조이 체스트넛이다. 현재 세계 신기록 69개를 보유하고 있다. 조이 체스트넛이 2007년 고바야시를 물리치고 우승했을 때, 마치 독립전쟁에서 승리한 것처럼 미국이 떠들썩했다. 외국인이 차지했던 챔피언 자리를 되찾아왔기 때문이다.

체스트넛의 전략은 고바야시가 개발한 전략과 거의 비슷하다. 고바야시의 방법이 워낙 효과적인 것으로 증명되었기 때문이다. 체스트넛의 전략에서 특이한 것은 원활한 호흡과 폐활량 확대를 강화했다는 점이다. 핫도그를 급하게 입안에 가득 넣고 먹다보면 호흡이 곤란해지는 경우가 많다. 실제로 식도가 막혀서 사망한 선수도 있다. 어쨌든 체스트넛의 경우, 고바야시처럼 핫도그 먹기를 새롭게 정의하지는 못했다. 아마도 70개 기록을 깨고 더 앞으로 나아가기 위해서는, 지금 핫도그 먹기 대회에서 주류를 이루고 있는 고바야시의 프레임을 깨고 핫도그 먹기를 다시금 새롭게 정의하는 선수가 나타나야 하지 않을까.

# 색처럼
## 기업도 잘못 섞이면 탁해진다

다양한 색들이 구현해내는 절묘한 색의 조화는 미술작품을 감상하는 기쁨 중 하나다. 남들이 만들어내지 못하는 색을 창출해낼 수 있는 작가는 그것만으로도 뛰어난 예술가다. 점묘파 이전의 화가들은 팔레트나 캔버스에서 색을 섞었다. 빛에 대한 과학적 연구가 활발하던 19세기 말, 팔레트가 아니라 보는 사람의 눈, 구체적으로는 망막에서 색을 섞겠다는 기발한 생각을 한 화가가 있었으니 바로 조르주 쇠라다. 쇠라는 색이 혼합되는 방식을 재정의했다. 색이 섞이는 장소를 기존 그림들과 달리 사람의 눈으로 재정의한 것이다. 눈이 색을 섞는다는 것은 결국 뇌가 섞는다는 말이다. 색이 혼합되는 곳이 새롭게 정의되면 창출되는 색과 형태가 이전 그림과 완전히 달라진다. 결과적으로 독창적 그림이 탄생하는 것이다.

## 점만으로 새로운 세계를 창조한 쇠라

색을 팔레트가 아니라 눈에서 융합한다는 의미는 무엇인가. 색을 인식하는 궁극적 주체는 보는 사람의 눈이라는 게 아이디어의 출발점이다. 옆에 붙어 있는 파란색과 노란색을 멀리서 보면 초록색으로 보인다. 망막과 이를 지휘하는 뇌가 색을 인식하는 방식이 그러하기 때문이다. 그리고자 하는 형태와 색을 염두에 두고 무수히 많은 작은 점들을 찍어보자. 가까이서 보면 무의미한 점들의 집합이지만 멀리서 보면 우리의 망막과 뇌는 점들의 집합을 사람, 나무, 건물 같은 구체적 형태로 이해한다. 바로 점묘파가 그림을 그리는 독창적 방식이다. 쇠라의 대표작 〈그랑드 자트 섬의 일요일 오후〉를 보자.

햇볕이 내리쬐는 섬에서 휴일 오후를 즐기는 파리 시민들을 담담하게

조르주 쇠라, 〈그랑드 자트 섬의 일요일 오후〉

묘사한 그림이다. 가로와 세로가 각각 3미터, 2미터인 대형 화폭인데 가까이 갈수록 찍힌 점들만 보인다. 조금씩 뒤로 물러나면 형태가 되살아나고, 충분히 물러서면 형태도 정확해지고 색도 생생해진다.

팔레트에서 색을 혼합하면 다양한 색을 얻을 수는 있지만 색이 탁해지는 문제가 있다. 채도가 떨어진다는 말이다. 쇠라는 색의 맑음을 희생시키지 않고 다양한 색을 얻기 위해 수많은 원색 점을 찍고 실제 색의 혼합은 보는 사람의 눈에서 이루어지게 했다. 이런 기법을 쇠라 스스로는 색채광선주의<sup>chromo-luminarism</sup>라고 불렀다. 지금까지도 사람들이 쇠라의 작품에 감명받는 이유는, 하잘것없는 무수한 점들이 모여 사람, 나무, 배 등 의미 있는 대상을 창조하고 독창적 색채까지 발현해내기 때문이다. 마치 무수한 원자와 분자가 모여 세상의 모든 생명과 물질을 만들어내듯, 미미한 점들이 서로 연결되고 결합되면 무엇이든 그려낼 수 있다는 사실이 경외감마저 준다. 그래서 쇠라를 '과학자 같은 예술가'라고 부르는 것이다.


## 순간적 인상에 집착한 인상주의를 극복한 점묘파

쇠라의 그림엔 선이 없다. 점으로 세상을 창조하기 때문이다. 선이 없기 때문에 인물은 배경과 혼재되어 있고 희미하게 자신을 드러낸다. 쇠라의 인물들이 마치 유령 같은 느낌을 주는 이유다. 당시 풍미하던 인상주의가 그러했듯이 쇠라에게도 형태보다 색이 그림의 핵심이었다. 색이 강조되고 자연스러워지면 반대로 형태는 부자연스러워지기 마련이다. 그래서 쇠라의 인물들은 감정이 없는 로봇처럼 형태가 단순하고 뻣뻣하다. 인상주의는 빛이 주는 순간적 인상을 그리려 했기 때문에 형태는 거의 와해됐다. 이에 반해 쇠라는 원색 점을 찍어 색 간의 상호작용을 통해 빛을 표현했기 때문에 멀리서 보면 형태들이 그대로 살아 있다. 인상주의와 달리 찰나적 순간을 넘어서는 근원적 모습에도 관심을 가졌기 때문이다. 그래서 점묘파를 신인상주의라고도 부른다.

점묘파의 창시자는 쇠라지만 이를 계승해 더욱 화려하게 꽃피운 화가는 폴 시냐크다. '파도' 연작처럼 시냐크의 작품에는 음악적 리듬감이 있다. 작품 제목도 교향곡처럼 작품번호가 붙어 있는 경우가 많다.

폴 시냐크, 〈콩카르노의 레가타〉

## 복합그룹 할인현상처럼 기업도 잘못 섞이면 탁해진다

경제에 복합그룹 할인conglomerate discount이란 현상이 있다. 투자자들은 이 것저것 다양한 업종의 기업이 섞여 있는 복합그룹을 좋아하지 않는다. 따라서 복합그룹 할인은 시장에서 개별 기업들을 합한 가치보다 낮게 평가받는 현상을 가리키는 말이다.11 왜 그럴까. 기업이 섞지 않아도 투자자가 스스로 섞을 수 있기 때문이다. 분산투자는 기업이 안 해도 투자자가 할 수 있다는 것이 자본시장의 기본 원리다. A기업이 자동차산업만 영위하다 분산을 명분으로 전자산업에 진출했다고 하자. 기업가치가 증가했을 것 같지만 그렇지 않다. 투자자들은 A기업이 분산투자하지 않아도 스스로 A기업에 투자하고 동시에 다른 전자기업 B에 분산투자할 수 있기 때문이다. 전혀 관련성 없는 분야로의 문어발식 확장은 전문성을 해치고 자원낭비를 초래한다. 물론 연관된 산업으로의 수직적, 수평적 확장은 장점이 많다.

금융지주사도 관련성이 적은 다양한 금융사가 섞여 있는 복합금융그룹의 경우, 복합그룹 할인현상이 발생한다. 대부분 연구에서 은행, 증권, 보험 등을 함께 취급하는 금융지주사의 주가는 각각을 독립적으로 다루는 은행, 증권, 보험사 가치의 합보다 낮게 나온다. 화가가 팔레트에서 색을 섞듯이 금융지주사가 스스로 비즈니스를 섞는 것을 시장은 높게 평가하지 않는다.12 장단점이 있겠지만, 색이 그러하듯 비즈니스 모델도 섞이면 탁해지기 쉽기 때문이다.

시장의 투자자들은 기업 스스로가 이 색 저 색을 섞어 기업의 색을 탁하게 만들기를 원하지 않는다. 원하면 점묘파처럼 투자자 스스로 눈에서 섞을 수 있다. 시장은 정체성이 명확한 기업, 즉 비즈니스의 채도가 높아 맑고 순수한 기업을 높게 평가한다. 누구나 쉽게 이해할 수 있는 '명확하고 단순한 정체성'이 시장에서 높게 평가받는 기업 형태로 정의된다면, 기업전략도 바뀌어야 한다. 새로운 비즈니스를 시작할 때 기존과 연관성이 있으면 본체in-house에서 수행하고, 직접적 연관성이 떨어지면 자회사나 관계회사를 통해 수행한다. 연관성이 더 떨어지면 소유구조와 지배구조를 완전히 달리하는 것이 합리적이다.

기술이 발전하고 비즈니스가 복잡하게 얽힘에 따라, 겉으로 보기에는 관련성이 없어 보이나 사실은 연관성이 큰 사업이나 산업이 있다. 남들이 보지 못하는 연관성을 파악하는 것도 CEO의 능력이지만, 왜 이 새로운 비즈니스가 우리 기업에 도움이 되는지, 왜 이 사업에 진출해야 하는지를 명쾌하게 시장에 설명해주는 커뮤니케이션 능력도 CEO가 갖추어야 할 능력이다. 시장이 분명하게 이해하지 못하면 새로운 사업에 진출할 때마다 주가는 떨어진다.


## 중독에 대한 새로운 정의와 새로운 해법

쇠라처럼 색을 섞는 장소를 '눈'으로 재정의하니 새로운 그림이 나오고, 기업의 결합을 '시장의 평가'라는 새로운 시각에서 정의하니 새로운 전략이 나온다. 예술이나 경제 문제뿐 아니라 우리가 일상적으로 직면하는 사회 문제도 이 문제를 어떻게 정의하느냐에 따라 전혀 다른 해법이 도출된다. 그만큼 문제의 재정의가 중요하다는 말이다. 대표적 예가 중독에 대한 정의와 정책이다. 중독이란 무엇인가. 원래는 마약중독, 약물중독, 알코올중독, 니코틴중독, 카페인중독과 같이 특정 물질에 국한해 사용하던 용어였는데, 지금은 게임중독같이 특정 행위에 빠지는 경우에 대해서도 사용한다. 일상적으로는 일중독, 마라톤중독, 영화중독, 빚중독 등과 같이, 그 대상이 무엇이든 어떤 일에 지나치게 몰두하고 의존하는 경우를 일컬을 때 비유적으로 많이 사용한다.

비유적으로 사용되는 경우는 일단 제쳐두고, 생물학적, 의학적, 심리학적으로 사용되는 '중독'이란 과연 무엇인가. 어떻게 정의되는가. 중독에 대한 정의가 중요한 이유는 "중독은 무엇이다"라는 정의가 중독을 바라보는 시각을 결정하기 때문이다. 시각이 달라지면 해결책 또한 당연히 달라진다. 미시적으로 치유를 위한 해결책이 달라짐은 물론, 거시적으로 이를 지원하고 관리하기 위한 정부의 정책도 달라진다.

1990년대 후반 뇌과학과 생물학의 획기적 연구가 이루어지기 전까지, 중독은 도덕성 결여나 의지력 부족 때문에 발생하는 개인 차원의 탐닉으로 정의되었다. 중독이 이렇게 정의되면, 중독에 대한 모든 책임은 중독자 개인에게 귀결된다. 유혹에 잘 빠지는 중독자가 문제의 원천이 된다. 그러면 중독자는 죄의식과 부끄러움을 느끼게 되고, 이때 해결책은 중독자를 격리하고 억압하고 교화 또는 회개시키는 것이다.

뇌의 구조에 대한 연구가 활발해지면서 중독자의 뇌구조 변화에 관한 연구 결과들이 제기되었다. 이에 따르면 중독이란 현상은 뇌의 구조가 변해서 문제가 생긴 것이다. 이런 연구 결과를 바탕으로 중독은 만성적인 뇌질환, 즉 일종의 병이라는 정의가 주류로 부각되었다.[13] 최근 미국이나 유럽의 경우, 이것이 정부, 의료계, 과학계가 받아들이고 있는 지배적인 정의이자 시각이다. 미국 부통령 조 바이든이 2007년 도입한 '중독을 질환으로 인식하는 법안'에서는 중독을 "미래에 폐해가 발생함에도 불구하고 자신의 의지와 관계없이 강압적으로 사용하게 된다는 특성을 가진 만성적이고 재발하는 뇌질환"으로 정의하고 있다. 중독을 병으로 인식한다는 것은 이전과는 전혀 다른 정의요 시각이다. 암이든 치매든 독감이든, 병은 치료의 대상이지 비난과 교화의 대상이 아니기 때문이다. 병은 자신의 의지와 관계없이 걸리기 때문에 비난하기 힘들다.

중독이 병이라면 중독자는 환자다. 환자는 치료 과정에서 수동적일 수밖에 없다. 치료를 주도하는 것은 의료진을 비롯한 전문가이기 때문이다. 중독자는 뇌의 구조가 비정상적이다. 정상인과 달리 이성적인 판단과 통제의 역할을 담당하는 부분(배외측 전두피질)이 약화되고 열망과 동기부여를 담당하는 부분(선조체)이 강화되어 있다. 특히 양자 간의 연결고리, 즉 커뮤니케이션 경로가 단절되어 지휘소가 제대로 정보를 수집하거나 명령을 전달할 수 없게 된다. 어쨌든 중독을 '병'으로 정의하면, 중독은 정상과는 다른 비정상이 된다.[14]

최근 들어 뇌가 변했다고 문제가 생긴 것은 아니라는 주장이 제기되어 주목받고 있다. 뇌가 변했다고 병은 아니라는 말이다. 왜냐하면 뇌는 원래 변하는 것이기 때문이다. 그렇게 설계되었고 진화되어왔다. 뇌가 변하기 때문에 우리는 새로운 것을 배우고 성장할 수 있다. 이를 일컬어 보통 뇌의 가소성plasticity이라고 한다. 흥미롭고 매력적인 것에 끌리고, 새로운 것을 배우고, 기분 좋은 것을 반복해서 습관이 형성될 때 나타나는 뇌의 변화 메커니즘은, 정도의 차이만 있을 뿐 무언가에 중독되었을 때 나타나는 뇌의 구조 변화와 동일하다.[15] 전두피질의 활동위축과 선조체의 과대활성화가 주역이다. 정상과 비정상, 뇌가 건강한 상태와 병에 걸린 상태를 구분하기가 애매모호하다. 중독을 병이 아니라 정상적인 현상, 즉 열망이나 특이한 형태의 습관으로 정의하면 그 해결방안도 이전과 완전히 달라진다.

사실 중독은 병이 아니라 오히려 견디기 힘들 정도로 깊은 상처를 회피 또는 치유하기 위한 자가치유self medication의 일환이라는 주장도 설득력을 얻고 있다. 임상연구 결과를 보면, 마약중독에 빠진 대부분의 사람들이 어렸을 때나 사춘기 때 부모로부터, 친구들로부터 혹은 다른 사람들로부터 지우기 힘든 상처를 입었다. 구체적 원인은 다양하지만 그런 경우 결국은 사회적 고립이라는 트라우마를 겪게 된다. 이런 고립과 단절이 심해져 뇌가 견뎌내기 힘든 수준이 되면 우리는 뭔가 즐거움을 주는, 즉 도파민을 분비시키는 것에 중독되는 것이다.[16] 극단적 상황에 처한 사람에게는 중독이 생존의 수단이 될 수도 있는 것이다. 그들에게는 미래에 닥칠 치명적 해악을 고려할 여유가 없다. 가난이 물질적 결핍을 가져올 뿐 아니라 사람들의 정신적 여유까지 고갈시키는 것과 비슷하다.

또다른 예는 베트남 참전용사들의 경우다. 극단적인 긴장감이 지속되고 가족이나 친구들로부터 완전히 고립된 환경 속에서, 많은 참전군인이 마약중독에 빠졌다. 그런데 희한한 일은 미국으로 돌아온 마약투여 참전용사들의 80퍼센트 정도가 마약중독에서 빠져나왔다는 것이다. 마약흡입을 유도하던 극단적 고립상황이 변해, 가족 등 많은 사람과의 사회적 관계가 회복되자 마약흡입욕구가 줄거나 심지어 없어져버린 것이다. 그렇다면 마약중독은 병이라기보다 환경이 만들어낸 고립적 상황을 버텨내기 위한 생존수단 또는 자가치유라 볼 수 있다.

정상사고normal accident 또는 정상위험normal risk이란 말이 있다. 모든 게 정상적이고 모든 절차를 정상적으로 밟았는데 발생하는 위험을 뜻한다. 이런 위험이 예측하기도 다루기도 가장 힘들다. 중독도 마찬가지다. 중독이 병이라면 오히려 해결하기 쉬울 수도 있다. 만일 중독이 지극히 정상적인 인간의 본질적 특성이라면, 조금만 삐끗하면 누구든 중독에 빠질 수 있다. 그만큼 해결이 힘들고 그 충격은 파괴적이다. 중독은 일종의 특수한 습관이다. 뇌에서 도파민이 분비될 때 느끼는 황홀함을 얻기 위해 동일한 생각과 행동을 습관이 될 때까지 반복하는 것이 중독이다. 습관은 습관인데 황홀감을 주는 끌림이 오로지 한 가지에만 국한되기 때문에 다른 습관들보다 훨씬 신속하고 깊게 뿌리박힌다.

중독의 해결을 위해 강제적 금지와 억압을 사용하는 것은 최악의 방식이다. 금지와 억압은 로이 바우마이스터 교수가 말한 자아피로ego fatigue나 자아고갈ego depletion을 유발함으로써 오히려 역효과를 내기 때문이다.17 금지와 억압은 그 자체로 사람들의 의지력을 고갈시킨다. 과학자들이 제안하는 가장 효과적 방법은 미래를 생각하게 하는 것이다. 경제적 용어를 써서 표현하면, 중독자에게는 미래가치를 현재가치로 환산하는 '할인율이 무한대'다. 즉 미래는 아무리 억만금을 주어도 의미가 없다. 그들에겐 현재만이 전부일 뿐이다. 중독자들에겐 지금 현재, 그리고 갈망하는 그것만이 의미 있다. 다른 어떤 것도 도파민을 분비시키지 못한다. 중독된 그것이 도파민 분비를 독점하고 있기 때문이다. 무엇에 관심을 가지려면 우선 끌려야 한다. 끌리려면 좋아해야 한다. 즉 도파민이 분비되어야 한다는 말이다. 그런데 그것이 도파민 생산을 독점하고 있으니 그것을 제외한 세상의 어떤 것도 즐거움을 주지 못한다. 이런 생각과 구도를 바꾸는 것이 문제 해결의 핵심이다. 이것 또한 고립으로부터의 탈피다. 과거나 미래로부터 고립되어 존재하는 현재라는 이름의 섬을 과거나 미래와 연결해야 한다. 새로운 시냅스가 생겨 전두피질과 선조체가 연결되듯 새로운 다리를 놓아 현재와 미래를 연결해주어야 한다. 미래를 생각하는 통찰력과 상상력이 있어야 미래가 의미 있고, 그래야 단절된 현재만이 존재하는 중독의 세계에서 탈피할 수 있다. 시간 차원에선 과거, 현재, 미래를 연결하는 자기 자신에 대한 스토리를 가져야 한다. 공간적 차원에선 사회적 고립에서 탈피해 자신이 속한 커뮤니티와 연결되는 게 해결의 출발점이다. 쇠라가 색의 문제를 물감, 팔레트, 캔버스의 문제가 아닌 눈과 뇌의 문제로 재정의했듯이, 중독의 문제도 뇌의 문제임에는 틀림없다. '비정상적 뇌질환'이냐 '정상적 열망의 일종'이냐에 대한 논란이 있을 뿐이다.

# 쿠르베, 몬드리안, 그리고
## 뒤샹이 기업의 CEO라면?

미술의 역사는 파괴의 역사, 그 자체다

"외형은 그리 중요하지 않다. 중요한 건 내면이다."

결혼을 앞둔 아들딸에게 부모가 흔히 하는 말이다. 소변기를 〈샘〉이라 이름 붙여 예술작품으로 둔갑시킨 마르셀 뒤샹도 의도는 다르지만 똑같은 말을 했다. 듣는 음악이라면 모를까, '보는 것'이 핵심인 미술에서 외형이 중요하지 않다는 말은 쉽게 이해되지 않는다. 뒤샹의 진정한 의도는 겉으로 표현된 작품의 외형보다 작품 제작 과정에서 생각해낸 **'개념'** 과 **'아이디어'**가 훨씬 중요하다는 의미다. 그러니 덜 중요한 외형, 즉 작품 자체는 직접 창조하지 않고 기존에 있던 물건을 사용해도 된다는 말이 된다. 예술가가 아이디어를 내어 샘이라고 개념화하면 소변기도 샘이 될 수 있다는 주장이다. 바로 현대미술에 한 획을 그은 '개념미술conceptual art'

의 탄생이다.

'창조적 파괴'는 기업에만 적용되는 개념이 아니다. 예술의 역사는 어찌 보면 '파괴의 역사' 그 자체다. 총칼로 사람들을 파괴한다는 말이 아니라, 기존에 존재해왔던 예술에 대한 정의 자체를 끊임없이 파괴하며 진화해왔다는 뜻이다. 미술의 역사를 봐도, 과연 무엇이 미술이고 어디까지가 미술인가에 대한 정의는 계속 바뀌어왔다. 결국 미술의 역사는 미술에 대한 재정의의 역사다. 시대에 따라 미술에 대한 정의가 어떻게 바뀌어왔는지 살펴보자.

모네 같은 인상주의 화가들은 그림은 불변하는 대상을 그리는 것이 아니라 빛에 의해 변하는 순간적 인상impression을 그리는 것이라고 재정의했다. 사실주의를 대표하는 화가 쿠르베는 주변에 있는 평범한 인물이나 풍경을 충실히 재현하는 것을 그림이라고 생각했다. 왜냐하면 그 이전까지는 눈에 보이지 않는 신화나 종교의 등장인물, 또는 왕과 귀족 같은 특별한 사람들만이 그림의 대상이 되었기 때문이다. '주변에 있는 평범한 것'을 있는 그대로 그리는 것이 미술 역사상 하나의 혁신이었다는 사실이 흥미롭다. 에두아르 마네는 2차원 평면에 3차원을 표현하면서 나타나는 환영과 허구, 그리고 스토리 위주의 그림에서 벗어나 그림 자체의 독립성과 자율성을 추구했다. 마네는 그림 고유의 독자성이 '평면성'에 있다고 생각했는데, 때문에 입체적 그림을 거부하고 캔버스에 납작하게 달라붙은 듯한 평면적 그림을 그렸다.

세잔은 겉으로 드러난 외형 속에 숨겨진 원형을 찾아내는 것을 그림의 핵심이라고 정의했다. 에른스트 키르히너 같은 표현주의 화가들은 작가 자신의 고통, 슬픔, 외로움과 같은 감정을 표현expression하는 것이 그림이라고 정의함으로써 그려진 대상보다 그리는 화가를 중심에 위치시켰다. 또한 초현실주의는 보이지 않는 꿈을 그려내는 것을, 미니멀리즘은 복잡한 모습을 지우고 또 지워 더이상 지울 수 없는 가장 단순한 형태만을 남겨 표현하는 것을 진정한 그림이라 생각했다. 추상화가들은 대상을 추상화된 형태로 환원해 본질을 드러내는 것을, 뉴먼 같은 색면화가들은 색의 결합이 만들어내는 숭고한 느낌을 그림이라고 정의했다. 더 나아가 잭슨 폴록은 그리는 차원을 넘어 물감 뿌리기와 같은 행동의 결과물을 그림으로 재정의해 그림의 지평을 넓혔다. 펠트와 기름 덩어리를 모티프로 전위적인 조각과 행위미술을 선보인 화가 요제프 보이스는 "모든 사람은 예술가다"라고 정의해 일반인들의 행위 자체를 예술로 정의하기도 했다.

이처럼 거장이 등장해 그림이 새롭게 정의될 때마다 새로운 사조가 생겨나고 그야말로 기존에 성행하던 그림의 판이 확 뒤집혔다. 하지만 아무리 달라 보여도, 뒤샹 이전에 존재했던 그림에 대한 정의에는 한 가지 공통점이 있다. 구상이든 추상이든, 인상주의든 표현주의든, 그리기든 뿌리기든, 그림에는 최소한 작가의 '창조적 흔적'이 남아 있다는 것이다. 그런데 이 흔적마저도 지워버린 것이 바로 뒤샹의 개념미술이다. 주변 아무 데서나 찾을 수 있는 것, 남이 만든 것을 가져와 이름만 새로 붙이고 개념화하면 작품이 된다고 주장했기 때문이다. 결국 뒤샹의 〈샘〉이란 작품은 그때까지 존재해왔던 미술에 대한 정의를 완전히 와해해버렸다.

개념미술에선 작품 외형이 아니라 기성품을 새롭게 해석한 '내면', 즉 아이디어에 창조성이 있다. 〈샘〉이 제작된 1917년 당시에는 과연 이런 작품이 예술작품이 될 수 있느냐에 대해 엄청난 논란이 제기되었다. 뒤샹의 개념미술이 각광을 받게 된 것은 1960년대 앤디 워홀같이 기성품

ready-made을 통해 작품을 만드는 작가들이 등장하면서부터다. 미술의 정의가 바뀌니 당연히 작가에 대한 평가기준도 바뀌었다. 뒤샹 이후로는 그림 그리는 기술이나 감각의 뛰어남보다 '미술의 본질에 대해 얼마나 심도 깊은 질문을 던지느냐'가 화가를 평가하는 핵심기준이 되었다. 새로운 질문을 던지는 것은 새로운 장을 여는 출발점이 되기 때문이다. 훌륭한 기법, 멋진 대답보다 **기발한 질문이 각광받는 시대**가 도래한 것이다.

## 결혼의 재정의, '생물학적 선조 A'와 '생물학적 선조 B'

사회가 발전되고 다양화됨에 따라 사회제도 역시 재정의되어야 하는 경우가 많다. 이는 곧 그 제도가 근본적으로 바뀐다는 뜻인데, 그러기 위해서는 그 제도를 바라보는 철학적, 윤리적, 종교적, 관습적 수용성이 전제되어야 한다.

'생물학적 선조先祖, biological predecessor A'와 '생물학적 선조 B'. 과연 어디에 사용되는 용어일까. 생물학이나 인류학, 혹은 고고학에 나올 듯한 단어들의 조합이지만, 아니다. 프랑스에서 새로 바뀐 출생신고서에 사용되는 공식용어로, 우리의 '아버지'와 '어머니'를 대체하는 개념이다. 프랑스는 동성 간의 결혼을 법률적으로 인정한다. 그러다보니 결혼의 정의도 바뀌게 되었다. 남자와 여자 간의 결합만이 아니라 남자와 남자, 여자와 여자 간의 결합도 포괄하는 것으로 말이다. 동성 간 결혼에서 자식이 생기면 아버지와 어머니의 개념을 정확히 적용하기 힘들어진다. 아버지란 '자신을 낳아준 남자'요, 어머니는 '자신을 낳아준 여자'로 정의되기 때문이다. 그래서 다양한 가능성을 모두 포괄하기 위해 생겨난 용어가 '생물학적 선조 A'와 '생물학적 선조 B'인 것이다.

최근 미국과 유럽을 중심으로 뜨거운 감자로 등장한 것이 '결혼<sup>marriage</sup>'에 대한 정의다. 동성 간의 결혼을 법률적 결혼의 개념 속에 포함시키느냐를 놓고 찬반론자들 간에 논쟁이 뜨겁다. 미국은 동성 간의 결혼을 허용한 상태다. 하지만 이 이슈를 둘러싸고 아직도 사회적, 문화적, 종교적으로뿐 아니라 정치적으로도 첨예한 대립이 계속되고 있다. 우리나라의 경우를 보자. 국립국어원에서 편찬한 표준국어대사전에 의하면 결혼은 '남녀가 정식으로 부부관계를 맺음'으로 정의되어 있다. 남녀 간의 결합을 전제로 정의를 내리고 있는 것이다. 한국에선 동성 간의 결혼이 사회적으로나 법률적으로 수용되고 있지 않기 때문이다. 그래서 결혼에서 파생되어 나오는 '남편'과 '아내'의 정의도 남자와 여자를 전제로 한다. 만일 동성 간의 결합이 결혼의 정의 속에 포함된다면, 남편과 아내의 개념도 없어질 것이다. 더 포괄적인 개념으로 대체되어야 하기 때문이다.

한국도 결혼을 제외한 사랑, 연인 등의 개념에서는 더이상 남녀의 개념이 전제되지 않는다. 과거엔 '사랑'의 정의가 '남녀 간에 그리워하거나 좋아하는 마음. 또는 그런 일'이었지만 지금은 '어떤 상대의 매력에 끌려 열렬히 그리워하거나 좋아하는 마음'으로 재정의되었다. 남성과 여성 간에서뿐 아니라 동성 간에도 사랑의 개념이 적용되는 것이다. '연인'이란 개념도 과거에는 '서로 사랑하는 관계에 있는 남녀 또는 이성으로서 그리며 사랑하는 사람'으로 정의됐지만 지금은 '서로 연애하는 관계에 있는 두 사람, 또는 몹시 그리며 사랑하는 사람'으로 재정의되어 있다.

비슷한 개념이라도 어떻게 정의되느냐에 따라 커다란 차이가 발생한다. 사회가 복잡해지고 다양해질수록 새로운 개념을 만들어내고 과거의 개념을 재정의하는 능력은 사회의 조화로운 운영을 위해 그 중요성을 아무리 강조해도 지나침이 없다. 기업의 경우도 마찬가지다. 자신의 기업과 비즈니스, 그리고 자신이 속한 산업을 새롭게 재정의하는 능력을 갖춘 리더는 항상 시장을 선도하고 새롭게 창출할 수 있다.

## 쿠르베형, 에셔형, 모네형… 화가를 통해 본 리더십의 재정의

그림을 재정의해 새로운 예술세계를 창조한 거장들, 만약 이들이 조직의 리더라면 어떤 특성을 갖는 리더가 될지 상상의 나래를 펼쳐보자.

**쿠르베형 리더**는 대상을 있는 그대로 볼 수 있는 리더다. 사람이든 기술이든 근거 없는 상상에 좌우되지 않고, 외부의 압력에도 흔들리지 않고, 있는 그대로의 모습을 파악할 수 리더는 진정 이 시대가 원하는 리더다. 특히 사람을 있는 그대로 정확히 보는 것은 지극히 어려운 일이다. 만일 리더에게 이런 혜안이 있다면 기업경영의 50퍼센트는 성공한 채로 시작하는 것이다. 리더도 사람인 만큼 고정관념, 편견, 주변 상황 때문에 눈이 흐려지기 쉽기 때문이다.

쿠르베가 주변의 '평범한 사람들'과 그들의 '평범한 일상'을 회화의 주제로 선정한 것은 '평범하지 않은 획기적 도약'이다. 어찌 보면 색과 형태를 창출하는 방식이나 기법의 혁신보다 훨씬 근본적인 혁신이다. 쿠르베가 그림에 등장하는 대상을 신, 왕, 귀족에서 주변의 평범한 사람으로 바꾸었듯이, 쿠르베형 리더는 평범한 사람들의 일상생활을 면밀히 관찰하고 파악해서 그들의 숨겨진 욕망과 요구를 만족시켜주는 것을 비즈니스의 목표로 삼는다. 대주주만 신경쓰지 않고 상대적으로 경시하기 쉬운 소액주주도, 말단직원도, 납품업자도 비즈니스의 화폭에 그려내는 리더가 쿠르베형 리더다. 비즈니스 화면의 중심에 평범한 소액주주, 종업원, 고객, 납품업체를 진심으로 그려넣기는 쉽지 않다. 그래도 쿠르베형 리더들은 묵묵히 이를 그려낸다.

**에셔형 리더**는 다름, 갈등, 대립 속에서 남들이 보지 못하는 닮음, 화해, 조화를 볼 수 있는 리더다. 앞에 나온 〈하늘과 바다〉처럼, 에셔의 그림에선 상반되는 것들이 서로를 필요로 하고 조화를 이룬다. 물고기는 하늘로 변하고 배경이었던 검은 바닷물은 검은 새로 변해 하늘을 난다. 에셔가 표현하고자 한 것은 이질감에서 유발되는 갈등 자체가 아니다. 에셔가 독창적으로 보여준 것은, 서로 다르고 첨예하게 대립하는 듯이 보여도 결국은 하나라는 것, 그러니 화해하고 조화할 수 있다는 사실이다. 이렇게 보면 에셔형 리더는 매우 따뜻한 리더. 동시에 치밀한 설계를 통해 대립과 갈등을 조화와 화해로 전환시키는 냉철함도 겸비한 리더다. 에셔는 우리가 그림 속에 함몰돼 있으면 그림 안에 존재하는 잘못을 절대로 인식할 수 없다고 말했다. 그는 한 단계 높은 바깥 세계의 시각을 '그들의 시각'이라고 했는데, 에셔형 리더는 바로 '그들의 시각'을 가지고 있는 리더다.

**모네형 리더**는 순간적 변화를 포착해낼 수 있는 감각을 갖춘 리더다. 빛에 의해 수시로 변하는 인상주의 그림은 리더가 그려야 할 그림은 아니라고 생각할 수도 있다. 리더가 중심을 잡지 못하고 주변의 변화에 흔들려서는 안 되기 때문이다. 하지만 역으로 생각하면 빛에 따라 수시로 변하는 모습을 그릴 수 있어야 그 안에 고정되어 있는 본질도 그릴 수 있다. 모네형 리더는 남들이 놓치기 쉬운 순간적 인상을 잡아내는 감각이 뛰어나다. 이런 예민한 촉을 가진 리더는 직원들과의 관계, 대외적 비즈니스 관계에서 수시로 변하는 상황에 순발력 있게 대응할 수 있다. 순간적 상황의 변화에 민감하기 때문에 예민한 감수성으로 밝고 아름다운 그림을 그릴 수 있다.

모네형 리더와 대척점에 서는 리더가 **세잔형 리더**다. 세잔형 리더는 사람이든 시장이든 기술이든, 그 깊은 곳에 위치해 있는 원형을 볼 수 있는 리더다. 어느 날 갑자기 떠오른 한 가지 아이디어가 성패를 좌우하는 산업이 아니라 지속적이고 꾸준한 혁신이 필요한 산업에서는 시행착오를 거치더라도 일관성 있게 타율을 유지하는 세잔형 리더가 적합하다. 지속적인 실험을 통해 기술을 개발하고 기업을 키워가는 세잔형 리더는 주변 상황에 일희일비하지 않고 기술과 산업의 원형만을 보고 꾸준히 산을 오른다. 제품이 복잡해지고 기술이 첨단으로 갈수록 소비자들은 원형에 충실한 제품에 마음이 끌리듯이, 조직과 환경이 복잡해질수록 구성원들은 본질과 원형에 충실한 리더에 마음이 끌린다.

**몬드리안형 리더**는 기본에 충실한 리더다. 동시에 문제의 본질을 흐리는 유혹들을 물리치고 진실에 다가설 수 있는 리더다. 몬드리안은 빨강, 파랑, 노랑이라는 기본색, 그리고 정사각형과 직사각형이라는 기본 형태를 통해서만 그림을 그렸다. 피상적인 모든 것을 걷어내고 본질만을 표현했기 때문에 그림이 깔끔하다. 조직이 커지고 시장환경이 복잡해질수록 리더의 눈을 흐리는 요인들이 넘쳐난다. 그럴수록 리더는 중요한 것과 중요하지 않은 것, 반드시 짚고 넘어갈 것과 그냥 넘어가주어야 할 것,

직접 결정할 것과 위임해야 할 것을 정확히 판단해 핵심적인 것에만 관여해야 한다. 그래야 과잉관리over-management의 오류를 피할 수 있다. 몬드리안의 그림엔 주로 하얀색, 빨간색, 노란색, 파란색만 존재하는데, 그렇기에 몬드리안형 리더는 조직에 필요한 색만 구별해서 보는 색맹이라고 할 수 있다. 리더가 출신 학교, 지역, 개인적 이해관계, 아부 같은 색을 보게 되면 그림을 망칠 수밖에 없다. 리더가 볼 수 있는 색은 업무능력, 책임감, 성과와 같은 색뿐이어야 한다. 다른 색을 보게 되면 눈과 정신이 혼란스러워질 수 있다.

**브란쿠시형 리더**는 곁가지는 모두 쳐내고 사물의 본질만 남긴다. '복잡성 불변의 법칙'이란 것이 있다. 특정 제품이나 서비스와 관련된 복잡성의 총량은 일정한데, 기업이 복잡성을 많이 부담해주면 소비자는 단순함을 즐길 수 있고, 그렇지 못하면 소비자가 복잡성을 부담해야 한다는 것이다. 같은 맥락에서 리더가 복잡성을 떠안아 고민과 노력 끝에 생각을 단순 명쾌하게 정리하면 같이 일하는 직원들은 스트레스를 덜 받고 일하기가 수월하다. 무림의 고수는 그 동작에 군더더기가 없다. 간결하고 매끈하다. 미국 메이저리그에서 홈런 치는 선수의 동작에는 공통점이 한 가지 있다. 스윙이 군더더기 없이 단순하다는 점이다. 홈런 치는 강정호 선수나 박병호 선수의 동작도 간결하다.

브란쿠시와 대조되는 조각가는 베르니니다. **베르니니형 리더**는 지극히 치밀하고 섬세하다. 베르니니는 대리석에서 따뜻한 온기를 느끼게 할 정도로 표현력이 뛰어나다. 대리석의 차가움을 따뜻함으로, 무거움을 가벼움으로, 딱딱함을 부드러움으로 변화시켰다. 이처럼 베르니니형 리더는 특유의 정서적 표현력으로 무겁고 딱딱한 조직에 생명력과 부드러운 온기를 불어넣을 수 있다. 베르니니형 리더가 주도하는 제품과 서비스 역시 보이지 않는 곳까지 치밀하고 섬세해 감동을 준다.

**미켈란젤로형 리더**는 열려 있음과 미완성의 아름다움을 인식하는 리더다. 〈아담의 창조〉처럼 마지막 완결은 다른 에너지로 채워져야 함을 명확히 인식하고 있다. 이렇게 열려 있는 리더가 진정 큰 리더다. 대기만성大器晚成이란 말처럼 큰 리더는 완성됨이 없다. 끊임없이 완성을 향해가는 과정이 있을 뿐이다. 또한 미켈란젤로형 리더는 억지로 자신의 조각 칼로 사람을 조각하려 들지 않는다. 직원들이 갖고 있는 그대로의 모습을 최대한 살려준다. 리더의 역할은 대리석 속에 이미 조각되어 있는 조각품을 상처 나지 않게 꺼내는 것이다. 마치 회반죽을 털어내듯 말이다. 미켈란젤로형 리더는 다른 사람의 눈에는 보이지 않는 능력을 알아보고 키워주고 또 활용할 수 있는 리더다.

비슷한 맥락에서 **피카소형 리더**는 하나의 대상을 다양한 각도에서 본다. 시각이 다양하기 때문에 하나의 평면에 다양한 콘텐츠를 담을 수 있다. 대상을 부문별로 나누어 각 부분의 핵심을 파악하고 이를 하나로 통합할 수 있는 리더다. 인사관리에서도 사람을 하나의 잣대로 평가하지 않고 서로 다른 사람을 서로 다른 각도에서 그려낸다. 이런 다양성이 기업 제품과 서비스를 통해 발현되도록 한다.

**고흐형 리더**는 열정적 에너지가 꿈틀거리는 리더다. 그의 언행에선 나선형 에너지가 넘쳐난다. 그 과정에서 사람들이 열광한다. 갈등과 충돌도 있지만 에너지가 넘친다. 이성보다는 감성이 주도해 조직의 작품을 그려낸다. 보는 이들에게 감동을 주고 공감대를 쉽게 형성하는 장점이 있다.

**리히터형 리더**는 생명, 즉 살아 있음을 그린다. 하지만 에너지가 꿈틀대는 고흐형 리더와는 다르다. 세포같이 미세한 부분은 항상 바뀌지만 기본 형태와 정체성은 유지된다는 것이 살아 있음의 본질이다. 리히터는 이 살아 있음의 본질을 그린다. 리히터는 추상화도 그리고, 구상화도 그리고, 극사실주의적 그림도 그리고, 화면을 긁는 그림도 그리고, 단색화와 다색화도 동시에 그린다. 리히터형 리더는 다양한 비즈니스의 경계를 넘나드는 리더다. 한 군데 고정돼 있지 않고 동시에 여러 군데 존재한다. 다양한 시장에, 다양한 산업에 동시에 존재감을 보일 수 있다는 것은 리히터형 리더의 독특한 특성이다. 다양성을 포용함으로써만 얻어낼 수 있는 보편성, 바로 리히터형 리더가 추구하는 목표다.

## 뛰어난 화가는 끊임없이 재정의한다

뛰어난 화가들은 보통 사람들이 보지 못하는 것을 본다. 보는 데 그치지 않고 이를 기발하게, 감동적으로 그려낸다. 그것이 에너지의 충돌이든, 순간적 인상이든, 변하지 않는 원형이든, 편견에서 자유로운 사실이든, 사람의 심리와 불확실성이든 말이다. 더 뛰어난 화가는 한 걸음 더 나아가 자신이 속한 분야를 스스로 파괴하고 끊임없이 재정의한다. 경제와 경영 분야의 리더들에게 절실히 필요한 덕목이다.

# 쿠니요시의 그림처럼
## 배보다 배꼽이 더 큰 기업은?

### 인체의 구부러진 모습에서 눈, 코, 입을 본 쿠니요시

얼굴은 시스템이다. "하나하나 따져보면 다 잘생겼는데 얼굴 전체로 보면 별로다"라는 말을 할 때가 있다. 얼굴이 단순한 부분의 합 이상, 즉 시스템 이란 뜻이다. 얼굴을 제대로 그리려면 이 얼굴 시스템을 잘 그려야 한다.

얼굴은 인체 중에서 가장 개성이 강하게 드러나는 부분이다. 그래서 많은 화가들은 인물화를 그렸다. 그리는 방법도 다양하다. 아르침볼도는 야채와 과일을 찾아내고 독창적으로 결합해 사람의 얼굴을 그렸다. 과일은 종류가 다양한 만큼 형태도 다양하기 때문에 얼굴과 비슷한 형태를 찾아내기가 그렇게 어렵지는 않았을 것이다. 일본 에도 시대 판화가인 우타가와 쿠니요시는 구부리고 있는 신체 모양을 활용해 얼굴을 그렸다. 1847년에 완성한 작품 〈얼핏 보면 무섭지만 실은 좋은 사람이다〉를 보자.

147

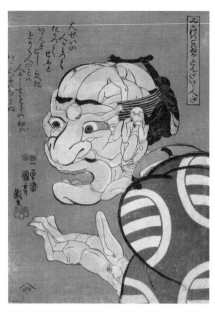

우타가와 쿠니요시,
〈얼핏 보면 무섭지만 실은 좋은 사람이다〉

　팔을 양쪽으로 벌리고 웅크리고 앉아 있는 사람이 코 모양이 된다. 구부리고 있는 두 사람이 이마를 형성하고 그들이 입고 있는 검은색 팬티가 눈썹이 된다. 벌리고 있는 입 또한 손을 앞으로 뻗쳐 위를 받치고 있는 사람의 몸동작으로 표현했다. 펼쳐진 손바닥도 두 사람이 포개어 누워 있는 형태로 표현됐다. 정말 독창적이지 아니한가. 마치 사람의 다양한 몸 형태가 얼굴에 그대로 드러나 있는 것 같다. 쿠니요시는 인체의 구부러진 모습에서 일반인들은 쉽게 볼 수 없는 새로운 형태, 즉 눈, 코, 귀, 입의 형태를 보았던 것이다. 쿠니요시가 재정의한 그림은, 큰 것을 통해 작은 것을 그리는 것이다. 눈, 코, 입, 귀를 조합하고 결합해 얼굴을 그린 것이 아니라 다양한 몸의 형태를 조합해 얼굴을 그려냈다. 작은 것 안에 큰 것을 집어넣으려면 창의적 아이디어가 필요하다. 쿠니요시 그림은 우리가 흔히 쓰는 말로 '**배보다 배꼽이 더 큰**' 그림이다.

　작은 것을 합해 큰 것을 만들기는 쉽다. 단순한 모양을 결합해 복잡한 모양을 만들기도 쉽다. 하지만 그 반대는 정말 힘들다. 쿠니요시 그림이 높게 평가받는 이유다. 예를 들어 몸 전체는 얼굴보다 크고 개념적으로도 얼굴을 포함한다. 얼굴은 다시 눈, 코, 입으로 구성된다. 그래서 커다랗고 정형화된 몸 모양을 통해 작고 복잡한 얼굴을 그려내기는 지극히 어렵다. 몸이라는 정형화된 윤곽을 통해 눈, 코, 입을 구현하고 얼굴 형태를 창출한다는 것은 엄청난 상상력을 요구한다. 쿠니요시 그림에선 눈, 코, 입을 표현하기 위해 몸의 모양이 휘어지고 구부러져 있다. 휘어지고 구부러져야 큰 것으로 작을 것을 그릴 수 있다. 정치도 마찬가지다. 큰 권력이 국민들에게 친근한 얼굴로 다가가려면 많이 휘어지고 구부러져야 한다. 쿠니요시 그림처럼 정치가 옷을 벗고 맨몸으로 휘어지고 구부러져야 '얼핏 보면 별로지만 실은 좋은 정치'를 그려낼 수 있다.


## 배보다 배꼽이 더 큰 상품과 기업

쿠니요시가 그린 얼굴은 일반적인 상식과 반대로 몸보다 크다. 그래서 자연스럽게 연상되는 것이 "배보다 배꼽이 크다"는 말이다. 우리가 사용하는 물건 중에도 배보다 배꼽이 더 큰 제품이 있다. 면도기와 면도날도 그렇다. 슈퍼마켓에서 면도기를 사면 의외로 가격이 그리 비싸지 않다. 요즘 나오는 면도기들은 본체는 계속 사용하되, 면도날이 무뎌지면 교환하도록 되어 있다. 그런데 이 면도날값이 비싸다. 더욱이 면도기회사에 따라 면도날이 그 회사 제품에만 적합하도록 디자인되어 있는 경우가 많아서, 한 번 면도기를 사면 그 회사 면도날을 살 수밖에 없다. 결국 면도기회사가 돈을 버는 것은 면도기를 통해서가 아니라 면도날을 통해서다. 크기는 면도기가 면도날보다 크지만, 기업에 가져다주는 수익은 면도날이 더 크다. 배보다 배꼽이 더 큰 것이다. 소비자의 입장에서도 마찬가지다. 커다란 면도기보다 자그마한 면도날에 돈이 더 많이, 그리고 지속적으로 나간다. 사람의 심리가 그런 것인지, 멀쩡한 면도기를 쉽게 버리게 되지 않는다. 결국 처음 구입한 면도기에 엮여, 상대적으로 비싸도 그 회사 면도날을 쓰게 된다. 이런 소비자의 특성을 아는 면도기회사는 원가보다도 싸게 면도기를 팔 유인이 생기는 것이다.

정수기도 배보다 배꼽이 더 큰 제품이다. 정수기의 가격보다 정기적으로 발생하는 필터 교체비용이 더 크기 때문이다. 살다보면 필터 교체시기를 잊어버리기 일쑤지만 걱정할 필요 없다. 정수기회사는 언제 필터를 교환해야 하는지를 우리보다 더 잘 기억하고 있기 때문이다. 기억할 뿐 아니라 빨리 바꾸라고 보채기까지 한다. 필터 역시 정수기회사의 제품에 특화되어 있어 다른 회사의 제품을 쓰기 힘들다. 기업 입장에서는 몸집이 큰 정수기보다 작은 필터가 수익 향상에 크게 공헌한다. 그래서 정수기 또한 배보다 배꼽이 큰 제품이다. 스마트폰 기기는 상대적으로 저렴하게 팔면서 사용 계약기간을 길게 해 사용료로부터 수익을 확대하는 것도 비슷한 경우다.

기업은 전략적, 기술적 협력관계를 유지하기 위해 다른 기업 주식을 보유하는 경우가 흔하다. 소유구조 및 지배구조 목적으로 계열사 주식을 보유하기도 한다. 이때 투자하는 기업을 출자회사라고 하고, 투자대상기업을 피출자회사라고 한다. 그런데 간혹 출자회사와 피출자회사 간에도 배보다 배꼽이 더 큰 경우가 발생한다. 출자회사 자체의 시장가치, 즉 시가총액market capitalization보다 출자회사가 보유하고 있는 피출자회사 또는 자회사 지분의 시장가치가 더 큰 경우다. 예를 들면 A란 회사가 계열사 B의 주식 20퍼센트를 보유하고 있다고 가정해보자. A의 시가총액이 1조 원, B의 시가총액이 10조 원이라면, A가 보유하고 있는 B 주식의 가치는 10조 원의 20퍼센트인 2조 원이다. 출자회사 시장가치 1조 원보다 출자회사가 보유한 계열사 B의 가치 2조 원이 더 큰 것이다. 이런 현상을 출자회사 할인parent company discount이라고 한다.

출자회사 할인이 발생하는 이유는 다양하지만 계열사 간 지배구조의 비효율성이 대표적 이유의 하나로 꼽힌다. 이런 기업은 M&A, 특히 적대적 M&A의 표적이 되며, 대주주의 소유지분이 작을 때 공격을 받기 쉽다. 출자회사를 1조 원에 매입해서, 이 회사가 보유하고 있는 계열사 주식을 2조 원에 팔면 그냥 앉아서 쉽게 1조 원의 시세차익을 남길 수 있기 때문이다. 우리나라의 경우도 2004년에 소버린펀드가 SK(주)를 적대적으로 공격해 논란을 일으킨 적이 있다.[18] SK(주)의 시가보다 보유하고 있는 SK텔레콤 등 자회사의 시가가 더 컸기 때문에, 기업을 인수해 보유중인 주식을 팔면 큰 이익을 볼 수 있었기 때문이다.

이처럼 배보다 배꼽이 더 큰 기업은 이런 상태로 계속 시장에 존재하기 힘들다. 시장과 투자자들이 바보가 아닌 다음에야, 쉽게 돈을 벌 기회를 놓칠 리 없기 때문이다. 배보다 배꼽이 더 큰 기업을 매입하려는 수요가 확대되면 당연히 이 기업의 주가가 오르고 자연스럽게 출자회사 할인현상은 사라진다. 그런데 이상하게도 종종 배보다 배꼽이 더 큰 기업들이 상당 기간 동안 존재하는 경우가 있다. 이런 현상을 출자회사 퍼즐 parent company puzzle이라고도 부른다. 출자회사 할인현상이 존재하는 것은 지배 및 소유구조의 비효율성 문제지만, 이를 없애주는 투자세력과 시장의 힘이 없는 것은 시장의 비효율성 문제다.


## 사실주의를 통한 사실주의의 극복, 수출을 통한 수출의 극복

사실주의 회화는 대상을 있는 그대로 재현한다. 그래서 추상적이지 않고 대상과 닮았다. 사실주의 회화가 극단으로 흐르면 어떤 그림이 될까. 사진보다 더 사실적인 그림이 된다. 바로 극사실주의hyper-realism 회화다. 인물이든 정물이든 마치 렌즈를 들이대고 사진을 찍듯이 생생하고 치밀하게 묘사한다. 그래서 극사실주의를 사진사실주의photo-realism라고도 한다. 극사실주의는 평범한 대상을 극한적으로 세밀하게 묘사함으로써 충격을 준다. 극사실주의 작가 거트프리드 헬름바인의 작품은 사진인지 그림인지 쉽게 알 수 없을 정도다.

극사실주의는 1960년대 후반 미국에서 태어났다. 베트남전쟁 패배 이후 미국은 경제적, 정신적 공황에 빠졌다. 정치, 외교, 사회 전반에 걸쳐 근본적 패러다임 변화가 요구되었다. 예술에 대한 회의도 팽배한 시기였다. 한 시대를 풍미했던 미니멀리즘이 주도한 추상화와 단순화, 그리고 팝아트가 주도한 예술의 상품화가 비판받기 시작했다. 자연스럽게 화가들은 사실적 재현이라는 회화의 고전적 전통에 관심을 기울이게 되었다.

그렇다면 극사실주의는 과연 19세기에 유행했던 전통적 사실주의로

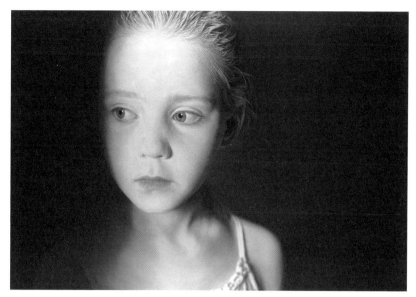

거트프리드 헬름바인, 〈순진한 사람의 중얼거림 1〉

복귀하는 것을 의미하는가. 그렇지 않다. 액체인 물을 계속 끓이면 기체인 수증기가 되고 결국 날아가버린다. 물리학적 용어로 '상相 변화phase transition', 즉 물질의 성격이 완전히 변해버리는 것이다. 극단으로 가면 물질의 성질 자체가 바뀌어버린다. 회화도 마찬가지다. 극사실주의는 사실주의의 아류가 아니다. 낭만주의에 대한 반발에서 출발해 19세기를 풍미한 고전적 사실주의와는 성격이 전혀 다르다. 극사실주의의 등장은 미니멀리즘이나 추상주의에 대한 반발이기도 했지만, 무덤덤하고 지루한 전통적 사실주의에 대한 반발이기도 했다. 오히려 극단적인 사실성을 추구함으로써 사실주의의 한계와 허구성을 역설적으로 드러낸 것이다. 사실주의라는 배보다 극사실주의라는 배꼽이 더 커진 경우로 비유할 수도 있다.

'사실주의를 통한 사실주의의 극복', 정말 멋진 생각 아닌가. 결국 극사실주의는 사실주의를 통해 사실주의를 재정의한 것이다. 그리는 방식을 보더라도 극사실주의는 사실주의와 다르다. 첫째, 대상을 직접 보고 그리는 것이 아니라 사진을 보고 그린다. 2차원 사진을 2차원 그림으로 옮겨 표현하기 때문에 3차원 대상을 2차원 평면에 환원시키기 위해 걱정할 필요가 없다. 화가의 남은 에너지 모두를 세밀한 표현에 쏟아부으면 된다. 둘째, 대상 전체보다는 자신이 선택한 특정한 부분을 집중 묘사한다. 어떤 화가는 얼굴의 주름, 어떤 화가는 사과만을 편집증적으로 묘사한다. 피카소 같은 입체파는 다양한 관점을 하나의 평면에 표현해 '시각의 폭'을 확대했다. 극사실주의는 사진보다도 정밀하게 표현함으로써 '시각의 깊이'에서 혁신을 이뤘다.

## 수출을 통한 수출의 극복

'사실주의를 통한 사실주의의 극복'은 전통적 성장모델이 한계에 이르러 새로운 경제성장모형을 모색하고 있는 한국에도 시사점을 제공해준다. 한국은 전통적으로 수출중심의 경제성장을 추구해왔다. 2010년에서 2015년까지 6년간 GDP의 구성비중을 보면, 소비가 54퍼센트, 투자가 26퍼센트, 정부지출이 16퍼센트, 그리고 수출에서 수입을 뺀 순수출이 4퍼센트를 차지한다. 그런데 순수출을 더 자세히 보면 총수출은 58퍼센트, 총수입은 54퍼센트다. 한국은 수출이 GDP에서 차지하는 비중이 소비보다 높다. 참고로 미국은 소비비중이 70퍼센트를 넘는다. 혹자는 한국도 이제는 소비중심 성장모델로 전환해야 한다고 주장하기도 한다. 잘 못된 주장이다. 물론 수출에 비해 국내 소비비중이 너무 작으니 소비비중을 늘려야 한다는 주장은 맞다. 하지만 한국 경제가 그동안 걸어온 길, 그리고 현재의 여러 가지 여건을 고려할 때, 소비가 중심이 되어 수출을 '대체'한다는 것은 현실성이 부족하다.

보다 합리적이고 현실적인 미래 성장모델은 수출중심의 틀은 유지하되 새롭게 수출의 개념을 확대하는 것이다. '상품수출중심 경제성장모델의 대안 역시 수출중심이어야 한다'는 말이다. 이를 위해선 수출중심 경제성장의 개념을 재정의해야 한다. 기존과 같이 상품수출에만 절대적으로 의존하는 성장모델이 아니라 서비스수출과 자본수출도 일정 부분 역할을 확장하는 수출모델이 필요하다. 현재 경상수지를 원천별로 구분해보면, 상품수출이 차지하는 비중이 90퍼센트 정도이고 나머지가 서비스수지와 소득수지다. 소득수지는 자본투자를 통해 벌어들이는 소득을 말한다. 한국 경제에서 경상수지는 경제성장의 원천일 뿐만 아니라 시스템 위험의 원인이 되기도 한다. 경제성장과 안정이란 두 가지 차원에서 볼 때, 미래에도 경상수지는 시스템적으로 중요한 경제변수다. 미래엔 서비스수출과 자본수출을 늘려 '수출을 통해 수출을 극복'해야 한다.

# 경제의 재정의,
## '무엇이 잘사는 것이냐'에 대한 새로운 접근

### 경제의 역사도 경제에 대한 재정의의 역사

미술의 역사는 미술에 대한 재정의의 역사라고 했다. 미술에서처럼 마네나 뒤샹 같은 대가가 나타나 한순간에 정의를 뒤바꾸는 것은 아니지만, 경제의 역사도 '경제에 대한 재정의의 역사'다. 그렇다면 경제의 무엇을 재정의한다는 말인가. '경제'에 대한 정의부터 살펴보는 게 자연스러운 출발점이다. 경제經濟란 경세제민經世濟民을 줄인 말이다. 경세제민이란 세상을 잘 경영해 국민을 '잘살게' 하는 것이다. 경제의 핵심기능인 생산, 소비, 교환, 분배도 국민을 잘살게 하기 위해 필요한 경제활동들이다. **결국 경제를 재정의한다는 말은 '무엇이 잘사는 것이냐'를 새롭게 정의하는 것이다.**

GDP처럼 생산을 많이 하는 것이 과연 국민을 잘살게 하는 것인가. 아니면 소비나 소득을 더 늘려주는 게 국민을 잘살게 하는 것인가. 더 직접적으로 안정된 고용을 제공하는 것이 국민을 잘살게 하는 것인가. 조금 차원을 높여, 국민이 생활하면서 직면하게 되는 다양한 문제들을 더 효과적으로 풀어주고 동시에 더 많은 사람들이 그 혜택을 누리게 하는 것이 국민을 잘살게 하는 것인가. 특히 서브프라임 사태 이후, 불평등과 실업 문제가 부각되고 동시에 1인당 GDP는 늘어나도 국민들은 오히려 못살게 되었다는 불만이 고조되면서 '잘산다'는 것의 의미를 재정의해야 한다는 필요성이 광범위한 공감을 얻고 있다.

잘사는 문제는 곧 못사는 문제, 즉 가난의 문제와도 직결된다. 잘산다는 개념이 바뀌듯 못산다는 개념, 즉 가난과 빈곤의 개념도 시대에 따라 달라진다. 아니, 달라져야 한다. 경제 중에서도 금융의 측면에 초점을 맞추어보면 가장 핵심적 개념으로 떠오르는 것이 바로 화폐다. 조금 과장해서 말하면, 금융의 역사는 화폐에 대한 재정의의 역사인 것이다. 최근 들어 인터넷의 발달로 비트코인 같은 획기적인 화폐들이 실험되고 있다. 새롭게 등장하는 다양한 형태의 화폐를 포괄하기 위해서는 화폐의 개념도 재정의되어야 한다.


## 화폐의 재정의: 왜 세탁세제가 화폐 기능을 하는가

벌써 6개월째다. 매장에서 매달 분실되는 세탁세제 타이드^Tide 개수가 수십 개, 심지어 이번 달엔 100개를 넘겼다. 뉴욕 주에서 할인매장 세이프웨이^safeway를 운영하고 있는 마이클(가명)은 오늘도 타이드 도난 사건 때문에 골머리를 앓고 있다. 도대체 누가, 왜 타이드를 지속적으로 훔쳐가는 것인가. 마이클은 마침내 경찰에 신고하고 매장에 감시카메라를 설치하기로 했다. 방문한 경찰 얘기로는 타이드를 도난당하는 할인매장이 한두 곳이 아니라는 것이다. 지역경찰도 주목하고 있는 도난사고라고 했다. 감시카메라를 설치한 지 사흘 후, 마침내 범인이 잡혔다. 매장 종업원이 한밤중에 배달된 타이드를 진열하면서 매일 몇 개씩 지속적으로 훔쳐갔던 것이다. 다른 할인매장에서도 범인들이 잡혔다.[19]

집에 빨래할 것이 그렇게 많은가, 훔쳐서 다른 데 되팔 목적이면 왜 굳이 타이드인가. 경찰의 조사 결과, 타이드 도난은 마약과 관련 있음이 밝혀졌다. 마약과 관련이 있다고 했을 때 대부분 사람들은 타이드가 액체 형태의 화학제품이니까 이를 어떻게 전환시켜 일종의 인공마약을 만드는 것이라고 생각했다. 그런데 사실은 그게 아니었다. 놀랍게도 범인들이 타이드를 훔쳐간 이유는 마약을 거래할 때 화폐 대용으로 사용하기 위해서였다고 한다. 마약거래시장에서 타이드는 액체 금liquid gold이라고 불릴 정도로 화폐의 역할을 하고 있었던 것이다.[20]

타이드는 어떻게 화폐로서의 역할을 할 수 있었을까. 특정 실물상품이 화폐로서의 기능을 할 수 있는 조건은 다음과 같다. 첫째, 많은 사람들이 사용해야 한다. 그래서 많은 사람들이 그것이 무엇인지 알아야 한다. 미국에서 타이드를 모르는 사람은 없다. 수십 년간 세제시장의 선두를 확고히 유지해왔기 때문이다. 주황색 바탕에 파란색으로 쓰인 Tide란 브랜드는 남녀노소, 빈부귀천과 관계없이 항상 주변에서 볼 수 있고 익숙한 상품이다. 둘째, 쉽게 상하지 않고 내구성이 있어야 한다. 그래야 가치가 오랫동안 지속적으로 유지되고 운반과 저장이 용이하다. 타이드는 화학

세제다. 당연히 오래가고 상하지도 않는다. 셋째, 무게나 부피 대비 가치가 커야 한다. 대표적 예가 금이다. 금은 작은 무게라도 엄청난 가치가 있다. 금과 비교할 것은 아니지만, 타이드는 의외로 값이 비싸다. 한 통에 20달러 정도 한다. 한화로 치면 2만 3천 원 정도다. 4개면 10만 원에 근접하고 100개면 200만 원이 훌쩍 넘는다는 말이다. 그러니 대규모 거래상이 아닌 길거리 마약거래자들에게는 적합한 정도의 가치다.

화폐로 인정받기 위한 가장 중요한 조건은 신뢰다. 앞에서 열거한 조건들은 특정 상품이 화폐로서의 신뢰를 획득하기 위한 조건들이다. 일단 거래자들이 믿고 사용하게 되면 일종의 네트워크 외부 효과가 생겨 더 많은 사람들이 그 상품을 화폐로 사용하게 되는 것이다. 화폐는 신뢰요, 믿음이다. 사람들이 화폐라고 믿고 사용하면 그냥 화폐가 되는 것이다. 물론 법적으로 가장 신뢰할 수 있는 기관은 중앙은행이지만, 인터넷과 기술의 발전에 따라 신뢰가 새롭게 정의되면 신뢰에 뿌리를 둔 화폐도 새롭게 정의될 수 있다. 세계 기축통화인 **미 달러화의 경쟁자도 전혀 다른 곳에서 전혀 다른 모습으로 등장할 수 있다.**

## 화폐의 재정의: 왜 아마존이 미 연준의 경쟁자인가

미래에 달러화의 가장 강력한 경쟁통화는 무엇일까. 과거 달러에 도전했다 실패한 통화들에는 한 가지 공통점이 있다. 모두 법으로 규정해 중앙은행이 독점적으로 발행하는 법정통화였다는 점이다. 잘나가다 플라자합의 이후 고개를 숙인 엔화, 야심차게 도전장을 내밀었으나 거리가 멀어진 유로화, 곧 IMF의 특별인출권$^{SDR}$에 포함될 예정이지만 달러와 상대하기엔 힘에 버거운 위안화, 모두가 그렇다. 그래서 중앙은행이 발행하는 화폐에만 국한해 생각하면, '가까운 미래에 경쟁자가 없다'가 답이다.

인터넷공간으로 눈을 돌리면 경쟁화폐가 보인다. 최근 가장 주목받는 디지털화폐는 비트코인이지만, 사용자 입장에서 볼 때 받아주는 곳이 지극히 소수라는 결정적 한계가 있다. 달러와의 경쟁을 논할 수준이 못 된다. 도광양회韜光養晦라고나 할까. 빛을 가리고 있어 잘 보이지 않지만 강력한 경쟁후보는 아마존이다. '교환의 수단'이란 관점에서 보면, 위안화가 아닌 아마존코인$^{Amazon\ Coin}$이 더 강력한 경쟁상대다. 명목상 도입 이유는 자사에서 개발한 태블릿, 즉 킨들파이어$^{Kindle\ Fire}$의 활성화를 위해서다. 마치 미 연준이 달러를 찍어내 소비를 부양하듯, 킨들파이어 보유자들에게 아마존코인을 뿌려대 킨들경제의 소비를 부양하는 것이다. 어쨌든 현재로선 아마존 스스로 아마존코인의 사용 범위를 한정하고 다른 사람들에게 이전하는 것을 배제하고 있다. 제프 베조스는 정말 게임을 잘하는 CEO다. 달러와 경쟁한다는 인상을 조금도 주지 않기 때문이다.

달러로는 동네 매장이든 인터넷이든 어디서나 또 무엇이든 살 수 있지만 아마존코인으로는 아마존이 거래하는 상품밖에 살 수 없다. 하지만 아마존이 상품 범위를 지속적으로 확장해 고객이 무엇이든 살 수 있다면 어떻게 될까. 그야말로 달러와 아마존코인은 '교환의 매개'란 차원에서 경쟁관계에 돌입하게 된다. 아마존이 그렇게 거래품목을 늘리는 데 집착하고 신속한 배송을 위한 인프라에 엄청난 투자를 하는 이유다. 아마존을 통해 이제는 일상생활에 필요한 거의 모든 것을 살 수 있다. 지금은 초기여서 아마존코인이 일개 마케팅수단으로 간주되지만 아마존 플랫폼의 침투력을 고려할 때 머지않아 파괴력 있는 가상화폐가 될 가능성이 높다. 아마존은 엄청난 수의 충성스러운 고객과 공급자 기반을 갖춘 세계 최대의 전자상거래회사다. 아마존코인은 소셜네트워트인 페이스북의 크레딧, 게임용 화폐인 린덴달러와는 근본적으로 차원이 다른 디지털화폐다. 미국의 조사에 의하면, 25세에서 34세 그룹은 벌써 50퍼센트 정도가 디지털화폐, 특히 아마존코인같이 브랜드가치가 높은 디지털화폐에 편안함을 느낀다고 한다. 시간이 갈수록 고객의 수용성은 확대될 수밖에 없다.[21]

한국은 어떠한가. 현실통화로는 기축통화는 차치하고 국제통화도 어려운 게 현실이다. 디지털통화는 얘기가 다르다. 만일 아마존이 한국 기업이었으면 10년 후 한국 기업이 창출하는 디지털 국제통화를 볼 수 있었을지도 모른다. 지금 10대, 20대들에겐 인터넷공간이 더 편하다. 디지털화폐에 거리낌과 불편함이 없다. 기성세대에게 생경하다고 혁신적 디지털화폐의 창출을 막아서는 안 된다. 오히려 아마존처럼 글로벌 디지털공간을 지배하는 기발한 디지털화폐가 나오도록 화폐의 개념을 재정의하고 관련 제도와 인프라를 정비해야 한다. 지금 세계는 디지털화폐에 대한 반감과 규제가 강한 국가와 그렇지 않은 국가로 나뉜다. 기축통화국인 미국, 사회통제가 심한 중국과 러시아가 전자에 속한다. 기득권을 많이 갖고 있기 때문이다. 프랑스, 독일 등은 호의적 분위기가 강하다. 기축통화란 기득권이 없기 때문이다. 국제통화 없는 설움을 누구보다 처절히 경험했고 지금도 경험하고 있는 한국은 어디에 속해야 하나. 답은 너무도 분명하다.

나이키는 운동화를 만드는 회사지만 기발한 아이디어를 많이 내는 회사로도 유명하다. 나이키의 멕시코 지사는 돈으로는 살 수 없고 뛰어서 땀을 흘려야만 살 수 있는 운동화를 출시해 세간의 관심과 인기를 모았다. 나이키는 스스로를 운동화를 비롯한 스포츠용품을 만드는 회사로 정의하지 않는다. 소비자들이 "운동을 통해 건강을 증진시키는 데 도움이 되는 일련의 제품과 서비스를 제공하는 회사"로 정의하고 있다.

앞에서 마약거래를 하는 데 세탁세제 타이드가 화폐로 사용되는 사례를 설명했다. 이 경우는 현금으로 지불해도 되고, 현금이 없으면 타이드도 받아주는 경우였다. 하지만 나이키가 지정한 특정 운동화는 돈으로는 살 수 없다. 스마트폰에 '나이키 플러스Nike+'라는 애플리케이션을 깔고 여기에 기록된 거리(km)를 제출하면, 가장 많이 달린 사람들에게 나이키 운동화가 제공된다. 이 운동화에 관한 한 흘린 땀만이 교환 및 지불수단으로서 화폐 기능을 할 수 있다. 나이키가 돈보다 '달리기를 통해 흘린 땀', 즉 '고객의 건강'을 더 중요시한다는 이미지를 제고하기 위해 일정 기간(15일) 동안 시행한 판촉행사지만, 워낙 아이디어가 독특해 세간의 관심을 끌었다. 나이키 운동화를 얻기 위해 달린다면, 비록 운동화를 못 받아도 건강에는 도움이 된다.

비즈니스 측면에서 봐도 달리는 사람들은, 프로든 아마추어든 나이키의 핵심고객이다. 더 많이 달리면 운동화가 더 많이 닳을 테니 더 많은 운동화가 필요할 것이다. 뛰기 위해선 운동화뿐 아니라 운동복, 모자, 선글라스 등 관련 용품들도 필요하다.

비트코인은 인터넷 가상화폐다. 이를 화폐로 받아주는 모든 상점에서 물건을 살 수 있다. 아마존코인으로는 아마존에서 거래하는 모든 물건을 살 수 있다. 타이드로 길거리 마약상에게서 마약을 살 수 있다. 이들 신종 화폐엔 공통점이 있다. 인터넷 가상화폐든, 타이드든 모두 우리가 구입해야 하는 대상이다. 그렇지만 나이키가 개발한 화폐인 '땀'은 다르다. 우리가 이미 갖고 있다. **별도로 구입해야 하는 것이 아니라 건강을 위해 소비하면 된다.** 꿩 먹고 알 먹는 격이다. 나이키의 땀 화폐는 미래 화폐의 새로운 모습을 보여준다. 상상컨대 서점에서는 새로 나온 책을 많이 읽은 사람, 즉 뇌를 많이 달리게 한 사람에게만 특정한 책을 판매할 수도 있다. 자신은 쉽게 제공할 수 있으나 남들은 얻기 어려운 전문지식이나 기술이 지불수단이 될 수도 있다. 이렇게 되면 세분화된 커뮤니티와 생태계별로 그 안에서는 종이화폐를 통하지 않고 교환이 이루어지는 물물교환 시대가 오는 것이다. 사실 물물교환이란 말은 적절하지 않다. 화폐가 통용되기 이전엔 그야말로 물건과 물건이 교환되었지만, 미래는 교환의 대상이 훨씬 광범위하기 때문이다. 내가 갖고 있는 에너지, 지식, 기술, 경험 등 모든 것이 교환가치 있는 화폐가 될 수 있다. 인기 있는 비크람 요가 강사는 미국 전 도시를 돌아다니고 전 세계를 누빈다. 전 세계에 존재하는 동일 프랜차이즈 소속 요가 스튜디오에서 요가를 가르치고 돈 대신 숙소, 식사, 차량, 그리고 그곳에서 각별하게 즐길 수 있는 여행서비스를 받는다. 돈은 필요 없다. 아니, 필요 없는 게 아니라 돈은 받아주지 않는다. 나이키의 땀처럼 요가를 가르치는 기술이 유일한 화폐인 셈이다.

## GDP가 높은 게 정말 '더 잘사는 것'일까

미국은 지금 한창 대선 열기로 뜨겁다. 미국도 대선에서 가장 큰 이슈는 경제다. 그런데 이상한 점이 한 가지 있다. 2008년에 오바마, 그 이전 부시나 클린턴이 당선될 때도 그랬고 2016년 선거에서도 경제공약에 1인당 GDP 얘기가 전혀 나오지 않는다. 더욱 놀라운 것은 옆방에 있는 교수(물론 경제학 박사다)에게 물어봐도 자기 나라, 즉 미국 1인당 GDP가 얼마인지 제대로 대답을 못한다. 왜 그럴까. 답은 간단하다. 대통령 후보도, 경제학자도, 개인들도 1인당 GDP에 관심이 없기 때문이다. 관심이 없다는 것은 자신에게 별 중요한 영향을 미치지 못한다는 의미이기도 하다. 개인들이 관심이 없으니 이들로부터 표를 얻어야 하는 대통령 후보도 무관심한 것이다.

GDP는 1930년대 프랭클린 루스벨트 대통령이 대공황을 극복하는 과정에서 개발되었다. 대공황을 치유하려면 얼마나 충격을 받았는지부터 파악해야 하는데, 판단할 수 있는 경제총괄지표가 없었다. 부랴부랴 미 정부가 사이먼 쿠즈네츠 교수에게 의뢰해 개발한 것이 국민소득계정과 GDP다. 쿠즈네츠는 1971년 노벨경제학상을 받았다. 물론 당시는 국민총생산GNP이었는데 이후 국가 간 자본과 노동의 교류가 활발해지면서 국내총생산GDP으로 바뀌었다. 국내에서 활동하든 국외에서 활동하든 그 나라 국민이 생산한 것을 모두 포함한 것이 국민총생산이라면, 국내총생산은 국적 여부에 관계없이 특정 국가에서 내국인과 외국인이 생산한 것을 모두 포함한다. 국제간 무역과 자본 및 노동의 이동이 활발해지면서 어느 나라 국민이든, 어느 나라 자본이든 한국의 생산에 공헌했으면

GDP에 포함되는 것이다.

우리는 언제부터인가 경제의 번영 하면 경제성장을 떠올리고, 경제성장 하면 당연히 GDP성장을 떠올리는 세상에 살고 있다. 쿠즈네츠도 분명히 말했듯이 GDP는 경제에서 생산된 부가가치를 화폐가치로 표현한 것이지 국민의 행복, 삶의 질, 복지를 측정하는 지표가 아니다. 국민이 더 잘살고, 더 행복해져야 한다는 목표를 달성하기 위해 필요한 수단일 뿐이다. 그런데 수단이 목적이 되어버린 세상, 이것이 현재의 경제 현실이다.

미 대선후보들 간 경제이슈 토론을 보면 몇 가지 특징이 있다.[22] 첫째, '잘산다'는 개념을 생산보다 소득과 소비의 관점에서 규정한다. 그러다보니 경제주체로서 가계가 강조되고 가계의 소득, 특히 가처분소득disposable income이 지표로 자주 언급된다. 헐벗고 굶주린 상태가 아니라 어느 정도 먹고살게 되면, 필수불가결한 곳에 지출하고 남는 소득, 즉 여윳돈이 얼마나 있느냐가 더 잘살게 되었느냐 아니냐를 결정하기 때문이다. 미국의 경우도 지난 10년간 1인당 GDP 증가율보다 가계소득 증가율이 낮다. 과실의 몫이 기업 쪽에 더 많이 갔다는 뜻이다. 한국의 경우는 그 격차가 더욱 크게 벌어졌다. 게다가 소득 중에서 먹고살기 위해 필수적으로 빠져나가는 부분, 즉 세금, 생활비, 주택비, 교육비가 늘어나면 그만큼 여윳돈은 줄어든다. 이런 상태에서 아무리 1인당 GDP가 증가해도 국민들은 더 잘살게 되었다고 느낄 수 없다. 행복할 수도 없다. 그래서 가계는 1인당 GDP보다 1인당 가처분소득에 훨씬 관심이 많다. 미국 대선에서 1인당 GDP가 관심도 못 받고 언급도 안 되는 이유다.

둘째, 평균을 얘기하지 않는다. 1인당 GDP는 국내총생산의 화폐가치를 총인구수로 나눈 평균개념이다. 바로 이 평균개념에 문제가 있다. 두 사람 모두 50을 벌면 평균도 50이다. 하지만 한 사람은 90을 벌고 다른 사람은 10을 벌어도, 심지어 한 사람은 120을 벌고 다른 사람은 마이너스 20을 벌어도 모두 평균은 50이다. 소득격차가 점점 더 벌어지는 환경 하에서 평균은 그 의미를 상실한다. 그래서 소득순서로 사람들을 일렬로 세웠을 때 중간에 있는 사람을 기준으로 이야기한다. 이 중위값$^{median}$이 평균보다 더 정확한 정보를 제공하기 때문이다. 미국같이 빈부격차가 큰 나라에선 평균이 의미를 잃은 지 이미 오래됐다. 한국도 이런 단계에 접어들지 않았나 우려스럽다. 선진국으로 갈수록 사람들은 평균에 대해서는 관심이 없다. 나의 세금이 얼마인지, 나의 임금이 얼마인지, 나의 주택담보대출이자가 얼마인지에 관심이 있을 뿐이다. TV에서 본 미국 대선후보들 간 토론회에서 방청객이 한 발언이 생각난다.

"저는 경제에 대한 문외한이지만 '무엇이 더 잘사는 것'인지에 대해서는 분명한 생각이 있습니다. 일상생활을 위해 반드시 필요한 비용을 모두 지출하고 남는 돈, 즉 여윳돈이 더 커졌으면 좋겠습니다. 그러면 저는 분명히 더 잘산다고, 더 행복하다고 느낄 겁니다."

대한민국도 이제는 1인당 GDP가 아니라 가처분소득을 늘려주는 대통령을 원하는 시대가 되지 않았을까.

## GDP는 국제정치적 파워의 산출물

결론은 이렇다. 못 입고 못 먹고 못사는 시절, 수요는 많은데 물건 공급이 모자라는 시절엔 생산이 경제의 중심이요 지상과제다. 생산을 많이 하면 기업도 이익을 내고 직원들 임금도 올려주고 고용도 늘린다. 국민은 이

전엔 생각지도 못했던 TV도, 자동차도 가질 수 있다. 흔히 말하는 낙수효
과trickle-down effect가 적용되는 경제다. 이런 시대, 혹은 이런 단계에 있는
국가에선 GDP를 늘리는 게 곧 경제를 번영시키는 것이고 국민을 더 잘
살게 만드는 것이다. 여기에 빈부격차까지 그리 크지 않다면 1인당 GDP
는 의미 있는 지표다. 경제를 국내총생산과 1인당 국내총생산의 관점에
서 정의해도 큰 무리가 없다는 말이다. 하지만 1인당 국민소득이 3만 달
러를 넘고, 경제구조가 선진화되어 공급이 모자라는 것이 아니라 수요가
모자라는 시대엔 "생산이 곧 경제"라는 등식은 더이상 성립하지 않는다.
소득분배의 불평등 정도까지 심화되면 평균개념인 1인당 GDP도 의미가
감소할 수밖에 없다. 생산을 많이 했다고 해서 국민이 더 잘산다고, 더 행
복하다고 느끼지 않는다는 말이다.

　　GDP의 문제점이 부각되면서 대안지표들이 논의되고 있지만 현실적
으로 GDP를 대체할 지표는 보이지 않는다. 현재로선 대안 부재론이 정
확한 상황 표현이다. 프랑스 사르코지 대통령이 의뢰해서 조지프 스티글
리츠 교수 등이 개발한 스티글리츠지수, UN의 인간개발지수HDI, 부탄의
국민총행복GNH, 캐나다 웰빙지표CIW 등의 대안지표가 발표되고는 있어
도 결코 GDP를 대체할 수 있는 수준은 아니다. 데이터 확보 가능성, 객
관성, 글로벌 수용성 등에서 문제가 많기 때문이다. 게다가 간과하기 쉬
운 더 큰 이유는 GDP가 지극히 국제정치적 파워의 산출물이란 데 있다.
예상컨대, 미국이 슈퍼파워로 존재하는 한 GDP가 다른 지표로 대체될
가능성은 미미하다. 대공황과 제2차세계대전을 극복하고, 소련과의 이
데올로기 대립에서 자본주의와 미국이 승리하는 데 결정적 역할을 한 일
등공신을 내치지는 못할 것이기 때문이다. 소련이 와해되기 이전까지는

핵무기 경쟁보다 GDP 경쟁이 더 심했다.[23]

최소한 현재 시점에서 GDP는 가장 핵심적인 경제지표임에 틀림없다. 하지만 GDP가 핵심지표임은 인정하되, 1인당 GDP의 한계 또한 명확히 알고 사용해야 한다. GDP는 분명 경제 그 자체도 아니요, 경제의 궁극적 목표도 아니다. 경제를 바라보는 하나의 측면일 뿐이다. GDP 증가가 반드시 내가 더 잘살게 된 것, 더 행복하게 된 것을 의미하지 않는다는 점도 인식해야 한다. 환경오염, 공유경제가 증가하면서 GDP가 경제의 대표 주자로 유용했던 경제환경은 점점 줄어들고 있는 것도 사실이다.


## 잘사는 것에 대한 재정의

개인이나 사회가 잘산다는 것, 즉 경제적 부wealth나 경제적 번영prosperity이란 무엇을 의미하는가. 단순히 금전적 소득이 높다거나 자산이 많은 것을 의미하는 것은 아니다. 동서고금을 막론하고 사람들이 경제적으로 행복하게 살아가기 위해선 이래저래 풀어야 하는 문제들이 많다. 매켄지의 에릭 바인하커에 의하면, 사람들이 직면한 경제 문제 중 얼마나 많은 문제들에 대해 해법을 제공하고 있느냐가 잘사는 정도를 결정한다.[24]

A국과 B국의 국민이 모두 동일한 100개의 문제를 갖고 있는데, A국은 80개의 문제에 대해 해법을 제공하고 있고, B국은 40개의 문제에 대해서만 해법을 제공하고 있다면 A국이 더 잘사는 것이다. A국이 B국보다 더 번영된 국가라고 표현할 수도 있다. 같은 문제에 대한 해법이라도 더 좋은, 더 편한, 더 효과적 해법을 갖고 있다면 더 잘사는 나라다. 그런데 아

무리 좋은 해법이 있어도 극소수의 사람만이 이를 향유할 수 있다면 잘 사는 나라라고 표현하기 힘들다.[25] 한 나라가 과거에 비해, 혹은 다른 나라들에 비해 '더 잘산다'는 것은 국민들이 경제활동을 영위하는 과정에서 부딪히는 문제들 중에서 **보다 많은 문제에 대해 더 좋은 해법을 갖고 있고 동시에 더 많은 사람들이 이를 향유할 기회를 갖고 있다는 의미다.** 바로 이렇게 잘살게 되는 것이 곧 경제성장이다. 경제성장이란 더 잘산다는 것이고, 더 잘사는 것이란 더 많은 국민이 더 좋고 더 많은 경제의 해법을 향유한다는 말이다. 이런 관점에서 보면 경제성장률이란 사람들에게 활용 가능한 새로운 해법의 증가율이 된다. 1인당 GDP성장률과는 전혀 다른 성장이다. 동시에 혜택을 받는 사람들의 증가율도 성장의 척도가 된다. 혜택받는 사람들이 증가한다는 것은 얼핏 분배의 개념과 비슷해 보이지만, 소득이 결정된 뒤 사후적으로 세금이나 이전을 통해 재분배되는 것과는 다른 개념이다. 굳이 표현하자면 사전적인 의미의 분배라고도 할 수 있는데, **새롭게 정의된 잘산다는 개념은 이런 사전적 분배의 개념도 포함**하고 있어야 한다.

경제성장을 사회가 직면하고 있는 보다 많은 문제들에 대해 더 좋은 해법을 제공하고 보다 많은 사람들이 이를 활용할 수 있게 하는 것이라고 정의하면, 실제로 미시적 차원에서 이런 역할을 하는 대표적 주체는 기업이다. 이런 맥락에서 보면 기업과 비즈니스에 대한 정의도 새롭게 바뀌어야 한다. 기업 비즈니스란 아이디어를 제품과 서비스로 전환해 소비자가 직면하고 있는 문제를 해결하는 것이다. 금융회사란 사회가 풀어야 할 금융 문제의 해결사다.

## 가난에 대한 재정의

공식적으로는 빈곤이라고 부르는 가난, 그 개념은 크게 두 가지로 정의된다. 하나는 절대적 빈곤이요, 다른 하나는 상대적 빈곤이다. 절대적 빈곤이란 인간으로서 삶을 영위하는 데 필요한 기본적인 의식주조차 충족되지 못한 상황이다. 각국의 경제가 발전하면서 절대빈곤층은 많이 줄어들었으나, 아프리카에서는 아직도 하루에 1달러 미만으로 생활하는 빈곤층이 적지 않다는 게 UN의 판단이다. 상대적 빈곤은 말 그대로 상대적인 개념이다. 특정 사회에서 일반적으로 향유하고 있는 상품과 서비스를 향유하고 있지 못하는 상태를 말한다. 한국 정도의 사회라면 컴퓨터가 없고 인터넷에 접근하지 못하는 사람들을 빈곤층, 즉 상대적으로 가난한 사람이라고 분류할 수 있다. 대부분 사람들이 큰 부담 없이 인터넷을 사용하고 있기 때문이다. 냉장고도 마찬가지다. 냉장고가 보편적인 생활필수품이 되면서, 냉동제품과 같이 많은 식료품들이 냉장고의 보유를 전제로 만들어진다. 이런 경제구조하에서 냉장고가 없다면 냉동과 냉장을 전제로 한 제품 및 서비스를 향유할 수 없다. 인터넷이나 냉장고가 없다고 절대적으로 가난한 것은 아니지만, 사회 일반이 보편적으로 즐기는 사회, 경제, 문화적 서비스를 즐기지 못하니 상대적으로 가난한 것이다.

최근 들어 뇌과학의 관점에서 정의하는 빈곤이 주목받고 있다. 센딜 멀레이너선과 엘다 샤퍼가 저술한 『결핍의 경제학scarcity』이란 책에 의하면, 가난이란 경제적 여유뿐 아니라 "뇌의 여유, 즉 정신적 여유가 결핍된 상태"로 정의된다.[26] 빠듯한 돈으로 이것저것 처리해야 할 것이 많고 직장도 안정적이지 못하면 뇌의 여유가 없어진다. 뇌에 여유가 없어지면 집중하지 못하고 서두르고 실수를 하기 쉽다. 직장에서 좋은 성과를 내기 어려운 이유다. 성과가 안 좋은 사람이 지속적으로 좋은 직장을 유지하기 힘들다. 다시 빈곤의 악순환이 시작되는 것이다. 극단적으로 꿈과 희망마저 없어지면, 특정한 물질이나 행동에 중독되기 쉽다. 개인 차원을 넘어 사회 전체가 결핍 상태에 빠질 수도 있다. 가난하면 개인이든 사회든 흔히 쓰는 말로 '멘붕' 상태에 빠지기 쉽다는 말이다.

그래서 가난에서 빠져나오려면, 경제적 여유뿐 아니라 뇌와 정신에 여유가 있어야 한다. 빈곤을 경제적 혹은 사회적 문제가 아닌 뇌와 정신의 문제로 재정의한 것은 빈곤에 대한 획기적인 재정의다. 빈곤이 경제적 여유 상실뿐 아니라 **뇌의 인지적 수용력**cognitive capacity **소진**, 즉 정신적 여유의 상실로 정의되면 단순한 경제적 지원만으로 문제가 해결되지 않는다. 마음에 여유와 안정감을 가질 수 있게 해주는 정책이 병행되어야 한다.[27] 예를 들어, 동일한 경제적 보상을 준다 해도 비정규직 직장보다 정규직 직장이 더 큰 정신적 안정감을 준다. 빡빡하게 돌아가는 재취업 프로그램을 가난한 뇌는 견뎌내지 못한다. 가난은 정신적 판단능력도 고갈시킨다. 이들에게 진정 도움을 주려면 경제적 여유와 함께 정신적 여유도 줄 수 있는 정책이 필요하다. 가난에 대한 새로운 정의에서 새로운 정책이 나온다.

PART 03

원
형
력

# 후디니를 속여라,
## 세잔을 속여라

## 원형이란 무엇인가

처음 그림을 그리기 시작한 어린아이가 새를 한 마리 그렸다. 새는 참새, 제비, 부엉이, 독수리, 갈매기에 이르기까지 그 종류가 다양하다. 그런데 아이가 그린 새를 보면 모습이 거의 비슷하다. 다양한 새들의 개별적 특성들은 배제한 채, 툭 튀어나온 삼각형 부리, 길쭉한 날개, 긴 수직선 밑에 짧은 직선들로 붙은 다리, 작은 원 형태의 머리와 상대적으로 큰 타원형 몸통으로 표현하는 경우가 대부분이다. 아이들이 그린 이 기본적이고 단순한, 그렇지만 핵심이 포함되어 있는 모양이 새의 원형이다. 이 원형에서 날개의 크기와 모양을 변화시키고, 부리 모양을 바꾸고, 색을 바꾸면 다양한 새들을 그려낼 수 있다.

원형이란 근원적인 형태를 말한다.[1] 근원적인 형태란 뿌리에 존재하는 본질적인 모습이다. 원형은 반복적으로 나타난다. 우리가 원형을 익숙하게 느끼는 이유다. 물론 익숙하고 기본적이라고 모두 원형이 되는 것은 아니다. 원형의 핵심적 특성은 그 원형을 바탕으로 다양한 형태가 발현되어 나타난다는 것이다. 횡적으로는 다양한 모습으로 변화할 수 있고 종적으로는 시간의 흐름에 따라 스스로 진화할 수 있어야 원형으로서의 자격이 있다. **원형은 과거와 함께 미래를 품고 있어야 한다는 말이다.** 원형이란 개념은 물리적 형태뿐 아니라 심리와 문화, 더 나아가 예술과 경제에도 적용되는 개념이다.

예술, 특히 그림의 역사상 대상의 원형을 연구하고 실험한 대표적 화가는 폴 세잔이다. 세잔은 왜 사물의 원형에 관심을 가졌는가. 세잔의 그림은 왜 아름답다는 느낌을 주지 않을까. 그는 어떤 과정을 거쳐 원형에 다가갔는가. 이런 질문에 답을 찾는 작업은 '그림이란 무엇인가' 하는 그림의 본질을 찾는 작업이기도 하다.


## 회화의 역사는 '형태'와 '색채' 간 경쟁의 역사

회화를 구성하는 양대 축은 '형태'와 '색채'다. 화폭이란 공간 속에서 형태와 색채가 상호작용하여 빚어낸 결과물이 바로 회화작품이다. 회화의 역사를 되돌아보면 형태가 강조되던 시대가 있었고, 색채가 부각되던 시대도 있었다. 어찌 보면 회화의 역사는 '형태와 색채 간 경쟁의 역사'라고 표현해도 좋을 듯하다.

형태가 그림의 중심이 되면 화가는 대상의 형태를 정확히 묘사하는 것, 즉 재현representation에 힘을 쏟을 수밖에 없다. 색채가 부각되는 그림에선 대상의 재현보다 색을 통한 화가의 감정 표현이 더 중요하다. 미학적인 관점에서 볼 때, 형태가 강조되면 색이 묻히고 색이 강조되면 형태가 위축된다.

경제의 세계도 비슷하다. 경제를 구성하는 양대 축은 '실물'과 '금융'이다. 건물을 짓고 기계와 물건을 만드는 실물경제는 국가경제의 기본 형태를 구성한다. 경제의 윤곽선을 그린다는 말이다. 그런데 경제가 실제로 돌아가려면 실물경제에 자본이 공급되어야 한다. 쉽게 말해 돈이 없으면 건물을 지을 수도, 도로를 깔 수도, 제품을 만들어낼 수도 없다. 수중에 돈이 없으면 은행에서 빌리거나 자본시장에서 투자를 받아야 한다. 실물경제의 윤곽선이 그려졌을 때 그 안을 자본으로 채우는 것은, 그림으로 치면 주어진 형태 안에 색채를 공급하는 것과 같다. 이렇게 보면 금융은 그림의 색채에 대응한다. 경제의 역사도 회화의 역사와 비슷하다. 실물이 강조되던 시대도 있었고 금융이 주목받던 시대도 있었다.


## 회화의 사실주의, 낭만주의, 그리고 인상주의

회화사조 중에서 형태를 강조한 대표적 유파가 사실주의다.[2] 사실주의의 거장 구스타브 쿠르베는 "내가 천사를 그리길 원한다면 내게 그 천사를 보여주시오"라고 말했다 한다. 회화의 본질은 실제 사물이나 현실을 담담하게 보여주는 것이지, 보이지 않는 추상적인 것을 표현하는 것이 아니라는 주장이다.

176

19세기 초·중반만 해도 '실재하는 사물을 있는 그대로 그린다는 것'은 엄청난 혁신이었다. 그때까지 그림은 주로 종교적, 신화적, 역사적 상상에 의존해, 실재하지 않는 대상을 실재하는 것처럼 그려내는 작업이었기 때문이다. 쿠르베의 공헌은 그림의 대상을 추상적 대상에서 눈에 보이는 현실로 끌어냈다는 점에 있다. 주변에 보이는 평범한 대상을 있는 그대로 표현하는 것이 200년도 채 안 되는 과거엔 획기적 혁신이었다니 놀랍기도 하고 충격적이기도 하다.

어쨌든 사실주의 회화에서는 형태의 사실적 묘사가 화폭을 주도하기 때문에 색채는 뒤로 밀린다. 실물경제가 경제의 기본 뼈대와 형태를 만

구스타브 쿠르베, 〈돌 깨는 사람들〉

들고 짓고 소비하는 것이라고 보면, 사실주의 경제는 있는 그대로의 실물경제만을 강조하는 것과 같다. 그렇기 때문에 색채로 비유되는 금융은 실물을 보조하는 기능만을 수행하게 된다. 색이 형태에 압도되어 화면에서 묻히듯 금융은 실물에 묻혀버린다.

사실주의와는 반대로 색채가 형태를 리드한 유파가 낭만주의다.[3] 낭만주의로 오면서 화가의 주관적 감정이 격정적인 색채로 표현되었다. 낭만주의는 숨막힐 정도로 균형을 강조하는 신고전주의에 반발해서 태동한 것으로, 자유로운 영혼이 기반이다. 감정과 열정은 형태보다 색으로 표현하기 쉽다. 색이 강렬하고 열정적이라는 말은 자주 써도, 형태가 열정적이라는 말은 어색하다. 낭만주의에서는 형태에 구애받지 않고 색채만으로 회화의 질서를 창출했다. '투시력' 장에서 앵그르 그림과 대비해 살펴봤던 낭만주의의 대표적 화가 들라크루아의 〈사르다나팔루스의 죽음〉을 다시 떠올려보자. 이 그림에선 형태, 즉 무엇을 그렸는지는 그리 분명치 않다. 중요하지도 않다. 꿈틀대는 격정적 색채만이 화폭을 지배할 뿐이다.

형태를 무시한다는 측면에서 낭만주의보다 한 걸음 더 나아간 유파가 있다. 바로 인상주의다. 인상주의는 애초부터 형태에는 관심이 없었다. 인상파 화가들이 그리려 한 것은 빛으로 환원된 순간적 인상이다. 모네 같은 인상파 화가들에겐 이 순간적 인상이야말로 있는 그대로의 사실이요, 진실이었는지 모르겠다.

형태는 불명확하지만 색들이 연기처럼 펼쳐지는 장면은 보는 이들로 하여금 몽롱하고 신비로운 느낌을 받게 한다. 하지만 인상파 화가들은 형태로부터 독립을 시도했기 때문에 대상의 존재감이 주는 묵직함을 잃어버렸다. 반짝이는 화려함이 인상적이지만 '원형'이 주는 무게중심이 없

클로드 모네, 〈인상, 해돋이〉

으니 가볍다는 느낌을 지울 수 없다. 마치 실물경제와의 연결고리가 끊

긴 금융, 기초자산의 묵직한 뒷받침 없이 수시로 변하는 파생상품, 그리

고 금 같은 실물자산의 뒷받침이 없는 명목종이화폐를 보는 듯하다.[4]

회화에 '색채를 위한 색채의 시대'가 있었던 것처럼 경제에도 '금융을 위한 금융의 시대'가 있었다. 바로 2008년 서브프라임 사태 발생 전 미국을 비롯한 금융선진국들의 경제 양상이 그랬다. 1980년만 해도 세계 금융자산(주식, 회사채, 국공채 은행대출을 포함) 규모는 세계 GDP 규모와 비슷한 수준이었다. 회화로 치면 사실주의에 가깝다. 금융자산 규모는 1990년엔 GDP의 두 배, 2002년엔 세 배였다. 경제의 색채라 할 수 있는 금융이 실물경제를 주도하게 되었다는 점에서, 이 시대를 경제의 낭만주의 시대라 부를 만하다. 2008년 서브프라임 사태 직전, 이 비율은 네 배에 이르게 된다. 미국만 보면 스무 배에 달했다. 금융이 실물을 압도했단 말이다. 이 정도면 색채에 압도되어 형태가 거의 와해한 인상주의 그림에 가깝다. 색을 위한 색의 향연처럼 금융을 위한 금융의 향연을 보는 듯했다. 경제의 인상주의 시대다.

금융위기 직후, 이 비율은 다시 세 배 정도로 감소했다. 하지만 최근 들어 다시 네 배에 근접해가고 있다. 금융위기 이후 금융산업과 금융자산이 직격탄을 맞았는데 왜 비율은 크게 변하지 않은 것일까. 이유는 간단하다. 분자인 금융자산 규모도 줄었지만 동시에 분모인 총 GDP도 줄었기 때문이다.[5]

편의상 형태와 색을 구분하지만 사실 형태와 색은 유기적으로 연결되어 있다. 서로가 서로에게 영향을 미치는 것이다. 경제도 마찬가지다. 실물경제와 금융경제는 상호배타적인 부문이 아니다. 서로 밀접히 엮여 있다. 금융이 위축되었는데 제조업만 잘나갈 수 없고, 제조업이 불황에 허덕이는데 금융만 독야청청할 수 없다. 경제에서 실물과 금융이 상호작용하고 연결되어 있듯이, 회화에서도 형태와 색이 분리될 수 없음을 간파한 화가가 있었다. 대상을 기본적 원형으로 분해해 파악하고, 툭툭 색을 칠함으로써 형태를 그려낸 세잔이다.

## 경제의 미래, 세잔에게 묻는다면?

형태 위주의 사실주의, 그리고 색채 위주의 인상주의를 변증법적으로 통합한 화가가 바로 세잔이다. 그래서 세잔을 '현대회화의 아버지'라 부른다. 피카소와 앙리 마티스가 공통적으로 인정한 현대회화의 아버지가 바로 세잔이다. 그렇다면 세잔은 왜 후대의 대가들로부터 진정한 대가, 즉 마스터master로 인정받는 것일까. 세잔이 등장하기 이전 화단을 주도하고 있던 양대 세력은 사실주의와 인상주의였다. 세잔이 보기에 양자는 모두 한계가 있었다. 사실주의는 겉으로 보이는 사실적 형태에만 집착하다보니 색채를 경시했다. 인상주의는 빛으로 환원된 색채에만 관심을 가졌기에 형태를 와해했다.

특히 세잔은 당시 혁신적 조류로 인식되던 인상파 그림에 반감을 갖고 있었다. 그림의 원형과 본질에 관한 의문 때문이었다. 과연 그림이 진정한 그림이 되기 위해서는 무엇을 표현해야 하는가. 세잔은 인상파가 표현한 매 순간마다 변하는 인상은 그림의 본질이 아니라고 생각했다. 오히려 순간적 인상과는 정반대에 있는 **변하지 않는 대상의 본질적 실체와 원형**을 표현하는 게 진정한 회화라고 정의했다. 그래서 원형을 표현하기

위해 인물화든 정물화든 풍경화든 대상을 원통, 원추, 공, 정육면체 등의
기하학적 원형으로 재구성했다.

세잔은 '사과와 오렌지'라는 제목을 붙인 그림을 여럿 그렸다. 다음 그
림은 그중 하나다. 왜 세잔에게 같은 제목의 그림이 많은지는 잠시 후에
설명하고, 우선 이 그림부터 살펴보자. 그림 속 사과는 전혀 먹음직스럽
지 않다. 마치 공처럼 보인다. 테이블에 깔려 있는 보자기도 산처럼 묵직
해 보인다. 주변에 사과만 없으면 마치 산을 그렸다고 오해할 수도 있다.

세잔 작품의 기발한 혁신 중 하나는, 원근법에 충실한 그림, 즉 단일
시각에서 그리는 그림을 과감히 포기했다는 것이다. 포기했다기보다 다
양한 시각으로 대체해버렸다는 표현이 맞겠다. 그림을 다시 보자. 가운

폴 세잔, 〈사과와 오렌지〉

데 접시는 바라보는 시각이 정면 약간 위에 있다. 왼쪽 앞에 있는 접시에 담긴 사과는 훨씬 위에서 바라본 시각이다. 뒤쪽에 있는 산과 같은 모양의 보자기는 왼쪽 아래에서 바라본 모습이다. 세잔은 이처럼 대상을 분해해 각 부분을 서로 다른 시점에서 그려냈다. 그래서 세잔이 입체파의 선구자요, 피카소 같은 입체파 화가들로부터 현대회화의 아버지라고 칭송받는 것이다.

세잔에게는 형태와 색채가 하나다. 마치 생명체가 태어나기 이전의 액체수프 상태, 신체의 기관이 구체화되기 이전의 줄기세포와 같이 형태와 색이 분리되지 않고 융합된 상태로 있다. 세잔이 대상을 기하학적 원형으로 치환해 표현한 점도 원형적이지만, 형태와 색채를 하나로 표현한 기법 또한 원형적이다. 세잔 이전의 화가들은 물론, 현대에 이르러서도 화가들은 보통 윤곽을 먼저 그리고 그 안에 색을 칠해넣는다. 화가가 의식하지도 못하는 사이에 형태와 색이 이원화되는 것이다. 세잔의 경우는 다르다. 윤곽을 먼저 그리지 않고 색을 툭툭 칠해서 형태를 표현한다. 세잔이 한 말이다. "형태와 색채는 결코 분리될 수 있는 것이 아니다. 색채가 풍부해졌을 때, 형태도 풍만해진다."

경제도 세잔의 아이디어를 참조할 필요가 있다. 실물과 금융은 결코 따로따로 작동되는 것이 아니다. 실물경제의 발전 없이 금융경제의 발전이 있을 수 없고, 역으로 금융경제의 발전 없이 실물경제의 발전이 있을 수 없다. **경제의 미래, 세잔에게 길을 물으면 어떻게 답할까.** "형태와 색채가 조화를 이루듯 실물과 금융이 균형 있게 통합되어야 멋진 경제를 그릴 수 있다"고 말하지 않을까.

## 그림을 실험하고 연구한 화가, 세잔

세잔의 작품에는 유독 같은 제목의 그림이 많다. 세잔이 그린 사과가 포함된 정물화는 200여 점, 생 빅투아르 산을 그린 그림은 수십여 점이나 된다고 한다. 왜 세잔은 동일한 대상이나 주제를 그토록 반복해서 그렸던 것일까. 세잔을 이해하는 열쇠가 여기에 있다. 결론부터 얘기하면, 원형을 포착하는 작업은 화가들에게 끊임없는 노력과 실험을 요구하기 때문이다. 화가는 실험실의 과학자처럼 수많은 실험과 시행착오를 거친다. 세잔이 동일한 대상을 과도하리만큼 반복해서 그렸던 이유다.

시카고 대학의 데이비드 갈렌슨 교수는 그의 저서 『늙은 마스터와 젊은 천재Old Masters and Young Geniuses』에서 뛰어난 예술가를 마스터형과 천재형으로 구분하고, 마스터의 창의성은 실험적experimental 창의성이요, 천재의 창의성은 개념적conceptual 창의성이라고 설명했다.[6] 마스터를 굳이 한국말로 표현하면 '거장' 내지는 '대가'로 번역할 수 있겠다. 마스터란 말에서는 시간의 풍파를 견디어내고 확고하게 뿌리를 내린, 그 누구도 근접하기 힘든 내공이 느껴진다. 대표적인 마스터형 화가가 세잔이고, 대표적인 천재형 화가가 피카소다. 세잔은 현대미술의 아버지라고 불린다. 피카소는 천재지만 아버지란 느낌은 없다. 그렇게 부르지도 않는다.

세잔이 그러하듯 마스터들은 남긴 작품 수가 매우 많다. 마스터들은 어느 날 갑자기 튀는 작품을 만들어내는 것이 아니라 수많은 실험과 수련을 통해 조금씩 조금씩 최고의 경지에 접근한다. 오늘 작품은 어제 작품보다 낫고, 내일 작품은 오늘 작품보다 원하는 수준에 조금 더 가까워진다. 세잔이 수십여 점이나 그린 생 빅투아르 산을 예로 들어보자.

원형에 가까워져가는 생 빅투아르 산

처음에 그린 작품에서는 산의 모습이 쉽게 눈에 들어온다. 형태와 색채가 구분된 그림, 그래서 우리에게 익숙한 그림이기 때문이다. 그런데 뒤로 갈수록 형태와 색채의 구분은 무의미해지고 형태와 색채가 통합된 원형적 그림이 발현되어 나온다. 세잔은 마치 유전공학을 연구하는 실험실에서 원하는 복제동물을 만들기 위해 수없이 DNA 분해와 복제실험을 하는 과학자 같은 느낌을 준다. **세잔은 그림을 그렸다기보다 '그림을 실험하고 연구한 화가'다.** 과학자들은 이전보다 더 개선된 실험 결과가 나오면 이전 결과는 과감히 버린다. 세잔의 경우도 동일한 대상을 반복적으로 그려 조금 더 본질에 가까운 그림이 나오면, 이전 그림은 의미가 사라진다. 세잔 입장에서는 휴지통에 던져버려도 되는 것이다. 그래서 세잔의 그림은 후기의 것일수록 그림값이 훨씬 비싸다.[7] 세잔이 후기에 그린 그림일수록 그의 미술사적 공헌도가 높은, 즉 '변하지 않는 원형'에 더욱 가까운 그림이기 때문이다.

이에 반해 피카소의 작품은 20~30대에 그린 작품이 가장 가치가 높고 후기로 갈수록 점점 가치가 떨어진다. 갈렌슨 교수의 분류에 따르면 피카소와 같은 천재형 화가의 혁신과 창의성은 개념적 혁신이요, 개념적 창의성이다. 그림에 대한 개념 자체를 한순간에 바꾸어버리는 것이다. 예를 들어 대상을 분해하고 다양한 시각에서 재조립한 입체적 구성이 피카소 창의성의 핵심이라면, 가장 먼저 이런 입체적 특성을 명확하게 나타낸 그림은 1907년에 그려진 〈아비뇽의 처녀들〉이다. 피카소가 26세에 그린 그림으로, 그의 작품 중 그 가치를 가장 높게 평가받는다.

평생 노력해도 도달할 수 있을지조차 불확실한 목표, 즉 사물의 원형을 추구한 세잔에게는 작품 하나하나가 목표가 아니다. 목표를 향해 전진해가는 과정 자체가 목표였다. 반복적으로 그려지는 작품 하나하나는 목표로 가기 위한 하나의 디딤돌일 뿐이다. 세잔과 같은 마스터는 한 걸음 한 걸음씩 정상을 향해 접근해가는 산악인과 비슷하다. 출발점부터 시작해 중간을 거쳐 현재에 이르기까지의 과정이 모두 더해져서 정상에 다다른다. 이에 반해 피카소 같은 천재는 파도타기 선수와 비슷하다. 큰 파도가 올 때 한 번에 확 올라타야 파도타기에 성공할 수 있다. 조그만 파도를 타는 데 여러 번 성공했다고 이것들이 합쳐져 큰 파도타기에 성공하는 게 아니다. 작은 파도를 잘 탄다고 큰 파도를 잘 타는 것도 아니다.

## '후디니를 속여라'

세잔과 친했던 인상파의 대부 카미유 피사로는 세잔을 '어린아이와 같은 순수한 눈을 가진 화가'로 평가했다. 어떤 분야든 마스터는 고수지만, 사물과 현상을 보는 눈은 어린아이와 같다. 가정 없이, 기대와 고정관념 없이 사물을 본다는 뜻이다.

마술사는 사람들의 고정관념과 가정을 교묘하게 활용하는 대표적 직업이다. 그런데 아무리 뛰어난 마술사라도 부담스러워하는 사람들이 있다. 마술을 과학적으로 분석하는 물리학 박사일까. 마술사의 심리를 꿰뚫어보는 심리학자일까. 마술을 100번 이상 본 마술 애호가일까. 집중력이 뛰어난 사람일까. 모두 아니다. 답은 어린아이들이다.

왜 그럴까. 마술의 정의로부터 시작하면 그 이유를 쉽게 설명할 수 있다. 마술은 **'당신이 갖고 있는 기대와 가정이 당신을 배신하게 만드는 것'**

이다. 이 정의에 따르면 가정과 기대가 많은 사람일수록 속이기 쉽고, 적은 사람일수록 속이기 어렵다. 전자가 어른들이고 후자가 아이들이다. 고정관념과 다양한 가정에 빠져 있던 화가들과 달리, 어린아이의 눈을 가진 세잔은 '자연'이란 마술사가 교묘하게 숨긴 '원형'의 모습을 볼 수 있었다. 알렉스 스톤이란 미국의 마술사는 그의 저서 『후디니 속이기Fooling Houdini』에서 아이들이 마술에 잘 속지 않는 이유를 "어른들과 달리, 고정된 가정과 기대가 없고 동시에 산만하기 때문"이라고 말했다.[8] 후디니는 전설적인 미국의 마술사다.

알렉스 스톤의 주장은 스티븐 레빗과 스티븐 더브너가 쓴 『괴짜처럼 생각하라Think like a Freak』에도 원용되어 있다.[9] 나이가 들고 특정 분야에 오래 종사하다보면 자신도 모르는 사이에 생각이 고착되기 쉽다. 길을 걷다가 남들이 급하게 오면 양보해주고, 처음 만난 사람이 악수를 위해 손을 내밀면 나의 눈은 자연스럽게 그 손으로 향한다. 길을 묻는 사람이 손가락으로 특정 방향을 가리키면 나의 눈과 마음은 그쪽을 향한다. 상대방이 오른손으로 물건을 가리키며 심각하게 설명하면 거기에 시선이 집중된다. 본능적인 반응도 있지만 학습과 경험을 통해 습득한 행동이기도 하다. 그리고 습관대로 따라가는 것이 뇌의 에너지 소비를 줄여 피곤하지도 않다.

## 집중하면 집중할수록 더 쉽게 속는다? '집중의 딜레마'

아이들은 다르다. 고정된 기대와 가정이 없다는 것은 앞에서 설명했고, 동시에 알렉스 스톤이 말한 대로 산만하기까지 하다. 마술사의 기본전략은 관객으로 하여금 마술사가 보게 하고 싶은 것을 보도록 만들고, 보지 않았으면 하는 동작은 보지 못하게 시선을 빼앗는 것이다. 마술사의 동작이 너무도 자연스럽게 우리가 무의식적으로 가정하는 다음 동작으로 이어지기 때문에 쉽게 속는다. 역설적이지만 더 집중하면 집중할수록 더 잘 속는다. 굳이 이름을 붙이자면 '집중의 딜레마'라고 할 수 있을 것 같다. 어린아이들은 다르다. 집중력이 떨어지고 산만하다. 마술사가 신호를 보내도 그가 유도하는 방향으로 시선과 생각이 움직이지 않는다. 도대체 마술사가 왜 저런 행동을 하는지조차 모른다. 멀뚱멀뚱 호기심에 가득찬 눈으로 바라볼 뿐이다. 그래서 어린아이들의 눈은 속이기 힘들다.

원형을 보는 힘은 곧 본질을 있는 그대로 보는 힘이다. 아무리 장애물이 앞을 가리고 방해해도 말이다. 우리도 모르는 사이에 두껍게 쌓여 있는 고정관념, 편견, 독단, 그리고 기대와 가정이 우리의 눈을 가린다. 나이가 들수록, 그리고 특정 분야에서 전문성이 크면 클수록 오히려 본질을 놓치기 쉽다.

부동산 전문가는 집안과 밖을 한 번만 둘러봐도 바로 가격을 말한다. 집값을 결정하는 핵심요인이 무엇인지 알고 있어 그것에 집중해 판단하기 때문이다. X선을 판독하는 방사선과 의사나 프로 체스선수의 판단속도는 실로 놀랍다. 일반인들은 상상하기 힘든 속도로 종양을 발견해내고 체스에서 최적의 수를 찾아낸다. 실험 결과, 이런 전문가들이 엄청난 속도로 판단을 내리는 이유는 일반인들과 달리 가능성이 없거나 적은 수를 빨리 제거하고 몇 가지 가능성에만 집중하기 때문이다.

## '전문가의 역설'에 빠지지 않으려면

그런데 과학자든 의사든 변호사든 경영자든 자신이 전문가라고 생각하는 순간 집중의 딜레마에 빠지기 쉽다. **'전문가의 역설'**이라고 이해할 수도 있다.[10] 그렇기 때문에 전문가일수록 다양한 분야를 접해서 자신의 뇌를 부드럽고 촉촉하게 만들 필요가 있다. 전문가는 비전문가에게는 속지 않지만, 마술사처럼 의도를 가지고 전문성과 집중력을 역이용하는 경우에 취약하다. 알렉스 스톤은 아이보다 어른을 속이기가 더 쉽고, 어른 중에선 일반인보다 전문가를 속이는 게 더 쉽다고 했다. 스톤이 물리학을 전공한 마술사이기도 했지만, 그가 가장 속이기 쉽다고 생각한 사람들은 물리학자였다. 경제학에서는 '보이지 않는 손'이 유명하지만 심리학에서는 '보이지 않는 고릴라'가 유명하다.[11] 우리 뇌는 멀티태스킹에 약하다. 한 가지 일에 집중하다보면 고릴라가 지나가는 것처럼 명백한 현상도 보지 못한다. 우리 뇌가 그렇게 작동하기 때문이다.

기업 CEO도 자신의 기업, 자신의 분야에만 너무 몰두하다보면 자신을 공격하기 위해 예상치 못한 곳에서 접근하는 고릴라를 보지 못한다. 그렇다고 전문성을 버리고 일반론자가 되라는 말이 아니다. 미래의 리더는 전문성을 높이 쌓으면 쌓을수록, 동시에 다양한 다른 분야에 대한 지식과 프레임에도 익숙해져야 한다는 말이다.

한 가지 효과적 방법이 있다. 자신의 전공 분야가 아닌 사람들과 토론을 많이 나누고 다양한 의견을 듣는 것이다. 전공 분야의 사람들끼리만 모여서 토론하면, 전문가의 역설에 빠질 위험이 더 높다. 특히 중요한 것은, 대화를 나눌 때 자기 전공 분야의 전문용어를 사용하지 않고 커뮤니케이션을 진행하는 것이다. 전문가의 역설은 **'전문용어의 역설'**인 경우가 많기 때문이다. 전문용어를 쓰지 않고 자신의 생각을 다른 사람들에게 전달하려면, 이리저리 생각해야 하기 때문에 도그마에 빠지지 않을 수 있다. 더욱 뛰어난 리더라면 전문용어를 쓰지 않고 상대방에게 익숙한 용어로 자신의 분야를 설명할 수 있다. 경제이슈를 일상의 용어로, 예술의 용어로, 과학의 용어로 소통할 수 있으면 더욱 넓고 깊은 공감대를 형성할 수 있다.

기업의 경영자라면 자기 회사 밖의 사람, 자기가 속한 산업 밖에서 일하는 사람들과 커뮤니케이션을 확대해야 한다. 전문용어를 쓰지 않고 다른 분야 사람들에게 자신의 생각을 쉽게 전달할 수 있다면, 그들도 당신이 생각하지 못했던 아이디어로 화답할 것이다. 전문용어를 모를 뿐이지, 색다른 아이디어는 그들이 더 많이 갖고 있을 수도 있다. 전문가의 오류에 빠지지 않기 위해서, 의도적으로 전문가들과 다른 의견을 내고 반론을 제기하는 '악마의 변호인devil's advocate'을 활용하는 것도 하나의 방법이다.

집중의 딜레마나 전문가의 역설에 빠지지 않으려면, 자기 전공이 아닌 다른 분야에 대해서도 최소한의 지식을 갖고 있을 필요가 있다. 가능하면 교양과목의 확대 차원을 넘어 부전공이나 전공선택과목을 확대할 수 있으면 더 좋다. 하늘을 향해 치솟은 고딕 성당이 천 년 가까이 건재한 이유는, 건축물 자체의 기반이 견고하기 때문만은 아니다. 건물 옆에 부착되어 하중을 함께 받쳐주는 공중부벽 또한 높고 견고하기 때문이다.

# 클레와 미로를 통해 본
## 디즈니의 원형적 사업모델과 〈스타워즈〉

## 클레의 기하학적 원형과 미로의 유기적 원형

그림의 양대 축이 형태와 색이라면, 형태와 색 모두에 원형이 있을 것이다. 그림을 포함해 조각, 그리고 건축 같은 조형예술은 주로 형태의 원형, 즉 생긴 모양의 원형에 주목한다. 가장 단순하게 보면 형태는 기하학적 형태와 유기적 형태로 구분된다. 기하학적 형태란 원, 타원, 삼각형, 사각형, 구, 원통, 원추, 직육면체 같은 형태들이다. 세잔은 자연과 정물, 그리고 인물을 묘사하면서 이들이 구, 원통, 원추 같은 원형으로 환원될 수 있음에 주목했다. 사람의 몸을 생각해보자. 얼굴은 계란형을 닮은 변형된 구, 몸통은 원통, 팔다리는 가는 원통, 코는 피라미드와 비슷한 사면체 등으로 생각할 수 있다는 것이다.

직접 배운 적은 없지만 파울 클레는 세잔을 자신의 스승이라고 말했다.[12] 스승이면 뭔가 배운 게 있을 텐데, 클레가 세잔으로부터 배운 것은 무엇일까. 바로 원형이다. 대상을 원형적으로 단순화시켜 표현하는 것이다. 클레의 〈성과 해〉라는 작품을 보자.

사용된 형태는 삼각형, 직사각형, 그리고 해를 표현하는 원이 전부다. 가장 기본적인 기하학적 형태, 즉 원형적 형태만을 사용했다. 높이 솟은 성을 사실적으로 재현한 그림은 아니지만 〈성과 해〉란 제목을 보는 순간 고개가 끄덕여진다. 단순한 원형적 형태만을 사용했지만 이를 통해 성과 해의 본질적 특성을 잘 표현했기 때문이다. 성 하면 제일 먼저 생각나는 것이 뾰족한 첨탑, 높다는 느낌, 크고 육중하다는 느낌이다. 성안과 주위를 빽빽하게 둘러싸고 있는 마을의 낮은 집들도 생각난다. 높다는 느낌

파울 클레, 〈성과 해〉

은 수직으로 길쭉한 직사각형을 통해, 성을 상징하는 첨탑은 맨 위쪽 삼각형을 통해, 마을의 집들은 빽빽하게 배치된 사각형과 삼각형 지붕을 통해 표현됐다. 물론 해는 동그라미로 묘사되어 있다.

또하나 주목할 점은 해의 위치다. 해가 마치 성의 일부인 것처럼 성과 뒤섞여 있다. 해의 가장 높은 부분은 성의 가장 높은 부분과도 일치한다. 성의 주인이 누구인지는 모르겠으나 태양이 가져다주는 원형적인 느낌, 즉 힘과 권력을 그대로 상징하는 것 같다. 모든 건물들이 삼각형과 직사각형이란 원형적 형태로 구성되어 있기 때문에 하나의 힘에 의해 규율되고 있다는 느낌도 준다. 가장 단순한 형태이기 때문에 역설적으로 다양한 느낌을 제공하기도 하고 새로운 해석도 가능하다.

두번째 원형적 형태는 유기적 형태다. 유기적 형태란 꿈틀대며 살아 움직이는 유기체 모양을 말한다. 가장 단순하게 박테리아를 생각할 수 있겠다. 유기체란 좁게 생각하면 스스로 성장하는 생명체다. 넓게는 조직, 사회, 경제도 유기체라 표현하기도 한다. 유기체는 세포분열을 통해 기관을 만들고 각 기관은 전체의 일부가 된다. 유기체의 가장 큰 특징은 각 부분을 전체와 분리해 생각할 수 없다는 점이다. 전체가 하나의 시스템으로 연결되어 있기 때문에 살아 움직이고 성장할 수 있다. 원형적 형태 중 유기적 형태를 주로 그린 화가는 호안 미로다. 미로의 〈어릿광대의 축제〉란 작품을 보자. 아메바, 지렁이, 뱀 같은 곡선 형태의 유기체들이 자유롭게 공간을 채우고 있다. 앞에서 살펴본 클레의 작품과 비교해보면 그 차이가 뚜렷해진다.

두 작품 모두 원형적인 형태로 구성된 작품이지만 미로의 작품은 뭔가가 살아서 움직이고 있다는 느낌을 준다. 클레의 〈성과 해〉에서는 수직

호안 미로, 〈어릿광대의 축제〉

선과 직선이 화면의 주류를 이루지만 미로의 작품에서는 사선과 곡선이 많다. 사선과 곡선은 운동감을 표현하는 수단이다. 보다 중요한 차이는 형상의 **'분리 가능성'**이다. 클레의 작품은 마치 바둑판과 같아서 작은 삼각형과 사각형 하나하나를 쉽게 분리해낼 수 있다. 레고 블록을 분리해내듯 말이다. 이에 반해 미로의 작품은 유기적 형태가 복잡하게 얽혀 있기 때문에 각 구성요소를 분리해내기 어렵다. 무질서하고 혼란스러워 엔트로피가 높은 그림이다. 바로 이 무질서함과 혼란스러움, 그리고 그 안에서 꿈틀거리는 원초적 생명력이 미로가 표현하고자 한 어릿광대 축제의 본질이 아닐까. 미로가 품위 있고 질서가 잡힌 고전무용이나 발레를 그렸다면 이렇게 표현하지 않았을 것이다.

미로의 작품은 마치 바이오 아트bio art의 도래를 알리는 전령 같다는 느낌도 준다. 바이오 아트란 생물학biology과 예술art이 결합된 과학과 예술의 혼합물이다. 생명공학이 발전함에 따라 세포배양, 유전공학, 유전자복제, 클로닝 등 생물학에서 활용되는 기법을 사용해 유기체의 성장과 변형을 예술로까지 승화시키게 되었다. 실제로 바이오 아티스트들의 작품활동은 화실이 아닌 실험실에서 이루어지는 경우가 많다.13 알렉시스 로크만, 헌터 콜 등 바이오 아티스트의 작품에서 표현되는 유기적 생명체의 모습은 미로의 그림에 나타나는 유기체들과 매우 유사하다.


## 월트 디즈니의 원형적 비즈니스 모델

원형이란 개념은 비즈니스 모델에도 적용된다. 기업이 원형적 비즈니스 모델을 갖고 있다는 말은, 본질과 기본 형태는 변하지 않으면서 시대를 반영해 진화를 거듭한다는 말이다. 원형적인 비즈니스 모델을 바탕으로 자연스럽게 진화하는 대표적 기업이 바로 월트 디즈니다. 디즈니는 1923년 월트 디즈니와 로이 디즈니 형제가 설립한 애니메이션회사로 출발했다. 우리가 잘 아는 미키 마우스, 도널드 덕 등 세계적으로 유명한 만화 주인공들을 만들어 영화와 TV를 통해 어린아이들의 마음을 사로잡았다. 만화영화에서 인기를 얻은 캐릭터들은 장난감, 어린이 의류, 침구 및 학용품, 디즈니랜드 테마공원에 이르기까지 확장됐다. '하나의 원천, 다양한 용도one source, multi use'는 지금도 변하지 않는 디즈니의 원형적 비즈니스 모델이다. 그리고 그 원천 중 하나는 바로 '멋진 스토리'다.

손으로 그리는 만화영화에만 집착했던 디즈니는 1980년대 중반부터 어려움을 겪기 시작한다. 당시 새로이 등장한 픽사, 드림웍스 같은 회사들이 컴퓨터제작영화computer generated imagery, CGI를 출시함으로써 디즈니의 전통적 만화영화가 빛을 잃었기 때문이다. 설상가상으로 장기간 CEO로 재직한 마이클 아이스너 회장의 독단적 경영이 주주들과의 갈등, 그리고 유능한 직원들의 이탈을 초래했다. 아이스너는 변화를 모색하기 위해 어린이 만화영화에만 집중했던 전략에서 탈피해 성인용 만화영화를 제작하기 시작했다. 성공한 사례들도 있으나 대부분 실패했다. 거듭되는 사업 실패로 디즈니는 점점 더 깊은 쇠락의 소용돌이에 빠져들었다.

디즈니를 부활시키기 위해 디즈니에서 잔뼈가 굵은 로버트 아이거가 2005년 새로운 CEO로 취임했다. 그의 핵심전략은 멋진 스토리와 이에 근거한 '신화산업mythology industry'을 주도하는 것이었다. 흥미로운 스토리는 신화에서만 나오는 게 아니다. 다양한 원천에서 나온다. 그럼에도 불구하고 아이거 회장이 신화에 근거한 스토리에 집착한 이유는, 신화가 원형적인 스토리이기 때문이다. 아득한 먼 옛날을 배경으로 수많은 어려움을 극복하고 마침내 목표를 달성하는 영웅 스토리는 민족과 국가에 관계없이 공통적인 신화의 내용이다. 카를 융의 표현을 빌리면, 영웅 스토리는 인류의 '집단무의식'에 잠재되어 있는 원형적 스토리다.

아이거 회장은 50년 후 미래에도 변하지 않을 것은 **'멋진 스토리텔링에 열광하는 사람들'**이고 디즈니의 핵심경쟁력도 '스토리텔링'이어야 한다고 주장한다. 첨단영화기술은 이를 구현하고 실천하기 위한 수단인데, 뒤처진 기술은 M&A를 통해 확보했다. 2006년 픽사, 2009년 마블에 이어 2012년에는 〈스타워즈〉의 제작자이자 소유자인 루카스가 세운 루카

스필름을 인수함으로써 '**신화산업**'을 지배하는 시장 리더의 자리를 확고히 했다.

디즈니의 비즈니스는 미디어 믹스<sup>media mix</sup>다. 미국에서 많이 사용되는 용어로 표현하면 미디어 프랜차이즈 비즈니스다. 프랜차이즈는 '엮는' 비즈니스다. 〈스타워즈〉 같은 스토리를 바탕으로 이를 영화, TV, 게임, 만화, 장난감, 의류, 침구 같은 각종 상품, 그리고 테마공원이나 테마 크루즈 여행에 이르기까지 다양한 매체를 엮어 수익을 창출하는 모델이다.

디즈니의 비즈니스 모델을 자세히 살펴보면, 흥미롭고 주목할 만한 지점이 있다. 영화를 원형으로 하여 다양한 방향으로 다변화되어 있을 뿐 아니라, 그 영화 스토리 자체가 원형적이라는 점이다. 원형적 스토리란 처음 에피소드로부터 시작해 그 기본 골격은 그대로 유지되지만 시간이 흘러감에 따라 치밀한 연결고리를 통해 그것이 더욱 다양하게 변화되고 진화한다는 의미다. 이 때문에 초등학생 때 본 영화가 10대를 거쳐 성인이 됨에 따라 잊히는 것이 아니라, 진화되는 에피소드를 통해 더욱 확고하게 신화적 원형으로 자리잡게 된다.

대표적 예가 〈스타워즈〉다. 2015년 말에 개봉된 〈스타워즈 에피소드 7〉은 미국 영화계의 과거 기록들을 모두 갈아치울 정도로 대성공했다. 〈스타워즈〉를 아이들에게 소개해주고 관심을 갖도록 만드는 것은 디즈니의 광고가 아니다. 30년 전 〈스타워즈〉 1편을 보았던 아이들의 부모다. 〈스타워즈〉에는 어른들이 더 열광한다. 새 영화가 나오기 몇 달 전부터 온통 〈스타워즈〉 얘기다. 〈스타워즈〉 시리즈를 모두 꿰고 있지 못하면 대화에 끼기 힘들 정도다. 이 정도면 〈스타워즈〉는 하나의 영화가 아니라 미국의 문화적 원형이라 말해도 될 것 같다.

신화산업의 총아로서 〈스타워즈〉가 그토록 크게 성공한 이유는 무엇인가. 미국인들에게 공감대를 불러일으키는 원형적 스토리 때문이다. 시간이 지남에 따라 원형은 다양한 버전으로 다시 태어난다. 세대를 이어가며 진화한다는 말이다. 1977년에 〈스타워즈: 새로운 희망〉이 처음 나왔으니 그때 11세였던 아이는 일곱번째 〈스타워즈: 깨어난 포스〉가 나온 2015년 말 50세가 되었다. 성인 팬들은 아들딸에게 〈스타워즈〉를 소개해주는 역할도 한다. 북한도 아닌데 아이로니컬하게도 '대를 이어 충성하는 구조'가 자발적으로 형성된 것이다.

〈스타워즈〉는 역사가 짧아 신화가 없는 미국에 '오래된 미래'를 표상하는 신화로 등극했다. 뒤돌아볼 역사가 짧으니 미래에서 신화를 찾은 것이다. 모든 미국인에게 공감대가 형성되어 있기에 **'문화적 공명**cultural resonance**'**을 일으키는 영화가 바로 〈스타워즈〉다. 서부 개척 시대부터 미국인의 역사적, 문화적 원형은 프런티어 정신이다. 아무도 가보지 않은 곳에 가려면 용기가 필요하다. 이때 사람들은 자신을 보호해주고 이끌어줄 수 있는 영웅을 원한다. 미국인들에게 뿌리박혀 있는 영웅의 원형을 스토리화한 것이 〈스타워즈〉다.

〈스타워즈〉 1편이 나온 1977년은 베트남전쟁 이후 미국이 좌절감과 무력감에 빠져 있을 시기였다. 1975년 4월 사이공이 함락되고 1976년 베트남 사회주의 공화국 건립이 선포되었다. 엄청난 인력과 자원을 투입했던 미국으로선 좌절감과 무력감이 팽배해 있었다. 이때 '새로운 희망'이란 부제가 붙은 〈스타워즈〉가 등장했고, 미국인들은 새로운 영웅의 출현에 환호하고 열광했다. 처음 3부작은 1977년부터 1983년까지 나왔고 뒤이어 두번째 3부작은 1999년부터 2005년까지 나왔다. 이 시기는 2001년 발생한 9·11 테러로 인해 미국이 흔들리고 있던 시기였다. 1999년에 나온 작품의 제목은 '보이지 않는 위험'이었고, 특히 9·11 테러 이후 2002년에 나온 〈스타워즈〉는 그 제목이 '클론의 습격'이었다. 마치 9·11테러를 연상케 하는 제목이다. 그리고 2005년에 나온 제목은 '시스의 복수'다. 이 시기 역시 새로운 영웅이 필요한 시기였다. 이처럼 〈스타워즈〉라는 원형적 신화는 계층 간, 세대 간, 인종 간에 공감대를 형성해주고 동시에 미국인들이 생각하는 방식에 동일한 프레임을 제공한다. 주인공 루크 스카이워커를 모르면 이순신 장군을 모르는 것이나 다름없으니 어찌 이 영화가 대성공을 거두지 않을 수 있겠는가.

원형을 중시하는 디즈니의 경영철학은 CEO의 생각에 잘 반영되어 있다. 60년 전이나 지금이나 CEO의 생각이 비슷하다. 디즈니랜드가 처음 개장하던 1955년, 월트 디즈니는 반세기 후인 2005년에 엔터테인먼트 산업이 어떻게 될지 상상해보라는 질문을 받은 적이 있다. 디즈니는 50년 후에 대한 예측은 자신의 능력 밖이라고 겸손해했지만 한 가지만은 분명하다고 말했다. "멋진 이야기를 원하는 인간의 욕구는 미래세대에도 계속될 것이며, 이를 현실처럼 만드는 신기술과 스토리에 대한 욕구를 더욱 강화할 것이다." 2015년 디즈니의 CEO 로버트 아이거가 똑같은 질문을 받았다. 60년이 지났음에도, CEO가 달라졌음에도 대답은 같았다. "미래 예측은 힘들지만 한 가지 분명한 점은 미래로 갈수록 스토리텔링에 대한 수요는 더욱 커질 것이라는 점이다. 위대한 혁신은 위대한 스토리텔링에서 나올 것이다." 〈스타워즈〉의 가장 큰 성공요인도 상상력을 자극하고 흥미를 유발하고 스스로 진화하는 탄탄한 스토리다.

〈스타워즈〉는 어린이를 사로잡는 것이 아니라 '어린 시절'을 사로잡는다. 디즈니는 단순히 영화, TV드라마, 게임을 만들고 테마파크를 운영하는 회사가 아니라 '어린 시절'을 지배하는 회사다. 비즈니스적 관점에서 볼 때 '어린 시절childhood'은 '어린이child'와는 다르다. 어린 시절은 모든 성인들 안에 축적되어 있는 경험이자 스토리다. 성인들은 '과거의 어린이'고 어린이는 '현재의 어린이'라는 차이가 있을 뿐이다. 〈스타워즈〉가 뛰어난 점은 영화가 시리즈로 연결되면서 영화에 나오는 캐릭터들이 관객들처럼 나이를 먹고 세대가 교체되어간다는 점이다. 자신들이 어린아이 때 보았던 젊은 캐릭터가 자신들처럼 나이들어 나오는 모습에 관객들은 환호하고 공명한다. 〈스타워즈〉의 스토리뿐 아니라 관객 구성에서도 과거, 현재, 미래가 공존한다.

# 브란쿠시의 〈키스〉는
## 로댕의 〈키스〉와 어떻게 다른가
레고의 귀환, 러쉬의 덩어리

키스, 즉 입맞춤은 동서고금, 그리고 지역과 문화를 초월한다. 남녀 간의 사랑이 모든 인류에게 공통적인 원형적 감정인 만큼, 사랑을 표현하는 직접적인 행위, 즉 키스 또한 원형적 행위다. 키스가 왜 생겼는가에 대해서는 다양한 가설이 존재한다. 조금은 황당한 주장도 있다. 원시 시대 사냥을 다녀온 남자가 여자들이 식량을 훔쳐먹었는지를 확인하기 위해서 입맞춤이 시작되었다는 것이다. 영혼이 호흡을 통해 몸의 안과 밖을 출입하기 때문에 가까운 사람들끼리 영혼을 공유하기 위해 입맞춤이 시작되었다는 가설도 있다. 엄마가 아기에게 하는 모성애적 키스로부터 시작해, 사람들이 만났을 때 반가움의 표시로 하는 키스, 그리고 남녀 간 사랑 표현으로서의 키스에 이르기까지, 키스의 목적은 다양하다. 그래도 키스하면 가장 먼저 떠오른 키스는 아무래도 남녀 간의 에로스적 키스다.

예술에서도 키스는 시대를 초월해 예술가들의 관심을 끈 중요한 주제다. 키스 하면 가장 먼저 생각나는 그림으로는 클림트의 〈키스〉를 꼽는 사람이 가장 많을 것이다. 화려한 황금빛 색채, 열정적인 남자의 자세, 그리고 남자의 목에 손을 걸치고 눈을 감은 채 키스를 받아들이며 환희에 찬 여인의 모습은 에로티시즘의 진수를 보여준다. 키스가 원형적인 사랑의 표현방식인 만큼 피카소, 에드바르 뭉크, 마그리트, 마르크 샤갈, 프란체스코 아예스, 로이 릭턴스타인 등 많은 화가들이 키스 그림을 그렸다.

## 브랑쿠시의 원형적인 〈키스〉와 로댕의 화려한 〈키스〉

그렇다면 조각품 중에서 가장 유명한 키스 조각품은 무엇일까. 대중적으로 가장 많이 알려진 작품은 오귀스트 로댕의 〈키스〉다. 하지만 미술사적으로 더 중요하게 인정받는 작품은 콘스탄틴 브랑쿠시의 〈키스〉다. 로댕은 미켈란젤로 이후 가장 뛰어난 조각가로 평가받았는데, 브랑쿠시는 어떻게 로댕보다 후대에 더 큰 영향을 끼친 조각품을 만들어낼 수 있었을까.

예술적 관점에서 볼 때, 두 작품은 모두 걸작이다. 그런데 〈키스〉라는 같은 제목이 붙어 있지만 두 작품은 너무도 다르다. 브랑쿠시가 작품을 만들던 초기 시절, 그의 뛰어난 능력을 간파한 로댕이 자신의 작업실로 와서 제자 겸 조수가 되지 않겠느냐는 제안을 한다. 당시로선 실로 파격적이고 영광스러운 제안이었다. 그러나 브랑쿠시는 **"거목 아래에서는 어떤 나무도 제대로 자라기 힘들다"**는 비유적 표현으로 로댕의 제안을 거절한다.[14] 그리고 그때부터 로댕과는 전혀 다른 자신만의 길을 걷게 된다. 브랑쿠시 자신만의 독특한 예술세계가 작품으로 표출된 것이 〈키스〉다.

오귀스트 로댕의 〈키스〉(좌)와 콘스탄틴 브란쿠시의 〈키스〉(우)

그렇다면 두 작품은 어떻게 다를까.

첫째, 키스하는 남녀의 곡선이 세련되고 세밀하게 표현되어 있는 로댕의 조각에 비해, 브란쿠시의 조각은 그 형태가 원형적이다. 키스 동작을 표현했지만 직육면체 돌의 원형이 그대로 살아 있을 정도로 칼을 많이 대지 않았다. 직육면체 돌에 수평과 수직적 틈만 파내어 가장 단순하게 키스 동작을 묘사했다. 로댕의 작품이 감각적이고 공중에 붕 뜬 느낌을 주는 데 반해 브란쿠시의 작품은 견고하게 땅을 딛고 있어 안정감이 있다. 브란쿠시가 표현하고자 한 것은 키스하는 남녀의 격정적 몸동작이나 달콤한 느낌이 아니라 키스의 본질, 즉 원형이다. 브란쿠시는 키스의 본질이 정신적, 육체적 하나됨이라고 파악한 것 같다. 단순히 입술만 포개진 것이 아니라 눈도 붙고 코도 붙고 몸 전체가 하나로 붙어 있다. 그것도 모자라 남녀가 팔을 서로에게 휘감아 영원히 떨어지지 않겠다는 의지를 표명하는 듯하다.

이에 반해 로댕의 조각은 순간적이라는 느낌을 준다. 남자의 손이 여자의 허벅지에 놓여 있고 여자의 팔이 남자의 목을 휘감고 있지만, 브란쿠시의 〈키스〉와 달리 붙어 있는 것은 입술뿐이다. 남자의 격정은 거의 끝나가는 상태, 그러나 여자의 환희는 아직도 진행되고 있는 그 순간을 묘사한 것 같다. 남자와 여자의 팔을 보면 쉽게 이런 결론에 도달할 수 있다. 여자의 다리에 얹혀 있는 남자의 팔은 너무도 고요하고 침착하다. 클림트의 〈키스〉에 나오는 남자의 그것 같은 격정적 순간을 표현했다면, 남자의 손에 힘이 더 들어가고 여자의 허벅지도 더 움푹 들어가야 한다. 로댕이 실력이 부족해 그런 표현을 못했을까. 아닐 것이다. 두 가지 해석이 가능하다. 하나는 남자는 격정의 파도가 가라앉아 이제 점차 몸을 떼려는 미묘한 순간을 묘사했다는 해석이다. 다른 해석은 두 남녀가 구체적으로 누구인지와 관련된다. 로댕의 〈키스〉는 단테의 『신곡』에 나오는 파올로와 프란체스카의 사랑을 표현한 작품이다. 젊은 시동생 파올로에게 반한 형수 프란체스카의 불륜 이야기다.15 그러다보니 들이대는 형수의 적극성과 주춤하는 파올로의 동작이 순간적으로 표현된 것으로 해석되기도 한다. 어떤 해석이 맞든, 두 사람의 사랑은 오래가지 못할 것 같다. 단테의 『신곡』에서는 두 사람 모두, 불륜 사실을 알아챈 프란체스카의 남편이자 파올로의 형에게 죽임을 당한다.

둘째, 로댕의 〈키스〉는 구상적 조각인데 비해 브란쿠시의 〈키스〉는 추상적 조각이다. 사실 브란쿠시는 자신의 조각이 추상조각으로 간주되는 것에 대해 강한 반감을 여러 번 드러냈다. 자신의 조각은 지극히 사실주의적이라는 것이다. 브란쿠시가 말하는 사실주의는 우리가 일반적으로 알고 있는 사실주의와는 다르다. 그가 말하는 사실주의는 대상의 겉모습을 있는 그대로 묘사하는 것이 아니다. 대상을 덮고 있는 두꺼운 회반죽을 깎아내고, 대상을 둘러싸고 있는 화려한 장식을 털어내고 또 털어냈을 때 비로소 보이는 본질적 모습이 '사실'이라는 주장. 군더더기 없는 본질과 원형을 표현하는 게 바로 브란쿠시의 사실주의다. 브란쿠시의 〈키스〉는 구상과 추상의 양면을 모두 갖고 있다. 그 유명한 〈나는 새〉를 비롯해 브란쿠시 조각의 대부분은 구상보단 추상에 가깝다. 그래서 브란쿠시는 '현대 추상조각의 아버지'로 불린다. 이후에 등장하는 헨리 무어, 알베르토 자코메티, 이사무 노구치 같은 대가들에게 큰 영향을 미쳤다. 본질만을 드러내는 단순함과 간결함은 1960년대 미니멀리즘 운동에도 결정적 영향을 끼쳤다. 브란쿠시는 또한 조각은 보는 것이 아니라 '만지는 것'이라고 새롭게 정의했다. 눈이 아니라 손으로 보는, 즉 만져서 감상할 수 있는 형태와 질감을 강조했다.16

셋째, 브란쿠시의 〈키스〉는 조각 형태가 원형적일 뿐 아니라 조각방식도 원형적이다. 브란쿠시는 다른 중간 단계를 거치지 않고 돌에 대고 직접 조각을 하는 것으로 유명했다. 조각칼로 깎고 후비고 파서 형태를 만들어내는 것이 아니라, 이미 완성되어 돌 안에 들어 있는 원형을 캐내고자 했기 때문이다. 이런 측면에서 브란쿠시의 〈키스〉는 미켈란젤로의 미완성 걸작 〈노예상〉과도 일맥상통한다. 사전에 계획하지 않은 즉흥적인 조각, 그리고 중간 단계를 거치지 않고 하는 직접 조각direct carving이야말로 원형적 조각방식이다.

로댕은 점토나 석고로 먼저 모델을 만들고 이를 바탕으로 시행착오를 거쳐 형태를 가다듬은 후, 최종적으로 실제 돌에 조각했다. 브란쿠시는 재료의 질감을 매끈하게 인위적으로 다듬지 않는다.[17] 있는 그대로 살려낸다. 재료를 다루는 점에서도 원형적이다. 원형은 처음 출발점이다. 그것을 바탕으로 이후에 비슷하면서도 다른 다양한 변형물이 지속적으로 창출되는 것이다. 이런 점에서도 브란쿠시의 〈키스〉는 원형적이다. 첫번째 〈키스〉 작품은 1907년에 제작되었는데 그 이후 다양하게 변형된 작품이 만들어졌다. 두 남녀가 껴안고 있는 기본적 형태는 같지만, 길쭉한 것, 각이 진 것, 부드러운 것 등 브란쿠시는 다양한 버전의 〈키스〉를 조각했다. 원형은 부모와 같아서, 유전자를 공유하는 자식을 낳기 마련이다. 자식은 부모와 같으면서도 다르다. 물론 로댕의 〈키스〉는 다른 버전이 존재하지 않는 처음이자 마지막 작품이다.

원형엔 군더더기가 없다. 화려한 장식도 없다.[18] 그대로 민낯이다. 그래서 순수하기도 하다. 브란쿠시가 정의한 바에 따르면 **"아름다움은 서로 상반되는 것들 간의 조화다".** 브란쿠시의 작품이 아름다운 이유는, 상반되는 것들이 다양한 차원에서 '하나됨'을 이루었기 때문이다. 브란쿠시의 〈키스〉에서는 남녀 간의 일체감뿐 아니라, 원형적인 것과 고전주의적인 것, 구상과 추상, 그리고 전통과 현대성 간의 하나됨을 동시에 볼 수 있다.


## 레고의 성패를 가른 키워드는 '원형'

레고는 너무나 잘 알려진 덴마크의 완구회사다. 1932년에 목공소와 목재 공급업 일을 하던 올레 키크 크리스티안센이 자기 아이들에게 조립식 장난감을 나무로 만들어주던 것이 계기가 되어 기업으로 창립되었다. 레고의 핵심적 혁신은 1958년 조립이 가능한 벽돌식 블록 장난감을 출시하면서부터 시작됐다. 그 이전까지 존재했던 완성된 완구와 달리, 아이들이 스스로 끼워맞출 수 있는 표준화된 형태의 완구용 블록을 생산해서 판매했다. 레고 상품 간에는 호환성이 있어서 다른 제품을 새로 구입하면 이전의 제품과 자유롭게 끼워맞출 수 있다. 다양하게 '확장 가능한 블록'은 레고 비즈니스의 원형이자 본질이다.

　잘나가던 레고는 1990년대에 들어서면서 어려움을 겪는다. 컴퓨터의 보급 확대와 더불어 비디오게임과 컴퓨터게임, 그리고 게임기시장이 급성장했기 때문이다. 새로운 강자는 소니의 플레이스테이션이었다. 새로운 경쟁자의 등장에 위기감을 느낀 레고 경영진은 경영전략에 근본적인 변화를 모색한다. 레고의 원형, 즉 '레고다움'을 버린 것이다. 레고의 브랜드를 바탕으로 테마공원 레고랜드를 설립했고 레고 브랜드의 어린이 의류, 신발, 학용품, 그리고 완구 완제품까지 생산했다. 심지어 레고의 핵심상품인 블록 조립제품 내에서도, 그때까지 지켜왔던 레고 제품 내에서의 무한한 확장 가능성과 호환 가능성을 경시하게 된다.

　경영전략의 변화는 제품 디자인에 그대로 반영되었다. '어린이들을 흥분시킬 수 있는 신제품이라면, 기존 제품과의 호환 가능성, 연결 가능성, 확장 가능성이 없어도 좋다'는 게 경영진의 생각이었다. 단기적 이익을 위해 회사의 기본적 원형을 포기한 것이다. 결과는 어땠을까. 당시 출시된 신제품은 모두 실패했다. 광섬유튜브를 통해 배터리를 연결하는 레고 테크닉LegoTechnic 제품은 원가를 기하급수적으로 증가시켰다. 스칼라Scala라는 여아용 제품은 블록이 꽃 모양이어서 기존 제품과 호환 및 연결이 불가능했다. 프리모Primo는 레고를 갖고 놀 수 없는 아주 어린 아이용 제

208

품인데, 이 또한 기존 제품과 동떨어져 호환이 되지 않았고 시장 규모도 예상보다 너무 작아 실패했다. 호환 가능성은 줄어들고 제품이 복잡해지면서 부품 개수가 기존의 6000개 정도에서 1만 2000개로 급증했다. 블록 종류의 급증은 곧 원가 급증을 의미했다. 원가는 대폭 늘고 판매는 줄어드니 기업이 어려움을 겪을 수밖에. 어찌 보면 **과다혁신**over-innovation이라고도 볼 수 있다.19 혁신은 추구했으되 실질적으로는 퇴보했다는 의미에서, 굳이 용어를 만든다면 **혁신**革新**이 아니라 혁구**革舊**였다.**

또다른 실패요인은 무분별한 디자이너 교체다. 1970년대와 1980년대 레고의 전설을 이끌어온 디자이너들은 퇴물로 간주해 모두 퇴직시켰다. 대신 최고 디자인스쿨을 나온 30대 젊은 디지이너들을 채용했다. 이들은 장난감에 대해 몰랐고 레고에 대해서는 더욱 몰랐다. 더 심각한 문제는 새 디자이너들이 이전의 디자이너들과는 달리 레고 마니아들도 아니었고 제품에 대한 열정도 없었다는 데 있다. 그러니 기업의 본질적 목적이나 전략과는 동떨어진 과다혁신이나 혁구가 나올 수 밖에. 결과는 어떠했을까. 원형을 상실한 레고의 사업 다각화전략은 처절한 실패로 끝났다.

## 원형으로 돌아온 레고는 다시 성공한다

1998년부터 2003년까지 연속적자를 기록하며 어려움을 겪던 레고를 구원하기 위해 2004년 새로 등판한 구원투수는 전문경영인 외르겐 비크 크누트슈토르프다. 크누트슈토르프의 경영전략은 한마디로 원래의 레고, 즉 레고의 원형적인 비즈니스로 돌아가는 것이었다. 제일 먼저 한 개혁은 과도하게 급증한 부품 수를 반으로 축소하고 디자이너를 교체한 것이다. 이 두 가지는 서로 관련 없어 보이지만 사실은 밀접히 관련되어 있다.

크누트슈토르프가 디자이너를 채용할 때 가장 중점적으로 본 것은 디자이너가 레고의 팬인가, 최소한 레고에 관심을 갖고 놀아본 적이 있는가다. 레고 실패의 뿌리엔 기업의 본질과 어긋나는 과다혁신, 잘못된 혁신이 있고, 다시 그 뿌리엔 잘못된 디자이너 채용이 있었음을 뼈저리게 경험했던 것이다. 레고다운 디자이너를 채용해 디자인을 맡기니 저절로 레고다운 제품이 나왔다.

레고의 원형은 손으로 직접 블록을 조립해 만드는 물리적 블록 쌓기에 있다. 컴퓨터 가상공간에서 마우스를 이용해 블록을 쌓는 것과는 본질적으로 다르다.[20] 손에 잡히는 것은 단순한 모양의 블록이지만, 단순함으로부터 시작해 가장 복잡한 형태로 무한히 확장될 수 있다는 것이 레고의 본질이다. 원형에 충실하기 위해 레고는 아동용 의류사업을 비롯해 테마공원 레고랜드에 이르기까지 본질에서 벗어난 사업들을 정리한다. 블록의 디자인도 마찬가지다. 혁신이란 명분하에 호환 가능성이 없는 블록들도 허용했던 관행을 버리고, 혁신과 디자인도 레고의 원형이란 틀 속에서 관리하기 시작한다. 기존의 전통적 블록 형태를 유지하고 기존 제품과 연결을 통한 합체가 가능한 '레고다운 혁신'만을 혁신으로 인정했다.

이렇듯 기업의 본질을 확고히 유지하는 바탕 위에서, 기존의 움직이지 않는 장난감에서 움직이는 장난감으로, 어린이용 레고에서 건물과 도시 건축까지 포괄하는 성인용 레고 아키텍트로, 그리고 레고 영화에 이르기까지 지속적인 변화와 확장을 도모했다. 그 결과, 레고는 파산 직전까지 간 회사라고는 믿기지 않을 정도로 높은 성장을 지속하고 있다. 온라인 블록 쌓기라는 시장이 커져감에도 불구하고, 레고는 여전히 오프라인의 '물리적 블록 쌓기'라는 원형을 벗어나지 않고 있다. 원형을 벗어나는 것이 얼마나 위험한지, 기업의 본질을 유지하는 것이 얼마나 가치 있는지 레고만큼 뼈저리게 경험한 회사는 없기 때문이다.


## 러쉬의 원형: 먹음직스러운 덩어리 비누

큰 덩어리, 케이크처럼 잘린 조각, 신선한 과일과 야채, 진한 향기, 그리고 도마와 칼. 이런 단어들을 들으면 당신은 어떤 장소가 떠오르는가. 대부분 식당, 아니면 과일가게나 채소가게를 떠올릴 것이다. 뭔가 먹는 것과 관련된 단어들이기 때문이다. 그런데 이런 단어들이 비즈니스의 핵심을 이루는 비누 및 화장품기업이 있다. 바로 러쉬[Lush]다. 'Lush'는 영어로 식물이 무성하게 우거져 있다는 뜻이다. 회사명이 잘 표현해주듯, 러쉬는 신선한 야채와 과일 등을 주원료로 사용하는 유기농 수제 화장품회사다. 비누부터 시작해 목욕용품, 화장품, 향수 등을 생산한다.[21]

러쉬는 원형력을 비즈니스의 핵심으로 활용한다. 우선 제품들의 형태가 원형적이다. 러쉬의 대표상품인 비누는 우리가 흔히 접하는 사각형이나 타원형의 작고 세련된 형태가 아니다. 치즈 덩어리나 케이크 덩어리, 혹은 고깃덩어리 같다. 파는 방식도 남다르다. 마치 정육점에서처럼 고객이 원하는 양을 말하면 직원이 덩어리를 잘라준다. 무게를 달고 그램당 가격을 곱해 가격이 정해지기 때문에, 만 원어치를 주문하면 가격이 9500원이 될 수도, 1만 500원이 나올 수도 있다. 제품의 색채도 강렬하고 다양하다. 빨강, 노랑, 파랑, 분홍, 자주, 초록 등 마치 마티스 그림에서처럼 강렬한 원색을 보는 듯하다. 형태나 색이 원형적일 뿐 아니라 향기도 원형 그대로의 강렬한 느낌을 준다. 과일과 채소를 날것 그대로 듬뿍 넣어서 그렇다고 한다. 진한 향기 때문에 러쉬 제품을 싫어하는 사람들도 많다. 기존의 친환경 또는 유기농 화장품은 향기도 부드럽고 흰색이 많고 모양 또한 말끔하다. 이에 반해 러쉬 제품은 향기도 진하고 다양한 원색이고 간결한 덩어리나 기둥 모양이다. 모든 것이 날것 그대로의 원형이다. 인위적인 터치를 최소화하고 원형 그대로 판매한다. 향수나 샴푸도 액체가 아니라 고체다. 원형적인 느낌을 받는 또다른 이유다.

먹는다는 것은 가장 기본적이고 원초적인 욕구다. 그래서 '먹는 것'을 연상하게 하는 비즈니스 전략은 그 자체로 원형적이다. 러쉬 제품은 '바르고 싶다'가 아니라 '먹음직스럽다'는 느낌을 준다. 제품 모양이 과일이나 채소, 치즈 덩어리 같은 음식물을 닮았을 뿐 아니라 제품을 만드는 과정 자체도 요리와 닮았다. 러쉬 내에선 직원들이 직접 신선한 과일과 채소를 고르는 것을 '장보기'라고 하고 제품 공장을 '주방'이라고 부른다. 공장장은 '주방장'이다. 장보기부터 시작해, 원료 섞기, 반죽, 자르기를 모두 손으로 한다. 주방에서 음식을 만들듯이 말이다.

억지로 겉모양을 꾸미기보다 있는 그대로의 모습을 드러내는 것, 원형성을 강조하는 것이 러쉬의 비즈니스 전략이다. 원형이란 본질은 변하지 않되 드러나는 형태는 다양하다. 러쉬도 원형은 지키되, 지속적으로 다양한 제품을 개발하여 출시한다. 특히 고객과 인터넷을 통해 상호 소통하며 신제품 개발 과정을 스토리화해서 동영상으로 만들고 배포하는 것이 지속적 성장의 주요 비결이다. 1995년 설립 이후 20년 동안 연평균 성장률이 10퍼센트를 넘으니 실로 놀랍다. 원형의 힘을 보여주는 대표적 예다.

# 누가 빨강, 파랑, 노랑을
## 두려워하라
몬드리안과 뉴먼, 그리고 조지 포먼과 비타믹스

원형은 말 그대로 근원적인 그 무엇이다. 그래서 그로부터 다양한 것들이 창출되어 나온다. 예술이란 관점에서 보면 원형의 개념은 형태뿐 아니라 색에도 적용된다. 형태에 기하학적 원형과 유기적 원형이 있는 것처럼 색에도 근원적인 색이 있다. 보통 우리가 삼원색이라고 부르는 색이다. 빛의 삼원색은 빨강, 파랑, 초록이고 색의 삼원색은 빨강, 파랑, 노랑이다. 모든 색은 원형적 색, 즉 삼원색으로부터 나온다.

## 형태와 색이 모두 원형적인 몬드리안의 그림

그림은 형태와 색채의 조합이다. 형태란 차원에서 보면 화면을 구성하는 부분적 형태들이 서로 경쟁하며 조화를 이루고, 색채적 차원에서 보면 각 색채들이 상호작용한다. 클레와 미로의 작품을 보면 형태는 원형적이지만 색이 원형적이지는 않다. 삼원색 외에 다양한 색들이 사용됐다는 말이다. 반대로 마티스의 작품을 보면 빨강, 파랑, 노랑 같은 원색들이 화면을 채우고 있지만 형태가 원형적이지는 않다. 그렇다면 형태와 색채가 모두 원형적인 그림이 있을까. 바로 피터 몬드리안의 그림이다. 〈빨강, 파랑, 노랑의 구성〉이란 그림을 보자.

기본적으로 형태는 사각형이라는 기하학적 원형이 핵심이고, 색은 빨

피터 몬드리안, 〈빨강, 파랑, 노랑의 구성 2〉

강, 파랑, 노랑이라는 삼원색으로 구성되어 있다. 몬드리안은 바실리 칸딘스키, 카지미르 말레비치와 함께 초기 추상주의를 이끈 화가 중 한 명이다. 한때는 입체파에도 심취했으나 이를 극복해 완진한 순수추상을 구현한 화가다. 그는 아무리 복잡한 정물화나 풍경화도 결국 수직선과 수평선으로 단순화시키고 빨강, 파랑, 노랑, 검정, 하얀색으로 표현할 수 있다고 주장했다. 재현하고자 하는 구체적 대상이 없어도 사각형 모양과 기본색이라는 조형적 요소만으로도 아름다운 균형과 조화를 이룰 수 있다는 것이다. 줄기와 잎이 복잡하게 얽혀 있는 나무도 단순화하고 또 단순화하면 궁극적으로는 수평선과 수직선의 집합으로 표현된다. 몬드리안을 신조형주의neo-plasticist 화가라고 부르는 이유다.[22] 인물, 정물, 풍경 같은 구체적인 재현의 대상이 없을 뿐이지 그래도 몬드리안 그림에는 회화적 '구성'이 존재한다. 검은색 선으로 사각형이 구분되어 있고 같은 사각형이지만 크기, 위치, 형태가 다르다. 그리고 빨강, 노랑, 파랑과 같은 원형적 색들이 칠해져 있다.


## 몬드리안의 그림에서 구성마저 없앤 뉴먼

몬드리안에서 한 걸음 더 나아가면 구체적 형태는 물론 구성이라는 것까지 완전히 없어지고 색만 남는다. 바로 색면화가들이 추구하는 그림이다. 색만 남은 그림에서 색도 원형적인 삼원색만을 사용한다면 정말 원형적인 그림이 된다. 원형적인 형태만 사용한 원형적 그림과는 또다른 차원의 원형적 그림, 즉 원형적 색만을 사용한 그림이다. 색면화가 바넷 뉴먼의 1969년 작품, 〈누가 빨강, 노랑, 파랑을 두려워하랴〉를 보자.

같은 제목의 그림이 네 개 있는데 아래 그림은 1969년 작품이다. 제목부터가 도발적이다. 에드워드 올비의 희곡『누가 버지니아 울프를 두려워하랴』를 원용해 붙인 제목이다.[23] 색만 남은 원형적 그림을 통해 뉴먼이 보여주고자 한 것은 아름다움이 아니다. 뉴먼은 원형을 통해 숭고함과 절대성을 표현하고자 했다. 숭고함이란 두려움의 감정도 수반한다. 아름다움만을 추구하는 그림과는 성격이 다르다. 관객이 받는 느낌도 즐거움보다는 놀라움과 경외감이다.

**그림의 역사는 '없애기'의 역사다.** 그림에서 스토리를 없애고, 깊이를 없애고, 재현의 대상을 없앤 것도 모자라 뉴먼은 마침내 구성과 형태도 없앤다. 엄청난 규모의 캔버스에 그려진(?) 색이 차지하는 공간만 남아 있을 뿐이다. 뉴먼은 몬드리안이 주도한 신조형주의를 극복하고자 했다. 얼핏 보면 비슷해 보이지만 근본적으로 추구하는 바가 다른 그림이다.

몬드리안의 〈빨강, 노랑, 파랑의 구성〉은 구체적 묘사대상은 없지만 적절한 공간구성과 색의 배치를 통해 조형적인 아름다움을 표현하고 있

바넷 뉴먼, 〈누가 빨강, 노랑, 파랑을 두려워하랴 4〉

다. 극도로 단순화된 형태와 색이 균형을 잡으면서 오히려 깔끔하고 아름답다는 느낌을 준다. 이에 반해 뉴먼의 그림은 목표부터 다르다. 아름다움이 아니라 숭고함이 목적이기 때문에 캔버스 크기도 다르다. 〈누가 빨강, 노랑, 파랑을 두려워하랴〉가 그려진 캔버스는 가로 6미터, 세로 3미터에 이르는 거대한 규모다. 감동은 크기에 비례한다는 뉴먼의 평소 소신이 반영되어 있다. 크기와 더불어 원형적인 색 구성이 숭고함을 유발한다. 이 그림은 빨강, 노랑, 파랑, 삼원색으로 구성되어 있다. 모양이든 색이든 원형적인 것은 근원적인 것이다. 다른 것을 결합해 만들어낼 수 없다. 그래서 절대적이고 숭고한 느낌을 주는 것이다. 뉴먼의 그림에서 장막이 찢어지듯 지상과 천상을 연결하듯 수직으로 그어진 직선 또한 숭고함을 표현하기 위한 수단이다.[24]

뉴먼이 〈누가 빨강, 노랑, 파랑을 두려워하랴〉라는 작품을 처음 만들 때는 빨간색이 화면을 주도했다. 빨간색을 주도색으로 선택한 후 이와 어울리는 색을 고르다보니, 아무리 골라도 노란색과 파란색밖에 없었다. 뉴먼은 자신 역시 삼원색만으로 화면을 채우는 몬드리안의 도그마에 빠졌다고 생각했다. 자신이 극복하고자 했던 화가의 논리에 그대로 빠진 스스로에게 좌절했고 예술가로서의 정체성이 흔들린다고 생각했다. 몬드리안에 대한 반감도 더욱 커졌다. 그래서 몬드리안이 사용한 빨강, 노랑, 파랑을 통해 역설적으로 자신은 몬드리안과 다름을 보인 것이다. 작품의 제목 〈누가 빨강, 노랑, 파랑을 두려워하랴〉에서 '두려워하랴'란 표현은 두려워하지 않는다는 의미다. 하지만 '두려워하지 않음'을 굳이 강조함으로써 실제로는 두려워하고 있는 심정을 고백한 것이 되어버렸다.

당시 뉴먼이 반감을 가지고 있던 대상은 몬드리안 같은 구세대뿐만이 아니었다. 새로 등장한 프랭크 스텔라, 엘즈워스 켈리 같은 신세대에게도 그는 불만 섞인 위기감을 느끼고 있었다. 뒤샹이 소변기를 그대로 갖다놓고 '샘'이라고 이름 붙였듯이, 신세대 화가들은 튜브에 들어 있는 원색 물감을 아무런 변형 없이 그대로 캔버스에 칠했다. 화가의 손에서 아무런 혼합이나 변형을 거치지 않고 물감의 색 그대로를 사용했다.

엘즈워스 켈리도 〈빨강, 노랑, 파랑〉이란 작품을 그렸다. 동일한 크기로 따로 떨어져 있는 직사각형 화면에 그대로 삼원색을 칠한 작품이다.[25] 뉴먼이 몬드리안을 극복하기 위해 그림을 더 원형적으로 몰고 갔듯이, 켈리는 뉴먼을 극복하기 위해 뉴먼 그림에선 그나마 찾아볼 수 있는 작가의 흔적을 모두 지워버렸다. 그래서 뉴먼 작품보다 더욱 원형적이다. 뉴먼의 작품처럼 화면을 수직으로 가로지르는 수직선, 즉 지퍼[zip]도 없고, 세 가지 색이 칠해져 있는 면적도 동일하다. 뉴먼이 몬드리안을 극복하려 했던 것처럼, 켈리는 뉴먼을 극복하려 했다. 구세대 몬드리안의 〈빨강, 노랑, 파랑의 구성〉보다 신세대 켈리의 〈빨강, 노랑, 파랑〉이 뉴먼에게는 더 두려웠는지 모르겠다. 이런 흐름 속에서 자신을 자리매김하기 위해 만들어진 일련의 실험적 작품 네 개가 바로 〈누가 빨강, 노랑, 파랑을 두려워하랴〉다. 모두 빨간색이 화면을 주도하고 있고, 노란색과 파란색이 화면 어디에 위치하느냐가 작품에 따라 다르다.


## 스테이크 그릴이 된 세계 챔피언 '조지 포먼'

얼마 전 아내가 집에서 스테이크를 구워먹을 수 있는 스테이크 그릴을 하나 사왔다. 값도 저렴하고 스테이크를 많이 먹는 미국 친구들이 강력히 추천하기에 샀다고 한다. 포장을 뜯어보니 정말 단순한 그릴이었다. 크기도 노트북만하고 온도조절장치도 없고, 구울 고기의 종류를 선택하는 버튼도 없었다. 심하다 싶을 정도로 아무런 장치가 없었다. 조금 특이하다면 위아래 양쪽에 열선이 들어가 있어 고기를 넣으면 양쪽에서 구워지는 양면 그릴이라는 점, 판에 규칙적으로 홈이 파여 있다는 점, 아래쪽 판은 기름이 빠지도록 평평한 듯하지만 경사가 있다는 점 정도였다. 아내는 몰랐지만 내게 가장 인상적인 것은 브랜드 이름이었는데, 바로 과거에 유명했던 세계 헤비급 복싱 챔피언 '조지 포먼'이 그릴의 이름이었다. 조지 포먼이 은퇴 후 목사가 되었고 나중엔 사업으로 돈도 많이 벌었다는 얘기는 들었지만 '조지 포먼 그릴'을 통해서인지는 그때 처음 알았다.

조지 포먼은 미국의 권투선수로, 1968년 멕시코 올림픽에서 금메달을 획득했고 프로 전향 후 세계 챔피언을 지낸 핵 펀치 보유자다. 1970년대 프로권투 헤비급을 주도하던 조 프레이저, 무하마드 알리와 자웅을 겨루던 선수다. 조 프레이저에게는 2승을 거두었고, 무하마드 알리와는 1승 1패의 전적을 갖고 있다. 조지 포먼이 더욱 유명해진 이유는 은퇴했다가 마흔이 넘어 복귀한 뒤 세계 챔피언을 또 한번 거머쥐었기 때문이다. 다시 은퇴한 후에는 개신교 목사가 되어 목회도 했고, 사업 수완도 좋아 주방용품회사인 러셀합스의 고문으로 위촉되기도 했다. 바로 이 회사 제품인 '조지 포먼 그릴'이 대성공을 거두어 노후에 돈도 많이 벌었다고 한다.

육식을 주로 하는 미국에서 소고기 요리하면 바로 떠오르는 게 스테이크다. 등심, 안심, 갈비살 등 각 부위별 고깃덩어리를 그대로 구워내어 약간의 향신료만 첨가해 썰어먹는 방식이다. 요리방식이 이토록 간단하고 양념도 별로 필요 없으니 스테이크 요리의 질은 굽는 방법에 의해 결정된다고 해도 과언이 아니다. 같은 등심이라도 바싹 굽느냐, 중간으로 굽느냐, 핏물이 보이게 살짝 굽느냐에 따라 맛이 다르다. 그래서 스테이크 식당에 가면 어떤 굽기로 구울까를 물어보는 것이다. 스테이크 요리의 핵심은 적절한 수준까지 급속히 열을 올려 고기 안의 육즙이 빠져나오지 않게 하는 것이다. 그래야 고기가 빡빡하지 않고 부드럽다.

솔직히 조지 포먼이란 브랜드를 보고 제품의 성능에 대해 크게 기대하지 않았다. 우선 제품의 구조와 기능이 지나치리만큼 단순하고, 권투선수 조지 포먼이란 이름이 전기제품의 기술력과는 거리가 멀어 보였기 때문이다. 그런데 이게 웬일인가. 한번 스테이크를 구워먹어보니 맛이 기대를 초월해도 한참 초월한다. 미국엔 스테이크 하우스가 워낙 많은데 웬만한 가게보다 맛이 더 좋다. 고기 안의 육즙이 밖으로 빠지지 않고 부드러운 맛이 그대로 느껴진다. 무엇보다 좋은 것은 요리하기가 정말 쉽다는 점이다. 스테이크 고기를 잘라 그릴에 넣고 뚜껑만 닫으면 된다. 온도도 고기 종류도 심지어 시간도 선택할 옵션이 없다. **마치 고객들로부터 선택권한을 없애버린 듯한 느낌까지 준다.**

요리 후 고기가 그릴에 거의 달라붙지 않기 때문에 그냥 종이행주로 닦아주기만 하면 된다. 사용하기 단순해 편하고 고기맛까지 좋으니 기분도 좋아졌다. 그래서 그전까지 아무런 관심도 없었던 스테이크 그릴에 대해 인터넷을 뒤져봤다. 그리고 발견한 사실. 다양한 옵션도 없고 지극히 조작이 단순한 제품이지만 '육즙이 빠져나가지 않게 스테이크를 맛있게 굽는다'는 그릴의 본질적 차원에서는 첨단제품이었다. 일단 코드를 꽂으면 순간적으로 열이 확 오른다. 그릴판의 재질이 수분, 즉 육즙이 빠져나가지 않게 해주는 기능을 갖고 있다고 한다. 겉으로 보기엔 지극히 단순하지만 특허까지 받은 첨단기술이 내장되어 있다. 고객에게 편리함을 주기 위해 복잡함은 안에 숨겨져 있는 것이다.

그렇다. 제품의 혁신 중 가장 중요한 혁신은 제품의 원형, 즉 본질에 대한 혁신이다. 부차적인 기능이 아무리 세련되고 뛰어나도 제품의 본질적 기능이 부족하면 고객을 만족시킬 수 없다. 원형은 단순하고 간결하다. 군더더기가 없다. 화려하지도 않다. 조지 포먼처럼 조금은 우직해 보이기도 한다. 스테이크 그릴이라면 '스테이크를 맛있게 굽는 것'이 가장 중요한 본질이다. 세상이 복잡해지고 첨단화될수록 사람들은 오히려 원형에 충실한 제품에 마음이 끌린다. 어떤 분야든 미래엔 원형적 제품이 성공할 것이다. 원형적 제품은 원시적 제품과는 다르다. 첨단기술제품이란 말이다. 다만 첨단기술은 제품 안에 보이지 않게 녹아 있고, 겉으로 보기에는 단순하다. 비즈니스에서도 '오래된 미래'가 각광받는 시대가 왔다.


## 우직하지만 부드러운 믹서, '비타믹스'

믹서는 필수적인 현대 주방용품 중 하나다. 야채나 과일 등을 갈아주고 동시에 다양하게 섞어주는 기능은, 지역이나 국가를 막론하고 현대요리에 중요한 기능이기 때문이다. 믹서의 원형은 맷돌이라고 할 수 있다. 전통적인 맷돌은 작은 타이어처럼 생긴 두 개의 돌이 상하로 놓여 있고, 가운데 뚫린 구멍에 음식을 넣어 '어처구니'라고 불리는 손잡이를 돌리면 음식을 잘게 부수는 기능을 한다. 우리가 흔히 황당한 상황을 접했을 때

'어처구니가 없다'고 한다. 재료 준비를 마치고 맷돌을 갈아야 하는데 맷돌을 돌릴 손잡이가 없으면 얼마나 황당할까. 바로 '어처구니' 없는 상황이다. 맷돌은 우리나라에서도 신석기 시대부터 사용되었다고 알려져 있고 전 세계에 걸쳐 오래전부터 사용되어온 요리기구다.

현재 사용하고 있는 믹서처럼 전기모터의 힘을 활용한 믹서는 1919년 미국에서 스테판 파플라스키가 개발하고 특허를 받았다. 미국에선 믹서란 말보다 블렌더blender란 말이 더 많이 쓰이는데, 블렌드blend 역시 섞는다는 뜻이다. 그 이후 믹서는 다양한 분야로, 다양한 형태로 진화되어왔다. 믹서 중에도 명품이 있다. 바로 비타믹스Vitamix다. 윌리엄 버나드가 1921년에 창립한 가족회사인데 믹서는 1937년에 처음 만들었다. 겉으로 드러난 디자인만 보면 더 저렴해야 할 것 같은데 일반 믹서보다 열 배 정도 비싸다. 무엇보다 비타믹스는 디자인이 우직하고 원형적이다. 정육면체의 커다란 바위 위에 재료를 담는 직육면체 핏쳐가 세워져 있는 듯하다. 최근 시장에서 볼 수 있는 세련되고 부드러운 첨단 디자인과는 거리가 멀다. 마치 구석기 시대 고인돌이 서 있는 것 같다는 느낌도 준다. 조절장치도 지극히 단순하다. 켜고 끄는 스위치, 1에서 10까지 속도를 조정하는 장치뿐이다.

믹서의 핵심기능이 재료를 잘게 부수는 것이라면, 믹서의 핵심경쟁력은 칼날의 강도와 섬세한 디자인, 그리고 이를 회전시키는 강력한 모터의 힘에 있다. 비타믹스는 믹서의 가장 원형적인 기능을 구현하는 모터와 칼날에서 뛰어난 경쟁력을 갖는다. 비타믹스의 핵심경쟁력은 모터의 힘이다. 2마력이 넘는 파워를 자랑하는 모터가 고인돌 같은 밑단에 장착되어 있다. 1마력이면 말 한 마리가 끄는 힘인데, 20여 명의 사람들이 뒤에서 잡아당겨도 말은 앞으로 달려나간다. 모터 돌아가는 소리도 엄청나게 크다. 귀가 울릴 정도다. 그리고 모터 중심부와 칼날이 직접 연결되어 있다. 단점은 칼날이 분리되지 않기 때문에 세척이 힘들다는 것이다. 다른 믹서는 칼날의 분리가 가능하기 때문에 씻기 편하다. 심지어 세척기에 넣어 돌릴 수 있는 믹서도 있다. 비타믹스는 손으로 세척하는 것만 가능하다. 비타믹스는 강력한 모터의 힘을 그대로 칼날에 전달하기 위해 편리한 다른 기능, 즉 분리 가능성과 세척 가능성을 포기했다. 또한 비타믹스는 모터와 칼날을 포함한 모든 부품이 강철로 만들어져 있다. 그래서 가정용 주방용품임에도 불구하고 주부들이 쉽게 움직이기 힘들 정도로 묵직하다. 본질을 지키기 위해 가벼움도 포기한 것이다. 비타믹스의 칼날은 아마인유를 만드는 원료인 아마씨를 자를 수 있을 정도로 세밀하다. 그래서 영양소 파괴 없이 재료를 더 잘게 부술 수 있고 먹을 때 질감도 뛰어나다.

비타믹스는 겉으로 보이는 세련됨과 화려함, 그리고 편리함을 버리고 강한 모터, 모터에 직접 연결된 세밀한 칼날을 선택했다. 마치 몬드리안이 직사각형과 삼원색만 남기고 다른 모든 형태와 색을 버렸듯이 말이다. 연구 개발비는 모두 모터와 칼날, 두 가지에 투입되고 혁신도 여기서 이루어진다. 어느 기업이나 자원은 한정되어 있기 마련이다. 그래서 기업의 경영자는 무엇을 버릴까, 무엇을 취할까를 항상 고민한다. 군더더기를 버리고 비타믹스처럼 가장 본질적이고 원형적인 것에 초점을 맞춘 기업은 오래간다. **인간의 뇌는 '오래된 미래'에서 편안함을 느낀다.**

# 우리는 왜 롱샹 성당에서
## '오래된 미래'를 보는가
선진경제의 조건

원형은 과거에서 태어났지만 미래 또한 품고 있다. 원형은 변하지 않는 근본적인 형태지만 동시에 다양성을 내포한 씨앗이다. 그래서 원형을 찾는 것은 '오래된 미래'를 찾는 것이다. 원형은 질서지만 그 안에 무질서를 내포하고 있다. 창조와 혁신은 질서와 무질서의 경계에서 나온다. 그래서 원형은 창조의 발원지이자 성장의 원천이기도 하다.

### 롱샹 성당은 '오래된 미래'를 보여주는 원형적 건축물

건축에서 가장 원형적이고 근원적인 건축물의 모습을 보여준 건축가는 누구일까. 프랑스 건축가 르코르뷔지에다.[26] 1950년 그가 건축한 롱샹 성당은 세계의 건축가들에게 가장 큰 영향을 미친 건축물 중 하나다. 세계대전을 치르면서 나치의 공습으로 무너진 프랑스 북동부 시골마을 성당을 다시 지은 것이다. 성당측으로부터 건축을 의뢰받은 르코르뷔지에가 번번이 거절하다가, '일절 간섭하지 않을 것이니 처음부터 끝까지 당신 마음대로 하시오'라는 제안을 받고 비로소 건축 설계를 수락했다는 일화가 있다. 그 당시 보수적인 가톨릭 성당에서 이런 제안을 했다는 것이 혁신적으로 다가온다.

롱샹 성당은 과거, 현재, 그리고 미래가 함께 공존하고 있는 듯한 느낌을 주는 건축물이다. 얼핏 보면 구석기 시대 고인돌 같다는 느낌도 받는다. 길쭉한 돌덩이 몇 개를 조금 세련되게 세우고 그 위에 넓적한 돌판을 얹어놓은 고인돌 형태 말이다. 물론 롱샹 성당은 석조 건물이 아니라 콘크리트 건물이다. 특히 아일랜드에 있는 풀나브론 고인돌Poulnabrone Dolmen 과 형태가 유사한데, 세워진 기둥들 위에 뾰족한 각이 있는 넓적한 평면이 얹혀 있다는 점에서 그러하다. 이 독특한 성당의 모습이 과연 무엇을 상징하느냐에 대한 해석도 구구하다. 르코르뷔지에 스스로는 한 번도 이 모양이 무엇을 상징하는지를 말한 적이 없다. 신비로운 건물은 신비롭게 남아 있는 것이 좋다. 성당건축인 만큼 어떤 사람들은 성경적 해석을 곁

롱샹 성당(좌)과 풀나브론 고인돌(우)

들인다. 노아의 방주가 돌 위에 얹혀 있는 모양이라고도 하고, 또는 두 손을 모아 기도하는 모습이라고도 한다. 고정된 해석을 허락하지 않는 것이 이 건축물의 매력인지도 모르겠다.

위쪽에 얹힌 기묘하게 생긴 지붕 부분에 초점을 맞추어보면 롱샹 성당은 미래 세계에서 온 우주선 같기도 하다. 다양한 형태의 곡선들이 매끄럽고 세련되게 공존하는 성당 상층부 모습이 특히 그렇다. 〈스타워즈〉에 나오는 '제국The Empire'의 모함우주선 모양을 생각나게 하기도 한다. 거대한 규모의 삼각형이 앞을 향해 날카롭게 튀어나와 있는 모습이 유사하다. 이런 모양은 우직하고 육중한 고인돌과는 정반대 모양이다. 날카롭고 세련되어 우주 어디로라도 한순간에 날아갈 것 같은 미래적 모양이다. 아래쪽에서 올려다보면 거대한 갑판을 위에 얹고 항해하는 항공모함의 앞쪽 형태를 닮은 것 같기도 하다. 모우주선이든, 항공모함이든 모두 규모가 거대하다. 이들은 잘 움직이지도 않는다. 육중하게 그 자리를 지킨다. 실제 전투는 여기서 발진한 전투기나 전투선이 한다. 모우주선이나 항공모함은 스스로는 움직이지 않지만 그 속에 변화와 이동 가능성을 품고 있는 것이다.

롱샹 성당이 탁월한 이유는, 원형성과 더불어 도저히 인간이 만들었을 것 같지 않은 신비로움과 미래적 느낌을 동시에 준다는 점이다. 어찌 보면 수만 년 전 고인돌 같기도 하고, 어찌 보면 최첨단 우주선 같기도 하다. 인간이 세상에 나오기 이전부터 존재했을 것 같은 느낌도 주지만 동시에 지구에 불시착한 외계인이 만들어놓은 건축물 같다는 느낌도 준다. 그래서 '오래된 미래'를 보여주는 건축물이다.

## 롱샹 성당이 단순함과 변화무쌍함을 겸비한 이유

이렇게 과거와 미래가 공존하는 공간, 원형성과 다양성, 그리고 신비로움이 공존하는 공간을 구축하기란 지극히 어려운 일이다. 도대체 왜 롱샹 성당은 그토록 원형적이면서도 동시에 변화무쌍한 느낌을 주는 것일까. 외적인 형태의 기하학적 특징이 어떠하기에 그런 느낌을 주는 것일까. 건물의 형태에 초점을 맞추어 특성을 살펴보자.

첫째, 정면, 좌우, 후면 어디서 보느냐에 따라 모습이 너무도 다르다. 조각이 건축으로 바뀌었을 뿐인 듯, 헨리 무어의 조각품과도 유사한 특성이 있다. 보다 정확히 표현하면 시곗바늘을 따라 1시 방향에서 시작해 2시, 3시, 6시, 9시, 12시 방향까지 조금만 각도를 달리해 보면 완전히 다른 형태가 부각되는 건물이다. 가까이서 올려다보느냐, 조금 떨어져 같은 눈높이에서 보느냐, 아니면 멀리 떨어져서 보느냐에 따라서도 형태가 달라진다. 오목과 볼록, 수직과 수평, 수렴과 발산, 날카로움과 원만함 등 건축에서 표현되는 거의 모든 '원형적 형태'들이 보이는 건물이다.

둘째, 건축에서 생각할 수 있는 모든 직선과 곡선이 포함되어 있다. 가운데 날카롭게 솟은 직선은 마치 오벨리스크나 고딕건축 같은 형상이다.27 왼쪽 옆에 고인돌 같은 둥글고 넓적한 기둥이 서 있는데 피사의 탑처럼 옆으로 기울어 있다. 주목해서 봐야 할 부분은 위쪽에 얹힌 짙은 색의 지붕이다. 보통은 배, 모자, 또는 버섯 모양을 닮았다고들 한다. 가운데 수직으로 치솟는 직선, 한쪽 옆에서 볼록하게 접근하는 곡선, 다른 한쪽에선 오목하게 접근하는 곡선이 모두 한 점에서 만난다. 가장 '원형적 곡선' 세 가지가 동시에 존재하고 한 점에서 만난다. 다양한 형태를 만들어낼 수 있는 원형적 곡선이 절묘하게 결합되어 있기 때문에, 원초적인 느낌과 더불어 무한히 다양한 형상을 떠올리게 한다. 굳이 성당이라는 점을 염두에 두고 해석하면, 삼위일체를 상징적으로 표현했다고 해석할 수도 있겠다. 뾰족하게 치솟는 수직선만을 강조하면 고딕건축을, 볼록한 돔Dome 모양만을 고려하면 로마나 피렌체에서 흔히 보는 가톨릭 성당의 돔을, 오목한 돔은 이슬람 성당의 돔을 떠올리게 한다. 롱샹 성당에서는 이들 세 가지 원형적 곡선이 동시에 존재한다. 그리고 한곳에서 만난다.

## 헨리 무어를 통해 본 위대한 조각과 선진경제의 조건

세잔, 브란쿠시, 르코르뷔지에 못지않게 평생 원형의 문제를 탐구한 조각가는 헨리 무어다. 조각은 돌, 금속, 나무 등 특정한 재료를 기반으로 작가 고유의 공간 형태를 창조해낸다. 색채와 형태 간의 상호작용이 그림의 핵심이라면, 조각의 핵심은 재료와 형태 간의 상호작용이다. 그만큼 재료의 특성을 살리는 게 중요하다는 말이다. 그렇다면 조각품을 위대한 조각품으로 만들어주는 조건은 무엇일까.

### 원형성과 다양성

첫째, 보는 방향에 따라 조각품이 얼마나 '다양한 형태'를 표출하고 있는가가 중요한 판단기준이다. 현대조각의 아버지 브란쿠시의 뒤를 이어 현대조각의 큰 형님으로 불리는 헨리 무어의 〈옆으로 누운 사람〉을 보자. 보는 방향에 따라 마치 다른 작품이라는 생각이 들 정도로 다양한 형태와 곡선을 포함하고 있다. 앞뒤, 상하, 좌우 어느 각도에서 보나 각각의 공간구성이 변화무쌍하고 독창적이다. 그래서 **위대한 조각은 작품에서 발견되는 새로움의 개수에 따라 결정된다**고 하는 것이다.

경제도 마찬가지다. 세계은행 기준에 의하면 잘나가는 산업이 여러 개 있어야 선진국이다. 한국의 경우, ICT산업(26퍼센트), 석유화학 및 정제업(20퍼센트), 자동차산업(14퍼센트), 조선업(8퍼센트) 등 글로벌 경쟁력이 있는 산업이 다수다(괄호 안 수치는 2010~2015년 평균수출비중). 그래서 세계은행 기준으로 보면 한국은 이미 선진국이다. 아무리 1인당 GDP가 높아도 석유수출에만 의존하는 아랍에미리트를 선진국으로 분류하지는 않는다. 앞으로도 한국 경제가 잃지 말아야 할 것은 다양한 산업구조다.

둘째, 위대한 조각은 '원형적 형태'를 포함하고 있어야 한다. 원형적 형태는 오랫동안 무의식 속에 잠재되어 있었기 때문에 우리도 모르는 사이에 쉽게 공감대가 형성된다. 동시에 아직 구체적 모습으로 발현되지는 않았으나 무한한 진화와 발전 가능성이 잠재되어 있는 원초적 형태다.

헨리 무어, 〈옆으로 누운 사람〉
Reproduced by permission of the Henry Moore Foundation

심장, 폐, 위 등의 신체조직으로 분화할 능력은 있으나 아직은 미분화된 줄기세포와 유사하다. 원형적 형태는 헨리 무어가 추구한 작품세계의 본질이다. 이런 작품은 몇 번씩 다시 봐도 보는 사람 고유의 독특한 경험이나 감성과 결합해 언제나 새로운 모습으로 다가온다.

**경제의 원형은 경제성장방식과 관련된다.** 크게 소비중심경제, 투자중심경제, 그리고 수출중심경제로 경제의 원형을 구분할 수 있다. 한국은 수출중심경제다. 건국 이후 처음부터 그렇게 뿌리가 잡혔다. 그래서 쉽게 변화시키기 힘들다. 최근엔 수출이 어려움을 겪고 있지만 그래도 한국 경제의 성장동력은 수출이다. 물론 소비비중이 너무 작기 때문에 소비를 증가시키고자 하는 것은 문제가 없다. 하지만 성장동력 자체를 수출중심에서 소비중심으로 바꾸고자 하는 것은 경제의 원형을 바꾸고자 하는 것과 같다. 원형을 바꾸는 것이 얼마나 위험한지는 레고의 실패 사례에서 명확히 목격했다. 국가경제의 원형을 바꾸는 것은 훨씬 더 위험하다. 한국은 수출이란 원형을 유지하며 그 안에서 서비스수출, 자본수출 등으로 다양성을 일구어내는 것이 합리적이고 현실성 있는 경제정책 방향이다.


## 팽팽한 긴장감과 재질 살리기

셋째, 공간을 압도하는 **'팽팽한 긴장감'** 또한 위대한 조각의 특성이다. 부분과 부분, 부분과 전체, 형태와 재질 간에 팽팽한 긴장감이 없으면 결코 위대한 조각이 될 수 없다. 팽팽하다는 것은 화살을 쏘기 직전, 힘껏 당겨진 활의 줄처럼 공간을 박차고 나갈 듯한 바로 그 느낌이다. 이런 긴장감은 언제 느낄 수 있을까. 브란쿠시의 〈공간의 새〉를 보자.

콘스탄틴 브란쿠시, 〈공간의 새〉

조각품 어디를 봐도 결코 필요 없는 부분이 없다. 과도하게 단순화된 조각이라 느낄 수도 있다. 하지만 브란쿠시가 이 작품을 완성하는 데 1919년부터 1940년까지 21년이 걸렸다. 축구를 할 때 항상 뚫리기 때문에 있으나 마나 한 선수를 구멍이라고 한다. 이런 구멍이 전혀 없는 공간 구성에서 팽팽한 긴장감이 나온다. 작은 일부분만 빠져도 전체가 무너지니 긴장감이 느껴질 수밖에 없다. 경제도 선진경제가 되려면 '팽팽한 긴장감'이 있어야 한다. **경제의 긴장감은 '경쟁'에서 나온다.** 기득권이 시장을 지배하면 경제에 긴장감이 생길 수 없다. 미국의 반독점법과 한국의 공정거래법이 추구하는 것이 공정한 경쟁이다. IBM의 기득권을 규제하지 못했더라면 결코 마이크로소프트가 있을 수 없었을 것이다. 그래서 똑같은 논리로 마이크로소프트를 규제한다. 이런 규제가 없었으면 오늘날 애플, 구글, 아마존 같은 멋진 기업들은 시장에 정착하지 못했을 것이다. 지금은 벌써 이들이 규제의 대상이 되어버렸다. 이렇듯 팽팽한 긴장감이 감도는 분위기에선 유능한 젊은이들이 창업에 승부를 걸어볼 수 있다. 많은 젊은이들이 끊임없이 창업할 수 있게 유도하고 중소·중견기업이 대기업으로 커나갈 수 있게 유도하는 것이야말로 경제에 긴장감을 유지하는 첩경이다. 한곳에 고착되지 않고 흐르는 경제가 살아 있는 경제다.

넷째, 조각 재질의 특성을 얼마나 잘 살려 표현했느냐가 또다른 평가 기준이다. 만일 브란쿠시의 〈공간의 새〉가 나무나 돌로 조각되었다면 비상하는 새의 속도감과 날렵함을 극대화하지 못했을 것이다. 브란쿠시가 원하는 형태를 구현해내는 데는 금속이 가장 적합한 재료다. 역으로 금속의 특성을 가장 잘 나타낼 수 있는 차갑고 날카로운 모양이 바로 이런 날렵한 새 모양일 수도 있다. 경제도 마찬가지다. 선진경제가 되려면 우리가 갖고 있는 경제의 재료와 재질을 극대화하도록 경제를 조각해야 한다. 일단 한국 경제는 규모로 승부하면 불리하다. 평균으로 승부해도 승산이 없다. 한국의 최대 장점은 높은 교육 수준, 부지런한 국민성, 그리고 속도다. 이런 분야라면 제조업이든 금융업이든 브란쿠시의 새처럼 하늘을 향해 날렵하게 비상할 수 있다.

# 빌바오 구겐하임 미술관은 리좀형 건물, 시스코는 리좀형 기업

## 미술작품보다 더 예술적인 미술관

건축을 구성하는 본질적 요소는 '형태'와 '공간'이다. 겉으로 드러난 형태를 중시하는 건축이 있는 반면, 내부 공간을 우선시하는 건축도 있다. 아무래도 형태가 강조되면 예술성이 부각된다. 건축은 규모가 크고 안전성 확보가 중요하기 때문에 조각처럼 자유롭게 예술성을 표현하기 힘들다. 그래서 복잡하고 뒤틀리고 기울어진 조각은 흔히 볼 수 있어도 그런 건물은 보기 힘들다. 그런데 이런 상식에 과감히 도전하는 건물이 있다. 바로 프랭크 게리가 설계한 구겐하임 미술관이다.[28] 철강과 조선업 쇠락으로 죽어가던 도시 빌바오를 다시 살려낸 미술관, 미술작품들보다 더 예술적인 미술관으로 유명하다.

건축적 관점에서 보면, 이 미술관은 몇 가지 독특한 특성을 갖고 있다.

233

빌바오 구겐하임 미술관

첫째, 이 건물엔 방향성이 없다. 앞뒤, 좌우가 명확히 구분되지 않고, 한쪽 방향으로 일방적으로 흐르지 않는다. 사방을 향해 펼쳐질 뿐 지배적인 방향성이 없다. 수직적 방향이 강조되는 고딕 성당과 현대 초고층 건물, 수평적 방향이 강조되는 로마네스크 건축, 그리고 사선이 강조되는 건물과 확연히 다르다. 장미꽃잎들이 살짝 겹치면서 붙어 있듯이, 개별적 건물들이 파편적으로 연결되어 있을 뿐이다. 수직적 또는 수평적으로 질서정연한 기존의 미술관들과는 차이가 확연하다. 건물과 건물이 연결되는 방식이 다르고 생긴 모습이 다르기 때문에 미술관이 관객들과 커뮤니케이션하는 방법도 달라진다. 미술품을 감상하는 관객의 흐름도 보다 자유롭다.

둘째, 어느 것 하나 중심이요, 주변이라고 구분해 말할 수 없다. 우리가 일반적으로 보는 건물과 달리 위계hierarchy가 없는 건물이다. 어찌 보면 혼란스럽고 어지럽게 보인다. 바닥이 수평이지도 않고, 벽이 수직으로 솟아 있지도 않다. 비틀어져 옆으로 쓰러질 듯하다. 하지만 각 부분 하나하나가 저마다 독특한 개성을 드러낸다.

셋째, 중심이 없고 무질서해 보여도 오히려 이 미술관은 무너지지 않을 것 같다. 중심이 명확한 건물은 역설적으로 그 중심 때문에 취약할 수 있다. 중심이 무너지면 전체가 무너지기 때문이다. 반대로 중심이 없는 건물은 일부분이 무너지더라도 다른 것이 대신하고 보완할 수 있기에 작동에 문제가 없다. 입구와 출구도 하나가 아니다. 막히면 다른 길로 가면 된다. 지금까지 얘기한 빌바오 구겐하임 미술관의 구조적 특성은 그대로 감자와 토란 같은 땅속 줄기식물, 즉 리좀rhizome의 특성이기도 하다.


## 관계를 맺는 두 가지 원형: 수목과 리좀


식물학에선 뿌리와 줄기가 서로 '관계'를 맺는 방식에 따라 식물을 크게 두 개의 원형으로 구분한다. 하나는 수목형arborescent 식물이고 다른 하나는 리좀형rhizomatic 식물이다. 집 근처에서 흔히 볼 수 있는 느티나무를 생각해보자. 맨 아래 땅 밑에 뿌리가 있다. 땅 위엔 큰 몸통이 있다. 몸통의 중심에서 큰 줄기가 나뉘고 다시 작은 줄기로 나뉘면서 위로 올라간다. 작은 줄기는 잔가지로 나뉘고 가지에 잎과 꽃이 피어난다. 뿌리로부터 나무 끝에 있는 잎까지 가는 길, 즉 영양분의 공급경로는 하나로 정해져

잔디의 뿌리

있다. 나무의 오른쪽 끝에 있는 가지와 왼쪽 끝에 있는 가지는 아래쪽 몸통을 통하지 않는 이상 서로 직접적으로는 연결되지 않는다. 아래와 위, 중심과 주변이 확연히 구분되는 위계적 구조다. 이런 구조를 식물학에서 수목형, 즉 나무형 구조라고 한다.

식물 중에는 나무형 구조와는 전혀 다른 구조를 갖는 식물들이 있다. 바로 리좀형 식물이다. 리좀은 원래 땅속 줄기식물을 말한다. 쉽게 생각할 수 있는 것이 감자, 고구마, 토란, 생강, 대나무, 잔디 등이다. 리좀은 수목형 구조와 달리 위계가 없고 수평적이다. 리좀은 시작과 끝이 없고, 지속적으로 관계가 형성되는 '과정'만 존재한다. 또한 중심과 주변의 구분도 없다. 중심이 없다는 것은 달리 보면 어느 것이나 중심 역할을 할 수 있다는 의미다. 땅속에서 파낸 감자처럼 얽힌 덩어리를 생각하면 된다. 나무형 식물에선 중심이 되는 몸통이나 뿌리 일부가 파괴되면 식물 전체가 죽는다. 수분과 영양분이 공급되는 유일한 경로가 끊기기 때문이다. 하지만 리좀, 즉 땅속 줄기식물은 그렇지 않다. 중간이 끊겨도, 심지어 일부가 제거되어도 살아남는다. 복잡하게 서로가 서로에게 얽혀 있기 때문에 하나의 경로가 없어져도 다른 경로가 존재하고, 다른 부분이 역할을 대신할 수 있기 때문이다. 그만큼 생명력이 높다. 몇천 년 넘게 오래 사는 식물 대부분은 리좀형 식물이다. 이렇듯 수목형 식물과 리좀형 식물은 성장하는 방식이 근본적으로 다르다.

리좀은 원래 식물학에서 사용되던 용어지만 지금은 철학, 예술, 과학, 경제에 이르기까지 다양한 영역에서 사용된다. 질 들뢰즈와 펠릭스 가타리가 함께 쓴 『천개의 고원Mille plateaux』에서 비유적으로 차용한 이후, 리좀은 생각의 틀이나 전략적 원형으로까지 발전한 개념이다.[29] '개별 인자가 어떻게 서로 관련을 맺는가' '부분이 어떤 방식으로 연결되어 전체를 형성하는가'와 같은 질문에 답을 찾는 분야라면 어디나 적용할 수 있는 프레임이다. 국가, 군대, 기업은 물론 테러조직에 이르기까지 모든 조직은 '관련 맺기'에 관심이 많다. 최근엔 수목형 프레임과 리좀형 프레임이 국가나 군대, 기업 같은 조직이 목적 달성을 위해 추구하는 두 개의 서로 상반되는 **전략적 원형**으로 활용되기도 한다.

빌바오 구겐하임 미술관은 리좀형 건축물이다. 왜 그런가?

첫째, 다양한 형태를 갖는 개별적 건물이 합해져 전체 미술관을 이루는데 어느 건물이 중심 건물인지 명확하지 않다. 위계와 질서, 그리고 방향성이 없는 건물이다. **방향성은 없지만 변동성은 큰 건물이다.** 이질적이고 다양한 형태의 건물이 수평적으로 연결되고 접속되어 있을 뿐이다.

둘째, 개별 건물이 서로 관계를 맺는 방식이 파편적이다. 중심이 없기 때문에 중심을 통하지 않고 연결될 수 있다. 개별 건물의 파편성과 독립성이 강하기 때문에 전체를 구성하는 건물 중 하나가 빠져도 미술관의 안전성에는 문제가 없을 것 같아 보인다. **생존능력이 큰 건물이다.**

셋째, 완성된 건물이지만 딱히 완성된 건물처럼 보이지 않는다. 어찌 보면 짓다가 만 건물 같기도 하다.[30] 꽉 짜인 '완성 같은 완성'보다 훨씬 더 경이로운 '미완성 같은 완성' 건물이다. 게리가 마음만 먹으면, 계속 건물을 연결하여 끊임없이 확장시킬 수 있을 것 같다는 느낌도 준다. 무한한 확장 가능성은 리좀적 구조의 핵심특성 중 하나다. 워낙 개별 건물들이 독특한 형태를 띠고 있기 때문에, 아무리 이질적이고 외계적인 건물이 추가로 연결되고 접속되어도 전혀 이상해 보일 것 같지 않다. **이질적인 것에 대한 수용력도 큰 건물이다.**

빌바오란 도시는 빌바오 구겐하임 미술관 때문에 먹고산다고 해도 과언이 아닐 정도로 이 미술관은 인기가 높다. 구겐하임 미술관은 왜 그토록 인기가 높은가. 미술관을 보려고 왜 그토록 많은 사람들이 줄지어 모여드는 것일까. 미술관의 모습에 아득한 옛날부터 존재했던 사람들의 본능이나 원형을 자극하는 무엇이 있는 것은 아닐까. 원형을 보고 감동받는 것이 바로 우리의 뇌다. 우연의 일치일 수 있으나 인간의 뇌를 구성하는 신경세포, 즉 뉴런 자체가 리좀적으로 연결되어 있다. 뉴런이 왜 이런 구조를 갖는지, 이런 구조가 어떤 점에서 유리하기에 진화를 거쳐 선택되었는지는 뇌를 연구하는 과학자들의 관심사다. 뇌과학 분야 문외한의 황당한 상상 하나. 혹시 우리 뇌가 리좀적 구조를 갖고 있고 리좀적으로 작동하기 때문에 우리가 빌바오 구겐하임 미술관의 리좀적 모습에 감동을 받는 것은 아닐까.

게리는 어떻게 이런 창의적인 건물을 설계할 수 있었을까. 건물 설계뿐만이 아니다. 무엇이든 혁신적인 것을 설계하려면 세 가지가 필요하다. 창의적 설계자, 설계를 지원하는 인프라, 그리고 '참을성 있는 자본patient capital'이 그것이다.

먼저 설계자 게리를 보자. 어렸을 때 그의 할아버지는 유대인 명절을 치르기 위해 싱싱한 물고기를 사와 큰 어항에 넣어두곤 했다. 어린 게리는 물고기의 다양한 형태, 펄떡이는 생동감, 특히 시시각각으로 변하는 물고기 비늘에 매료되곤 했다. 빌바오 구겐하임 미술관의 요동치는 생동감과 티타늄을 입혀 비늘같이 빛나게 만든 외관은 모두 물고기를 보고 키운 상상력이 발현된 것이다. 한국의 동대문 디자인플라자를 설계한 자하 하디드도 마찬가지로 어린 시절 접한 자연에서 영감의 원천을 찾았다. 액체처럼 흐르는 형태의 건물로 유명한 그녀는 이라크에서 태어났다. 하디드가 어렸을 때 본 사막, 바람이 불면 매일 모습이 변하는 모래사막이 그녀에게 영감을 준 것이다. 예술뿐 아니라 모든 교육이 마찬가지다. 어려서부터 노출되는 것이 중요하다. 깊이 파려면 우선 넓게 파라는 말이 있다. 넓게 파려면 일찍부터 파기 시작해야 한다.

설계 혁신의 두번째 요소는 인프라 혁신이다. 건축의 경우 설계 소프트웨어와 재료가 중요한 인프라다. 소프트웨어 '마야Maya' 같은 컴퓨터 지원 설계가 없었으면 꽃처럼 피어나고 요동치는 건물 설계가 불가능했을 것이다. 재료 혁신도 마찬가지다. 티타늄 활용과 용접기술이 없었으면 비늘처럼 각양각색으로 빛나는 건물을 구현하지 못했을 것이다.[31]

세번째가 자본이다. 신비로운 건물일수록 자본이 많이 소요된다. 빌바오 구겐하임 미술관은 처음 계획한 것보다 열 배 이상의 비용이 들었다고 한다. 게리가 설계를 몇 번씩 바꾸었기 때문이다. 인내심을 갖고 끝까지 지원해준 철강재벌 구겐하임 재단이 없었으면 이 미술관은 탄생하지 못했을 것이다. 건축이든 기업이든 경제든 새롭다는 것은 그만큼 불확실성이 크다는 말이다. '참을성 있는 자본'의 역할이 그만큼 긴요하다.[32]

창조성과 참을성은 별로 관계가 없어 보이지만, 사실 이 두 가지는 밀접하게 연관되어 있다. 르네상스를 꽃피운 피렌체의 메디치가도 '참을성 있는 자본'의 제공자였다. 세계 경제가 밀접히 연결되면서 모든 국가, 모든 자산의 상관계수가 높아졌다. 분산투자만으론 위험의 헤지와 관리가 어려운 시대라는 말이다. 국가든 기업이든 오래 견딜 수 있는 참을성 있는 자본을 확보해야 한다. 가장 참을성이 큰 주체는 정부다. 그래서 정부를 '최종위험부담자'라고도 하는데, 재정이 건전하고 정부부채가 과도하지 않아야 정부가 참을성 있는 자본제공자로서의 역할도 수행할 수 있다.


## 모소 대나무의 독특한 성장방식

대나무는 리좀이다. 수직으로 곧게 뻗은 땅 위 몸통만 보면 땅속 줄기식물이란 말이 어울리지 않는다. 하지만 땅속으로 들어가면 얘기가 달라진다. 뿌리와 줄기가 잘 구별되지 않고 수평으로 뻗어 있다. 그리고 얼기설기 얽혀 있다. 뿌리가 곧 줄기요, 줄기가 곧 뿌리인 셈이다. 대나무 숲을 보면 수십, 수백 개의 대나무가 쭉쭉 뻗어 있다. 하지만 땅 밑을 파보면 하나의 뿌리줄기로 연결되어 있는 경우가 있다. 그래서 같이 피고 같이 시들기도 하는 것이다.

대나무 중에 아주 특이한 대나무가 있다. 중국 극동부에서 자라는 모소 대나무다. 이 대나무는 빌바오 구겐하임 미술관과도 공통점이 있다. 하나는 둘 다 리좀적 형태를 지녔다는 점이고 다른 하나는 둘 다 '참을성'이 있어야 만들거나 길러낼 수 있다는 점이다. 모소 대나무가 특이한 건, 대나무의 생김새 때문이 아니다. 자라는 방식, 즉 성장하는 방식이 특이하기 때문이다. 씨앗을 심으면 처음 4년 동안은 거의 자라지 않는다. 그래서 대나무가 죽은 것으로 알고 땅을 갈아엎는 농부도 많았다고 한다. 경이로운 일이 발생하는 것은 5년째부터다. 4년 동안 3센티미터밖에 자라지 않은 대나무가 하루에 5센티미터씩 자라기 시작해 몇 달 만에 15미터, 큰 것은 20미터 가까이까지 자라난다. 정말 독특한 성장방식 아닌가. 그렇다면 모소 대나무는 왜 5년째가 되면 갑자기 폭풍성장을 하는 걸까. 답은 뿌리에 있다. 모소 대나무를 포함해 모든 대나무의 뿌리는 땅속에서 수평으로 뻗어가는 리좀적 형태를 취한다. 모소 대나무는 성장을 시작하기 전 4년 동안 수십 미터에 걸쳐 엄청난 규모의 얽히고설킨 뿌리를 펼쳐놓는다. 뿌리는 성장에 필요한 영양분의 공급처다. 대나무가 5세가 되어 싹이 돋는 순간, 그동안 펼쳐놓은 뿌리로부터 엄청난 영양분을 한 번에 공급받기 때문에 순식간에 폭풍성장을 하는 것이다. 뿌리 기반이 워낙 넓고 견고해 비바람은 물론 가뭄도 다른 대나무보다 쉽게 견디어낸다.

영양분을 공급받아 그때그때 성장하는 것이 일반적이지만, 모소 대나무는 다른 성장방식을 택했다. 뿌리를 다지고 펼치는 과정, 즉 성장을 위한 준비 과정에 대부분의 시간을 투입하고 실제 성장은 최단 시간에 해버린다. 달리 생각하면 땅속에 뿌리를 내리고 펼치는 것도 일종의 성장이다. 다만 우리 눈에 보이지 않는 성장, 수평적 성장이라는 차이가 있을 뿐이다. 사람으로 치면 대기만성형이라고나 할까, 무림의 고수라고나 할까. 응축된 힘을 한 번에 뿜어내는 것이다. 심고 기르는 농부의 입장에서 볼 때 모소 대나무는 대단한 '참을성'과 '인내심'이 필요한 식물이다. 말은 쉽지만 실로 어려운 일이다. 아무리 물을 주고 거름을 주고 정성을 쏟아도 가시적 성과가 없다면 실망하고 포기하기 쉽다.

사람을 키우는 일도, 기업을 키우는 일도, 예술적 영감을 키우는 일도 마찬가지다. 조직을 이끄는 리더에게는 인내심과 함께 겉으로 드러나지 않은 뿌리와 본질을 보는 통찰력이 필요하다. 흙에 가려 보이지 않는, 땅속에서 작동되는 뿌리의 변화를 볼 수 있어야 한다는 말이다. 그래야 정말 죽은 대나무인지, 조금 참고 투자를 지속하면 폭풍성장할 나무인지를 구별해낼 수 있기 때문이다. 인재에 대해서도, 기술에 대해서도, 비즈니스에 대해서도 마찬가지다. 뿌리는 원형이다. **원형인 뿌리를 볼 수 있는 통찰력이 바로 '원형력'이다.** 심리학자 카를 융은 이렇게 말했다. "꽃은 피었다가 지지만 리좀은 땅속에 계속 살아남는다. 인간의 진정한 모습도 겉으로 드러난 의식보다 무의식이란 리좀 속에 감추어져 있다. 리좀은 원형이다."


리좀형 기업은 M&A로 성장한다, 시스코

리좀은 식물의 성장뿐 아니라 기업의 성장에도 하나의 원형이 된다. 자체적 성장, 즉 유기적 성장을 추구하는 기업은 수목형 기업이다. 이런 기업도 가끔씩 전략적 필요에 의해 M&A를 한다. 그렇다고 이런 기업을 리좀형 기업 또는 리좀적 성장전략을 추구하는 기업이라고 말하지 않는다. M&A가 성장의 본질이 아니기 때문이다. M&A 자체가 성장전략인 기업, 1년에 몇 개씩, 심지어는 열 개씩 M&A하는 기업, 그래서 다른 기업들과 접속되고 연결되는 것이 일상화되어 있는 기업이 리좀형 기업이다.

리좀형 기업의 대표주자는 시스코다. 시스코는 1984년 렌 보삭과 샌디 러너 부부가 샌프란시스코에서 창립한 네트워킹 솔루션 및 장비회사다. 세계 네트워크 장비시장의 3분의 2를 차지하고 있는 글로벌 대기업이다. 시스코란 이름은 샌프란시스코에서 앞부분 '샌프란'을 빼고 남은 부분에서 가져왔다. 회사의 로고도 샌프란시스코의 금문교를 형상화했다. '네트워크를 네트워크한다'는 사업목적이 말해주듯, 회사의 본질이 네트워킹이다보니 다른 지역을 연결하는 다리가 회사의 이미지로 적합했으리라. 금문교는 강풍, 파도, 험한 지형 때문에 연결하기 어려운 두 지역을 여러 번의 실패 끝에 기술적으로도 성공적으로, 또 예술적으로도 아름답게 연결했다. 때문에 이를 바라보고 자라난 젊은 창업자들에게 커다란 영감을 주었다. 우리가 일상생활 속에서 자주 마주치는 특별한 다리나 건물 같은 조형물들은 알게 모르게 사람들의 뇌 속에 뿌리박혀 영감의 원천이 되곤 한다.

빌바오 구겐하임 미술관처럼, 옆으로 한없이 퍼져나가는 대나무의 줄기와 뿌리처럼 시스코가 성장하는 방식은 리좀적이다. 2015년까지 180개 정도의 회사를 인수했으니 회사가 창립된 1984년을 기준으로 하면 1년에 평균 여섯 개 회사를 인수한 것이다. 두 달에 한 번꼴로 기업을 인수했다는 말이다. 이 정도면 회사 자체가 M&A로 먹고살고 M&A에 이력이 났다고 봐도 좋을 듯하다. 매번 성공만 하는 것은 아니지만 성공률이 90퍼센트 정도라고 하니 이 또한 놀라운 숫자다.

시스코가 수많은 이질적 기업을 인수해 지속적으로 성장할 수 있는 이유는 시스코의 성장전략, 조직구조, 조직문화가 모두 리좀적이기 때문이다. 우선 다른 대기업에 비해 조직구조에 위계가 거의 없고 조직구조가 수평적이다. 다양성과 이질성을 인정하는 문화가 워낙 전통으로 확고히 뿌리를 내리고 있기 때문에, 아무리 기존 조직과 다른 기업이 새롭게 연결되어도 피인수기업이란 인식 없이 전체 조직의 일부로 자연스럽게 연결된다. 인수된 회사가 180개나 되니, 사실 이 정도면 어느 회사 하나가 중심이 된다는 것은 생각하기 힘들다. 중심이 없으니 변두리도 없다. 불과 한 달 전에 인수된 회사의 직원들도 모두 자신이 시스코의 중심이라고 생각한다. 기존 직원의 이직률보다 M&A한 기업 직원들의 이직률이 낮다는 것이 이런 사실을 반증한다.

시스코의 또다른 특징은, 창업을 위해 떠났던 직원들이 성공한 후 다시 창업한 기업과 함께 시스코에 M&A되어 돌아오는 경우가 많다는 점이다. 2015년에 은퇴했지만 1995년부터 20년간 시스코를 이끌어온 CEO 존 챔버스는 오히려 이런 직원들을 장려했다고 한다. 챔버스 스스로가 리좀적 사고로 가득찬 CEO였다. 입사와 퇴사를 마치 인터넷 접속과 분리처럼 생각한 것이다. 물론 다시 시스코에 접속되려면 그럴 만한 기술과 아이디어가 있어야 한다. 이렇듯 **시스코는 이어지고 끊어지고 다시 이어지는 과정이 반복되는 리좀의 특성을 그대로 보여주는 회사다.** 시스코란 리좀은, 아무리 기술적·문화적으로 다른 기업도 자연스럽게 연결할 능력을 갖고 있다. 최고의 인재가 모이고 조직문화가 역동적이어서 혁신 기업들 스스로 먼저 접속하려고 하는 경우가 많다.

시스코가 기업을 인수할 때, 다른 것은 아무리 달라도 좋은데 하나에 대해서만은 공통점을 요구한다. 미래를 바라보는 비전과 시각이다. 미래를 보는 시각이 다르면 같은 목적과 전략을 추구하기 힘들기 때문이다. 리좀처럼 수평적이고 다양한 기업들이 공존하고 있고 항상 변해가는 기업이기 때문에 미래 비전을 공유하는 것은 그만큼 더 중요하다. 비전 공유가 다양성을 통합하는 중력 역할을 한다는 말이다. 그리고 경험을 통해 축적한 규칙도 하나 있다. 직원 수 75명 이하, 엔지니어의 비율이 75 퍼센트 이상인 기업만을 M&A 대상으로 한다는 것이다. 이미 궤도에 오른 대기업이 아니라, 새로운 기술력을 갖춘 소규모 혁신기업만을 대상으로 한다는 말이다. 필요한 기술만 있으면 인수해서 키우겠다는 의도다. 이런 점에서 시스코의 기업인수는 일반적 M&A라기보다 인수해서 개발하는A&D<sup>Acquisition & Development</sup>에 가깝다. 감자 같은 땅속 줄기식물을 캐보면 하나의 뭉치에 고만고만한 비슷한 크기의 감자들이 매달려 있다. 리좀은 하나의 큰 것을 만들기보다 작은 것 여러 개를 만드는 데 영양분을 소비한다. 개별적으론 작아도 연결된 전체로는 크고 광범위한 것, 그것이 바로 시스코가 추구하는 목표다. 시스코라는 조직 자체도 그렇고 네트워크를 네트워킹하는 시스코 비즈니스의 본질도 그러하다.

## 왜 미국과 유럽이 ISIS에 취약한가

식물이든 건물이든 기업이든 리좀형 구조와 수목형 구조는 성장방식이 다르다. **에너지를 얻고 에너지를 쓰는 방식이 다르다는 말이다.** 물론 하나가 다른 것보다 일방적으로 우월하거나 열등하다는 의미는 아니다. 규칙의 정도란 측면에서 보면 리좀형이 보다 자유롭고 규칙이 적은 구조다. 흐물흐물한 리좀에 규칙을 하나씩 더해가면 꽉 짜이고 합리적인 수목형 구조를 유도할 수 있다.

한 가지 분명한 사실은 수목형 프레임으로는 리좀형 프레임을 이해하기 힘들다는 점이다. 전형적인 수목형 조직은 군대다. 상하위계가 철저하고 수직적인 조직이다. 명령의 시작과 끝이 명확하고 입구와 출구도 하나다. 군대는 적도 자기와 같은 군대일 때 싸우기 편하다. 아무리 강한 적일지라도 말이다. 전혀 성격이 다른 리좀형 조직, 즉 게릴라, 테러집단, 소말리아 해적과 싸울 때에는 어려움을 겪는다. 군사작전과 관련한 최고 의사결정권자는 대통령이다. 대통령은 전형적인 수목형 관료조직인 행정부의 수반이다. 미국으로 치면 CIA나 FBI 같은 정보조직도 수목형 조직이다. 이 같은 수목형 조직들끼리 함께 모여 일하면 연결과 접속이 원활하지 못할 수 있다. 수목형 조직은 수목형 사고방식에 젖어 있기 마련이다. 수목형 조직의 수목형 사고 프레임으로 보면 아무리 다양한 수목이 모여 있어도 리좀형 조직과 리좀형 프레임을 이해하는 데 어려움을 느낄 수밖에 없다.[33] 상대방을 정확히 이해하지 못하면 대응전략을 수립하고 전쟁을 수행하는 데 효율성이 떨어진다.

수목형 조직이 리좀형 조직을 다루는 데 어려움을 느끼는 이유는 두 가지다. 하나는 **수목형 조직은 '이겨야 이기지만', 리좀형 조직은 '지지 않으면 이기는' 경우가 많기 때문이다.** 베트남전쟁에서 베트콩이 살아남았고 미국은 실패하고 떠났다. 탈레반, 알카에다, ISIS<sup>Islamic State of Iraq and Syria</sup>에 이르기까지 이슬람 극단주의 테러조직과 싸우는 데 있어, 압도적 군사력과 정보력을 보유한 미국이 어려움을 겪고 있는 이유가 바로 여기에 있기도 하다. 다른 이유는 리좀형 조직은 구조적으로 생명력이 강해 더 오래 살아남는다는 점이다. 지구에서 가장 오래된 식물은 대부분 리좀형 식물이다. 잔디는 아무리 밟아도 잘 죽지 않는다. 대나무 뿌리는 집의 벽과 온돌도 뚫고 들어온다고 할 정도로 질기다. 남극에서도 생존하는 몇 안 되는 식물 중 하나가 일종의 잔디다. 일단 일부분에 문제가 생겨 약해지면 주위에 얽혀 있는 다른 뿌리줄기가 그 기능을 대신한다. 회생불능으로 완전히 죽은 잔디는 그 부분만 들어내고 새것으로 심으면 된다. 새로 심은 부분은 놀랍도록 기존 잔디와 융합이 잘된다. 나무의 경우라면 몸통의 일부분이 병에 걸려 죽었을 때, 이를 잘라내고 다른 몸통으로 대체한다는 것은 생각하기 힘들다.

미국의 행정, 군사 및 정보조직은 위계질서가 확실한 전형적인 수목형 조직이다. 이런 조직에서는 위계, 명령, 규율이 중요하고 명령이나 정보도 한 방향, 즉 위에서 아래로만 흐른다. 보고는 아래에서 위로만 한다. 모든 작전이 일관된 명령을 통해 수행된다. 이런 조직은 싸워야 할 적이 명확할 때 매우 효율적이다. 모든 권한이 조직의 수장에게 집중되어 있어 신속한 명령과 작전 수행이 가능하기 때문이다. 이에 반해, 이슬람 극단주의 조직은 권력과 정보가 수평으로 흐르는 리좀형 조직이다. ISIS를 보면 수많은 이질적 조직들이 ISIS라는 깃발하에 모여 있을 뿐이지, 조직, 지도자, 정책, 심지어 정치적 목적은 모두 다르다. 리좀형 조직에도 중심은 있지만 수목형 조직같이 모든 권한이 집중되어 있는 중심과는 다르다. 그래서 중심이 무너져도 치명적이지 않다. 비슷한 중심들이 많아 쉽게 역할을 대신할 수 있기 때문이다.

리좀형 조직을 다루기 힘든 또다른 이유는 조직의 '확장 가능성'이 높다는 점이다. 레고로 치면 사방팔방으로 다양한 모양의 접속부가 부착된 블록과 같다. 이것저것 따지지 않고 비전만 공유하면 쉽게 확장된다. 지붕을 늘리기가 쉽다는 말이다. ISIS의 경우 지하드(성전)를 통해 이라크와 시리아에 이슬람국가를 세운다는 비전만 공유하면 누구나 받아들인다. 쉽게 확장된다는 것은 어찌 보면 어중이떠중이들이 모일 가능성이 높다는 말이기도 한데, 역설적이게도 이 '어중이떠중이' 조직이 치밀하고 합리적이고 효율성을 중시하는 미국의 군대와 정보조직에 강한 면모를 보인다. 리좀형 조직을 공격할 때는, 하나의 가지나 뿌리를 쳐내거나 잘라내거나 파괴하는 것만으론 큰 의미가 없다. 다른 뿌리와 줄기가 쉽게 이를 대체하고 쉽게 치유되기 때문이다. 잘라내는 것으론 부족하고 통째로 들어내는 수밖에 없다. 리좀형 조직은 수목형 조직엔 강하지만 리좀형 조직에 약하다. 이이제이以夷制夷 전략에 비유컨대, 이以리좀 제制리좀 전략이 효과적이다. 얼마 전 네덜란드가 ISIS 테러공격을 당했을 때, 네덜란드의 길거리 오토바이 갱들이 ISIS와의 결전을 선언한 적이 있다. 뉴스에선 일개 우스갯소리 정도로 소개했지만 리좀과 리좀의 대결이란 면에서 새로운 발상이다.

# 위대한 리더와 미켈란젤로의 공통점?
## 조각하지 않고 '캐낸다'

거장의 예술작품 중에 '미완성'이란 이름이 붙은 작품들이 있다. 이중 몇 개는 완성된 작품들보다 더 높게 평가받고 인기도 높다. 미켈란젤로의 조각품 〈노예상〉이 대표적 예다. 미완성이니 뭔가 부족한 게 있을 텐데, 왜 이 작품들은 그다지도 높게 평가받는 것일까.

### 돌덩어리에서 꿈틀대는 완성품을 캐낸 미켈란젤로

미켈란젤로의 〈노예상〉은 이탈리아 피렌체의 아카데미아 미술관에 전시되어 있다. 사실 이 미술관에서 제일 유명한 작품은 미켈란젤로의 〈다윗〉이다. 주연급 작품이 〈다윗〉이고 이를 보러 가기 전에 스타를 보조하는 백댄서처럼 입구 쪽에 도열해 있는 것이 〈노예상〉이다. 왕도 아니고 거

미켈란젤로, 〈노예상〉

기에 완성도 못 된 채 서 있는 노예상, 하지만 처음 이 조각들을 보았을 때의 느낌은 가히 충격 그 자체였다. 꿈틀대는 인체가 돌덩어리를 박차고 금세 뛰쳐나올 것만 같았기 때문이다.

〈노예상〉은 형식상으론 미완성이다. 아직 조각되지 않은 대리석 덩어리 부분이 남아 있기 때문이다. 그런데 일반적인 미완성 조각과는 전혀 느낌이 다르다. 이미 대리석 속에 완벽하고 치밀하게 조각된 완성품이 들어 있다는 느낌 때문이다. 누가 완성품 위에 회반죽을 붙여놓았는데 미켈란젤로가 그걸 떼어내다가 다 떼어내지 못한 것 같은 바로 그 느낌이다.

돌은 다른 재료보다 작업하기 힘들다. 잘못 깎아내면 도로 붙일 수 없기 때문이다. 그래서 먼저 큰 덩어리를 대충의 윤곽대로 잘라내고, 그 다음에 좀더 구체적으로 잘라내는 작업을 반복해 어느 정도 윤곽이 잡히면 세밀한 조각을 하는 게 일반적이다. 미켈란젤로의 〈노예상〉은 다르다. 완성된 부분은 거의 완벽하게 조각되어 있기 때문이다. 오히려 미완성된 덩어리가 붙어 있기 때문에 완성된 부분이 더욱 생생하게 다가온다. 그러니 회반죽을 털어내고 완성품을 '캐낸다' 또는 '끄집어낸다'는 느낌이 들 수밖에 없다. 원형을 캐낸다고 볼 수도 있다. **미켈란젤로는 노예를 조각했다기보다 돌덩어리에 갇힌 노예를 해방시킨 것이다.** 미켈란젤로에게 조각이란, 돌 같은 재료 속에 갇혀 있는 형상을 캐내는 것이다.

작품을 의도적으로 미완성으로 남겨놓는 기법을 '논 피니토$^{non\ finito}$'라고 한다. 완성 작품엔 최종적 결론만 있는 데 반해 미완성 작품엔 작업 과정에 대한 정보까지 들어 있다. 더불어 나머지 부분이 완성됐다면 최종적 모습은 어떠했을까 하는 상상력도 자극한다. 미완성 작품은 원형은 있되 최종적 표현 결과는 달라질 수 있다는 가능성을 품고 있다. 다양한 가능성을 내포한 최종 결과가 열려 있고, 그 열린 결과를 향해 끊임없이 노력하는 과정 자체가 '진정한 완성'이다.


## 위대한 리더는 조각하지 않고 '캐낸다'

축구의 명가 맨체스터 유나이티드는 전설적인 감독 알렉스 퍼거슨이 은퇴한 이후 이전만큼 성적이 좋지 않다. 퍼거슨 감독은 1986년부터 2013년까지 26년 동안 사령탑을 맡으면서 루니를 비롯해 개성이 뚜렷한 선수들을 잘 관리해 맨체스터 유나이티드를 명실상부한 영국 프리미어리그 최고의 명문 팀으로 만들었다. 맨체스터 유나이티드는 전 세계적으로 천만 명 이상의 팬과 서포터가 있다고 알려져 있다. 박지성 선수가 활약했던 팀으로 한국에서도 인기가 높다. 2013년 새로 들어온 데이비드 모예스 감독은 나름대로 맨체스터 선수들을 자신의 조각칼로 조각하려다 실패하고 1년도 못 되어 경질되었다.

퍼거슨 감독의 자서전을 보면, 모예스의 실패 원인을 명확히 지적하고 있다. 맨체스터 유나이티드는 팀 색깔이 분명한 팀이다. 속도가 빠른 축구를 한다. 선수들은 이런 전통에 자부심을 느낀다. 바로 맨체스터 유나이티드 축구의 원형이다. 개성이 강한 선수도 많다. 이에 반해, 모예스 감독은 속도를 늦추며 찬스를 노리는 축구를 구사한다. 팀에도 이런 전략을 심으려 했다. 맨체스터 유나이티드라는 명문 축구클럽, 그리고 여기서 커온 선수들의 개성을 존중해주지 않고 자신의 취향대로 팀을 조각하려 했다.

레고가 한때 '레고다움'을 포기했던 것처럼 모예스는 '맨체스터 유나이티드다움', 즉 그 원형을 바꾸려 했다. 여기에 모예스의 결정적 한계가 있었다. 팀의 일관성을 유지하기 위해 일정 기간 동안 과거 코치진을 계속 두라는 퍼거슨 감독의 부탁도 무시한 채, 어느 날 갑자기 코치도 모두 바꾸고 전략도 바꾸어버렸다. 심지어 선수들의 장단점도 고려하지 않고 무작정 조각칼을 들이대니 리더십이 생길 수 없었다. 아마추어 리더였던 것이다. 퍼거슨의 표현을 빌리면 모예스는 "맨체스터 유나이티드가 얼마나 큰 팀인지를 인식하지 못했다"고 할 수 있다. 여기서 크다는 것은 조직 규모가 크다는 의미가 아니다. 조직이 열려 있고 다양성이 있고 핵심경쟁력이 확고하다는 의미다. 물론 앞선 퍼거슨 감독의 성과가 워낙 뛰어났었기 때문에 모예스 감독으로서도 차별화를 위해 고육지책을 꾀했다고 해석하는 사람들도 있다. 앞선 리더가 탁월했기 때문에 그냥 따라가자니 자신의 존재감이 희미해지는 것 같고 그래서 차별화를 위해 무리수를 두다보니 결국 딜레마에 빠져 실패한 것이다. 이런 딜레마를 일컬어 '**모예스의 딜레마**'라는 신조어까지 생겼다. 어쨌든 모예스는 인재를 캐내지 못하고 리더 마음대로 조각하려 했기 때문에 맨체스터를 명품으로 조각하는 데 실패했다.

조직을 운영할 때 가장 어려운 것이 사람관리다. 아무리 로봇기술이 발전되고 자동화가 진행되어도 사람을 제대로 관리하지 못하고는 조직을 운영할 수 없기 때문이다. 조직을 운영하면서 경영자가 범하기 쉬운 오류는 조직구성원들을 자신의 조각칼로, 자신이 원하는 모습으로 조각할 수 있다고 생각하는 것이다. 바로 아마추어 리더가 조직을 이끄는 방식이다. 사람은 로봇이 아니다. 사람들을 경영자 자신이 원하는 방식으로 조각할 수 있다고 생각하는 것은 애초에 잘못된 생각이다. 물론 잠시 동안은 경영자가 조각하는 대로 깎이고 다듬어지는 것처럼 보일 수도 있다. 경영자가 인사권과 예산권을 갖고 있으니 마지못해 그렇게 행동할 수는 있다. 하지만 이런 모습이 얼마나 갈 수 있겠는가.

큰 리더는 이렇게 사람을 다루지 않는다. 각 직원의 장점을 있는 그대로 살려준다. 리더라면 사람마다 능력과 개성이 다양함을 인정하고 직원들의 장단점을 정확히 파악하는 눈을 가져야 한다. 그래야 미켈란젤로가 연습 없이 직접 돌에 칼을 대어 완성품을 캐어내듯, 섣부른 칼질로 직원들에게 상처를 주지 않고 개성을 살리면서 필요한 인력으로 키워낼 수 있

253

다. 원형을 살려줄 수 있다는 말이다. 직원들의 장단점을 정확히 파악해 장점을 최대화하고 단점을 최소화할 수 있는 곳에서 활용하는 것이 바로 리더가 해야 할 일이다. 물론 여기서 장단점은 현재의 능력뿐 아니라 잠재적 성장 가능성도 포함한 개념이다. 미켈란젤로가 돌 속에 속박된 노예를 해방시키듯, 직원들의 잠재력을 해방시켜줄 수 있는 리더가 진정한 리더다.

## 큰 그릇엔 완성이란 없다

『노자』를 보면 대기면성大器免成이란 말이 나온다. 여기서 면免은 '면제'나 '면역'이란 단어에서 사용되는 글자다. 무엇이 없다는 뜻이다. 직역하면 '큰 그릇은 완성됨이 없다'는 뜻이다. 예를 들어 지구만한 그릇을 만들었다고 상상해보자. 지구만한 크기의 그릇이 완성되는 순간, 이 그릇은 지구보다 지름이 1미터 큰 그릇보다 작게 된다. 아무리 그릇의 크기를 늘려도 그보다 1미터, 아니 1센티미터 더 큰 그릇이 존재하는 것이다. 그릇이 완성되어 그 크기가 확정되면 항상 그보다 큰 그릇이 생긴다. 그래서 완성된 그릇은 아무리 커도 진정한 큰 그릇이 될 수 없다. 역으로 생각하면 완성되지 않고 미완성 상태로 있는 그릇, 완성을 향해 항상 변해가는 과정에 있는 그릇만이 진정 큰 그릇이 될 수 있다. 세잔과 같이 원형을 추구하는 마스터들이 목표를 향해 접근해가는 방식이다. 어찌 보면 원형을 추구한다는 것 자체가 끊임없이 변해가고 성장해가는 과정일 뿐, 완성이 허락되지 않는 영원한 미완성 상태다. 스스로 무언가 완성되었다는 느낌을 받는다면 다시 자신을 깨고 죽이고 새로 미완성 상태로 태어나는 그릇만이 진정 큰 그릇이 될 수 있다.

〈스타워즈〉를 처음 만든 조지 루카스 감독은 "영화에 완성이란 있을 수 없다"고 딱 잘라 말했다. 그래서 완성 후에도 수정본을 낸다. 루카스 감독이 이탈리아에 가서 미켈란젤로의 미완성 〈노예상〉을 보았을 수는 있어도 『노자』를 읽었을 것 같지는 않은데 정말 비슷한 생각이다. 대기면성이란 개념은 움베르토 에코가 말한 열린 생각, 열린 작품, 열린 예술에서와 같은 '열림'이란 개념과도 일맥상통한다. 에코가 말한 열린 예술은 하나로 확정해 해석할 수 없는 예술작품을 뜻한다. 다양한 해석이 가능한 작품, 정해진 질문에 대답하는 작품이 아니라 새롭게 질문을 던지는 작품, 그래서 관객의 역할이 더욱 커지는 작품이 열린 작품이다. 아인슈타인의 상대성원리, 하이젠베르크의 불확정성 원리가 적용될 수 있는 작품들이다. 미완성은 열려 있는 것이고, 열려 있다는 것은 다양하게 변할 수 있다는 것이다. 변하고 성장하는 것은 곧 살아 있음의 징표다.

사람도 마찬가지고 기업도 마찬가지다. 진정으로 큰 인물은 엄청나게 큰일을 한 번 성취한 사람이 아니다. 끊임없이 노력하고 변화해서 성과를 지속적으로 이어가는 사람이다. **'일관성 있는 승자**consistent winner'라고도 한다. 기업도 마찬가지다. 진정으로 큰 기업은 기업 규모가 큰 기업이 아니다. 한국 거래소에서 시가총액이 가장 큰 기업은 삼성전자다. 미국 거래소에서 시가총액이 가장 큰 기업은 애플이다. 애플은 미국뿐 아니라 세계에서 시가총액이 가장 크다. 그렇다면 애플이 세상에서 가장 큰 기업인가. 규모를 매출액이나 종업원 수로 측정해도 마찬가지다. 아무리 커도 시가총액이 1달러 더 큰 기업, 종업원이 한 명 더 많은 기업, 매출액이 1달러 더 많은 기업이 언제든지 나타날 수 있다. 이익이든, 매출액이든, 시가총액이든, 종업원 수든 이런 지표로는 진정으로 큰 기업, 즉 '노자형 대기업'을 규정할 수 없다. 진정 큰 기업, 진정 위대한 기업은 그치지 않고 변하면서 커가는 기업이다. 노자가 대기면성에서 말한 바로 그 '큰 그릇'이다.

PART 04

생
명
력

# 고흐의 그림처럼 나선형 에너지가
## 충돌하는 기업, 넷플릭스

왜 사람들은 고흐의 작품에 그렇게 열광하는 것일까. 강렬하고 명쾌한 색채, 단순하고 평면적인 공간구성, 출렁이고 꿈틀대는 붓 터치 때문만이 아니다. 외로움과 가난 속에서 몸부림치며 토해낸 격정적 에너지부터 고갱과 결별한 후 자신의 귀를 잘라낸 행동에 이르기까지, 고흐의 삶 자체가 영화 스토리 감이다.[1] 고흐를 좋아하는 구체적 이유가 무엇이든 사람들은 그의 작품을 볼 때마다 강렬한 에너지를 느낀다. 왜 그럴까. 고흐는 에너지를 어떻게 표현했을까.


## 나선형 에너지가 꿈틀대는 고흐의 그림

회화적 차원에서 보면 고흐는 과거로부터 다양한 영향을 받았다. 단순한 구도와 밝고 강렬한 원색은 일본의 전통판화 우키요에로부터, 그리고 입체감 없는 평면적 공간구성은 마네로부터 영향을 받았다.[2] 이렇게 보면 고흐의 진정한 독창성은 휘감으며 꿈틀대는 강렬한 붓 터치에 있다고 말할 수 있다. 바로 한눈에 고흐의 작품임을 알아볼 수 있게 하는 특성이기도 하다. 고흐가 고갱과 다툰 후 1889년에 그린 대표작 〈별이 빛나는 밤〉을 보자.

그림을 자세히 보면 중앙에서 꿈틀대는 나선형 모양이 시선을 끈다. 화폭을 좌우로 가로질러 휘몰아치는 나선형 모양이다. 밤엔 구름이 보이지 않을진대, 고흐가 그린 것은 어둠 속에 충만한 '밤의 에너지'다. 고흐

반 고흐, 〈별이 빛나는 밤〉

처럼 감각의 촉이 예민한 사람에겐 오히려 밤에 더 많은 것이 보일 수도 있다. 상하로 움직이는 에너지는 검게 피어오르는 사이프러스 나무로 표현돼 있다. 겉으로 잘 보이진 않지만 나무는 그 자체가 나선형이다. 몸통을 중심축으로 줄기, 가지, 나뭇잎이 나선형으로 돌아가며 위치해 있다. 그래서 나무는 살아 있는 소용돌이다.

에너지 충돌은 물리적 현상만이 아니다. 심리적 에너지도 충돌한다. 사실 고흐는 이 작품을 정신병원에서 그렸다. 거의 유일한 친구였던 고갱에 대한 우정과 증오의 충돌, 정신병원에서 느끼는 삶과 죽음, 정상과 비정상에 대한 충돌 역시 에너지의 충돌이다. 이런 에너지 충돌은 나선형의 물결이 되어 화폭을 지배한다.

물리학적으로 보면 **나선형은 상반되는 힘과 힘이 충돌할 때 생긴다.**[3] 사실 우리를 둘러싼 자연, 그리고 인간 자체가 다양한 에너지가 충돌하는 장이다. 양송이버섯을 반으로 절단했을 때 보이는 모양도 소용돌이 vortex라고 불리는 나선형이다. 이 모양은 강물이 흐르다 갑자기 장애물을 만났을 때 힘과 힘이 충돌해 소용돌이치는 모양과 같다. 버섯도 습지에서 자라고 대부분이 물로 구성되어 있기 때문에, 자라던 버섯이 위로부터 압력을 받으면 나선형 모양으로 굽어들어간다. 그리스 건축에서 흔히 볼 수 있는 이오니아 양식의 기둥에서도 나선형이 핵심문양이다.[4] 이오니아 기둥에서의 에너지 충돌은, 신들의 에너지와 인간 에너지의 충돌이다. 신들의 억압에 저항해 밑에서부터 하늘을 향해 솟구치던 인간의 에너지가 하늘에서 누르는 신들의 에너지와 충돌해 위축되면서 아래로 굽어들어간다. 이렇게 탄생한 것이 나선형 모양의 기둥이다. 신과 인간의 에너지 충돌이 건축 양식으로 표현된 것이 이오니아식 기둥이라면, 이런

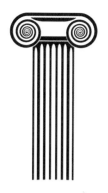

이오니아 기둥(좌)과 양송이버섯(우)

에너지 충돌이 스토리로 표현된 것이 그리스신화다. 신과 인간의 에너지가 충돌하면, 스토리도 나선형으로 휘고 꼬인다. 그래서 그리스신화는 재미있고 흥미롭다. 움직이는 하나의 에너지가 다른 에너지의 저항에 부딪히면, 그 에너지가 무엇이든 소용돌이 형태로 휘면서 균형이 잡힌다. 이것이 자연스러운 세상만사의 이치요, 원리다.

이제 왜 사람들이 반 고흐의 그림에 열광하는지 답할 때가 됐다. 나선형 에너지가 꿈틀대는 고흐의 그림은 나선형 DNA구조로 만들어진 사람과 닮았기 때문이다. 그만큼 주파수가 잘 맞는다는 말이다. 인간의 DNA구조뿐만이 아니다. 우리를 둘러싸고 있는 자연과 사회 또한 고흐 그림처럼 힘과 힘이 충돌하는 세상이다. 결국 고흐 작품이 뿜어내는 에너지 파동이 사람들의 에너지 파동과 결합되면서 폭발적 공감대를 형성하는 것이다. 즉 두 개의 에너지 파동이 공진resonance한다는 말이다.[5]

뛰어난 화가들은 본능적으로 자연의 본질적 에너지가 나선형으로 표출된다는 것을 이해하고 있는 듯하다. 대지미술land art 예술가인 로버트 스미스슨은 미국 유타 주 호수에 거의 7천 톤에 가까운 돌을 쌓아 〈나선

261

형의 방파제〉라는 작품을 만들었다. 물에 잠긴 돌에 소금결정이 맺히고 미생물 번식으로 자연스럽게 변해가는 방파제를 보여주기 위해서다. 스미스슨의 말이다. "영원히 존재하는 작품보다 있다가 사라지는 작품이 더 자연적이다. 그리고 가장 자연스러운 형태는 나선형이다."

## 항상 흐르고 변하는 것이야말로 살아 있음의 본질

클림트의 그림 중에 〈생명의 나무〉란 그림이 있다. 이 그림을 보면 모든 나무줄기가 나선형으로 되어 있다. 클림트 역시 예술가의 예민한 감각으로 생명을 나타내는 형태는 나선형임을 느끼고 보았던 것이다. 나무 중간쯤에 검은 새가 앉아 있다. 검은 새는 죽음을 표상한다. 생명의 나무에 죽음을 상징하는 검은 새가 떡 하니 앉아 있는 것이 이상해 보일 수도 있다. 하지만 진정 살아 있음이란 죽음을 필요로 한다. 인간의 세대가 바뀌듯, 자연의 계절이 바뀌듯, 지금 흐르는 강물이 어제의 강물이 아니듯, 이전 것이 흘러가고 새로운 것이 새롭게 흘러와야 진정 살아 있는 것이다. 나무라는 원형은 유지하되 항상 태어나고 죽는 것, 항상 흐르고 변하는 것이야말로 클림트가 표현하고자 했던 살아 있음의 본질이다. 나선형이란 형태가 갖고 있는 특성이기도 하다.

나선형은 비슷해 보이지만 원circle과 다르다. 원은 단순한 순환, 반복적 순환을 나타내지만 나선형은 변화, 갈등, 성장의 가능성까지 내포하는 순환이다. 나선형으로 표현되는 순환은 단순히 이전 것이 그대로 반복되는 것이 아니다. 순환은 순환이되 변화와 방향성을 내포하고 있는 순환

구스타프 클림트, 〈생명의 나무〉

이다. 단순히 이전 것이 반복되는 순환이라면 나선형보다 원으로 표현하는 게 더 적합해 보인다. 사람은 태어나고 자라고 늙고 죽고 다시 태어난다. 이때 다시 태어난 사람을 자식이라고 생각하면, 사람은 같은 사람이되 이전의 사람과 다른 사람이다. 유전자의 50퍼센트만 공유하고 있는, 버전이 다른 사람이다.

봄, 여름, 가을, 겨울이 지나 다시 봄이 온다. 새로운 봄은 봄이되 작년의 봄과는 다른 봄이다. 그래서 김기덕 감독의 영화 제목도 '봄, 여름, 가을, 겨울'이 아니라 '봄, 여름, 가을, 겨울, 그리고 봄'인 것 같다. 우리 몸을 구성하는 세포도 같은 형태를 유지하지만 항상 새로운 세포로 바뀐다. 그래서 살아 있는 세포다.

기업도 마찬가지다. 그 원형은 유지되지만 항상 새로운 제품과 비즈니스 모델로 변화하고 흘러야 살아 있는 기업이다. 거꾸로 말해 항상 고정되어 있고 변하지 않으면 죽은 기업이다. 반대로 변하지 않는 본질과 원형의 받쳐줌 없이 변화만 추구한다면 이 또한 하루살이 기업이다. 이와 같이 원형은 유지되지만 그 안에서 항상 변화하고 흐르는 것이 바로 생명이요, 살아 있음이다.[6] 나선형은 동일한 원의 반복이 아니라 원이란 형태는 유지하되 지름이 다른 원으로 계속 바뀌어가며 지속적으로 퍼져나간다. 그래서 살아 있는 형태요, 생명을 나타내는 형태다.

## 나선형으로 성장하는 기업, 넷플릭스

나선형은 우리가 살아가는 방식이요, 성장하는 방식이기도 하다. 나선형처럼 우리는 수많은 저항에 부딪히고 이를 극복하고 균형을 찾으며 성장한다. 소용돌이처럼 무게중심에서 벗어날수록 우리 감정과 주변은 거칠게 소용돌이친다. 우리의 삶은 중심으로 돌아가려는 힘과 분리되어 벗어나려는 힘이 충돌한다. 그러면서 성장한다. 나선형은 항상 밖으로 퍼져나가지만 중심은 일정하게 고정되어 있다. 그리고 곡선 어디서나 중심점과 이루는 각이 동일하기 때문에 언제나 본질을 유지한다. 예술작품으로 비유하자면, 나선형은 '세잔의 변하지 않는 원형'과 '모네의 순간적 변화'를 모두 내포하고 있는 곡선이다. 다양성과 통합성이 공존하는 형태다. 변하고 다양해도 마구잡이가 아니다. '관리된 다양성'이라고나 할까.[7] '움직이는 일관성moving consistency'이라고나 할까. 개인도 기업도 경제도 과거와 비슷한 곳에 있을지라도 결코 같은 곳은 아니다. 더 많은 지식과 경험을 가지고 더 큰 궤적 위에 서 있게 되는 것이다.

기업의 경우를 보자. 굴곡지고 휜 환경에서 지속적으로 성장하는 기업

을 보면, 그들이 의식하든 안 하든 나선형으로 성장한다. 넷플릭스<sup>Netflix</sup>
사례를 살펴보자.[8] 영화 대여 비즈니스의 역사는 넷플릭스 이전과 이후
로 나뉜다고 할 정도로, 이 산업과 시장의 패러다임을 혁신적으로 뒤바
꾼 기업이다. 시장을 흔들기 위해서는 직선적 사고로는 역부족이다. 마
치 담쟁이덩굴처럼, 비즈니스 모델을 나선형으로 꼬아내면서 수많은 저
항을 뚫고 몸을 뒤틀며 올라가야 한다. 초기 영화 대여시장은 구멍가게
수준의 동네 비디오 대여점으로 시작했다. 점점 시장 규모가 커지면서
규모의 경제를 내세운 '할리우드비디오', 그리고 '블록버스터'가 시장을
주도했다. 규모는 커졌어도 이때까지 기본적인 비즈니스 모델에는 변화
가 없었다.

시장에 파괴적 혁신이 발생한 것은 1999년, 신규 진입자인 넷플릭스
가 이전과는 전혀 다른 비즈니스 모델을 가지고 등장하면서부터다. 넷플
릭스 등장 이전까지 영화 대여산업에서 불문율처럼 지켜지고 있던 게임
의 규칙이 두 가지 있었다. 하나는 고객이 비디오나 DVD를 빌리러 대여
점에 가야 한다는 것이고, 다른 하나는 정해진 기간 내에 비디오나 DVD
를 반납하지 않으면 연체료를 지불해야 한다는 규칙이었다.[9] 고객들이
불편함을 느끼고 있었음에도 불구하고, 기득권을 가진 기업들 입장에서
는 혁신의 필요성을 전혀 느끼지 못했다. 기업들에겐 유리하고 불편함이
없었기 때문이다. 그래서 그냥 그렇게 지켜온 게임의 규칙이다.

넷플릭스는 이 두 가지 게임의 규칙을 모두 와해시키면서 시장에 등
장했다. DVD를 직접 고객에게 배달해주고 연체 부담금 없이 영화를 볼
수 있게 했다. 연체료 없이 볼 만큼 충분히 더 보고 반납한다는 것은 당시
로서는 충격적인 비즈니스 모델이었다. 영화 대여시장에서의 권력을 기

업에서 소비자들에게 돌려주었다고 표현할 수도 있겠다. 예상치 못한 전혀 다른 비즈니스 모델로 나타난 넷플릭스 앞에 블록버스터는 속수무책이었고 마침내 파산했다. 당시 시장을 주름잡던 블록버스터가 파산하리라고는 아무도 생각하지 못했다. 하지만 편히 앉아서 찾아오는 손님이나 받고, 하루라도 늦으면 연체료를 부과해 이익을 창출하던 비즈니스 모델은 지속 가능할 수 없었다.

비즈니스에서 혁신은 지속되는 법. 2000년대 중반부터 넷플릭스가 주도하던 시장에 새로운 혁신자들이, 넷플릭스가 과거에 그러했듯이 전혀 다른 비즈니스 모델을 가지고 등장하기 시작했다. 시장에서 다시 과거의 주도적 에너지와 새로 등장한 에너지가 충돌하기 시작한 것이다. 손님이 빌려 가든, 기업이 배달해주든 어쨌든 그때까지의 비즈니스 모델은 실물 비디오나 DVD를 직접 주고받는 것을 전제로 했다. 이제 게임의 이 기본적 규칙마저 파괴돼버렸다. 아마존이나 후루 같은 인터넷 서비스 제공자들이 고객들로 하여금 컴퓨터, 태블릿, 스마트폰을 통해 직접 영화를 다운받아 볼 수 있게 하는 스트리밍 모델을 내놓은 것이다. DVD가 배달되기를 기다릴 필요도 없고 DVD플레이어도 필요 없다. 2006년부터 배달을 통한 DVD 대여는 매년 10퍼센트 이상씩 감소했다. 넷플릭스는 강력한 경쟁자의 저항에 직면한 것이다.

할 수 없이 넷플릭스도 2007년부터 비디오 스트리밍 서비스를 제공하기 시작했다. 자사의 비즈니스를 스스로 잡아먹는 꼴이지만 어쩔 수 없었다. DVD 배달형 비즈니스 모델에서는 DVD를 많이, 다양하게 매입해서 고객들에게 빌려주면 되었다. 하지만 비디오 스트리밍 모델에서는 게임의 규칙이 완전히 바뀌었다. 스트리밍 서비스를 고객들에게 제공하기 위해서는 먼저 영화제작사로부터 라이선스를 구입해야만 했다. 영화를 다양하게 확보하기도 힘들어졌고 가격도 비싸졌다. 새로운 비즈니스 모델이란 장애물을 만나 넷플릭스의 비즈니스 모델은 소용돌이칠 수밖에 없었다.

질풍경초疾風勁草란 말이 있다. 진정으로 강인한 풀은 강풍이 불어와야 비로소 알 수 있다는 뜻이다. 기업도 진정한 강자는 강한 소용돌이가 휘몰아칠 때 가려지는 법. 마침내 넷플릭스는 다시 한번 시장의 판을 완전히 뒤바꾸는 결정을 한다. 강력히 돌진해오는 새로운 에너지에 맞서 스스로 비즈니스를 뒤틀며 다시 한번 새롭게 나선형 성장을 도모한 것이다. 나선형 모델의 특성은 기본 중심축, 즉 원형은 유지하며 다양성을 추구하는 것이다. 넷플릭스는 영화 대여라는 중심은 유지하되, 점점 더 이전 비즈니스 모델과는 간격이 벌어지는 과감한 혁신을 시도했다.

넷플릭스의 지속적 성장을 유지시켜줄 새로운 비즈니스는 무엇일까. 바로 스스로 영화를 제작하는 것이다. 만들어진 영화를 어떠한 경로를 통해 전달할 것인가를 고민하던 모델에서 영화 자체를 제작해서 확보하는 모델로 이동한 것이다. 인터넷을 통해 영화를 다운받아 보는 스트리밍 시대에 아마존 같은 인터넷 강자와 경쟁하고 동시에 질 높은 영화를 다양하게 확보하기 위해서는 변신이 필요했다. 처음 제작한 〈하우스 오브 카드House of Cards〉 시리즈가 미국에서 대대적으로 성공했고 이를 바탕으로 넷플릭스는 제작을 확대하고 있다. 에너지가 충돌하면 소용돌이가 생기기 마련. 넷플릭스는 다른 에너지에 부딪혔지만 스스로를 휘고 뒤틀면서 더 높은 곳을 향해 나선형 성장을 계속하고 있다. 앞으로 또 어떤 장애물이 등장할지, 이를 어떻게 극복할지 흥미롭다.

자신을 뒤틀며. 그러나 중심을 향해서는 일정한 각도를 유지하며 성장하는 나선형 성장은 아무나 할 수 있는 게 아니다. 시장의 에너지 흐름을 미리 간파하고, 힘이 있을 때 미래를 준비해야 한다. 잘나갈 때 휘어지고 구부리고 뒤트는 것은 사람에게나 기업에나 쉬운 일이 아니다. 영화 제작 경험이 전혀 없는 넷플릭스가 제작에 성공한 이유는 아마존이나 후루가 처음 등장할 때부터, 즉 기존의 비즈니스 모델이 꺾이기 전부터 스스로를 죽이고 다시 태어날 준비를 했기 때문이다. 영화 대여사업을 통해 광범위하게 구축한 네트워크를 바탕으로 관련 기업 인수, 인력 스카우트, 제작기술 확보를 체계적으로 추진했기에 나선형 성장곡선을 계속 탈 수 있었다. 넷플릭스는 현재 총수익의 3분의 2 이상을 비디오 스트리밍에서 획득하고 있으며, 유료 구입자만 3천만 명이 넘었다. 넷플릭스는 영화 대여라는 중심축은 유지하면서 계속 휘어지고 돌면서 밖으로 퍼져나가는 나선형 기업이다.

## 경제에서 충돌하는 에너지는 국경 간 자본 흐름

경제에도 흘러가고 충돌하는 에너지가 있다. 바로 자본이란 이름의 에너지다. 특히 국경을 넘나드는 자본은 충돌하기 쉽다. 국가 간 이해가 상반되기 때문이다. 물은 높은 곳에서 낮은 곳으로 흐른다. 자본 에너지는 이자율이 낮은 곳에서 높은 곳으로 흐른다. 미국 같은 선진국이 이자율을 올리면 자본은 신흥국을 떠나 선진국으로 흐른다. 떠나는 자본을 잡으려면 반대되는 힘이 필요하다. 이자율을 대폭 올리는 이유다. 글로벌 금융시장에서 상반되는 자본의 힘이 충돌하면 나선형 소용돌이가 생긴다. 외환시장이 출렁인다고도 하고 소용돌이친다고도 한다. 자본 에너지의 충돌을 나선형 소용돌이로 보면 외환시장의 출렁임은 자연스러운 현상이다.

끊임없이 자신을 나선형으로 뒤틀며 높은 벽을 타고 넘는 담쟁이덩굴처럼, 자본 흐름 또한 이런저런 힘이 부딪힐 때 스스로를 뒤틀면서 저항을 뚫고 움직여나간다. 숫양의 뿔도 나선형으로 자란다. 뿔이 직선으로 곧게 자란다면, 숫양은 커지는 뿔에 맞추어 중심을 잡기 위해 계속 몸의 무게중심을 옮겨야 할 것이다. 뿔이 나선형으로 자라면, 얼핏 힘들게 돌아가는 듯 보이지만 스스로 작용·반작용을 통해 균형을 이루며 성장할 수 있다. 나선형 성장 또는 소용돌이형 성장은 에너지가 충돌하는 세상에서 균형을 잡고 성장하는 방식이다. 이런 세상에선 직선적 성장은 효율적이지도 안정적이지도 않다.

외환시장도 평상시 어느 정도 변동성을 유지시키는 것이 시장을 자연스러운 나선형으로 성장시키는 방식이다. 한국의 외환시장은 평상시에는 다른 나라에 비해 변동성이 작다. 다른 나라들에 비해 변화가 매우 작다는 말이다.[10] 그런데 위기가 발생하면 상황이 달라진다. 다른 나라들보다 변동성이 커진다. 즉 변동성의 변동성이 크다는 뜻이다.[11] '질서 유지를 위해선 끊임없이 질서가 파괴되어야 한다'는 생명의 기본 원리에 비추어보면 생명력이 약하다는 말이다. 평상시에 다양한 거래가 발생하고 가격이 살아 움직이고 (좋은 의미의) 파괴가 진행되어야 외환시장의 질서와 안정성이 유지될 수 있는 것이다.

외환보유고가 중요한 것은 당연하다. 하지만 보다 근본적인 정책은 평상시에 다양한 성격의 자본 에너지가 다양한 거래를 통해 충돌하고 변동할 수 있도록 시장을 설계하는 것이다. 어찌 보면 가장 위험한 시장은 평상시에 아무런 저항이나 힘의 충돌이 없는 너무나 고요한 시장일 수 있다. 기업도 마찬가지다. 아무런 이견도 없고 한 사람 또는 한 가지 생각에만 고착되어 일사불란한 조직은 위험하다. 이런 기업은 극단으로 흐르기도 쉽다. 평상시에 끊임없이 파괴되지 않는 기업은 죽은 기업이다. 그게 세상의 원리요, 살아 있음의 원리다. 평상시 어느 정도 충돌과 갈등이 있다는 것은 그 조직이 살아 있다는 증거다. 에너지가 충돌하면 나선형 소용돌이가 생긴다. 나선형은 아무런 질서가 없는 혼돈(카오스)과는 다르다. 에너지가 충돌하는 세상에선 기업도 개인도 나선형으로 성장해야 한다.


큰 새는 바람을 거슬러 날고,
살아 있는 물고기는 물을 거슬러 헤엄친다

리더는 겉으로 드러난 현상 속에 숨겨져 있는 에너지의 흐름과 패턴을 볼 수 있어야 한다. 자본의 흐름이든, 비즈니스의 흐름이든 상반되는 힘이 충돌하면 나선형을 띠게 된다. 나선형 안에 숨겨져 있는 움직임 없이 고요한 무게중심을 볼 수 있어야 한다. 한 걸음 더 나아가 무게중심을 일정하게 유지하기 위해 어떤 경로로 기업을 성장시킬지도 그려내야 한다. 경제의 에너지를 파악하고 그려야 하는 리더들은, 에너지 충돌을 그린 나선형 예술작품을 반드시 참고할 필요가 있다. 에너지는 나선형으로 움직인다. 절대 직선으로 움직이지 않는다. 나선은 변하면서 변하지 않는다. 항상 비슷해 보여도 제자리로 돌아오는 법은 없다. 항상 원형은 유지하되 끊임없이 퍼져나가며 성장한다. 기업도 항상 변신해야 하지만 동시에 지켜야 할 중심이 있다. 원형이라고 생각해도 좋고 본질이라고 생각해도 좋다.

역설적으로 들릴 수 있지만, 듬직하게 움직이지 않는 무게중심이 있기 때문에 이를 바탕으로 지속적으로 변하고 성장할 수 있는 것이다. 중심이 확고하고 궤적이 아무리 커져도, 또한 궤적상의 어디에 있어도 중심과 같은 각도를 유지해야 성장하면서도 균형을 유지할 수 있다. 중심과 항상 같은 각도를 유지한다는 것은 중심과 코드를 맞춘다는 말이다. 어떤 제품을 만들든, 어떤 고객을 상대하든, 어떤 비즈니스 모델을 개발하든 CEO의 눈은 항상 무게중심을 바라보고 있어야 한다는 말이다. 기업이 성장할수록 무게중심과 각도를 맞춘다는 것은 실로 힘든 일이다. 그냥 신경쓰지 않고 있으면 기업은 성장하는 것 같지만 원처럼 제자리를 맴돌거나, 성장은 하는데 성장할수록 균형을 못 잡고 흔들거리게 된다. 이런 성장은 지속적 성장으로 연결될 수 없다.

생명력을 볼 수 있는 화가들은 에너지의 충돌을 보고 그 속에 숨겨진 패턴을 예술적으로 표현해낸다. 이런 그림에서 우리는 생명력을 느낀다. 꿈틀대고 살아 있다는 느낌을 받는 것이다. '대붕역풍비 생어역수영大鵬逆風飛 生魚逆水泳'이란 말이 있다. '큰 새는 바람을 거슬러 날고, 살아 있는 물고기는 물을 거슬러 헤엄친다'는 말이다. 시장과 산업, 그리고 자기 조직에서 나선형 생명력을 볼 수 있는 리더들은 휘몰아치는 역풍을 거슬러 날고 역류를 거슬러 헤엄칠 수 있다.

# 공항의 에스컬레이터는 왜 없어졌을까?
## 점성과 관성이 충돌하는 알폰스 무하

모기향이나 담배 연기를 보면 움직이는 모양에 패턴이 있다. 처음엔 직선으로 올라가다 나선형 모양을 거쳐 마지막엔 어지럽게 사방으로 퍼진다. 유체(기체나 액체)의 흐름에 상반되는 두 가지 힘이 작용하기 때문이다. 하나는 '계속 움직이려는 힘', 즉 **'관성의 힘**inertial force'이고 다른 하나는 '끈적끈적하게 잡아두려는 힘', 즉 **'점성의 힘**viscous force'이다. 두 힘의 상대적 크기에 따라 흐르는 모양이 결정된다. 점성의 힘이 지배적이면 규칙적이고 섞이지 않는 직선적 흐름을 보인다. 치고 나가는 관성의 힘이 더 커지면 붙잡아두려는 점성과 충돌해 파도, 덩굴, 소용돌이 같은 나선형 모양이 발생한다. 관성이 더욱 커지면 소용돌이 형태도 와해되고 유체의 흐름은 종잡을 수 없는 난류가 된다.

　유체역학에 **'레이놀즈 수**Reynold's number'라는 개념이 있다. 점성과 관성 간의 상대적 비율, 즉 '관성/점성'으로 측정된다. 이 값이 작다는 것은 점

272

성이 상대적으로 크다는 것인데 이때는 유체의 흐름이 질서정연하다. 레이놀즈 수가 아주 커지면 관성이 지배적인 힘이 되어 난류가 발생한다. 그 중간, 즉 점성이 지배하던 단계에서 관성이 지배하는 단계로 넘어가는 과도기에 발생하는 것이 바로 나선형 소용돌이다.

흥미롭게도 점성과 관성이 충돌할 때 생기는 파도나 덩굴 모양이 기발하게 표현된 그림들이 있다. 아르누보Art Nouveau의 대표화가 알폰스 무하의 작품이다. 크리스토퍼 놀란 감독이 만든 영화 〈인터스텔라〉에서도 점성과 관성이 충돌한다. 어떻게 해서든 지구로 귀환하려는 주인공의 플랜1은 바로 점성을 나타내고, 다른 행성에 정착하려는 만박사의 플랜2는 관성을 나타낸다. 이렇게 보면 〈인터스텔라〉는 점성과 관성이 충돌하는 영화다.


## 무하의 휘감겨 꿈틀대는 머리카락

아르누보는 프랑스어로 새로운 예술이란 뜻이다. 아르누보는 19세기 말부터 20세기 초에 걸쳐 유럽을 중심으로 유행했던 예술계 전반의 사조다. 산업혁명을 거치면서 공장에서 대량으로 찍어내는 획일화된 직선적 모양의 제품에 대항해 등장했다. 자연으로부터 유래된 곡선, 특히 덩굴식물 같은 구불구불하고 유연한 선을 특징으로 한다. 대표적 화가는 체코의 국민화가 알폰스 무하다. 무하의 채색 석판화는 화려하고 장식적이다. 당시까지 모두가 폄하하던 상업미술을 순수미술의 경지까지 끌어올렸다는 데 무하의 미술사적 공헌이 있다. 그의 그림엔 굴곡진 몸매가

알폰스 무하, 〈'욥' 담배종이회사 포스터〉

강조된 여인, 풍성하게 휘감겨 요동치는 머릿결, 그리고 덩굴줄기가 함께 어우러져 있다. 세 가지 모두 곡선을 강조하기에 적합한 주제다. 특히 과장되게 나선형으로 휘감긴 여인의 머릿결은 따로 떼어놓고 보면 요동치는 파도 같기도 하고 인삼뿌리 같기도 하고 꿈틀대는 외계인 같기도 하다.

고전주의 회화에서 흔히 볼 수 있는 단정히 빗겨진 머릿결이 유체의 직선적 흐름을 생각나게 한다면 무하가 그린 여인의 머릿결은 굴곡진 나선형이다. 직선 형태를 벗어났지만 아직 혼란스러운 난류 형태로는 빠지지 않은 나선형 곡선들은 지금까지도 각광받는 무하 그림의 큰 매력이다. 이보다 400년 전에 그려진 레오나르도 다빈치의 머릿결 스케치를 보는 것 같기도 하다. 유체역학적으로 해석하면 20세기 초 당시, 치고 나가는 아르누보의 관성과 끈덕지게 붙잡는 기존 전통예술의 점성이 치열하게 부딪혀 탄생한 자연스러운 형태가 바로 휘감겨 꿈틀대는 머릿결이다.


## 호쿠사이의 휘몰아 덮치는 파도

일본 우키요에 판화가 가쓰시카 호쿠사이의 그림에도 휘어지고 구부러진 나선형 형태가 보인다. 다만 덩굴이나 여인의 머리카락이 아니라 성난 파도의 모습이다. 호쿠사이가 활동하던 때는 18세기 후반부터 19세기 중반이니 아르누보보다 100년 정도 앞선 시기다. 전혀 다른 시대와 장소에서 전혀 다른 주제를 그렸지만 호쿠사이의 파도 형태는 무하의 머릿결 형태와 매우 유사하다. 결국 '점성과 관성의 충돌'이란 관점에서 보면 두 그림은 그 궤를 같이한다.

우키요浮世란 세상을 이리저리 떠돌아다닌다는 뜻이다. 도쿠가와 막부의 천도로 새로운 수도가 된 에도, 이 에도 시대를 주도했던 신흥상인세력의 생활상과 예술감각을 반영한 일종의 민간풍속화가 우키요에다. 단순화된 형태, 강렬한 색채, 세련된 구도를 특징으로 당시 자포니즘Japonism 바람을 거세게 불러일으켰고 고흐를 비롯한 인상파 화가들에게 커다란 영향을 미쳤다. 새로운 사회주도세력에겐 항상 과거 전통의 점성을 떨쳐버리고 치고 나가려는 관성이 강하게 작용하기 마련이다. 여기에 국제무역을 통한 경제적 풍요로움까지 첨가되면서 조금은 들뜨고 흥분된 시대적 분위기가 그림에도 반영되었다. 호쿠사이의 대표작 〈가나가와의 큰 파도〉를 보자.

파도 모양, 특히 파도가 만들어내는 크고 작게 반복되는 굴곡진 형태

가쓰시카 호쿠사이, 〈가나가와의 큰 파도〉

를 보면, 파도라기보다 상어와 비슷한 괴물이 입을 떡 벌리고 있는 것 같다. 뒤쪽에 보이는 후지 산이 오히려 초라해 보인다. 파도 위에 떠 있는 배와 배에 타고 있는 어부들은 자연의 힘에 완전히 압도당한 상태다. 프랑스의 작곡가 드뷔시는 이 그림에 감동을 받아 〈바다〉라는 교향곡까지 작곡했다. 영화 〈인터스텔라〉에서 아이맥스 화면을 압도했던 밀러 행성의 거대한 파도를 보는 듯하기도 하다.


## 쥐덫효과: 뇌도 점성이 지배한다

앞에 한 사람밖에 없는데 줄이 줄어들지 않는다. 수요일, 그것도 밤 열시가 넘어 할인점 매장이 붐빌 시간도 아니었다. 바로 내 앞에 서 있는 아줌마도 안절부절, 거의 화가 나 흥분한 상태다. 그러다 갑자기 내뱉는 말, "아니, 이 사람 갑자기 어디를 간 거야. 계산 도중에 빠뜨린 게 있다고 다시 갔으면 빨리 와야지. 정말 매너 없는 사람이야."

여기서부터 이야기가 시작된다. 기다리기 지루했는지, 이 아줌마 우리 쪽 카트를 힐끗 살펴보더니 아내와 나에게 말을 걸기 시작한다. "집에 쥐가 있는 모양이네요. 쥐덫을 사신 것을 보니까요." "네, 그렇습니다." 아내가 대답했다. 이때부터 이 아줌마의 쥐 잡기 무용담이 시작된다. 우리가 사는 동네는 주변에 숲이 많고 지은 지 오래된 집들이 많아 야생동물들이 많다. 여우, 사슴, 족제비, 독수리, 다람쥐까지는 좋은데 생쥐들도 있다. "나도 며칠 전 쥐덫을 놨는데, 글쎄…… 새벽에 물 마시러 나와 불을 켰더니 쥐가 끈끈이 쥐덫에 붙어 있는 것 아니겠어요. 그런데 문제는 몸의 일부는 끈끈이에 붙지 않아 도망가려고 안간힘을 쓰고 있더라고요. 아무리 조그만 생쥐지만 기를 쓰고 도망가려 하니 쥐덫이 조금씩 움직이더군요. 그냥 달라붙어 있어도 잡기 징그러운데, 살아서 움직이기까지 하니 잡기도 힘들고 놔둘 수도 없고. 오 마이 갓!" 아내도 "오 마이 갓!" 같이 맞장구를 쳐준다. 그 아줌마 얘기가 머리를 떠나지 않는지 아내는 차를 타고 올 때도 집에 와서 잘 때까지도 계속 그 아줌마의 쥐덫 얘기만 한다. 자기 전 마지막 한마디도 잊지 않는다. "내일 아침엔 반드시 당신이 부엌에 먼저 나가봐요."

다음날 아침, 갑자기 허둥지둥 방으로 뛰어들어오는 아내 때문에 잠이 깼다. 지난밤 나에게 먼저 나가보라던 아내가 습관대로 먼저 일어났던 것이다. "쥐 잡혔어?" 나도 쥐 생각에 정신이 들어 이불을 박차고 나왔다. "아니." "아닌데 왜 그 소동이야?" "그런데 이상해. 쥐덫이 한 개 없어진 것 같아. 다섯 개를 놓은 것 같은데 네 개밖에 없어." "당신이 잘못 생각하는 것 아니야? 내가 두 개를 놨고, 당신이 길목이라고 생각되는 곳에 놓겠다고 했는데, 두 개 아니었어?" 아내가 대답했다. "아무래도 세 개였던 것 같아. 제일 나중에 냉장고 아래쪽에 놓았던 덫이 없어진 것 같아." "자기야, 쥐가 무슨 헤라클레스 쥐도 아니고 어떻게 덫을 끌고 사라질 수 있겠어? 오케이, 안간힘을 써서 조금 끌고 갔다고 하자. 자기 몸집보다 훨씬 큰 덫을 몸에 붙이고 어디로 사라질 수 있겠어. 쥐구멍이 있다고 해도 빠져나갈 수는 없어." 얘기가 여기까지 이르자 아내는 기겁해 목소리를 높인다. "그러면 집안 어딘가에 있다는 것 아니야?" 내가 다시 말했다. "자기야, 가능성은 두 가지야. 하나는 당신이 놓은 덫의 개수가 두 개인데 세 개로 착각하고 있는 거고, 다른 하나는 진짜 헤라클레스 쥐가 덫을 끌고 어디론가 사라진 거야. 어느 쪽이 가능성이 높겠어?" "그렇긴 한데 그래도 더 살펴보자."

아내의 끈질긴 주장에 우리는 주방 근처 바닥을 샅샅이 뒤졌다. 예상대로 아무것도 없었다. 마지막 남은 한 곳은 벽에 붙어 있는 커다란 오븐이다. 낑낑거리며 오븐을 들어내자 바닥에 끈끈이 쥐덫이 있었다. 그런데 쥐는 달아나고 없었다. 그리고 또하나 발견한 것은 나무로 된 벽 쪽에 난 조그마한 구멍 하나. 오븐을 처음 설치할 때 작업하는 사람들의 실수로 날카로운 뭔가에 찔려 뚫린 것 같았다. 스토리를 복기하면 이렇다. 냉장고 밑에서 덫에 걸린 쥐가 본능적으로 안간힘을 써서 쥐구멍이 있는 오븐 밑으로 들어갔고 그 과정에서 여기저기 부딪히다 덫에서 떨어져 구멍으로 도망간 것이다.

재료를 사다가 쥐구멍을 막은 후, 커피 한잔을 마시며 아내가 말한다. "어젯밤 할인매장에서 만난 그 아줌마가 쥐가 덫을 끌고 간 이야기를 해주지 않았다면 나도 쥐가 덫을 끌고 갔으리란 생각은 도저히 못했을 거야." 그렇다. 인간의 뇌는 충격적인 생각에 젖으면 쉽게 건조되지 않는다. 흠뻑 젖은 생각에 잠겨 있기 마련이다. 쥐덫 사건은 그 효과가 긍정적인 경우다. 쥐가 덫에 걸렸는데 덫을 끌고 가는 상황은 평범하지 않다. 그래서 다소 충격적인 이 상황은 뇌 속에 박혀 생각에 젖게 만든다. 우연히 접한 상황이 그다음 우리의 생각이나 상상력의 폭에 영향을 미친다. 우리는 듣고 보고 경험한 틀 속에서 상황을 보게 된다. 그 상황이나 경험이 특별히 즐겁거나 충격적이면, 다른 상황을 볼 때도 그 프레임 속에서 빠져나오기 힘들다. 너무나 황홀한 경험, 혹은 너무나 트라우마적인 경험은 끈끈하게 우리의 생각에 달라붙어 생각을 지배하게 된다. 머릿속에 무슨 생각이 가득차 있느냐가 다른 의사결정에 결정적 영향을 미친다. '쥐덫효과'라고 이름 붙일 수 있겠다.

문득 30년 전 토플시험을 준비하며 학원에 다니던 때 학원 강사가 해준 조언이 생생하게 떠올랐다. "여러분, 듣기시험에서 점수를 못 받는 것은 두 가지 이유 때문입니다. 하나는 단어는 아는데 순수하게 영어발음이 안 들리는 것이고, 다른 하나는 단어 자체를 모르는 경우입니다. 만일 당신이 'popular'라는 단어를 모른다면 그 단어가 어찌 귀에 들릴 수가 있겠습니까? 여러분 명심하세요. 여러분이 알고 있는 영어단어만이 귀에 들립니다."

그렇다. 우리는 이미 뇌에 저장되어 있는 레퍼토리를 가지고 세상을 바라보고 판단한다. 다양한 환경에 노출되고, 자신과 다른 다양한 사람들의 얘기를 접해야 상상의 폭을 넓힐 수 있다. 조직의 리더는 자기 분야의 전문가지만 상상의 폭을 확대하기 위해선 자기 분야와 관계없는 것들도 듣고 읽고 배워야 한다. 관계없어 보이는 것이 긍정적인 생각의 덫으로 작용해 비즈니스의 혁신으로 연결될 수 있기 때문이다. **아이디어를 잡아내는 좋은 덫, 생각의 덫은 여기저기 많이 놓아두는 게 좋다.**

## 공항의 에스컬레이터는 왜 없어졌을까

쥐덫효과 때문에 덕을 본 경우도 있지만 손해를 보는 경우도 있다. 워싱턴 DC에는 공항이 두 개 있다. 하나는 덜레스 공항으로 주로 국제선이 취항하는 공항이고 레이건 공항은 국내선 전용이다. 덜레스 공항과 주변

도로는 항상 공사중이다. 공항까지 연결되는 지하철 노선은 거의 10년 가까이 공사중인 것 같다. 인프라투자를 통한 정부지출 확대, 그리고 고용창출의 전형을 보는 것 같다.

얼마 전 4개월 만에 공항에 갔는데 주차장 입구가 바뀌어 있었다. 원래 단기주차장은 공항 바로 앞에 있었고, 장기주차장은 조금 멀리 떨어져 있었다. 워낙 단기주차장 공간이 넓다보니 일부를 분리해 장기주차장으로 전환한 모양인데, 주차장으로 들어가는 입구 몇 개가 장기주차장용 입구로 바뀌어 있었다. 아무 생각 없이 이전에 들어가던 입구로 들어갔더니 장기주차장 입구였다. 물론 걸어서는 통과할 수 있지만, 주차장 안은 단기와 장기로 구분되어 있어 이전에 주차했던 편한 위치에 주차할 수 없었다. 다시 나갔다 들어오기도 그렇고 비싼 하루짜리 요금을 지불할 수밖에 없다고 생각하니 기분이 별로 좋지 않았다. 그리고 이어진 생각. '지하철 공사, 도로 공사, 그리고 주차장 출입구 변경에 이르기까지 이 공항은 왜 이리 계속 바뀌나. 다음번에 올 때는 또 무엇이 바뀔까.' 이런 생각을 하면서 공항청사로 들어섰다.

그런데 이게 웬일인가. 공항청사에 들어서자마자 있어야 할 에스컬레이터가 보이지 않는다. 어, 이게 어떻게 된 거지? 입구에 들어오자마자 정면에 보여야 할 에스컬레이터가 안 보이니 말이다. 즉각 떠오른 생각은 '아, 공항 내부도 바뀌었구나'였다. 옆쪽에 있는 엘리베이터를 발견해 타고 2층에 내렸다. 그런데 이건 또 웬일인가. 좌측에 있어야 할 대한항공과 델타항공 데스크가 보이지 않는다. 여기도 '바뀌었구나'라고 생각하면서 두리번거리는데 바로 건너편 오른쪽에 보이는 게 아닌가. 이미 '바뀌었다'는 덫에 걸려 있는 뇌는 별 생각도 없이 바뀐 위치를 담담히 받아들였다.

수속을 마친 후 직원에게 물어봤다. "공항이 언제 이렇게 바뀌었어요? 마지막으로 왔던 때가 고작 몇 개월 전인데…… 사용하기 편했는데, 에스컬레이터는 왜 없어졌습니까?" 직원이 잠시 나를 쳐다보더니 웃으며 친절하게 대답한다. "고객님, 공항 내부는 그동안 바뀐 게 없습니다." 내가 되물었다. "그럼 에스컬레이터는 어디로 갔습니까?" "바로 저기 있는데요." 데스크를 중심으로 내가 올라온 건너편 쪽을 가리킨다. '어, 이상한데?' 그쪽으로 걸어가보니 정말 에스컬레이터가 그대로 있었다. 이게 어찌된 일인가. 답은 명확했다. 내가 들어온 출입문은 평상시 항상 이용하던 그 문이 아니었다. 바뀐 주차장 입구로 들어와, 바뀐 주차장 구역에 차를 세우고, 비슷해 보이는 옆문으로 돌아온 것이다.

왜 옆문으로 들어왔다는 생각을 못했을까. 바뀐 출입구로 공항 주차장에 들어올 때부터, 이전과 달리 변화된 주차장을 걸어오면서 나의 뇌는 '공항이 바뀌었다'는 생각에 빠져 있었던 것이다. 이미 '바뀌었다'는 생각의 덫에 걸려 있었고 그것이 '에스컬레이터가 왜 안 보일까'라는 의문의 이유를 도출하는 데 결정적 영향을 미쳤다. 평상시 같았으면, 에스컬레이터가 보이지 않으면 그 이유를 보다 객관적이고 체계적으로 판단했을 것이다. 고객의 편의를 생각할 때 에스컬레이터 위치가 다른 곳으로 바뀌었을 가능성은 매우 적다. 아마 내가 실수로 다른 문으로 들어왔을 가능성이 있다고 생각했을 것이다. 하지만 뇌가 '바뀌었다'라는 프레임에 흠뻑 젖어 있으니 냉철하게 판단하기가 어려웠던 것이다. 바깥에도 바뀐 것이 많으니 내부도 바뀐 것이 당연하다고 가정해버린 것이다. 평상시 같으면 당연히 의심했을 현상을 덫에 걸린 뇌는 자연스럽게 받아들였다.

덜레스 공항 에스컬레이터의 경우 쥐덫효과가 부정적 결과를 초래한 경우다.

　기업의 CEO가 중요한 의사결정을 할 때나 정부가 정책을 결정할 때도 쥐덫효과에서 자유로울 수 없다. 기분 좋은 경험이든, 나쁜 경험이든, 이상한 경험이든 최근에 매우 충격적인 얘기를 듣거나 보거나 경험했으면, 그 생각이 뇌를 지배하기 때문에 모든 것들을 그와 관련해 생각하게 된다. 생각의 덫$^{trap}$에 걸리면, 특정 생각이 돛$^{anchor}$의 역할을 하게 되어 모든 일을 그것과 관련지어 생각하게 된다.


## 무엇을 모르는지조차 모르는 불확실한 환경, 점성보다 관성이 답이다

한국 사회는 전통적으로 점성이 강한 사회다. 앞으로 치고 나가려고 하면, 그리고 과감히 튀려고 하면 자꾸 뒤에서 잡아당긴다. 비교적 안정적인 환경에서 앞일이 예측 가능했던 과거에는 점성이 강한 것이 유리했을 수 있다. 하지만 지금처럼 우리가 어디에 있는지, 어디로 가는지, 심지어 무엇을 모르는지조차 모를 정도로 불확실한 환경에서는 치고 나가는 힘, 즉 관성이 강해야 한다. 그래야 스스로 나선형 파도를 만들고 타고 넘어 성장할 수 있다.

　점성이 크다는 것은 그만큼 끈적끈적하다는 말이다. 서로 간에 잡아당기는 중력이 강하다고 생각할 수도 있다. 끈적하게 달라붙으면 모두가 비슷해진다. 모두가 평균으로 수렴한다. 반대로 관성이 크다는 것은 끈적함이 없이 매끈하다는 말이다. 그만큼 혁신적 생각이 자유롭게 튀어나 갈 수 있다. 그래서 관성이 크다는 것은 장애물의 저항을 극복하고 치고 나가는 힘이 크다는 것과 일맥상통한다. 한국 경제는 이제 튀어야 살 수 있다.

공상과학소설「해리슨 버거론」얘기다. 때는 2081년, 마침내 어느 누구도 다른 사람보다 튈 수 없는 시대가 왔다. 똑똑할 수도, 잘생길 수도, 빠를 수도 없다. 뛰어난 두뇌와 지식을 가진 사람들은 정신을 혼란시키는 수신기를 귀에 꽂고 다녀야 한다. 미 연방 평등관리국은 20초마다 날카로운 잡음을 쏘아보내 이들이 뛰어난 두뇌를 통해 불공정한 우위를 점하지 못하게 한다. 관성의 힘으로 치고 나가는 뛰어난 젊은이를 점성의 힘으로 잡아당긴다는 말이다. 해리슨 버거론은 정말 똑똑하고 잘생기고 재능이 많은 14세 소년이다. 그래서 누구보다 무거운 장비를 쓰고 다녀야 했다. 커다란 잡음 청취 이어폰을 쓰고 잘생긴 얼굴을 가리기 위해 코에 빨간 고무공을 끼고 눈썹은 밀고 하얀 이에는 검은 덮개를 끼웠다.[12] 점성과 관성, 어느 것이 일방적으로 좋은 것은 아니다. 양자의 적절한 균형이 필요하다. 소설 속 상황이지만, 이 이야기는 평등이란 명분하에 점성이 잘못 사용될 경우 어떤 폐단이 발생할 수 있는지 잘 보여준다.

한국 경제는 이미 저성장의 늪에 빠진 느낌이다. 상품수출 의존적 산업구조와 글로벌 경기침체, 급속히 진행되는 노령화로 인해 경제활력을 찾기가 쉽지 않아 보인다. 갈수록 치열해지는 글로벌 경쟁환경 속에서 한국 경제가 생존할 수 있는 방법은 무엇일까. **한국 경제는 튀어야 살 수 있다.** 어찌 보면 한국에 주어진 숙명이다. 한국 경제는 평균으로 경쟁하면 글로벌 경쟁에서 결코 승리할 수 없다. 미국, 중국, 일본같이 경제 규

284

모가 크고 인구가 많은 나라에 밀리기 때문이다. 방법은 하나. 스포츠든 기업이든 각 분야에서 튀는 선수를 키워 최고끼리 경쟁시켜야 한다. 치고 나가는 관성을 강조하는 전략이 필요하다. 피겨스케이팅을 보자. 선수층도 얇고 평균 실력은 떨어지지만 김연아처럼 튀는 선수가 있으니 올림픽에서 금메달을 딴다. 수영의 박태환도 마찬가지다. 평균적 수준은 밀리지만 최고들끼리 비교하면 경쟁력이 있다. 야구도 장기 레이스를 하면 미국 메이저리그나 일본 리그를 이길 수 없다. 하지만 제일 잘하는 선수만 뽑아 단기전을 치르면 승산이 있다. 2008년 베이징 올림픽에서 우승까지 했고 2015년 프리미어12에서도 우승했다.

한국 경제가 계속 성장하려면, 해리슨 버거론 같은 한국의 젊은이들과 젊은 기업들이 충분히 꿈을 펼치고 튈 수 있는 여건을 만들어주어야 한다. 튀는 젊은이들과 벤처기업들에게 전파장애기를 장착하거나 이들의 눈썹을 밀어내선 안 된다.

# 다빈치의 '이중나선계단'과 '이중나선 DNA', 그리고 GE

## 나선형을 사랑한 레오나드로 다빈치

레오나르도 다빈치가 설계한 '이중나선계단'은 왓슨과 크릭이 밝혀낸 DNA 이중나선구조와 그 형태가 놀랍도록 비슷하다. 이중나선계단뿐만이 아니다. 레오나르도 다빈치는 정말로 나선형을 사랑한 예술가요, 과학자다. 다빈치는 겉으로 드러난 것의 안쪽 깊은 곳에 숨어 있는 근원적인 형태와 구조, 그리고 에너지를 꿰뚫어보는 능력이 있었다. 여기서 그치지 않고 왜 그런 형태를 갖는지 그 원리를 밝혀내려 했다. 형태와 패턴이 유사하다는 것은 그것을 만들어낸 원리도 비슷하다고 확신했다. 이정도면 예술의 차원을 넘어 과학이 된다.

　레오나르도 다빈치는 전혀 관련성이 없어 보이는 것들 사이에서 공통점을 찾아내는 천재성을 갖고 있었다. 다빈치가 평생 동안 관심을 가졌던 질문이 하나 있다. 여성의 땋은 머리, 흐르는 강물, 회오리바람의 공통점은 무엇일까. 모두 3차원 나선형, 즉 소용돌이 모양이다. 그가 남긴 습작이나 스케치를 보면 유독 나선과 소용돌이에 대한 그림이 많다. 에너지가 충돌할 때 소용돌이 형태가 나타남을 본능적으로 인식하고 있었던 것 같다. 현대적 용어를 써서 표현하면, 기체와 액체를 다루는 유체역학의 기본 원리인 '점성과 관성의 충돌', 그리고 그 과정에서 발생하는 '소용돌이'에 주목했던 것이다.[13]


## 레오나르도 다빈치의 이중나선계단: 샹보르성의 중앙계단

레오나르도 다빈치는 DNA는커녕 세포, 분자, 원자의 개념도 없던 시대에 살았다. 하지만 그가 설계한 이중나선계단은 왓슨과 크릭이 450년 후에 발견한 DNA 이중나선구조와 매우 비슷하다. 사실 단일나선형 계단은 로마 시대부터 있었고 중세에도 사용되었다. 다빈치 계단은 계단의 출발점이 두 개라는 점, 그리고 두 개의 계단 가닥이 서로 반대 방향을 향해 엇갈려 꼬이며 올라간다는 점에서 새롭다. 두 개의 가닥이 서로 꼬이며 올라가는 DNA 이중나선구조와 놀랍도록 비슷하다. '헤르메스의 지팡이'처럼 두 개의 뱀이 가운데 지팡이를 반대 방향으로 엇갈리며 휘감고 올라가는 모양과도 비슷하다. 다빈치는 이런 계단구조를 이중교차계단이라고 했다.

그렇다면 다빈치는 왜 이중교차계단을 설계했을까. 그리고 어디서 아이디어를 얻었을까. 다빈치는 이 형태를 인체의 혈관과 신경의 구조에서

An overview of the
structure of DNA
©Michael Ströck

©Hyacinthe

DNA 이중나선구조(좌)와 다빈치가 설계한 샹보르성의 중앙계단(우)

배웠다.[14] 혈관은 피를 순환시키는 역할을 하고, 신경은 뇌의 명령을 신체 각 부분에 전달해 몸을 움직이게 하는 역할을 한다. 혈관과 신경이 효율적으로 작동해야 몸이 제대로 살아 움직일 수 있다. 다빈치의 혈관 스케치를 보면 현대의 시각에서 봐도 정확하다. 혈액의 효율적 순환을 위해 혈관은 그냥 고속도로처럼 쭉쭉 뻗은 것이 아니라 서로 교차하면서 몸 전체에 퍼져나간다는 것을 다빈치는 알고 있었다. 건물도 본질적 기능이 사람의 순환, 물건의 순환, 정보의 순환에 있다면, 사람 몸에서 일어나는 순환의 구조가 그대로 적용될 수 있다고 다빈치는 생각했다.

그렇다면 신경이 뇌로부터 몸통을 거쳐 신체 각 부분으로 내려가면서 교차하는 이유는 무엇일까. '**효율성**'과 '**안정성**'이란 두 가지 차원에서 모두 유리하기 때문이다. 먼저, 효율성 차원에서 보자. 신경이 교차하지 않고 그냥 직선으로 내려가면 팔과 다리를 교차하며 걸을 수 없다. 다시 말

288

해 왼쪽 팔이 올라갈 때 오른쪽 다리가 올라가야 균형을 잡으며 속도를 낼 수 있는데, 신경이 교차하지 않으면 같은 쪽 팔과 다리가 함께 올라가고 내려간다. 균형이 맞지 않아 뒤뚱거리며 제대로 걸을 수 없게 된다.[15]

안정성 차원에서 보아도 어긋나 꼬이는 교차가 유리하다. 신경 한 부분에 이상이 생길 때, 만일 신경이 직선으로 연결되었다면 다른 신경이 도와주기 힘들다. 서울에서 부산까지 연결된 고속도로를 생각해보자. 중간에 교차되는 부분이 전혀 없으면 어떻게 될까. 평상시에는 잘 달릴 것 같은데, 한번 교통체증이 생기면 다른 길로 빠져나갈 수 없다. 그 길이 뚫리지 않는 이상 목적지에 도착할 수 없다. 중간중간 주요 도시에서 길이 교차한다면 원래 가던 길이 막혔을 때 옆길로 빠져나갈 수 있다. 교차하는 다른 길들이 문제 있는 길을 도와줄 수 있는 것이다. 신경도 마찬가지다. 서로 교차하면서 연결되면 특정한 신경에 이상이 생겨도 다른 신경이 대체하거나 도와주기 쉽다. 그만큼 신경계가 안정적으로 작동할 수 있는 것이다.

레오나르도 다빈치가 설계한 이중나선계단 중 현재까지 남아 있는 것이 하나 있다. 프랑스 샹보르성의 중앙계단이다. 샹보르성은 프랑수아 1세가 사냥 때 머무르기 위해 짓기 시작했고 완성은 태양왕이라고 불리는 루이 14세 때 이루어졌다. 이중나선계단은 DNA 이중나선구조처럼 가닥, 즉 여기서는 '계단 가닥'이 두 개다. 서로 다른 올라가는 길이 두 개 있다는 말이다. 마주보며 꼬여 올라가지만 절대 만나지 않는다. 꽈배기를 생각하면 이해하기 쉽다. 당시는 16세기 초반의 르네상스 시대, 중세를 막 벗어난 시기로 신분과 계급 차이가 뚜렷하던 시대다. 왕이 다니는 계단과 하인이 다니는 계단이 결코 같을 수 없었다. 동선의 분리가 필요했다. 쉽게 생각하면 계단을 따로 두 개 만들면 될 것 같은데, 비용도 많이 들고 무엇보다 공간 활용의 효율성이 떨어진다. 다빈치는 이처럼 동선의 '분리'라는 목적도 달성하고 동시에 효율성도 높일 수 있는 구조로서 이중나선계단을 생각해냈다.

떨어지면서도 붙고, 분리되면서도 결합해야 한다는 점에서 왕이 사용하는 성은 DNA와 닮았다. DNA도 평상시에는 두 개의 가닥이 연결되어 결합된 모습을 보이지만, 유전자 복제를 위해서는 이중나선이 각각의 가닥으로 떨어져 분해되어야 한다. 살아 있음은 변하는 것이다. 그냥 변하는 것이 아니라 원형을 유지하며 순간순간 변해야 한다. 그러기 위해서는 '붙음'과 '떨어짐', '결합'과 '분리'가 효율적으로 이루어질 수 있는 구조를 가져야 한다. 살아 있는 건물도 마찬가지다. 효과적으로 왕을 시중들고 또는 신속하게 보고하기 위해서는 최대한 붙어야 한다. 반대로 왕의 사생활을 보호하고 경호하기 위해서는 떨어져야 한다. 두 가지 목표를 동시에 가능하게 하는 것이 이중나선구조다.

DNA 유전정보든, 몸속의 혈액이든, 건물에서 사람과 물건의 움직임이든 잘 흘러야 한다. 잘 돌아야 한다. 순환이 잘돼야 생명력이 살아 숨쉴 수 있다. 레오나르도 다빈치는 이중나선계단을 통해 '살아 있는 건물' '생명력 있는 건물'을 설계한 것이다. 약 450년 후 왓슨과 크릭이 유전정보를 갖고 있는 DNA가 이중나선으로 '건축'되어 있음을 밝혔다. 발명한 것이 아니라 발견한 것이다. 왓슨과 크릭이 레오나르도 다빈치가 설계한 이중나선계단을 봤는지 정말 궁금하다. 물론 왓슨이나 크릭의 자서전 어디를 찾아봐도 이중나선계단 얘기는 없다. 최근엔 계단이 아니라 건물 자체를 이중나선으로 설계하는 경우까지 생겼다. 지금 건축중인 대만의

아고라 가든Agora Garden은 두 개의 빌딩이 휘어져 꼬이며 올라가는 이중나
선건물이다.


## GE는 죽기 때문에 산다: 금융업 붙이기와 떼어내기

GE는 1896년 다우존스 주가지수가 처음 출범하면서 포함되었던 우량기
업 열두 개 중 유일하게 현재까지 생존해 있는 기업이다. 끈질긴 생명력
이다. GE가 이토록 장기간 살아 있을 수 있는 생존의 비결은 무엇일까.
항상 스스로를 죽이고 새로운 성장곡선으로 갈아탈 수 있는 조직문화,
그리고 CEO의 결단력이 있었기 때문이다. 시들기 전에 과거의 나를 죽
이고 다시 싱싱한 생명체로 태어났기 때문이다. 생명체의 질서가 유지되
기 위해서는 지속적으로 파괴되어야 한다. '질서의 패러독스'라고 부를 수
있겠다.

손상된 단백질은 끊임없이 분해되고 파괴되어 새로운 것으로 대체되
어야 우리 몸이 건강을 유지할 수 있다. 기업 차원에서 '질서의 패러독스'
를 잘 보여주는 대표적 기업이 GE다. GE는 기존 사업이 저성장 국면에
접어들기 전, 한창 잘나갈 때부터 다음번 새로운 사업의 성장커브를 생
각하고 준비한다. 이런 일련의 성장커브가 연결되면서 100년 넘게 생존
하고 아직도 가장 혁신적인 기업으로 성장하고 있다. 새로운 성장커브로
갈아타는 것은 말처럼 쉬운 일이 아니다. 대부분의 기업들이 실패한다.

GE는 1878년 에디슨이 세운 회사다. 전구 등 가전기기를 만드는 회사
로 출발해 끊임없이 새로운 기술과 제품을 선보이며 현재까지 지속적으

로 성장해왔다. 플라스틱, MRI, 항공엔진, 발전설비에 이르기까지 GE가 이룬 혁신의 범위는 실로 다양하다. GE는 아무리 과거에 성공했다 하더라도 기존 기술이나 사업 분야에 얽매이지 않고 항상 먼저 과거의 자신을 죽이고 새로 태어난다. GE의 전설적 CEO 잭 웰치는 '**당신의 현재 비즈니스를 파괴하라**'는 기치하에 각 부서와 팀에 '어떻게 하면 스스로를 파괴할 수 있는지'에 대한 아이디어를 낼 것을 지속적으로 요구했다. 어떻게 살아남을 수 있는지가 아니라 어떤 경우에 죽을 수 있는지 생각할 것을 요구한 것이다. **미래의 적을 스스로의 품속에서 키워, 미래의 내가 현재의 나를 잡아먹게 하기 위해서다.** 왜 그랬을까. 스스로 잡아먹지 못하면 남들에 의해 잡아먹히기 때문이다.

금융산업이 각광을 받던 시절, GE는 GE캐피탈이라는 자회사를 통해 금융업에 진출했다. 물론 제조업과 관련된 소매금융업이었다. 그때까지의 제조업과는 다른 새로운 성장커브로 갈아탄 것이다. 이전의 주력 사업이었던 가전사업이 성장을 멈추기 전 미리 금융업 진출을 준비했고 2008년 서브프라임 사태가 터질 때까지 금융사업에서 큰 수익을 올렸다. 금융사업 수입이 전체 수입의 50퍼센트 가까이 차지한 적도 있었다. GE 캐피탈은 가전제품 할부판매와 관련된 금융으로 시작해 나중에는 미국에서 여섯번째로 큰 은행이 되었다.

그러나 기업환경은 항상 변한다. 금융위기 이후 금융 분야의 성과가 저하되고 더불어 대규모 금융기관에 대한 규제가 강화되자 2015년 6월 GE는 금융 부문을 다른 금융사에 매각하고 금융업을 포기하겠다고 발표했다.[16] 점점 조여오는 규제를 피하기 위해 다시 한번 스스로를 죽이는 결정을 내린 것이다. GE가 발표한 금융 분야 분리 이유는, GE 사업의 본질이자 원형인 제조업 부문이 영향을 받는 것을 막기 위해서다. 이 중나선구조는 생명의 곡선이다. 그래서 유연하게 분리와 결합을 시행할 수 있다. 우리 몸의 건강을 유지하기 위해 상처 난 DNA는 수시로 분리되어 새것으로 대체된다. GE도 상처 난 이중나선 가닥의 하나인 금융업을 분리해내는 것을 보니 살아 있는 기업임이 틀림없다. 장차 또 어떤 비즈니스 가닥과 결합될지 궁금하기도 하다. 이렇듯 생명의 핵심인 DNA처럼 분리와 결합을 유연하고도 과감하게 수행하기 때문에 GE는 그토록 오랫동안 성장을 지속하고 있는 것이다.

새로운 성장곡선으로 전환하기란 말처럼 쉬운 일이 아니다. GE가 남들과 다르게 항상 순조롭게 새로운 성장곡선으로 갈아탈 수 있었던 이유는 크게 두 가지다. 하나는 경영권 승계가 항상 매끄럽고 순조로웠다. 에디슨, 제라드 스워프, 오웬 영, 찰스 윌슨, 프레드 보크를 거쳐 잭 웰치와 현재 제프리 이멜트에 이르기까지 언제나 경쟁을 거쳐 검증된, 준비된 경영자가 최고경영자의 자리에 올랐다. 이런 최고경영자는 미래를 보는 통찰력이 뛰어남은 물론 자연스럽게 조직 내에서 권위를 획득한다. 그렇기 때문에 잘나가는 기업을 과감하게 죽이고 다시 태어나는 결단을 내릴 수 있는 것이다. 앞에서도 언급했듯이 잭 웰치는 항상 '우리 GE가 어떻게 하면 죽을 것인가, 어떤 적에 의해 죽을 수 있는가'에 대해 아이디어를 내라고 요구했다. 존경과 신뢰의 기반이 없는 최고경영자는 이런 요구를 하기가 쉽지 않을 것이다.

다른 하나의 성공요인은 분야별 경계 허물기다. 각 분야별로 개별적인 성과에만 집착하지 않고 다른 분야를 지원해주고 서로가 하나가 되는 조직문화가 전통으로 확고히 자리잡았기 때문이다. 이런 조직문화가 있으면 비록 지금 잘나가는 분야가 있어도 미래를 위해 설득하는 작업이 쉬워진다. 나의 부서 역시 과거에 잘나가던 분야를 대체했고, 심하게 말하면 '밀어내며' 커왔다는 것을 조직원들이 알고 있기 때문에 자신이 속한 부서가 축소되는 것을 받아들인다. 또한 나의 부서가 커지거나 작아지는 것이 내 부서만의 문제가 아니라는 확신이 경험을 통해 축적되어 있다. 이런 분야별 경계 허물기 덕분에 다른 조직에서 불가능한 혁신이 가능했다. 예를 들어, 발전기기 부문에서 개발한 풍력발전 동력장치를, 전혀 다른 부서에서 추진하는 고속열차 엔진에 응용하여 혁신을 이룬 경우를 꼽을 수 있다.

## 생명을 보고 그려내는 힘: DNA 이중나선구조

19세기 초 영국의 고고학자인 아우렐 스타인은 현재로 치면 중국 신강성 위구르 자치구에 있는 투루판 아스타나에서 고분발굴 작업중 하얀 비단에 그려진 그림 하나를 발견했다. 지금부터 약 1500년 전인 7세기경 중앙아시아에 존재했던 고창국 귀족의 묘에서다. 상반신은 사람이고 하반신은 뱀인 두 남녀의 그림이다. 하반신 뱀 부분은 뱀이 교접할 때와 같은 모양으로 꼬여 있고 상반신 사람 부분은 분리되어 있는 기묘한 그림이다. DNA 이중나선에서 붙어 있던 두 개의 가닥이 복제를 위해 두 개로 분리되는 모양새다. DNA 염기 사이의 결합이 끊겨 두 개의 가닥으로 분리되는 모습과 정말 유사하다.

이 그림은 '복희와 여와'를 그린 그림, 즉 〈복희여와도〉다. 복희와 여

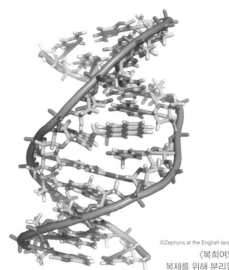

©Zephyris at the English language wikipedia
〈복희여와도〉(좌)와
복제를 위해 분리된 DNA(우)

와는 남매지만 나중에 결혼해 인간을 창조한다는 신화상의 창조신이다. 중국의 신화로 알려져 있지만 중앙아시아, 메소포타미아, 인도에 이르기까지 넓은 지역에 분포되어 있는 신화다. 동양이든 서양이든 뱀은 영생을 상징하는 동물로 여겨져왔다. 복희와 여와의 하반신이 뱀이고 이들이 결합해서 인간과 세상이 만들어진다는 의미다. 사람은 영생할 수 없다. 영생할 수 있는 유일한 방법은 유전자를 후손에게 계속 전달함으로써 유전자가 영생하게 하는 것이다. 리처드 도킨스가 그의 저서 『이기적 유전자The Selfish Gene』에서 주장한 바다. 자신의 유전자만 계속 후대에 전달할 수 있으면 결국 영생하는 것이다. 그래서 유전자가 주인이고 우리 몸은 껍데기에 불과하다는 주장이다.

그런데 희한하게도 유전정보를 전달하는 DNA가 〈복희여와도〉의 꼬여 있는 두 개의 뱀처럼, 두 가닥의 꼬여 있는 이중나선구조로 되어 있다는 사실이 1953년 왓슨과 크릭에 의해 밝혀졌다. 1500년 전 사람들이 비록 세포, 단백질, DNA에 대한 개념은 갖고 있지 않았지만 생명의 기본구조는 꼬여진 뱀 같은 이중나선구조라는 것을 본능적으로 인식하고 있지 않았을까 하는 느낌마저 든다. 만일 이 추측이 사실이라면 정말 놀라운 일이다. 역으로 20세기 중반에 살았던 왓슨과 크릭이 〈복희여와도〉를 보았을까. 이것도 가능성은 낮지만 흥미로운 상상이다.

20세기 생명과학에서 가장 큰 공헌을 한 연구는 무엇일까. 대부분 사람들은 DNA의 구조가 '이중나선double helix' 형태로 되어 있음을 밝힌 왓슨과 크릭의 연구를 꼽는다. 하지만 이중나선이라는 아이디어는 어느 날 갑자기 하늘에서 떨어진 것이 아니다. 뉴턴의 말을 빌리자면, 이전에 존재했던 '거인들의 어깨 위'에 서 있을 수 있었기 때문에, 즉 차곡차곡 쌓인 기존의 연구 결과들이 있었기 때문에 가능했던 일이다. 혹자는 '이전에 있었던 결과들을 단지 종합했을 뿐이다', 혹자는 '프랭클린이 X선으로 분석한 DNA 사진을 몰래 보았기 때문이다'라는 등 왓슨과 크릭의 연구를 비하하기도 한다. 그러나 정보가 주변에 늘 널려 있어도 핵심을 꿰뚫어 이를 종합하는 일은 아무나 하는 게 아니다. 동일한 사진을 보고 그 안에 꿈틀거리는 생명의 구조를 '그려낼 수 있는 힘'은 대단한 능력이다. 왓슨과 크릭에게는 그림으로 생각하는 능력이 있었다. 평면적인 X선 사진을 보고 그 안에 숨겨져 있는 입체적 구조를 그려낼 수 있는 상상력, 기존에 존재했던 이론들을 하나의 구조 속에 넣어 그려낼 수 있는 통찰력이 있었던 것이다. **왓슨과 크릭은 눈으로 생각하고 있었다.** 생명의 구조를 볼 수 있는 눈을 가진 그들에게 비로소 DNA가 자신의 모습을 드러낸 것이다.

## 왜 두 가닥 '이중나선'이어야 하는가

DNA가 아닌 단백질의 구조가 나선형임을 밝힌 과학자는 라이너스 폴링이다. 그가 밝힌 단백질구조는 하나의 나선이 꼬이며 올라가는 단일나선 형태다. 그렇다면 DNA는 왜 이중나선구조인가. 왜 두 가닥이 꼬여서 올라가야 하는가. 두 가닥이라 하더라도 사다리처럼 직선으로 연결되면 안 되는가. 밧줄을 만들 때 그냥 두 줄을 직선으로 합쳐서 만들지 않고 왜 꼬아서 만드는가를 생각하면 쉽게 이해된다. 가닥이 두 개인 직선 사다리는 쉽게 분해될 수 있다. 좌우 두 개의 뼈대가 있고 이를 연결하는 수평 직선이 여러 개 있으면 조그마한 충격에도 수평 직선이 부러지기 쉽다. 유전정보를 간직하고 있는 DNA가 그렇게 쉽게 부서져서는 원형을 유지하기 힘들다. 자기복제를 통한 생명의 구조 유지가 불가능하다.

사다리 같은 직선은 스스로 몸집이 커지는, 즉 성장하는 동물이나 식물에선 균형을 잡기가 쉽지 않다. 우리가 직선 형태의 사다리를 사용하는 것은 지붕에 올라갈 때, 전봇대를 오를 때 등 짧은 직선적 평면에서다. 지붕이나 전봇대는 크기가 변하지 않는다. 사람의 세포도 항상 변하지도 않고 성장하지도 않는다면 직선 사다리도 괜찮을 수 있다. 하지만 휘어진 공간, 그리고 성장하는 것에서라면 직선 사다리는 균형을 잡기 힘들다. 밑에서 꽉 잡아주어도 넘어지기 쉽다. 숫양의 뿔처럼 나선형 구조는 아무리 그 규모가 커져도 자세를 교정할 필요 없이 균형을 잡을 수 있다. 그만큼 이중나선 사다리는 견고하고 안정적인 구조다. 안정적 구조를 갖고 있기 때문에 DNA 염기는 열이 가해지고 특정한 화학적 작용이 있어야 분리된다.

그런데 딜레마가 있다. DNA구조는 평상시에는 안정적이어야 하지만 자기복제가 필요할 때는 가닥이 잘 분리되어야 한다. 사다리 형태가 아니라 두 사슬이 완전히 겹으로 붙으면 어떨까. 두 줄이 딱 붙어 마치 하나의 나선이 되어도 견고하고 강할 것 같은데 말이다. DNA에 안정성과 견고함만이 필요하면 그럴 수도 있다. 그러나 DNA구조는 견고하고 안정적이기만 해서는 안 된다. 필요할 때엔 분리도 잘 돼야 한다. DNA의 핵심은 유전정보 전달을 위한 끊임없는 분해와 합성이다. 두 개의 사슬이 견고하게 유지되어야 하지만 동시에 필요할 땐 유연하게 풀릴 수도 있어야 한다. 본드로 붙인 것처럼 완전히 찰싹 달라붙은 사슬은, 비록 두 개의 사슬이라고 해도 유연성에 문제가 있다.

결론적으로 말해 두 개의 사슬이 거리를 두고 꼬여 올라가는 이중나선구조는, DNA구조의 견고성을 유지함과 동시에 유전자복제시에는 사슬이 쉽게 분리될 수 있게 해주는 유연성도 갖춘 '최적의 구조'다. **붙기도 잘하고 떨어지기도 잘해야 DNA구조로 적합하다는 말이다.** '생명이란 질서가 유지되기 위해서는 질서가 계속 파괴되어야 한다.' 이런 끊임없는 분해와 합성을 가능하게 하는 구조가 바로 이중나선구조다.

# 편집증 기업만이
## 새로운 S곡선을 그릴 수 있다

〈엣지 오브 투모로우〉와 인텔

## S곡선(코브라 곡선)은 자연스러운 성장 패턴

'자연스럽다'는 것은 아름다움을 표현하는 최고의 찬사다. 자연스럽다는 것은 자연을 닮았다는 말이다. 그래서 예술가들과 과학자들은 무엇이 자연스러운 형태인가를 끊임없이 고민해왔다. 앞에서 설명한 나선형은 에너지가 충돌하는 상황에서 발생하는 자연스러운 성장 형태다. 시대에 따라 자연스러운 형태natural shape와 자연스러운 성장natural growth은 그 시대의 예술과 과학을 새롭게 정의해왔다.

예술과 과학에서 아직까지도 가장 자연스럽다고 인정되는 형태는 S곡선이다. 150년 전 피에르 베르헐스트가 인구의 성장 패턴을 설명하는 S곡선(정확히는 로지스틱 함수)을 발표한 이후, S곡선은 경제적 차원의 자연스러움을 판단하는 기준도 되었다. 인구가 처음에는 천천히, 다음에는

299

급속히 성장하다가 일정 수준을 넘으면 활용 가능 자원 등 인구 수용력 capacity에 한계가 발생하기 때문에 성장률이 감소하고 궁극적으로 정체한다는 주장이다. 인구가 무한대로 커질 수 있다는 토머스 맬서스의 인구론에 대한 반론으로 제기되었다. S형 성장은 단순히 인구성장뿐만이 아니라 활용 가능 자원이나 수용력에 한계가 있는 모든 시스템의 성장에 적용되는 패턴이다.

보통은 같은 뜻으로 사용하지만, 코브라형 성장과 S형 성장은 차이가 있다. S는 성장해 올라가다 끝이 내려오는 모양이다. 이에 반해 성장 형태가 멈추긴 하되 줄어들지 않는 것이 코브라 곡선이다. 엄밀히 따지면 이 같은 차이가 있지만 이 책에서는 두 가지를 구분하지 않고 S곡선, 또는 S커브란 용어로 통일해 사용한다.


## 반복되는 S커브를 통해 '살아 있음'을 표현한 존스, 그리고 반도체의 기술 진화

스티븐 R. 존스라는 미국 화가가 있다. 일반인들에게 널리 알려진 화가는 아니다. 존스는 기하학적 형태를 밝은색으로 표현한 추상화가다. 초기에는 몬드리안이나 말레비치와 같이 순수추상을 추구했지만, 코스타리카를 방문해 열대의 생명력에 깊은 감동을 받은 후부터 야자나무, 아이리스(붓꽃), 대나무 등 살아 있는 식물, 그리고 전원 풍경을 반복되는 기하학적 패턴으로 표현했다. 그중 하나가 1970년도 초반에 그린 S커브 연작 시리즈다. 그림을 보면 유사한 형태의 S커브가 색을 달리해 같은 패턴으로 반복되고 있다. 흐르는 물결 같기도 하고, 머릿결 같기도 하고, 꿈틀대는 뱀 같기도 하고, 또 어찌 보면 겹쳐 피어나는 꽃잎 같은 느낌도 준다. 그 대상이 무엇이든 휘어 꿈틀거리고 살아 움직이는 느낌을 준다. 중심부 S커브는 크기도 크고 색도 강렬하지만 주변으로 갈수록 크기도 작고 색도 부드러워진다. 아무런 배경 없이 유사한 형태의 S커브들이 반복되면서 화면을 채우고 있다. 순수추상에 머물렀던 존스의 초기 작품은 직선 위주의 그림인 데 반해 살아 있는 자연을 그린 후기 작품에는 휘어지고 꿈틀대는 S곡선이 많다. 작가가 본능적으로 생명과 살아 있음의 핵심이 S곡선과 관련됨을 포착해낸 반증이다.

　시장점유율 변화 패턴에 초점을 맞추어 반도체 D램의 기술진화 과정을 보면 S커브가 반복되는 모양새다. 존스의 S커브 그림과 아주 비슷하다. 다음 그림은 1991년부터 2014년까지 25년간 반도체 D램 메모리 저장 용량의 변화, 즉 반도체기술의 진화 형태를 보여준다. 횡축은 연도, 종축은 시장점유율을 표시한다. 특정한 용량의 반도체 D램이 시장에 도입되면, 초기엔 천천히 성장하다가 성장판이 열리면 고속성장을 한다. 그러다 새로운 제품이 등장하면 기존 제품은 성장률이 점차로 줄어들고

© June 2016 Stephen Robert Johns

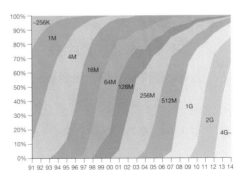

스티븐 R. 존스, 〈S 커브 시리즈 3〉(좌)와 반도체 D램의 진화(우)

결국 시장에서 사라진다. 반도체 시장점유율도 바로 이런 S형 성장 패턴을 따라 변한다. 그래서 1메가바이트든 256메가바이트든 2기가바이트든 4기가바이트든 모든 반도체제품의 누적 시장점유율 변화 패턴은 S커브를 닮았다. 반도체기술 수준에 관계없이 특정 반도체제품의 시장점유율이 최대 수준에 이르는 데 3~4년이 걸린다. 기술 혁신속도가 빠르기 때문에 특정 용량의 반도체가 100퍼센트 시장점유율을 차지하는 경우는 없고 항상 과거 기술, 현재 기술, 미래 기술이 공존한다. 제일 잘나가는 현재 주력기술이라 하더라도 시장점유율 최고치가 70퍼센트를 넘지 않는다. 현재 권력과 함께 과거 권력과 미래 권력이 공존하는 양상이다.

## 〈엣지 오브 투모로우〉, 계속 죽어야 계속 살 수 있다

〈엣지 오브 투모로우Edge of Tomorrow〉라는 공상과학영화가 있다. 톰 크루즈가 주연한 영화인데, 일본 작가 사쿠라자카 히로시가 쓴 소설 『죽기만 하면 된다All you need is kill』를 원작으로 제작한 영화다. 이 영화에서 주인공인 빌 케이지는 직접적인 전쟁 수행과는 관계없는 공보장교였다. 외계인의 지구 침략으로 멸망의 위기에 처한 인류. 빌 케이지는 사령관의 명령에 의해 자신의 의지와 무관하게 직접 전장에 참가한다. 그리고 격렬한 전투중 외계인 우두머리 알파의 파란 피를 뒤집어쓰고 죽는다.

사실 그는 죽은 게 아니라 외계인의 피가 몸안에 흡수되면서 초능력을 갖고 다시 깨어난다. 빌 케이지가 얻은 초능력은 죽었다 다시 살아나는 초능력이다. 그런데 기발한 것은, 그냥 다시 태어나는 게 아니라 죽는 바로 그 시점까지 자신이 경험한 모든 상황정보를 고스란히 알고 있는 채로 과거 시점으로 되돌아가 태어나는 것이다. 되돌아간 시점에서 볼 때, 빌 케이지는 미래에 벌어질 상황을 미리 알고 있다. 언제 어디서 적이 나타날지, 총알이 날아올지 미리 다 알고 있기 때문에 사전에 대처할 수 있다. 지난번 죽은 시점을 지나면 그 시점부터는 무슨 일이 일어날지 몰라 다시 어려움에 처한다. 하지만 '죽기만 하면' 그때까지의 모든 정보를 간직한 채 과거로 돌아갈 수 있기 때문에 다시 반복되는 전쟁에서는 승리할 수 있다. 심지어 과거로 다시 돌아가기 위해 스스로를 죽인다. 결국 빌 케이지는 계속 죽음으로써 더 오래 살 수 있는 것이다.

기업은 자신을 성공시킨 바로 그 요인에 의해 실패한다. 특정 분야에서 너무 성공하다보면 거기에 과도하게 집착해 새로운 적의 등장을 느끼지 못하기 때문이다. 아니, 느끼지 못한다기보다 의도적으로 느끼지 않으려 한다. '실패가 성공의 어머니'가 아니라 '성공이 실패의 아버지'가 되는 셈이다. '수로 내기canalization 오류'라고도 하는데, 계속 성공하다보면 자연스럽게 그쪽으로 수로가 생기기 때문에 물줄기를 억지로 바꾸지 않는 이상 기업은 파인 수로를 따라 흘러갈 수밖에 없다는 말이다.[17] 다시 말해 기존의 S커브, 즉 기존의 비즈니스 모델이 한계에 달했으면 새로운 S커브로 갈아타야 지속적으로 성공할 수 있는데 그러지 못하기 때문이다. 과거의 영광에 사로잡혀 기존 모델에 집착하기 때문이기도 하고, 또는 필요성은 인식하나 준비가 부족한 때문이기도 하다.

노키아는 애플보다 훨씬 먼저 스마트폰을 개발했으나 당시 세계를 주름잡던 휴대폰사업부의 반대로 출시하지 못했다. 코닥도 마찬가지다. 디지털카메라를 스스로 개발하고도 기존 필름사업이 손해를 볼까봐 스스로 사업을 접었다. 이미 패인 수로를 통해 안일하게 흘러가며, 미래의 적을 스스로의 품속에서 키우지 못한 기업은 남들이 키운 적에 의해 무너진다. 지속적으로 새로운 S커브를 창출하지 못하는 기업은 지속적으로 성장할 수 없다.

유동성 함정에 빠지면 통화정책이 안 통하듯 성공의 함정에 빠지면 혁신이 어려워진다. 생각이 고착돼 시장의 기저에 흐르는 근본적인 패러다임 변화도 감지할 수 없기 때문이다. 결국 완전히 다른 철학과 비즈니스 모델을 가지고 등장하는 적에게 속수무책이 된다. 그렇다면 기업은 어떻게 이런 적들의 등장에 대비할 수 있을까. 본질적으로 이런 적들은 사전에 감지할 수 없다. 유일한 답은 '**나 스스로의 품속에서 미래의 적을 키우는 것**'이다. 이렇게 내 안에서 키운 적이 나를 잡아먹게 하는 것이다. 역설적이지만, 기업도 〈엣지 오브 투모로우〉의 주인공 빌 케이지처럼 계속 죽어야 계속 살 수 있다.

탁월한 경영자들은 직감적으로 성공이 시작되는 바로 그 순간 동시에 실패의 가능성도 시작된다는 것을 인식한다. 인텔의 CEO였던 앤드루 그로브는 "사업의 성공에는 항상 실패의 씨앗이 잉태되어 있다"라는 멋진 말을 남겼다. 이런 그로브의 통찰력이 반영되어 "오로지 편집증 있는 기업, 그리고 CEO만이 생존할 수 있다"는 말도 나오게 되었다.[18] 에릭 슈미트 구글 CEO도 편집증이 있는 리더다. "우리가 과거에 그러했던 것처럼, 허름한 창고에서 우리를 겨냥해 우리와 전혀 다른 방식으로 혁신을 꾀하는 혁신가들에 의해 구글도 대체될 수 있다"고 말한 것을 보면 말이다. 세계적으로 가장 잘나가고 있는 기업 중 하나인 구글의 CEO가 구글의 대체 가능성을 언급한 것을 보니 **에릭 슈미트도 편집증 환자임이 틀림**

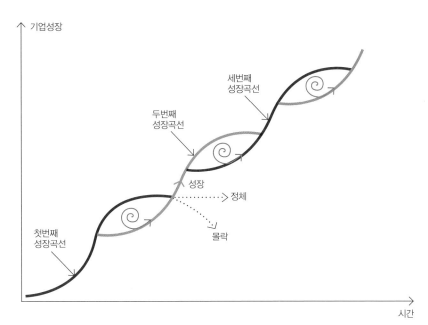

〈나선형 에너지 충돌과 S곡선 갈아타기〉

**없다.** 물론 좋은 의미의 편집증 환자다. 과거의 성공모델에 만족도 집착도 하지 않고 항상 편집증 환자처럼, 좀더 심하게 말하면 몽유병 환자처럼 자나 깨나 새로운 성공모델을 찾아 헤맨다. 이런 기업만이 존스의 S커브 그림처럼, 지속적으로 새로운 S커브를 창출해낼 수 있다.

조직 입장에서 보면 비즈니스 모델의 전환기에 문제가 발생한다. 전환기는 새로운 모델이 아직 자리를 제대로 잡지 못해 성과가 기존 모델보다 못한 시기다. 새로운 S곡선으로 갈아타기 위해 반드시 거쳐야 하는 시기지만 조직 내에서 기득권 세력의 견제가 심해지고 갈등과 충돌이 첨예해지는 시기다. 충돌의 결과가 관리 가능한 나선형 소용돌이 모양새를 보이면 계속 성장해갈 수 있지만 걷잡을 수 없는 난류가 되어 덮치면 기업은 실패할 수밖에 없다. 철저한 준비를 통해 이 시기를 잘 견뎌내야, 기존의 성장곡선과 새로운 성장곡선이 이중나선으로 꽈배기처럼 꼬이며 기업이 지속적 성장을 이어나갈 수 있다. 생명의 곡선인 DNA 이중나선처럼 말이다.

## '한강의 기적'이 죽어야 한국 경제가 산다

과거에 크게 성공하면 성공할수록 새로운 성장커브로 갈아타기가 힘들다. 첫째 이유는 '지금도 잘되는데 왜 굳이?'라는 안일함이 있고, 둘째는 기존의 성공이 새로운 적을 보는 눈을 멀게 하고, 셋째는 기존 성공모델을 중심으로 이미 기득권이 고착되어 있기 때문이다.

　죽어야 사는 건 기업뿐만이 아니다. 국가경제도 마찬가지다. 과거의 성공모델이 죽어야 계속 새롭게 태어날 수 있다. 과거 고성장 시대 한국의 3대 성장축은 (자본수출이 아닌) 상품수출, (서비스업이 아닌) 제조업, 그리고 (중소·중견기업이 아닌) 대기업이었다. 최근 이런 성장모델이 뚜렷한 한계를 보이고 있다. 국가경제도 기업처럼, 스스로를 죽이고 새로 태어나지 못하면 남들에 의해 도태될 수밖에 없다. 한국은 다른 나라들보다 새로운 경제성장모델로 갈아타기가 더욱 힘들다. 왜냐하면 과거의 모델이 그냥 성공 정도가 아니라, '한강의 기적'이라고 불릴 만큼 크게 성공했기 때문이다. 한강물이 흘러가듯 '한강의 기적'도 흘러간다. **'한강의 기적'이 죽어야 대한민국 경제가 살 수 있다.** '어떻게 하면 자신을 베고 미래의 적을 우리 가슴속에서 키워낼 수 있을까', 제 살을 도려내는 고통스러운 일이지만 한국의 기업성장이나 경제성장과 관련해 가장 시급한 질문이다.

경제성장모델에도 기득권이 있다. 엄청난 에너지가 작용하지 않는 한 기득권이란 중력이 잡아당기는 힘을 벗어나기가 쉽지 않다. 무거운 힘이 잡아당긴다고 더 무거운 힘을 만들어 벗어나자는 것은 잘못된 생각이다. 무거운 중력의 힘은 가벼움으로 극복해야 한다. 중력을 벗어나려면 가벼워야 한다. 몸과 생각과 주변이 가벼워야 훨훨 떠다닐 수 있는 것이다. 그래서 새로운 성장모델이 구체적으로 무엇이든 그 답은 젊은 세대에 있다. 젊은 세대의 튀는 생각, 버르장머리 없어 보이는 행동, 과감한 아이디어를 기성세대가 수용해주어야 한다. 나쁜 남자가 아니라 '**나쁜 젊은 이**'가 필요한 시대다.

# 피카소보다 더 피카소 같은
## 화가, 리히터

<br>

왜 리히터는 피카소보다 더 피카소다운가

아무리 미술에 관심이 없는 사람이라도 피카소를 모르는 사람은 없다. 피카소가 그린 인물을 보면 말 그대로 입체적이다. 원래 인물을 왼쪽 눈, 오른쪽 눈, 입, 코, 귀, 이마 등 부분별로 완전히 분해하고, 각 부분을 서로 다른 각도에서 바라보며 그린 후 다시 합했다. 시간은 특정 시점으로 고정하되, 여러 개의 다양한 시각multiple perspective을 하나의 화면에 결합해 넣었다는 데에 피카소의 독창성이 있다. 이제 조금 색다른 질문을 해보자.

피카소도 자신의 그림처럼 입체적인가? 입체파라는 하나의 사조에 국한되지 않고 사실주의, 추상주의, 액션페인팅 등 다양한 화풍을 동시대에 입체적으로 구사했는가? 답은 부정적이다. 피카소가 그림을 그리는 방식은 청색 시대, 홍색 시대, 입체파 시대에 따라 다양하게 변했지만 이는 시간의 흐름에 따른 변화다. 동시대에 입체파 그림도 그리고 사실주의 그림도 그리고 낭만주의 그림도 그린 것은 아니다. 입체파 시대엔 입체파 그림에만 몰두하고 청색 시대엔 청색 그림에만 몰두한 것이다. 이렇게 보면, 피카소의 그림 자체는 입체적이지만 피카소 자신이 입체적이지는 않다.

그렇다면 화가 스스로가 입체적인 화가가 있을까. 같은 시대에 추상화도 그리고 구상화도 그리고, 세밀한 붓을 사용해 극사실주의적 그림도 그리고 붓을 쓰지 않고 화면을 긁는 그림도 그리고, 단색화와 다색화도 동시에 그리는 화가가 있을까. 있다. 현존하는 미술작가 중 그림값이 가장 비싸다는 독일의 게르하르트 리히터다. 물론 리히터는 입체파 그림을 그리지는 않았다. 하지만 동시대에 다양한 회화의 경계를 넘나들며 전혀 다른 형식의 그림을 구사할 수 있다는 점에서 리히터는 입체적이다. 피카소보다 더 피카소답다.


## 다양성을 포용해 보편성을 찾은 리히터


리히터는 원래 사진작가로 예술을 시작했다. 그래서 리히터는 순간포착과 사실적 묘사에도 익숙하다. 리히터는 사진 위에 그림을 덧그려 사진과 그림을 결합photo painting함으로써 독특한 그림을 창출해냈다. 그가 결합한 것은 사진과 그림만이 아니다. 구상과 추상, 단색과 다색, 매끄러움과 거침, 붓으로 그린 그림과 도구로 긁은 그림 등 어찌 보면 서로 양립하기 힘들 것 같은 대립적 장르와 형식을 결합했다. '구상미술과 추상미술간에 본질적 차이가 없다'는 것이 리히터의 생각이었다. 그래서 극사실주의적 세밀함과 정교함이 드러나는 〈베티〉나 〈리딩〉 같은 그림과 색을 덧칠하고 긁어낸 강렬한 추상화 사이를 자연스럽게 넘나든다. 리히터는 이렇게 말했다. "내가 그림에서 추구하는 것은 가장 대립적이고 공통점이 없는 요소들을 적절한 자유로움 속에서 생생하고 확실하게 화해시키는 것이다." 결코 말처럼 쉬운 일은 아닌데, 리히터는 대립적 장르나 형식을 조화롭게 융합하는 능력을 가졌다. 다양성을 포용함으로써만 얻어낼 수 있는 보편성, 바로 리히터가 추구하는 목표다. 리히터 같은 정치인이 있으면 크게 성공할 것이다.

## 생명의 본질, '살아 있음'을 그린 리히터

리히터의 작품을 보면 신비로운 흐릿함과 몽롱함이 있다. 마치 초점이 맞지 않는 사진처럼 말이다. 형태는 어렴풋이 있는 듯하지만 윤곽이 흐릿하고 희미하다. 마치 순간적으로 존재하다 금방 사라져버릴 듯한 느낌을 준다. 〈선원들〉이란 그림을 보자. 분명 선원 친구들끼리 서 있는 그림인데 고정되어 있지 않고 분해되어 흘러가는 것 같다. 사막에 모래로 지어진 사람이 회오리바람에 사라져가는 느낌과 비슷하다.

　시간이 흐르면서 개인의 외모도, 인생도, 친구관계도 **끊임없이 변한다. 그게 바로 내가 살아 있다는 증거다.** 내 몸을 구성하는 세포는 어제의 세포가 아니지만 나는 그대로 나다. 이렇듯 미세한 부분은 항상 변하고 바뀌지만 기본 형태와 정체성은 유지된다는 것이 '살아 있음'이다.[19]

　리히터의 그림이 각광받는 이유는 그의 그림이 '살아 있음', 즉 '생명의 본질'에 대한 질문을 던지기 때문이다. 현대로 올수록 대답하는 그림보다 질문을 던지는 그림이 높게 평가받는다. 진정 '살아 있음'이란 무엇인가. 바닷가 해변의 모래밭은 항상 같은 모습이지만, 이를 구성하는 모래는 다르다. 끊임없이 들어오고 나가는 파도에 의해 이전 모래알들이 새 모

래알들로 바뀌기 때문이다. 물론 우리의 눈에는 동일하게 보인다. '같은 강물을 두 번 건널 수 없다' '같은 강물에 두 번 몸을 담글 수 없다'는 말도 같은 맥락이다. 영화 〈스타트랙〉에서 세포가 분말처럼 희미하게 분할되어 다른 곳으로 이동하고 그곳에서 다시 결합되면 새로 결합된 선장은 이전과 같은 선장인가 다른 선장인가. 오늘 내 몸을 구성하는 세포는 어제와 다른 세포지만 나는 동일하다. 1년 전 세포가 그대로 있다면 이미 죽은 시체다. 원형은 유지하되 세포가 새로 바뀌니 내가 살아 있는 것이다. 새로운 물로 바뀌니 한강물이 살아 있는 것이고, 새로운 모래로 바뀌니 해운대 해변이 살아 있는 것이다.

## 흐름과 원형, 순간성과 영원성이 공존하는 리히터 작품

'추상'이란 제목으로 포괄되는 리히터의 그림들을 보면 붓을 사용해 그린 그림이 아니다. 물감을 여러 겹 칠하고 큰 막대기 같은 도구를 이용해 좌우, 상하로 물감을 긁어낸다. 붓을 사용하지 않는 그림non-brush painting은 근본적으로 그리는 방법이 다르기 때문에 붓으로 그린 그림과는 전혀 다른 효과를 준다. 그의 추상화엔 수직적 힘과 수평적 힘이 교차한다. 수평선과 수직선을 통해 그림의 형태와 색이 분할될 뿐 아니라 시간도 분해되어 흘러간다. 상하를 가르는 수직선은 뭔가 변하지 않는 형상을 나타내는 듯하다. 좌우로 흐르는 수평선들은 흘러가는 시간의 순간성과 덧없음을 표현한다. 수직선은 구체적이고 날카롭고 보다 직선적인 데 반해 수평선은 희미하고 부드럽다.

312

사람이든 촛대든 나무든 리히터의 오브제는 수직으로 서 있지만 신비로운 수평적 힘(에너지)에 의해 희미해지고 와해된다. 리히터 그림을 한참 동안 자세히 보면, 아무리 추상화라도 희미하게 가려진 그 뒤에 뭔가 변하지 않는 구체적 형태가 있을 것 같다. 순간성을 포착한 인상파 모네와 원형을 추구한 세잔의 결합 같은 느낌 말이다. 끊임없이 변하고 새것으로 대체되고 흘러가는 것, 하지만 아무렇게나 변하는 것이 아니라 그 기본과 본질을 그대로 유지하는 것, 이것이 바로 살아 있는 인생이요, 예술이요, 과학이다. 살아 있는 기업도, 살아 있는 경제도 그러해야 한다.

## 무엇이 '살아 있는 기업'이고 '살아 있는 경제'인가

기업도 기본과 본질은 유지하되 끊임없이 변하고 흘러가야 생명력 있는 기업이다. 바뀌는 방법에는 두 가지가 있다. 하나는 외부의 힘에 의해 바뀌는 것이고 하나는 스스로 바꾸는 것, 즉 스스로 변신하는 것이다. 이 세상에서 제일 속이기 쉬운 대상은 자기 자신이란 말이 있다. 반대로 제일 힘든 일은 스스로를 변화시키고 극복하는 것이다. 기업도 마찬가지다.

사람도 그렇지만 기업도 경제도 언젠가는 실패하기 마련이다. 문제는 '성공적으로 실패'하느냐 '실패적으로 실패'하느냐. 남들에 치여 실패하기 전에 먼저 스스로를 죽이고 개혁하고 혁신하는 기업은 성공적으로 실패할 수 있다. 계속 살아 있고 성장할 수 있다. GE의 전설적 CEO 잭 웰치가 항상 직원들에게 주문했듯이, '어떻게 하면 우리 기업이 실패하고 망할 수 있는지 보고하라'고 지시할 수 있는 CEO가 있다면, 그런 리더가 이끄는 기업은 실패하지 않는다.

새로운 세포가 기업 내부에서 스스로 솟아나는데도 불구하고 이전 세포를 죽이지 못해 실패한 회사가 코닥이요 노키아다. 진정한 강자만이 스스로를 죽일 수 있다. 인텔은 스스로를 죽이는 기업으로 유명하다. 자기가 개발한 제품을 자기가 먼저 죽이고 대체하는 것이다. 그래서 실패해도 성공적으로 실패하고, 죽지만 살 수 있다. 경제도 마찬가지다. 과거의 성장모델이 아쉽다고, 편하다고 그대로 놔두면 실패하기 마련이다. 경제의 본질적 특성과 거시적 틀은 유지하되 구성요소들은 끊임없이 바꾸어야 한다. 그래야 살아 있는 경제다. 스스로 바꾸지 못하면 남에 의해 바뀔 수밖에 없다. 한국 경제도 죽어야 살 수 있다.


## 하이젠베르크의 불확정성 원리와 리히터의 불확정적 그림

리히터 그림의 또다른 특성은 '불확정성'에 있다. 초점이 정확히 맞지 않는 사진처럼 뿌옇고 사라질 듯 희미하다. 윤곽이 명확하고 경계가 뚜렷한 그림을 결정론적 그림, 즉 확률이 1인 그림이라 한다면 리히터의 그림은 대상의 위치를 정확히 확정할 수 없는 불확정적인 그림, 대상이 확률적으로만 존재하는 그림이다. 이런 점에서 리히터의 그림은 물리학자 하이젠베르크의 **'불확정성 원리'**와 궤를 같이한다. 하이젠베르크의 불확정성 원리란, 전자와 같은 입자particle의 위치와 속도(운동량)를 동시에 확정할 수 없다는 원리다.[20]

지금 전자가 어느 위치에 있는지, 그리고 어떤 속도로 움직이고 있는지를 '동시에' 확정할 수 있어야 전자가 앞으로 어떻게 움직일지 확정적으로 측정할 수 있다. 이것이 불가능하다면 전자는 어떤 공간에 확률적으로 여기저기 퍼져 있다고 볼 수밖에 없다. 전자의 모습은 작은 콩알의 모습이 아니라 안개처럼 뿌연 확률함수 자체인 것이다. 안개같이 뿌옇고 희미하게 사라져가는 듯한 리히터의 그림처럼 말이다. 〈선원들〉 그림에서 맨 왼쪽에 있는 사람의 모습은 그곳에만 확정적으로 있지 않고 희미하게 안개처럼 퍼져나가 옆 사람, 그 옆 사람, 그리고 화면의 모든 공간에 흔적을 남긴다. 맨 왼쪽에 존재하는 것이 아니라 화면 공간 전체에 확률적으로만 존재하는 것 같다.

사실 리히터의 그림뿐 아니라 리히터라는 인물 자체가 불확정적이다. 어떠한 사조에도 속하지 않고 다양한 경계를 넘나들기 때문에 리히터 그림은 미술이론가들이나 평론가들이 측정하고 평가하기 정말 힘들다고 한다. 리히터는 비평가가 평가를 내리려 할 때 다시 다른 유형의 그림으로 이동한다. 리히터는 하나의 사조에 고정시킬 수 없다. 확률적으로 희미하게 존재할 뿐이다. 뉴턴적인 결정론이 지배하는 세계에선 예술까지도 과학이론에 의해 확정적으로 예측된다. 결과적으로 예술은 과학에 종속된다. 하지만 하이젠베르크의 불확정성이 성립하는 세계에선 예술이 과학에 종속되지 않는다. 과학이 세상을 확정하고 개인의 자유의지를 제한하는 것이 아니라 오히려 자유와 희망을 준다. 과학이 예술을 위해 새로운 세계를 열어주는 것이다.

리히터는 나치가 지배하는 암울했던 독일 전체주의 시대에 살았다. 원래 기질도 그러했거니와 예술가로서 생존을 위해 그는 모든 이데올로기에서 떨어져 있기를 원했다. 그가 어떤 미술사조에도 속하지 않으려는 태도와도 관련된다. 시대적 상황이 리히터로 하여금 세상에 확정적인 것은 없고 모든 것은 변하고 흐르고 불확실하다는 생각을 고착화했는지 모르겠다. 윤곽이 명확하지 않고 사라질듯한 희미함은 '지속적인 불확실성 continual uncertainty'을 나타낸다. 불확실성은 바로 리히터 작품의 본질이다. 리히터 그림에 그려진 사람들은 모두 확률 1로 존재하는 이 세상 사람 같지 않고 확률 0.5 정도만 존재하는 유령 같다.

리히터는 말했다. "나는 모든 것을 동등하게 하기 위해 흐릿하게 한다." "모든 부분들이 서로에게 조금씩 스며들게 한다." 얼핏 들으면 양자역학을 전공한 물리학자가 한 말 같다. 리히터 그림에서 하이젠베르크의 불확정성 원리가 적용되는 양자역학적 특성을 발견할 수 있는 대목이다. 1927년에 하이젠베르크의 불확정성 원리가 발표되었으니 1932년에 태어난 리히터가 이 원리를 익히 들어 알고 있었을 가능성이 높다.


## 경제정책과 펀드매니저 평가에도 불확정성 원리가 적용

하이젠베르크의 불확정성 원리란 전자와 같이 아주 작은 입자의 위치를 정확히 측정하려고 애쓸수록 입자의 속도(운동량)를 정확히 알기 힘들다는 원리다. 측정하려는 시도 자체가 측정대상을 교란하기 때문이다. 경제에도 비슷한 현상이 있다. 런던 경제대학LSE 교수이며 영란은행 고문을 역임한 찰스 굿하트가 처음 주장했다 하여 '굿하트 법칙'이라고 부른다. 특정한 경제지표가 다른 경제변수들과 안정적인 관계를 갖는 것으로 파악되어 이를 정책적 목표변수로 삼는 경우, 그 순간부터 그 변수가 이전에 가졌던 다른 변수들과의 안정적 관계를 상실한다는 것이다. 즉 특정 경제변수가 의도를 갖고 목표변수로 측정되는 순간, 어찌 알았는지 그 경제변수는 이전과는 전혀 다르게 움직인다는 뜻이다. 굿하트가 측정한 변수는 통화량이었다. 통화량을 정책적 목표로 삼아 의도적으로 측정하자 통화량의 변화 형태가 이전과 완전히 달라졌다. 통화량이 더이상 정책목표로서의 역할을 수행할 수 없게 된다는 말이다. 마치 양자역학 세계에서 측정 자체가 전자에 영향을 미쳐, 전자의 위치를 정확히 확인하려 할수록 운동량과 속도를 정확히 측정할 수 없게 되는 경우 또는 운동량을 정확히 측정하면 전자의 위치를 정확히 확정할 수 없는 것과 비슷하다.

경제변수뿐 아니라 인간의 행동에도 불확정성 원리가 적용된다. 펀드매니저의 성과측정을 예로 들어보자. 자본시장에서 펀드매니저의 성과를 측정하는 일반적인 방법은 벤치마크지표를 기준으로 하는 것이다. 가장 단순하게 생각하면 주식펀드엔 종합주가지수, 채권펀드엔 국채수익률이 벤치마크지표로 활용될 수 있다. 채권펀드를 운용하는 펀드매니저를 생각해보자. 만일 국채수익률이 벤치마크로 사용된다면, 펀드매니저 입장에선 무조건 이보다 높은 수익률을 올리는 게 목표가 된다. 투자자들이 이를 기준으로 펀드매니저를 평가하고 또 이에 따라 자신의 연봉과 평판이 결정되기 때문이다. 강박관념에 빠진 펀드매니저들은 어떻게 해서든 국채수익률보다 높은 수익률을 올리려 혈안이 될 것이다. 고수익을 얻으려면 당연히 고위험을 부담해야 하는 것이 투자의 기본 원리이므로 점점 더 위험이 높은 회사채에 투자를 늘릴 것이다. 한두 번은 성공할 수 있으나 궁극적으로는 회사채부도와 같은 위험을 부담할 수밖에 없다.

국채수익률을 벤치마크지표로 삼으면 그 순간부터 국채수익률을 통해 더이상 펀드매니저의 성과를 정확히 측정하고 비교하기 힘들어진다. 펀드매니저는 로봇이 아니다. 양자역학의 세계에서처럼, 보다 정확하게 성과를 측정하고자 한 시도 자체가 펀드매니저의 행동을 바꾸어버리기 때문이다. 기업이나 조직에서 성과측정지표를 개발할 때에는 항상 상대방의 반응을 염두에 두고, 상대방도 나만큼 똑똑하다는 전제하에 설계해야 한다. 원자보다도 작은 전자에 적용되는 하이젠베르크의 불확정성 원리가 기업과 경제에 주는 시사점이다. "성과지표는 성과지표로 사용되지 않을 경우에만 성과지표로 유용하다"는 말처럼 말이다. 평가받는 사람들이 특정 기준으로 평가받는 사실을 모를 때에만 그 기준이 유용하다는 뜻이다.

그런데 딜레마가 있다. 피평가자가 평가기준을 모르면 평가자가 원하는 성과와 행동을 유도할 수 없다. 이상적인 방법은 자기가 어떤 기준에 의해 평가받는지를 알지만, 그래서 그 기준에 따라 행동하지만, 그것에 지나치게 집착하지 않게 하는 것이다. 현실적으로 어려운 일이다. 현실성 있는 대안은 평가자나 피평가자가 하나의 지표에만 지나치게 의존하지 않고 복수의 지표를 사용하는 것이다. 아무리 효과적인 지표라도 하나의 성과지표만을 사용하면 물리학의 '불확정성 원리'가 경제에도 적용될 가능성이 커지기 때문이다.

## PART 05

중력과 반중력

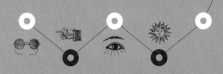

# 말레비치의 가벼움, 에이크의 무거움, 그리고 '참을 수 없는 화폐의 가벼움'

## '가벼움'과 '무거움', 예술을 바라보는 새로운 시각

그림을 보다보면 '가벼운 그림'이 있고 '무거운 그림'이 있다. '가벼움'과 '무거움'은 그림과 예술을 바라보는 새로운 시각이 될 수 있다. 물론 어느 하나가 다른 것보다 좋다는 뜻은 아니다.

무거운 그림은 바위를 그렸다거나 어두운색을 사용했다는 의미가 아니다. 그림이 무겁다는 것은, 구성이 탄탄하고 묘사가 치밀하며 사실적이기 때문에 화폭을 지배하는 느낌이 엄숙하고 차분하다는 뜻이다. 원근법이 잘 지켜진 그림도 통일감이 있고 묵직한 느낌을 준다. 소실점이 무게중심 역할을 하기 때문이다. 무거운 그림엔 지켜야 할 규칙과 제약이 많다. 그래서 더욱 버겁고 빡빡하게 느껴진다. 무겁다는 것은 중력이 크게 작용한다는 뜻이다. 중력은 잡아당기는 힘이다. 형태, 색, 구성, 원근법에 이르기까지 그림을 그릴 때 작용하는 중력은 다양하다. 이런 규칙과 제약, 그리고 전통을 모두 지키다보면 그림이 무거워진다. 다른 각도에서 보면 무거운 그림에는 통일성이 있고 질서정연함과 체계가 있다. 땅에 발을 딛고 있으면 편안함을 느끼듯, 중력이 잘 지켜진 그림에서 편안함을 느낀다.

반대로 가벼운 그림엔 중력이 약하게 작용한다. 중력에 구속되지 않고 훨훨 자유롭게 날아갈 수 있다. 가벼운 그림은 새의 깃털같이 가벼운 것을 그렸다거나 밝은색을 사용했다는 뜻이 아니다. 지켜야 할 규칙, 전통, 고정관념 같은 중력이 크게 힘을 발휘하지 못하는 그림이라는 의미다. 그래서 상상의 나래를 펼쳐 자유롭고 가벼운 그림이 나올 수 있는 것이다. 중력은 서로가 끄는 힘이다. 이런 점에서 보면 가벼운 그림은 미래, 새로움, 불규칙이 잡아당기는 힘이 더 큰 그림이라고 해석할 수 있다. 현실적으로 우리는 중력 덕분에 땅에 발을 붙이고 살고 있다. **중력에 순종하는 대가로 우리는 편안함을 느낀다.** 물리적 중력뿐만이 아니다. 전통과 역사, 법과 질서, 국가와 민족, 교양과 예절 등 우리를 잡아당기는 중력은 실로 다양하다. 가벼운 그림은 물리적 중력뿐 아니라 정신적, 예술적, 사회문화적, 역사적 중력에서 벗어나 둥둥 떠다니고 훨훨 날아가는 그림이다.

에이크의 무거움과 말레비치의 가벼움

15세기 르네상스 시대 사실주의 대가 얀 반 에이크의 걸작 〈아르놀피니의 결혼〉을 보자. 런던 내셔널갤러리에 전시되어 있는 가로 60센티미터 세로 82센티미터의 그리 크지 않은 그림인데 실제로 보면 사실적 묘사의 극치에 감탄을 금할 수 없다. 뒤쪽 거울에 비친 신랑과 신부의 뒷모습, 샹들리에의 촛불, 강아지, 벗겨진 신발, 오렌지 등 모든 것이 치밀한 계산에 근거해 바로 그곳에 위치해 있고 특별한 상징까지 품고 있다. 원근법이 잘 지켜진 그림인데 중앙의 거울이 소실점이다. 구성의 초점이 중앙의 거울로 수렴convergent하기 때문에 중심이 고정된 정적인 그림이다. 결혼식에서 흔히 느끼는 들뜬 기분이란 전혀 찾아볼 수 없다. 오히려 신랑의 표정에는 긴장감과 무뚝뚝함마저 배어나온다. 그림의 어떤 부분을 떼어내 아무리 확대해봐도 한 치의 흔들림이 없는 치밀한 그림이다. 그래서 묵직함으로 다가온다.

'결혼'이란 같은 제목이 붙어 있지만 카지미르 말레비치의 〈결혼〉은 가벼운 그림이다. 구성이 견고하지도, 묘사가 치밀하지도 않다. 원근법이 지켜지지 않아서 그림에 공간적 깊이도 없고 얇고 납작하다. 아래쪽 파란 모자를 쓴 두 명의 하객을 보자. 특히 오른쪽 하객은 파란 모자만 보이지 사람은 안 보인다. 마치 파란색 모자가 신부 드레스의 무늬인양 붕 떠 있다. 하객들 손에 들려 있는 꽃들도 마치 연기처럼 가볍게 하늘로 피어오른다. 말레비치는 대상의 재현 없이 형태와 색의 조합만으로 그림을 그리는 순수추상의 선구자다. 이 그림은 완전한 순수추상화는 아니지만 말레비치 자신이 빡빡하고 무거운 구상화에서 벗어나 순수추상화를 향해 가볍게 날아가고 있는 느낌을 준다.

가벼움을 표현한 또다른 대표적 화가는 마르크 샤갈이다. 샤갈 그림은 색채도 밝고 꿈과 환상을 그리니 주제도 밝다. 샤갈의 그림에는 묵직하게

얀 반 에이크, 〈아르놀피니의 결혼〉

카지미르 말레비치, 〈결혼〉

고정되어 있는 것이 하나도 없다. 사람이든 동물이든 모든 것이 둥둥 떠다닌다. 그의 그림이 '움직이며 떠다니는' 그림으로 평가받는 이유다. 〈생일〉이란 작품은 결혼을 막 앞두고 맞이한 샤갈의 생일에 약혼녀 벨라가 꽃을 들고 찾아온 장면을 묘사한 그림이다. 그림을 보면 샤갈과 벨라가 공중에 떠서 부유하고 있다. 사랑하는 사람을 만날 때 느끼는 두근거림은 중력의 법칙도 벗어나게 한다. 뜨거운 공기는 위로 오르기 마련인데 사람도 감정이 뜨거워지면 공중부양하는 모양이다.

음악에도 '가벼운 음악'과 '무거운 음악'이 있다. 가벼운 음악을 작곡한 대표적인 작곡가는 모차르트다. 모차르트를 그린 영화 〈아마데우스〉가 생각난다. 실화에 바탕을 둔 영화는 아닌데, 무거움을 대표하는 살리에리가 가벼움을 대표하는 아마데우스 모차르트를 바라본 관점을 드러내는 영화다. 특히 모차르트의 경박한 웃음소리는 아직도 귀에 생생하다. 살리에리는 18세기 궁중음악의 표본인 캐논canon의 대가로서 복잡하게 주어진 규범의 틀을 엄격히 준수하며 신성한 음악을 창조해냈다. 스스로 말한 대로 모차르트가 나타나기 전까지만 해도 살리에리가 최고였다. 생각이 사방으로 튀는 모차르트는 당시의 규범에 만족하지 못했다. 발산하는 경박함을 바탕으로 캐논의 중력에서 벗어나 다양한 변주를 통해 낭만주의 음악세계로 날아올랐다. 가벼움이 무거움을 이겨낸 것이다.


무거운 경제와 가벼운 경제

경제도 가벼운 경제가 있고 무거운 경제가 있다. 조선업, 건설업, 중공업

등과 같은 중후장대산업이라고 무조건 무거운 경제는 아니다. 기술진전 속도가 급속하지 않고 산업의 표준규범이 강하며 기득권이 크게 작용하는 경제면 무거운 경제다. 가벼운 경제는 말레비치 혹은 샤갈의 그림이나 모차르트의 음악처럼 전통과 관습이란 중력을 벗어나 자유롭게 떠다니는 경제다. 바로 아이디어가 중심이 된 혁신경제다. 예술도 그러하듯 어느 것이 좋고 나쁘다는 뜻이 아니다. 둘은 다르다는 뜻이다.

'움직이며 떠다닌다floating'는 용어가 많이 사용되는 분야가 바로 경제 분야다. 환율이 고정돼 있지 않고 떠다니면 변동환율floating exchange rate제도요, 대출금리가 고정되어 있지 않고 변하면 변동금리부floating interest rate 대출이다. 주식시장에서 대주주가 경영권 유지를 위해 보유하는 주식은 그 성격상 시장에 거래대상으로 잘 나오지 않는다. 그래서 대주주가 경영권을 위해 보유하고 있는 주식을 제외하고 실제로 시장에서 거래되는 주식을 유통주식floating stock이라고 한다. 발행주식의 수가 많아도 유통주식의 수가 줄어들면 그만큼 주가변동성이 커진다.

금융뿐만이 아니다. 실물경제에서도 '움직이며 떠다닌다'는 용어가 사용되는 분야가 많다. 심해에서 생산된 석유와 가스의 하역과 저장이 육지 하역장에서 이루어지지 않고 움직이는 선박에서 이루어지는 것이 바로 부유식 생산저장 하역선, 일명 FPSOfloating production storage offloading다. 최근에 건축가들은 지진을 막기 위해 지반으로부터 뜬 건물floating building을 설계한다. 심지어 떠다니는 도시floating city도 있다. 육지가 환경오염으로 폐허가 되었을 때 인류가 살 수 있도록 고안된 수상도시다. 북극은 얼음섬, 즉 해빙이 둥둥 떠다니며 움직이는 지형이기 때문에 가볍다. 이에 반해 남극은 깊고 넓은 대륙이다. 그래서 무겁다. 예술이든 경제든 '가볍다'

는 말은 무언가 고정되어 있지 않고 움직인다는 뜻이다.


## 참을 수 없는 존재의 가벼움,
## 그리고 참을 수 없는 화폐의 가벼움

『참을 수 없는 존재의 가벼움』은 체코 소설가 밀란 쿤데라의 대표적인 소설이다. 이 소설은 체코 프라하의 봄이 시대적 배경이지만 정치와 이데올로기만을 다루지는 않는다. '가벼움'을 상징하는 토마스와 '무거움'을 상징하는 테레사 커플, 또다른 '가벼움'을 상징하는 사비나와 또다른 '무거움'을 상징하는 프란츠 커플 얘기가 마치 DNA이중나선처럼 꼬이며 진행된다. 단순한 연애소설은 아니고, 가벼움과 무거움, 우연과 필연, 직선과 순환, 삶과 죽음 같은 상반되는 개념들을 네 명의 등장인물과 그 관계 속에 녹여내는 작품이다. 1988년에 〈프라하의 봄〉이란 제목으로 영화화되기도 했다. 당시 제일 잘나가던 여배우 중 한 명인 쥘리에트 비노슈가 청순한 모습으로 여주인공 테레사 역을 맡았던 것으로 기억한다.

　토마스는 가벼움 그 자체다. 촉망받는 외과의사지만 이데올로기, 애국심, 결혼 같은 무거움에는 관심이 없다. 부담 없는 연애, 바로 가벼움이 토마스가 추구하는 여자관계다. 그는 한 곳에 감정을 수렴하지 않고 이곳저곳으로 발산하며 이 여자 저 여자를 가볍게 만난다. 토마스에게 필연은 없다. 모든 것이 우연일 뿐이다. 필연은 무겁지만 우연은 가볍다. 이에 반해 테레사는 무거움을 대표하는 주인공이다. 그녀는 토마스와의 만남을 지나치는 우연이 아니라 운명이라고 생각한다. 토마스와의 관계에 대해서도 무겁고 신중하다. 그래서 늘 가벼운 토마스에게 실망하고 슬퍼한다. 무거움을 지향하는 테레사의 입장에서 볼 때, 토마스는 '참을 수 없는 존재의 가벼움'이다. 물론 토마스 입장에서는 테레사가 '참을 수 없는 존재의 무거움'일 수 있겠다. 토마스 외에 가벼움을 상징하는 또 한 명의 등장인물이 있다. 토마스의 애인인 사비나다. 어찌 보면 토마스보다 더 자유롭고 깃털처럼 가벼운 영혼의 소유자다. 토마스는 그래도 사랑하는 테레사와 같이 지내길 원하지만, 사비나는 자신에게 집착하는 모든 사람에게서 떠난다. 무거움을 상징하는 또다른 인물은 사비나의 애인인 대학 교수 프란츠다. 무거운 사람은 중력의 힘을 감당해내야 한다. 그는 토마스처럼 가볍게 사비나를 만나지 못한다. 결국 본처와 헤어지고 사비나에게 돌아오지만, 이를 안 사비나는 홀연히 떠난다. 소설에서 쿤데라는 가벼움과 무거움에 대해 어느 한쪽을 두둔하지 않는다.

자, 이제 조금 황당할 수는 있으나 이 소설을 통화제도 관점에서 바라보자. 밀란 쿤데라가 이런 생각을 했을 것 같지는 않은데, 상상의 나래를 펼쳐보는 것도 흥미로운 일이다. 금본위제도 이후 금과의 관계가 완전히 단절된 미국 달러는 너무도 가볍고 자유롭다. 한군데 정착하지 않고 신흥국으로, 부동산으로 여기저기 자유롭게 떠다닌다. 마치 이 여자 저 여자를 찾아 가볍게 떠도는 경제의 토마스 같다. **'참을 수 없는 달러의 가벼움'**이다. 테레사는 통화제도로 보면 금본위제도. 항상 신중하고 심각하고 무겁다. 그래서 가볍게 잘 움직이지 못한다. 답답한 면도 있다. 무거워 잘 움직이지 못하는 게 단점이기도 하다. 금본위제도나 금환본위제도하에서는 금이 중력 역할을 한다.[1] 금이 잡아당기는 중력 때문에, 보유한 금의 가치 이상으로 마음대로 화폐를 찍어낼 수 없다. 전쟁비용, 복지재

원, 부실은행 구제, 기업구조조정 등 다양한 용도로 자금이 필요해도 돈을 찍어내기 힘들다. 금본위제도는 테레사처럼 천성이 신중하고 무겁기 때문에 가볍게 날아오르지 못하는 것이다. 너무 신중하면 사람들에게 별로 인기가 없다. 화폐를 가볍게 찍어내어 국민을 즐겁게 해주지 못하는 정부나 정권은 인기가 없다. 소설도 그렇지만 특히 영화에서는 테레사보다 가벼움의 상징인 사비나가 훨씬 더 매혹적으로 나온다. 그 가벼움의 유혹을 뿌리치기 힘들 정도로 말이다.

화폐로 보면 테레사는 유로화로 대체되기 이전 독일의 마르크화를 생각나게 한다. 역사적으로 가장 신중하고 안정된 화폐였다. 처음부터 독일 화폐가 이처럼 안정적이고 묵직했던 것은 아니다. 독일은 제1차세계대전 이후 바이마르공화국 시절, 1919년부터 1921년까지 3년에 걸쳐 물가가 1조 배 오른다. 바로 초인플레이션, 또는 하이퍼인플레이션hyper-inflation이다. 전쟁 때 필요한 전비조달을 위해 돈을 찍어냈고, 전쟁 후 모든 산업시설이 파괴되었는데 사람의 물자 수요는 그대로 있으니 물가가 천정부지로 오를 수밖에 없었다. 여기에 더해 전쟁 후 베르사유조약에서 승전국이 부과한 전쟁배상금이 당시 독일 GDP의 세 배가 넘었다. 매년 수출액의 25퍼센트를 무조건 배상금으로 지불한다는 조항도 있었다.[2] 배상금을 제때 갚지 못하면 군사력을 동원해 루르 공업지역을 점령한다는 조항까지 포함되어 있었다. 현실적으로 독일이 감당하기 힘든 수준이었다. 승전국들이 하이퍼인플레이션을 통해 독일을 경제적으로 붕괴시키려는 전략이 아닌가 싶을 정도다. 역사적으로 보면, 전쟁이 발발했을 때 상대방을 경제적으로 혼란에 빠트리기 위해 상대국의 위조지폐를 대량으로 상대국에 살포한 경우가 실제로 있었다. 1923년 1조 대 1의 비율로 화폐개혁을 한 후 어느 정도 축소되기는 했지만 1929년 히틀러에 의해 바이마르공화국이 무너질 때까지 엄청난 인플레이션이 계속되었다. 하이퍼인플레이션은 히틀러 정권 획득의 일등공신이었다. 히틀러가 몰락한 제2차세계대전 후 1948년, 독일에 새로운 마르크화가 도입되었다. 1957년엔 독일의 중앙은행인 독일연방은행이 설립되었다.[3]

## 독일의 인플레이션 트라우마와 마르크화의 무거움

독일 하이퍼인플레이션 시절 생긴 웃지 못할 재미있는 이야기들이 있다. 돈이 가득찬 바구니를 훔친 도둑이 돈은 모두 버리고 바구니만 갖고 도망쳤다거나, 벽지값이 너무 비싸 지폐로 도배했다는 일화들이 이때 나온 것이다. 매일 집에서 맥주만 먹어대는 한량 남편, 그 대신 가족을 부양하느라 매일 밤늦게까지 일했다는 부인과 관련된 이야기도 있다. 부인은 아낀 돈을 꼬박꼬박 은행에 저축했고, 남편은 마셔댄 맥주병과 깡통을 뒷마당에 산더미처럼 쌓아놨다. 그런데 **하이퍼인플레이션이 발생하자 부인이 저축한 돈은 하루아침에 휴지조각이 되었다.** 반면 남편이 쌓아둔 맥주병값은 천정부지로 올라 이를 판 돈으로 하이퍼인플레이션을 견디며 먹고살았다는, 흥미로우면서도 충격적이고 슬픈 이야기다.

50만 마르크라는 당시로선 엄청난 금액을 은행에 예금해둔 노부부, 당연히 은행이 최고로 대우하는 VVIP다. 하지만 하이퍼인플레이션이 발생하자 노부부는 편지를 한 통 받는다. 봉투에는 이전 같은 오페라 티켓, 상품권 대신 은행장 명의의 짤막한 편지가 들어 있었다. '당신이 예치한 금액은 저희 은행으로선 너무 미미한 금액이어서 관리가 어려우니 신속히 찾아가시기 바랍니다.' 편지를 받고 부인은 충격에 쓰러졌다. 더 충격적인 일은 몇 주 후에 온 편지다. '더이상 당신의 예금을 관리하기 어려워 수표로 돌려보냅니다. 그런데 잔돈 처리가 어려워 50만 마르크 대신에 100만 마르크 수표를 동봉합니다.' 이번엔 남편까지 쓰러졌다.

지금은 웃으며 얘기하지만 당시 독일 국민들은 얼마나 고통스러웠을까. 빵 한 조각을 사기 위해 리어커에 돈을 가득 실은 사람들이 까마득하게 긴 줄을 이루고 있는 진풍경이 상상되는가. 그래서 독일 국민들은 인플레이션에 대해 트라우마가 있다. 카를 융은 '원형'을 '집단무의식'이라고 정의했는데, 인플레이션 트라우마는 독일 국민들의 집단무의식뿐 아니라 집단의식 속에도 지워지지 않는 기억으로 뿌리박혀 있다.[4] 독일이 방만한 통화정책과 인플레이션에 거의 경기를 일으키며 강박적으로 저항하는 이유이기도 하다. 이런 역사적 배경 때문에 독일에서는 화폐의 안정과 재정긴축이 경제정책의 원형으로 뿌리내렸다. 국민들의 기억 속에 뿌리박혀 있는 **'역사적 트라우마'가 금본위제도에서의 금과 같이 화폐의 남발을 제어하는 중력의 역할**을 하는 것이다. 테레사가 토마스의 참을 수 없는 가벼움에 트라우마를 겪는 것과 비슷하다. 아마도 그리스 위기를 보면서 독일이 그리스에 대해 느낀 감정은, 테레사가 토마스에 대해 느낀 감정과 비슷했을 것이다. 독일 마르크는 유로화로 강제 전환되기 이전, 세계 외환보유고의 14퍼센트를 차지했고 연평균 인플레이션율이 1.5퍼센트에 불과한, 그야말로 교과서적인 무겁고 안정적인 통화였다. 유로화 탄생 과정에서 정치적 이유 때문에 결국 마르크화가 없어졌는데 독일 국민들은 마지막까지 이 화폐를 포기하는 것을 슬퍼했다. 그리고 세계 경제는 명목화폐 중 가장 무겁고 단단한 통화를 하나 잃었다.

# 중력에 순응한 〈피에타〉와
## 중력을 벗어난 〈피레네의 성〉

중력적인, 너무도 중력적인 작품들
〈피에타〉와 〈그리스도의 매장〉

화가들은 신비로운 중력을 어떻게 그려냈을까. 중력과 관련된 그림은 중력에 '순응'하는 그림, 중력에 '저항'하는 그림, 중력에서 '균형'을 찾는 그림으로 구분할 수 있다. 먼저 중력에 순응하는 작품부터 살펴보자. 〈피에타〉는 죽임을 당한 예수 그리스도를 무릎에 안고 있는 성모마리아의 모습을 조각한 미켈란젤로의 걸작품이다.

이 작품은 힘의 중심이 아래쪽에 있다. 무릎에 안겨 굴곡지게 처진 그리스도의 몸, 밑으로 떨구어진 팔과 다리, 아래로 향한 성모마리아의 시선, 늘어진 옷자락 등 모든 것에 중력이란 힘이 작용하고 있다. 중력과 관련하여 또한 주목해야 할 부분은 아들보다도 젊게 보이는 성모마리아

331

미켈란젤로, 〈피에타〉

의 얼굴이다. 제자들이 질문했을 때, 미켈란젤로는 "동정녀 마리아의 순결을 표현하기 위해 그토록 젊게 조각했다"고 했다. 나이가 들면 뱃살도 처지고, 팽팽하던 볼살도 처지기 마련이다. 나이가 들수록 육체는 중력에 쉽게 지배당한다는 말이다. 이렇게 보면 **반노화**anti-aging**는 곧 반중력** anti-gravity**이다.** 젊다는 것은 그만큼 밑으로 잡아끄는 중력의 힘에 굴복하지 않고 튕겨내는 힘이 있다는 것이다. 피부는 팽팽한 것이, 허리는 꼿꼿한 것이 반중력적이다. 마리아의 변치 않는 젊음이 신비로운 시선을 통해 그리스도에게 전달되는 형상은 결국 그리스도 부활을 상징적으로 표

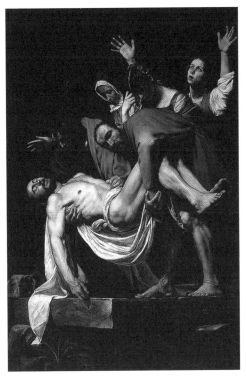

미켈란젤로 다 카라바조, 〈그리스도의 매장〉

현한 것이기도 하다.

〈피에타〉보다 더 철저하게 중력이란 힘이 표현된 작품은 초기 바로크 시대 대표적 화가 미켈란젤로 다 카라바조의 〈그리스도의 매장〉이다. 이 그림은 다양한 차원에서 중력적이다. 첫째, 구도의 중심이 중력에 의해 아래로 쏠려 있다. 십자가에서 내려져 아래로 축 처진 그리스도의 모습, 아래로 향하고 있는 대부분 인물들의 시선은 〈피에타〉와 비슷하다. 다만 아래가 그냥 바닥이 아니라 돌무덤이다. 무덤grave과 중력gravity의 어원이 같다는 점을 생각하면 무덤은 누구도 피할 수 없는 중력에 대한 순응을 상징한다.

둘째, 어두운 배경을 바탕으로 밝은색으로 그려진 인물들이 크고 육중하게 화면 앞쪽에 잡아당겨져 위치해 있다. 마치 인물들이 관객을 향해 화면 밖으로 튀어나올 것만큼 가깝다. 거리가 가까울수록 중력이 커지는 뉴턴의 공간처럼 카라바조가 창조해낸 공간도 그림 속 인물들과 관람객 간의 거리가 가깝기 때문에 서로를 잡아당기는 힘, 즉 중력이 강하게 작용한다. 카라바조 이전에는 그림과 관객의 거리가 이처럼 가까운 적이 없었다. 그림 속 인물을 앞쪽으로 잡아당겨 관객과의 거리를 좁힌 것은 카라바조의 혁신이다. 더이상 그림 속, 상상 속 인물이 아니라 보는 이와 같이 호흡하는 인물이다. 그만큼 동작 하나하나가 생동감이 있다.

셋째, 검소한 보통 사람들의 등장 또한 중력적이다. 당시는 루터의 종교개혁에 대응해 교황 중심의 가톨릭 교회가 개혁을 모색하던 때다. 권위주의적인 가톨릭 교회 입장에서는 어떻게 하면 형식주의를 극복하고 일반인들에게 쉽게 다가설 수 있을까 하는 것이 최대의 개혁과제였다. 이를 위해선 먼저 극복할 게 있었다. 르네상스 시대 화가들이 교회의 부탁을 받고 그렸던 그림에 구현된 가톨릭 교회의 화려한 이미지, 보통 사람들과 괴리된 이미지부터 지상으로 끌어내려야 했다. 그리스도의 다리를 붙잡고 있는 니고데모도 부자로 알려져 있지만 이 그림에선 허름한 옷을 입고 있다. 카라바조는 중력이란 힘에 무기력한 보통 사람들을 등장시킴으로써 역설적으로 진정한 성스러움을 그려냈다. 살인 경력까지 있는 카라바조 자신이 가장 중력에 좌우되는 사람이었는지 모르겠다.

넷째, 가운데 두건을 둘러쓴 성모마리아의 모습에 주목해보자. 철저히 세속으로 끌어내려진 모습이다. 미켈란젤로의 〈피에타〉에서처럼 처녀같이 젊고 신비로운 모습이 전혀 없다. 주름도 많고 근심에 싸인 모습이 영락없는 여느 아낙네 모습이다. 미켈란젤로가 조각한 〈피에타〉에서 마리아가 중력에서 자유로운 느낌을 주는 것과는 극명하게 대비된다.


## 경제의 중력과 독창적 거리 줄이기

과학과 예술에 적용된 중력이론이 경제현상에도 적용될 수 있을까. 이런 생각을 처음 한 사람은 역사상 첫 노벨경제학상을 수상한 얀 틴베르헨이다. 그는 '경제의 중력이론'에서 두 국가 간의 교역량은 각 국가의 경제 규모와 양국 간 지리적 거리에 의해 결정된다고 했다. 경제 규모, 즉 GDP가 클수록, 지리적 거리가 가까울수록 교역량이 커진다는 것이다.[5] 뉴턴의 중력이론과 비교하면 교역량을 서로 간에 끄는 힘, 즉 중력으로, 국가의 경제 규모를 물체의 질량으로, 지리적 근접 정도를 거리로 보면 된다. 전통적 무역이론은, 각국이 상대적으로 풍부하게 보유한 자원과 이에 근거한 상대적 비용이 수출과 수입을 결정한다는 헥셔—오린이론이었다. 그런데 이 이론은, 이론이 예상하는 수준을 훨씬 뛰어넘는 근접 국가 간 교역량을 설명하는 데 한계가 있었다. '경제의 중력이론'은 실증적인 관점에서 근접 국가 간 교역을 잘 설명하는 모형으로 평가받는다.

한국같이 경제질량이 크지 않은 국가 입장에서 교역량을 늘리는 효과적 방법은 국가 간 거리를 창조적으로 줄이는 것이다. 여기서 거리란 지리적 거리만이 아니라 외교적, 문화적, 언어적, 제도적 거리다. 중력이론 관점에서 보면 자유무역협정FTA, 환태평양경제동반자협정TPP은 국가

간 경제거리를 줄이는 것으로 이해할 수 있다. 한국이 글로벌 경제에서 중력을 키우기 위해서는 국가 간 거리를 새롭게 정의하고 '멀지만 가까운 국가'를 지속적으로 발굴해 '중력의 장gravity field'을 구축해야 한다.


## 중력에 저항하는 반중력과 하늘에 떠 있는 〈피레네의 성〉

중력에 저항하는 힘을 반중력이라고 한다. 지구가 밑으로 잡아당기는 힘을 뿌리치고 하늘로 날아오르는 힘, 그것이 바로 반중력이다. 그래서 공중부양levitation과 가벼움levity은 반중력을 대표하는 단어가 된다. 중력에 저항하는 대표적 예술은 발레다. 발끝으로 선다는 것 자체가 중력에 저항하는 자세다. 최대한 위로 솟구쳐오른 뒤 중력에 의해 밑으로 떨어질 때까지 그 짧은 시간에 아름다운 동작을 구현해야 한다. 아니, 아름답다기보다 중력에 저항하는 인간의 처절한 몸부림, 그 자체가 발레다. 스포츠에도 반중력적인 스포츠가 많다. 무거운 것을 들어올리는 역도는 짓누르는 중력을 이겨내는 경기다. 높이뛰기나 멀리뛰기도 공중에 떠 있는 시간이 길어야 좋은 기록을 낼 수 있다.

그렇다면 화가들은 중력에 저항하고 도전하는 그림을 어떻게 그렸을까. 반중력적 그림을 그린 대표적 화가는 르네 마그리트다. 〈피레네의 성〉을 보면 커다란 바위와 돌로 지어진 성이 공중에 떠 있다. 하얀 구름, 그리고 파란 하늘과 대비되어 '피레네 성'은 더욱 묵직하게 느껴진다. 피레네는 프랑스와 스페인의 경계를 이루는 산맥 이름이다. 마그리트의 '피레네 성'은 하나의 중력에 지배당하지 않고 상반되는 힘의 경계에 위치

르네 마그리트, 〈피레네의 성〉

한다. 프랑스와 스페인, 거친 바다와 화창한 하늘, 고딕과 이슬람 양식이 혼재된 성, 액체 바닷물을 뚫고 공기중에 떠 있는 고체 덩어리에 이르기까지 이 모두가 경계요, 부조화다. 이런 부조화 때문에 오히려 '피레네 성'은 중력에서 벗어나 가벼울 수 있다. 부조화는 또한 낯섦으로 다가온다. 바위, 성, 하늘, 바다가 익숙한 맥락을 벗어나 생경하게 배치돼 있기 때문이다. 데페이즈망<sup>depaysement</sup>이란 기법인데 보는 이에게 충격과 신비감을 준다.

마그리트는 평생 **'익숙한 것을 익숙하지 않게 그리는 것'**을 주제로 삼았다. 익숙함 또한 중력이다. 익숙함이란 중력은 정신과 육체를 지배하고 그 대가로 편안함을 준다. 그만큼 벗어나기 힘들다. 개인도, 기업도, 국가경제도 이런 편안함에 안주하면 중력에 굴복할 수밖에 없다. 우리 뇌가 그렇게 진화해온 것이다. 익숙한 것은 이해하기 쉽고 편안함을 느끼기 때문에 뇌가 에너지를 많이 소비할 필요가 없다. 뇌의 가장 본질적인 원칙, 즉 '에너지 소비 최소화의 원칙'에 부응한다. 그래서 우리는 익숙한 것만을 계속 찾는다. 나이가 들고 특정 분야에 경험이 많을수록 더욱 그렇다. 뇌가 많은 에너지를 소비해야 하는 새롭고 생경한 것에 불편함을 느낀다. 사람의 뇌든 기업이든 경제든 익숙함이란 중력에 굴복하면 혁신하기 힘들다.

어떻게 하면 익숙함이 주는 달콤한 유혹에서 빠져나올 수 있을까. 익숙함도 극단으로 가면 중독이 된다. 술이든 담배든 게임이든 익숙함이든 어디에 중독되면 '지금 이 순간' 그리고 '그것'만이 중요해진다. 최근 뇌 연구에 의하면, 지금 이 순간, 현재만을 생각하는 뇌를 복원시켜 미래를 생각하게 만드는 게 중독에서 벗어나는 출발점이다. 상상치 못했던 기발하고 새롭고 의미 있는 '미래를 그려주는 능력'은 마그리트 같은 예술가 뿐 아니라 정치, 경제 리더들에게 필수적으로 요구되는 능력이다.

## 무한히 발산되고 확장되는 〈골콩드〉

중력에 저항하는 마그리트의 또다른 그림은 〈골콩드〉다. 골콩드는 지금은 폐허가 되었지만 한때 화려했던 인도의 옛 도시다. 이 그림은 광고나 패러디에 많이 활용돼 대중적으로도 유명하다. 왜 〈골콩드〉가 반중력적 그림일까.

첫째, 그림을 보면 기발하게도 중절모를 쓴 신사들이 빗방울처럼 하늘에서 떨어지고 있다. 하지만 왜 굳이 신사들이 떨어지고 있다고 해석하는가. 이야말로 관습에 얽매인 중력적 해석이다. 오히려 신사들이 공중에 둥둥 떠다니거나 하늘로 떠오르고 있다고 해석하는 게 맞을 수 있다.

둘째, 〈골콩드〉는 초점<sup>focal point</sup>이 없는 그림이다. 초현실주의 그림이니 원근법도 무시됐거니와 어디가 그림의 중심인지도 알 수 없다. 그림의 구성요소들 간에 서로가 서로를 끌어당겨 수렴시키는 중력도 없다. 얼핏 비슷해 보이지만 동작이 제각각 다른 신사들의 시선에도 공통된 초점이 없다. 자본주의를 비판적으로 바라보던 마그리트가 공중을 떠다니는 신사들을 통해 인간을 소외시키며 유령처럼 공중을 떠도는 자본주의의 병폐를 상징적으로 표현했다고 볼 수 있다.

셋째, 무한히 확장되는 공간구성 또한 반중력적이다. 이 그림을 볼 때마다 고등학교 때 배운, 일정한 간격과 패턴으로 변해가는 등차수열이 떠오른다. 백 명이 넘는 신사들이 그려져 있지만 일단 제일 크게 그려진 신사들에 주목하자. 맨 아래 다리만 잘린 세 명의 신사로부터 맨 위에 다

르네 마그리트, 〈골콩드〉

리만 남아 있는 신사에 이르기까지, 네 줄에 걸쳐 총 열두 명의 신사들이 크게 그려져 있다. 이 신사들을 가상의 직선으로 연결해보면 정확히 정삼각형과 평행사변형이 그려진다. 특히 상하좌우 끝에 그려진 신사들은 부분적으로 잘려 있기 때문에 캔버스가 상하좌우로 확장되면 유사한 패턴이 그대로 반복될 것 같은 느낌을 준다. 그림의 중력이라고 할 수 있는 소실점이 명확한 그림은 한 방향으로 '수렴'하지만 〈골콩드〉처럼 특정 패턴이 상하로, 좌우로 반복되는 그림은 '발산'한다. 수렴하는 그림은 중력적 그림이지만 발산하는 그림은 반중력적 그림이다.

## 투자도 자국편향이란 중력에서 벗어나야

금융에서 중력을 나타내는 대표적 현상은 '자국편향[home bias]'이다. 자국편향이란 다른 나라 증권에도 투자할 수 있음에도 불구하고 자기 나라 증권에 과도하게 치우쳐 투자하는 현상을 말한다. 투자 차원에서 한국은 자국편향이 심한 나라다. 편향, 즉 한쪽으로 치우쳤다는 것 자체가 중력이 작용했다는 의미다.

한국 경제가 세계 경제에서 차지하는 비중은 GDP 기준으로 대략 1.4퍼센트 정도다. 참고로 미국은 25퍼센트다. 포트폴리오 이론에 따르면, 분산투자를 위해서는 투자대상국의 규모를 반영해 자금을 배분하는 것이 투자자에게 효율적이다. 현실은 어떤가. 아직도 한국의 투자자들은 대부분 자금을 한국의 증권에 투자한다. 애국심은 차치하고 일단 투자자 입장에서 지극히 비효율적인 포트폴리오 구성이다. 왜 한쪽에 치우칠까. 과거엔 '정보가 부족해서'가 대표적 설명이었지만, 모든 정보가 실시간으로 유통되는 현재엔 논거가 부족하다. 정보는 있지만 '익숙하지 않아서'라는 설명이 설득력 있다. 언어도, 통화도, 제도도, 기업도 모두 익숙함의 대상이다. 투자도 익숙한 게 편하다. 하지만 투자 역시 익숙함이란 중력에 얽매이면 뉴턴의 사과가 밑으로 떨어지듯 수익률도 떨어질 수밖에 없다. 특히 저성장·저금리 시대엔 익숙함이란 중력에서 벗어나 투자의 지평을 세계로 넓혀야 한다. 투자도 익숙함이란 중력에서 벗어나야 〈피레네의 성〉처럼 하늘을 날 수 있다.

# 중력을 '접착제'로 활용하는
## 예술가의 천재성

### 중력의 균형을 이루어낸 잭슨 폴록과 마이클 그랩

중력은 수직적 힘이다. 최소한 우리가 사는 지구에선 그렇다. 던진 공도 아래로 떨어지고 캔버스에 칠한 물감도 아래로 흘러내린다. 그림도 중력에 '순응'하는 그림이 많고, 꿈과 상상을 표현하는 초현실주의에서나 중력에 '저항'하는 그림이 나온다.

그렇다면 순응, 혹은 저항이라는 한쪽에 치우치지 않고 중력을 활용해 '균형'을 이루어내는 그림이나 조각이 있을 수 있을까. 두 가지 방법이 있다. 하나는 잭슨 폴록의 작품처럼 수직적 중력의 힘에 대응해 수평의 힘을 강조하는 것이다. 다른 하나는 마이클 그랩의 돌 쌓기 작품처럼 일시적으로 균형을 이루는 순간을 포착해내는 것이다.

1956년 교통사고로 사망한 잭슨 폴록은 미국을 대표하는 추상표현주

잭슨 폴록, 〈가을의 리듬〉

의 화가다. 그림을 그린 것이 아니라 물감을 붓에 묻혀 흩어 뿌렸기 때문에 '쏟아부어 뿌리는 그림poured painting' 또는 '흩날리는 그림drifting painting'의 선구자로 불린다. 몸동작의 결과가 곧 작품이라는 의미에서 액션페인팅이라고도 한다.[6]

폴록은 행동의 흔적만으로도 그림이 될 수 있음을 보였다는 점에서 그림에 대한 전통적 정의를 바꾸어놓은 화가로 평가받는다. 중력이란 관점에서 폴록을 평가하면 그는 중력과 반중력을 모두 추구한 화가다. 무엇보다 폴록의 그림은 캔버스의 위치와 모양이 다르다. 일반적으로 화가는 수직으로 세워져 있는 이젤에 캔버스를 걸쳐놓고 앉아서 또는 서서 그림을 그린다. 폴록은 좌우 수평적으로 확장된 커다란 캔버스를 바닥에 펼쳐놓는다. 어떤 것은 전시실의 한 면보다도 커서 좌우 일부를 잘라낸 경우도 있었다. 폴록은 수직으로 작용하는 중력에서 균형을 찾기 위해 최대한 수평으로 펼쳐진 캔버스를 사용했다. '수직에 대한 수평의 저항'이다.

또한 폴록은 캔버스 안에 들어가 좌우로 오가며 물감을 뿌렸다. 물감 재료는 에나멜 페인트인데 중력과 화가의 동작에 매우 민감한 재료다. 그래서 잘 뿌려지고 잘 흘러내린다. 물감 재료는 중력에 충실한데 반해 화폭에 가득차게 표현된 형상은 가볍게 흩날리고 춤추고 날아다닌다. 지극히 반중력적이다. 중력에 순응하는 그림이 '무거움'을 선택했고 중력에 저항하는 그림이 '가벼움'을 선택했다면, 폴록은 무거움과 가벼움의 '균형'을 선택했다. 폴록은 유럽이란 거대한 중력이 미술계를 지배하던 20세기 초·중반에 최초로 미국이란 반중력적 힘을 부각시켜 현대미술에서 새로운 균형을 찾은 화가이기도 하다.

예술가는 돌이나 금속을 깎고 다듬어 작품을 만들기도 하지만 자연의 재료를 결합해 작품을 창조하기도 한다. 마이클 그랩은 숲과 강가에서 흔히 볼 수 있는 다양한 형상의 돌을 절묘하게 쌓아 작품을 만든다. 그랩이 사용하는 재료는 돌과 중력뿐이다. 중력이란 접착제만을 사용해 하나하나 돌을 쌓아간다. 쌓는다기보다 다양한 크기, 모양, 무게의 돌들을 세심하게 결합해 '균형'을 찾아가는 작업이다. 순간적 균형을 포착하는 예술가의 예민한 촉에 감탄하지 않을 수 없다.7 절묘하단 말이 무색할 정도지만 인간이 만든 인위적 균형은 일시적으로밖에 존재할 수 없다. 아슬아슬한 균형이기 때문에 가벼운 바람이나 이슬비에도 쉽게 무너진다. 달성하고 유지하기 어렵기 때문에 그만큼 '순간적 균형'이 주는 아름다움이 더 감동적이다.

이런 돌쌓기 예술의 선구자는 '자연'이란 예술가다. 짐바브웨 국립공원에 있는 절묘한 바위들을 보자. 엄청난 크기의 돌들이 절묘하게 균형을 이루고 있다. 사람이 만든 돌 쌓기 작품과 달리, 자연이 만든 균형은 절묘하면서도 영속성이 있다. 강풍과 지진도 견디어내니 말이다.

짐바브웨 국립공원의 절묘한 균형 바위

　어찌 보면 우리의 삶 자체가 불균형으로 가득차 있다. 애써 이룬 일시적 균형도 불안한 균형이다. 잠시 맛보는 균형이 애틋하고 소중한 이유다. 그랩은 도를 닦는 마음으로 인내심을 갖고 작품을 만든다고 했다. 모양과 크기와 무게가 다른 돌들처럼 기업경영도, 경제운영도, 국제관계도 다양한 힘들이 복잡하게 얽혀 있다. 도를 닦는 자세로 무게중심을 찾아 하나하나 쌓아가면 기업도, 경제도 균형을 잘 갖춘 모양새를 만들 수 있지 않을까.

### 균형이란 이상을 찾아 헤매는 불균형 경제

경제만큼 균형이란 단어가 많이 쓰이는 분야도 없을 것이다. 균형가격, 균형생산, 균형환율, 균형재정, 균형수지에 이르기까지, 균형은 현대경제학을 지탱하는 받침대요, 패러다임이다. 그러다보니 우리는 알게 모르게 균형은 정상적인 것, 불균형은 비정상적인 것이란 고정관념에 빠지기 쉽다. 최신 자연과학에선 균형이 곧 정상이란 등식이 뿌리째 흔들리고 있다. 심장이 규칙적으로 안정적 균형을 이루며 박동하면 과연 건강한 심장일까. 하버드 의대 에어리 골드버거 교수의 최근 연구 결과에 의하면 일반적인 상식과 달리 건강한 심장은 매우 불규칙하게 박동하며, 규칙적이고 안정적인 심장박동은 흔히 노령자나 심장병 환자에게서 나타난다고 한다.

경제도 마찬가지다. 불규칙한 박동이 정상적 심장박동이듯, 균형에서 벗어나 불규칙하게 변동하는 것이 지극히 정상적인 경제현실이다. 우리가 너무도 쉽게 말하는 균형은 그랩의 돌 쌓기 작품처럼 일시적으로만 존재하고, 쉽게 무너진다. 균형을 향한 꿈과 이상을 버리라는 말이 아니다. 불균형을 현실로 받아들이고 여기서부터 출발해 해결책을 찾는 것이 합리적 경제정책이라는 뜻이다. **균형은 경제가 가야 할 종착역이지, 출발역은 아니다.**


## 개성과 통일성이라는 두 마리 토끼를 잡은 레오나르도 다빈치

레오나르도 다빈치가 그린 〈최후의 만찬〉은 르네상스 회화의 최고 걸작으로 꼽힌다. 1495년에 시작해 1497년에 완성했는데 지금은 이탈리아 밀라노의 산타마리아 델그라치에 성당에 소장되어 있다. 예술 분야에도 관심이 많았던 독일 철학자 게오르그 짐멜은 이 작품을 독특하게 해석했

레오나르도 다빈치, 〈최후의 만찬〉

다.[8] 많은 인물이 등장하지만 한 명의 조연도 없는 작품이란 해석이다. 등장인물 각각이 자신의 개성과 감정을 과감하게 드러내고 있기 때문이다. 더욱 놀라운 점은 이렇게 개성이 강한 인물들이 유기적으로 조화롭게 균형을 이루고 있다는 점이다. 각 인물의 개성이 지나치게 드러나다 보면 전체적인 조화가 깨지기 쉽다. 반대로 조화와 통일성을 강조하다보면 다양한 인물의 개성이 파묻힌다. 그런데 다빈치는 인물 각각의 개성을 존중해주면서 동시에 그림 전체의 통일감을 달성하는 어려운 일을 해냈다. 〈최후의 만찬〉이 위대한 그림으로 평가받는 가장 큰 이유다. 짐멜은 "현대사회가 어떻게 존속하고 발전해가야 하는지를 한 장면에 보여주는 탁월한 그림"이라고까지 평가했다.[9]

무엇이 다양한 개성이 넘쳐나는 표현 속에서도 조화와 균형을 가능하게 했을까. 열두 명의 제자들 한 명 한 명이 모두 중요한 역할을 하는 이유는 각 제자들의 감정표현과 반응이 일률적이지 않고 색다르기 때문이다. 각 표정들이 이토록 다양하고 개성이 넘치는 이유는 '같은 시간'에 발생한 표정이 아니라 '다른 시간'에 발생한 표정들을 하나의 화면에 그렸기 때문이다. 짐멜은 이를 '초시간성'이라 했다.[10] 그림을 보며 좀더 자세히 살펴보자.

예수가 "여기 있는 사람들 중 한 명이 나를 배신할 것이다"라고 말했을 때, 열두 제자가 처음 보인 반응은 거의 같았을 것이다. 놀라움과 경악이란 감정표출이 그것이다. 그다음 반응은 사람에 따라, 시차에 따라 달라진다. 그림을 보면 예수를 중심으로 열두 명의 제자들이 세 명씩 네 개의 그룹으로 분할되어 있다. 예수 바로 오른쪽에 있는 세 명 중 연두색 옷을 입은 제자의 반응이 바로 첫 순간 경악하는 반응이다. 바로 옆에 있는 붉은색 옷을 입은 제자는 그다음 순간의 감정을 표현하고 있다. '아니, 도대체 누가 예수님을 배반한다는 말입니까. 저입니까.' 맨 오른쪽의 세 사람은 그다음 순간을 나타낸다. 파란색 옷을 입은 제자가 '도대체 예수님께서 무슨 말씀을 하시는 거야. 너 혹시 아는 거 있어?' 하고 물어보자 맨 오른쪽 제자는 두 손을 들며 '아니, 나도 모르겠어'라고 대답한다. 시간이 조금 더 흐른 다음의 표정들은 왼쪽의 제자들에게 나타나 있다. '자, 이제 흥분하지 말고 예수님 말씀을 더 들어보자'는 게 제일 왼쪽에 위치한 세 명의 표정이다. 그다음 중앙에 가까운 왼쪽에 위치한 제자들 중에는 예수를 배반한 가룟유다도 있고, 앞으로 예수를 부인할 베드로도 있다. 이들이 예수에게 가장 집중하고 있는 표정이 흥미롭다.

이렇듯 다양한 사람들이 다양한 표정으로 개성을 뿜어내고 있지만 역설적이게도 이 그림은 동시에 매우 조화롭고 통일감이 돋보인다. 화면의 다양성을 시차에서 찾았다면 일체감은 원근법 구도에서 찾았다. 일단 중

348

심이 확실하다. 예수가 탁자의 중앙, 직사각형 화폭의 대각선이 교차하는 점, 그리고 뒤쪽 배경이 좁아지는 소실점에 위치한다. 열두 명의 제자들이 아무렇게나 떨어져 있는 것이 아니라 마치 지방분권화처럼 세 명씩 그룹을 지어 위치하고 있다. 세 명씩 짝지어진 네 개의 그룹을 보면 각 그룹 간에는 거리가 있으나 그룹 안에는 구도의 중심도 있고 표정의 공통점도 있다. 화폭을 수평으로 가르는 식탁도 개성의 발산과 자유로움에 제한을 가하는 역할을 한다.

## 시각의 다양성으로 단조로움을 극복한 렘브란트

다양성과 일체감을 창조적으로 표현한 작품 중에 하르머스 판 레인 렘브란트가 1632년에 그린 〈니콜라스 튈프 박사의 해부학 강의〉가 있다. 이

하르머스 판 레인 렘브란트, 〈니콜라스 튈프 박사의 해부학 강의〉

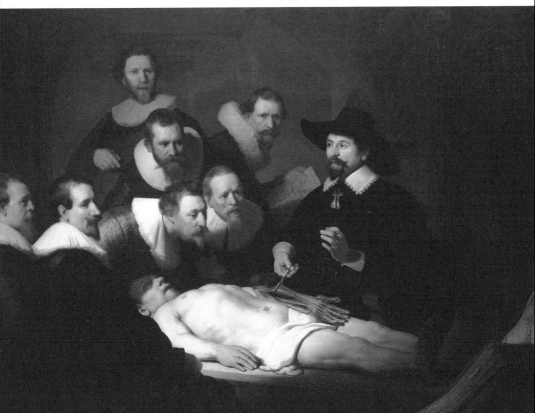

그림엔 시체를 포함해 아홉 명의 사람이 등장한다. 빛의 화가답게 빛의 효과와 명암 대비가 출중한 작품이다.

그런데 자세히 보면 이 그림에 이상한 점이 하나 있다. 사람들의 시선이 제각각 다른 방향을 향해 있다는 점이다. 해부된 사람의 팔을 들여다보는 사람은 두 명 정도에 불과하다. 특히 가운데서 음흉하게 관객을 바라보는 듯한 사람은 도대체 무엇을 바라보면서 무슨 생각을 하고 있는지 궁금하다. 제일 뒤에 서 있는 사람은 왠지 이 세상 사람 같지 않다. 왼편의 두 사람은 해부에는 전혀 관심이 없이 다른 곳을 쳐다본다. 심지어 튈프 박사도 해부에는 관심이 없는 듯 다른 곳을 바라보고 있다. 흑백의 단순한 색조와는 대비되어 군상의 풍부한 표정이 그림에 흥미와 활력을 더해준다.


## 너무도 다른 루벤스와 브뢰겔의 〈이카로스의 추락〉

그리스신화는 종종 그림의 주제가 된다. 아테네의 전설적인 조각가, 건축가, 발명가였던 다이달로스와 그의 아들 이카로스의 이야기 또한 많은 예술가들에게 영감을 주었다. 다이달로스는 아들과 함께 갇혀 있던 미궁 labyrinth에서 빠져나오기 위해, 새의 깃털을 모아 밀랍으로 이어붙여 날개를 만들어 날아서 탈출한다. 하지만 결론은 비극이었다. '너무 높이 날면 밀랍날개가 태양의 열기에 타버리고 너무 낮게 날면 바닷물에 젖으니 반드시 하늘과 바다 중간을 날아야 한다'는 아버지의 충고를 잊고 너무 높이 날던 이카로스는 추락하고 만다. 극단으로 치우치지 않는 균형감각을

페테르 파울 루벤스, 〈이카로스의 추락〉

피터 브뢰겔, 〈이카로스의 추락이 있는 풍경〉

상실했기 때문이다.

17세기 바로크 시대에 활동했던 페테르 파울 루벤스도 〈이카로스의 추락〉이란 작품을 남겼다. 이카로스가 추락하는 모습, 그리고 이를 애타게 바라보는 다이달로스의 모습이 잘 표현되어 있다. 바로크 거장답게 루벤스는 추락하는 이카로스의 표정과 동작을 과장되게 그려냈다.

'이카로스의 추락'이란 같은 제목으로 그려졌는데 전혀 성격이 다른 작품도 있다. 같은 주제를 어찌도 이리 다르게 표현할 수 있을까 싶다. 예술가의 독창성이요, 예술작품을 감상하는 또다른 묘미이기도 하다. 바로 16세기에 피터 브뢰겔이 그린 작품이다.

어찌 보면 왜 이 작품의 제목이 '이카로스의 추락'인지 의문이 든다. 아들의 추락을 안타까워하는 다이달로스도, 추락하는 이카로스의 모습도 보이지 않는데 말이다. 평온하게 밭을 가는 농부의 뒷모습만 보일 뿐이다. 그런데 눈을 부릅뜨고 자세히 보면 이카로스의 모습을 발견할 수 있다. 그림의 오른쪽 아래, 항해하는 배 근처 바다에 처박혀 허우적대는 다리만 보이는 것이 바로 이카로스다. 이 그림에선 아무도 추락한 이카로스에 신경쓰지 않는다. 밭을 가는 농부도 바다도 너무 평화롭다. 위쪽에서 노랗게 빛을 발하는 태양만이 이카로스의 추락을 바라보고 있는 듯하다. 정말 브뢰겔다운 작품이다. 브뢰겔은 심각한 주제를 풍자와 해학을 통해 기발하게 표현함으로써 시대를 앞서간 화가다.

## 반공유재의 비극과 특허의 파편화

이카로스가 추락하는 그림은 지적재산권, 좁게는 특허권을 생각나게 한다. 먼저 다이달로스가 새털로 날개를 만들어 날 수 있었다면 이 기술은 지금이라면 마땅히 특허를 받았을 독창적 기술이란 생각이 든다. 다른 생각은 특허권과 관련된 '반공유재의 비극tragedy of anticommons'이란 경제현상이다.11 우리가 흔히 알고 있는 것은 주인이 없는 공공재는 필연적으로 남용된다는 '공유재의 비극tragedy of commons'이다. 이를 해결하는 방법은 사적소유권을 허용하는 것이다. 그러면 자원을 보존하고 아끼는 것이 소유자 자신에게 이익이 되기 때문에 자원 남용을 최소화할 수 있다.

한때는 미국 동부에서 굴이 가장 많이 잡히던 곳이 지금 뉴욕 맨해튼 근처의 해안이었다는 사실을 아는 사람은 그리 많지 않다. 바닷가에서 굴을 채취하는 것은 누구나 할 수 있는 일이었다. 채취하는 굴이 공유재이다보니 너도나도 할 것 없이 먼저 채취해가는 사람이 임자였던 시대다. 그래서 뉴욕 근처 해안에선 굴의 씨가 말라버렸다. 물론 허드슨 강과 뉴욕 연안의 오염도 굴 멸종에 한몫을 했다. 뉴욕 근처에서 굴 채취가 어려워지자 어부들이 뉴욕보다 남쪽인 체서피크 만으로 몰려들어 여기서도 동일한 현상이 발생했다. 하지만 인간은 실패하고 넘어지면서 배우는 법. 뉴욕 해안에서의 실패를 교훈 삼아 여기서는 자정 노력이 이루어졌다. 버지니아, 메릴랜드 등 체서피크 만을 접하고 있는 주정부가 개입해 굴 채취량, 채취시기, 채취지역 등을 규제했다. 보다 근본적인 조치는 굴 채취를 위한 조업권을 사유재산권으로 인정해 할당한 것이다. 공공재를 사유화해 소유권을 명확히 하면 권한과 책임이 명확해져 공유재의 비극을 막을 수 있다는 논리다. 이런 조치들 덕분에 체서피크 만의 굴은 공유재의 비극을 맞이하는 일 없이 멸종을 피했다. 그래서 18세기, 19세기보다는 못하지만 아직도 체서피크 만에서는 굴이 많이 채취된다. 사유화를 통해 공유재의 비극을 극복한 대표적 사례.

하지만 세상만사엔 적정한 수준이 있는 법. 공공재 문제를 해결하는 과정에서 사유화가 지나치게 진행되면 이 또한 심각한 문제를 야기할 수 있다. 다시 말해 자원에 대한 소유권이 너무 잘게 나뉘어 사유화되면, 아무도 충분한 사유화를 통해 그 자원을 유효하게 활용할 수 없다. 그래서 또다른 비극이 발생한다. 바로 반공유재의 비극인데 이는 사유화가 너무 지나쳐서 발생하는 문제다. 대표적 예는 의학과 생명공학 분야에서 흔히 발생하는 특허권 문제다. 인류 건강을 획기적으로 증진할 수 있을 만한 아이디어와 기술이 있어도 지나치게 파편화된 특허 문제에 걸려 애초부터 신약품 개발이 좌절되는 경우가 흔하다. 신약품 개발을 위해서는 각 단계별로 다양한 기존 기술이 필요한데 모두 사유화된 특허로 보호되어 있어 이를 자유롭게 활용하기가 불가능하다. 심지어 몇백, 몇천 명의 개인이나 기업에게 특허 사용을 허락받아야 하는 경우가 허다하다. 아무리 조그마한 특허라고 하더라도, 또 상대방이 아무리 좋은 아이디어를 갖고 있어도 내가 방해하면 신약을 개발하지 못한다는 것을 알고 있기 때문에, 일부러 방해하고 특허 사용대가로 엄청난 보상을 요구한다. 그러니 아무리 인류에 유익해도 특허 사용이 어려우면 애초부터 이런 신약품 개발은 포기되기 일쑤다. 기껏 개발하는 것이 특허 사용권을 쉽게 확보할 수 있는 고만고만한 제품들이다.

## 경제 이카로스의 추락 막으려면 특허펀드 필요

다이달로스는 이카로스에게 너무 낮게 날지도, 너무 높게 날지도 말라고 했다. 너무 낮게 날면 바닷물에 젖을 것이기 때문이요, 너무 높게 날면 태양열에 밀랍이 녹아버릴 것이기 때문이다. 거창하게 말하자면 하늘을 날 때도 위로나 아래로나 치우치지 않는 중용이 최선이란 말이다.

너무 높게 난다는 것은 공유재의 비극과 같다. 너도나도 남용하기 때문에 날개가 타버려 자원이 고갈된다. 너무 낮게 날면 날개가 물에 젖어 날아보지도 못하고 바다에 처박힌다. 브뢰겔의 그림처럼 말이다. 지나치게 소유권이 나뉘어 있으면 공유재의 비극은 막을 수 있지만 누구도, 아무리 유용한 용도에도 자원을 사용할 수 없다.

지적재산권을 통해 어느 정도 아이디어를 보호해주어야 하는가의 문제는 시대에 따라 달랐다. 현시점에서 보면 특허권이란 이카로스는 차디찬 바닷물에 너무 근접한 것 같다. 위로 끌어올리기 위해서는 파편화된 특허권을 한데 모을 수 있어야 한다. 그래야 새로운 기술이나 제품 개발도 가능하고, 혁신적 경제성장도 가능하다. 한국 경제가 필요로 하는 기술을 선제적으로 확보하려면 특허권에 전문적으로 투자해 필요한 특허권을 모을 수 있는 펀드가 필요하다. 특허권을 확보하는 기업 또는 국가가 미래를 지배할 수 있기 때문이다. 금융이 경제에 공헌할 수 있는 또다른 분야다.

# 세이렌의 유혹,
## 묶여야 자유롭다
### 오디세우스와 화폐의 바다

## 스스로 묶여 세이렌의 유혹에서 벗어난 오디세우스

세이렌Sirens은 그리스신화에 나오는 바다의 요정이다. 얼굴은 아름다운 여인의 모습, 몸은 물고기의 모양을 하고 있다. 인어를 떠올리면 된다. 우리가 잘 아는 스타벅스의 로고가 바로 세이렌이다. 세이렌은 도저히 뿌리칠 수 없는 고혹적인 노래로 뱃사람들을 암초 지역으로 유혹해 바다에 빠뜨려 죽게 한다.12 그래서 세이렌은 추락하는 줄 알면서도 빠져들 수밖에 없는 유혹을 상징한다. 그런데 호메로스의『오디세이아』를 보면, 세이렌의 유혹에 빠지지 않은 사람이 두 명 나온다. 한 명은 오디세우스이고 다른 한 명은 이아손이다.

먼저 오디세우스 얘기부터 해보자. 오디세우스는 트로이 목마를 고안해 트로이전쟁을 승리로 이끈 그리스의 영웅이다. 전쟁을 승리로 이끌고

356

가족이 있는 그리스 이타카로 돌아오는 길에 오디세우스는 우여곡절을 겪게 된다. 이때 모험담을 호메로스가 서사시로 쓴 것이『오디세이아』다.

오디세우스는 고향으로 돌아가는 길, 세이렌이 사는 바다를 지나게 되었다. 그는 세이렌의 노래를 들으면 넋이 나가 물에 빠져 죽는다는 것을 익히 들어서 잘 알면서도 그 지역을 지나가기로 결정한다. 호기심 때문이었다. 무모한 결정 같지만 사실은 애인이기도 했던 마녀 키르케에게서 지혜를 얻었기 때문에 가능했던 일이다. 키르케는 오디세우스가 고향으로 돌아가는 길에 만나는 고혹적인 마녀다. 그녀는 사람을 짐승으로 만들어 부려먹는 특기가 있다. 키르케는 마법을 통해 오디세우스의 부하들을 모두 돼지로 만들어버렸으나, 헤르메스의 도움을 받은 오디세우스는 마법에 걸리지 않는다. 충격을 받은 키르케는 오디세우스와 사랑에 빠지게 되고 1년간 같이 살게 된다. 그후 고향으로 떠나가는 애인에게 선물한 것이 바로 세이렌의 노래를 듣고도 물에 빠져 죽지 않고 무사히 돌아가는 방법이다.

키르케가 알려준 지혜는 이렇다. 먼저 오디세우스를 제외한 모든 선원들은 밀랍을 으깨서 만든 귀마개로 귀를 틀어막는다. 아무런 소리도 들리지 않게 말이다. 유일하게 귀마개를 하지 않은 사람이 바로 오디세우스인데, 그는 부하들에게 명령해 자신을 돛대에 밧줄로 꽁꽁 묶도록 한다. 그리고 더 중요한 전략 한 가지. 오디세우스 자신이 아무리 소리지르고 몸부림쳐도 절대 풀어주지 말도록 강력히 명령한다. '야, 이놈들아, 이 밧줄을 빨리 풀어라. 살아 돌아가면 너희들 모두 가만 안 놔둔다.' 실제로 오디세우스가 고함치고 몸부림쳐도 선원들은 꿈쩍도 하지 않는다. 오디세우스가 묶인 커다란 돛대도 무거움을 상징하지만, 귀마개 때문에 꿈쩍 않는 선원들도 어찌 보면 더 중요한 묵직함을 상징한다. 왜냐하면 선원들이 밧줄을 풀어주면 아무리 고정된 돛대에 단단히 묶여 있었던들 아무 소용이 없었을 것이기 때문이다.

　19세기 말부터 20세기 초까지 활약했던 영국의 화가 허버트 드레이퍼는 정확히 이 장면을 그림으로 그렸다. 밀랍으로 귀를 막고 있어 노래를 못 듣는 선원들의 모습은 우직스럽고 단호해 보이기도 한다. 돛대에 묶여 있는 오디세우스는 하얀 눈자위만 보이는 게 이미 눈이 돌아간 상태다. 몸부림치는 오디세우스를 밧줄로 더 단단히 묶는 선원의 모습도 보인다. 조금 이상한 것은 반신반어의 세이렌 자매 세 명 중 두 명은 인어의

허버트 드레이퍼, 〈오디세우스와 세이렌〉

꼬리가 아니라 사람의 다리를 갖고 있다는 점이다. 노랫소리에 눈까지 돌아간 오디세우스에겐 반인반어가 고혹적인 여인으로 보였을 수도 있을 것 같다.

몸은 돛에 묶여 속박되어 있으되 귀는 뚫려 있으니 오디세우스는 세이렌의 노래를 들을 수 있었다. 그리고 노랫소리에 끌려 물속에 빠져들고 싶었지만 빠져들 수 없었다. 아무리 소리를 지르고 밧줄을 풀어달라고 해도, 아까 한 명령은 무효라고 소리쳐도, 너희들 모두 명령 불복종으로 처형한다고 해도 소용없다. 선원들은 귀를 막고 있었기 때문에 세이렌의 노래를 듣지 못함과 동시에, 어쩌면 더 중요하게는 오디세우스의 고함도 듣지 못했다. 눈으로 오디세우스의 몸부림을 볼 수는 있었겠지만 정확히 이런 상황을 예측해 절대 풀지 말라는 명령을 받은 상태였다. 결국 오디세우스는 세이렌의 노래를 듣고 살아 돌아올 수 있었다. 자존심이 상한 세이렌은 자살했다고 전해진다.

## 맞불작전으로 세이렌의 유혹을 물리친 이아손

세이렌의 유혹을 물리친 또다른 사람은 이아손이다. 아르곤 원정대의 대장이었던 그는 황금양털을 찾으러 떠나면서 스승 케이론의 충고를 명심한다. 케이론은 세이렌의 유혹을 물리치려면 수금의 지존 오르페우스가 꼭 필요하다고 했다.[13] 이아손도 케이론의 충고를 겸허히 받아들였고, 삼고초려 끝에 오르페우스의 허락을 받는다. 이처럼 오디세우스와 이아손에겐 공통점이 있었다. 올바른 충고를 해주는 멘토가 있었고, 무엇보다 이들이 멘토의 충고를 충실히 잘 따랐다는 점이다. 오디세우스는 멘토 겸 애인이었던 키르케에게서, 이아손은 자신을 길러주고 가르쳐준 스승인 반신반수 켄타우로스족 케이론에게서 아이디어를 받았다. 두 명 모두 멘토의 가르침을 받아들여 위험을 피할 수 있었다.

세이렌이 사는 해안을 지날 때, 뇌쇄적인 노래가 들려오자 오르페우스가 수금을 연주하기 시작했다. 오르페우스가 누구인가. 신들과 초목까지 감동시키고 심지어 지옥을 지키는 하데스까지 감동시킨 수금 연주의 지존 아닌가. 오르페우스의 영혼을 파고드는 감동적 음악은 세이렌의 노래를 무력화시켜버린다. 세이렌의 노래도 궁금하지만 오르페우스의 노래 또한 궁금하기 그지없다. 어쨌든 오르페우스의 음악에 빠져버린 이아손과 원정대는 세이렌의 노래를 듣지 못해 유혹에 넘어가지 않게 된다. 오디세우스가 스스로를 묶어 속박함으로써 위험에서 벗어났다면, 오르페우스는 위험을 유발한 요인, 즉 고혹적인 노래를 더 감동적인 노래로 무력화시켰다. 맞불작전이라고나 할까. 전자가 수동적 전략이라면 후자는 보다 능동적 전략이라고도 볼 수 있다.

## 오디세우스, 이아손, 그리고 화폐 발행

묵직한 돛대에 스스로 몸을 묶은 오디세우스의 전략은, 통화제도 입장에서 보면 화폐 발행을 '묵직한 돛대'에 연계시키는 것과 유사하다. 돛대를 금이라고 생각하면 금본위제도다. 뒤에서 다시 설명하겠지만 브레턴우즈 체제 같은 국제적 계약도 일종의 돛대라고 생각할 수 있다.

이아손의 전략은 오르페우스의 노래로 세이렌의 노래를 압도하는 것이다. 몸을 묶고 귀를 틀어막을 필요가 없다. 경제적으로 보면 화폐 발행이 필요하면 마음대로 발행하게 하는 것이다. 경제성장의 범위 내에서 말이다. 과도한 통화 남발이 문제가 되는 것은, 경제가 제대로 성장하지 못하는데 이를 위장하고 국민을 피상적으로만 즐겁게 만들기 위해 화폐를 찍어내는 것이다.[14] 만일 경제성장률이 충분히 높다면 그 범위 내에서 통화를 발행하는 것은 문제되지 않는다. 아무리 세이렌이 유혹적으로 노래를 불러도 경제성장의 노래가 압도해버릴 수 있기 때문이다. 버는 것은 없으면서 쓰기만 하는 집안이나 기업은 파산한다. 경제성장에 도움이 되는 분야에 자금이 공급된다는 것은 오르페우스가 감동적 노래를 공급하는 것과 같다. 복지, 고령화, 구조조정, 모두 돈이 필요한 부문이다. 어떻게 하면 필요한 분야에 자금을 공급하면서, 동시에 경제성장에 도움이 되는 방향으로 추진할 수 있는지 경제의 오르페우스가 필요한 시대다. 화폐를 기축통화인 달러에 초점을 맞추어 생각해보자. 아무리 달러 발행이 늘어나도 자연스럽게 이를 중화시킬 수 있는 방법은 달러 수요가 늘어나는 것이다. 세계 각국이 달러를 원하면 원할수록, 수요가 다양해지면 다양해질수록 확대된 달러 공급은 문제를 일으키지 않는다. 미국이 각국으로 하여금 달러를 더욱더 원하는 상황을 만드는 것은, 곧 오르페우스가 수금을 연주하는 것과 같다. 경제도 오르페우스 노래에 빠지면 세이렌을 잊게 된다.

## 금 화폐 '솔리두스'는 왜 몰락했는가

인간만이 가지고 있는 고유한 특성 중 하나는 교환이다. 서로 간에 필요한 것을 일방적으로 빼앗는 것, 주는 것, 받는 것이 아니라 '주고받는 것'은 인간을 규정하는 본질적 특성이다. 이런 교환을 손쉽게 해주는 것이 바로 화폐다. 화폐는 교환의 수단이기도 하고 가치를 저장하는 수단이기도 하다. 화폐가 화폐로서의 가치를 지니려면 먼저 사람들이 그 가치를 인정해야 한다. 우리가 일상적으로 사용하는 돈, 즉 화폐도 '가벼운 화폐'가 있고 '무거운 화폐'가 있다.

화폐가 가치를 갖는 방법에는 두 가지가 있다. 하나는 금이나 은같이 그 자체가 귀금속이기 때문에 사람들이 가치 있다고 인정하는 것이고, 다른 하나는 현재 우리가 사용하는 원화나 달러화처럼 그 자체로는 가치가 없는 종잇조각에 불과하지만 법과 제도에 의해 가치가 인정되는 통화다. 전자를 실물통화commodity currency, 후자를 명목통화fiat currency라고 한다.15 실물통화는 실물의 종류만큼이나 다양하다. 사용하는 국가나 지역 커뮤니티가 인정하면 되기 때문이다. 원시 시대에는 소나 양, 곡물도 교환의 수단으로 사용된 적이 있다. 하지만 가축이나 곡물은 부피가 커서 교환의 매개로 다루기 힘들다. 동시에 가축이나 곡물은 시간이 흐름에 따라 신선도가 떨어져 가치가 변하거나 사라진다는 한계가 있었다. 그래서 가치가 변하지 않고, 희귀하며, 작은 부피로도 많은 것을 교환할 수 있는 금이 화폐로 사용되었다. 실물자원인 금 자체가 화폐로 사용된 역사는 매우 길다. 역사학자들에 따라 차이가 있지만 가장 오래된 금 화폐로 인정받는 것은 기원전 7세기경 그리스와 페르시아 지역에서 사용되었던 합금주화다.

본격적인 금 화폐는 312년 콘스탄티누스 황제 때 처음 만들어져 1020년까지 700년 이상 사용된 동로마제국 시대의 솔리두스solidus 금화다. 영어에서 '견고한'이란 뜻을 가진 'solid'란 단어는 바로 이 'solidus'에서 유래되었다. 역사를 돌이켜보면 화폐의 쇠락은 국가재정의 부실로부터 유발되는 경우가 대부분이다. 솔리두스란 단어가 의미하듯 700년 이상 '견고하게' 생존해왔던 솔리두스는 비잔틴제국의 재정부실과 함께 역사에서 사라진다.16 재정부실의 원인은 제국의 사치와 방만한 경영 탓도 있었지만, 무엇보다 이슬람을 비롯한 주변 이민족과의 지속적인 전쟁 때문이었다. 전쟁을 수행하려면 무기, 군수품, 군사동맹을 위한 전비가 엄청나게 필요하다. 물론 세금을 높여 군비를 조달할 수도 있지만, 예나 지금이나 세금을 높이면 국민의 저항이 거세다. 지금 같으면 국채를 발행할 수도 있었을 텐데, 당시에는 국채시장이 없었으니 방법은 하나밖에 남지 않는다. 금 주화에서 금의 함유량을 낮추는 것이다. 그래도 처음엔 양심적으로 5퍼센트만 줄였다. 즉 금 함유량이 95퍼센트였다. 하지만 시간이 지날수록 이런 물타기는 점점 심해져 비잔틴제국 말기에는 금 함유량이 10퍼센트 정도에 불과했다.

통화정책을 포함해 경제정책을 시행할 때 반드시 명심해야 할 점이 있다. 국민은 바보가 아니라는 점이다. 금 함유량이 많은 금화는 집안 장롱 안에 잠겨 있었고 유통되는 주화는 금 함유량이 미미한 불량주화뿐이었다. 악화가 양화를 구축한다는 그레셤의 법칙Grasham's law은 비잔틴제국 시대에도 이미 성립했던 것이다. 금 함유량이 줄어들수록 솔리두스의 신뢰도 추락했고, 솔리두스는 더이상 화폐의 역할을 할 수 없었다. 솔리두스가 무너지면서 비잔틴제국도 와해되었다. 금의 함유량이 줄어들면서 금의 가치를 믿고 사용하던 사람들의 신뢰도 같이 떨어져나갔다. 방만하게 발행된 주화는 신뢰가 담보되지 않음으로써 마치 공중에 붕붕 떠다니는 새털처럼 가벼워졌다.

중세로 오면서 상업과 무역이 활발한 베네치아, 피렌체, 제네바에서도 금화가 사용되었다. 특히 무역으로 먹고살던 베네치아는 교역의 안정성을 위해 화폐가치의 안정성이 무엇보다 중요함을 인식하고 있었다. 그래서 베네치아는 자신들의 금 주화인 '두카토'의 순도가 떨어지지 않게 각별히 주의를 기울였다. 순도 99.7퍼센트의 두카토는 당시 유럽 전역에 걸쳐 사용되었다.[17] 인도항로의 개척자 바스코 다가마가 인도네시아에서도 두카토가 사용되는 것을 보고 놀랐다는 기록도 있다. 지중해 시대에는 베네치아가 중심이었다. 지리적 이점이 있었다는 말이다. 하지만 신대륙이 발견되면서 대서양과 직접 통하는 스페인, 포르투갈이 지리적으로 더 유리해졌다. 신대륙 시대가 열리면서 베네치아가 쇠퇴하기 시작했고, 두카토도 같이 쇠퇴했다.


## 금본위제도와 영국 파운드화의 몰락

19세기에 들어와 서구 열강들의 식민지 지배가 더욱 확대되면서 국가 간 무역의 규모가 크게 확대되고 품목이 다양화되었다. 금 자체를 교환의 매개로 사용하는 것은 관리와 운송비 등에 있어 불편함이 커졌다. 영국 등 각국의 중앙은행들이 금을 집중적으로 보유하면서, 금을 기초자산으로 하는, 다시 말해 금에 의해 뒷받침되는backed 은행권, 즉 종이화폐를 발행하기 시작했다. 바로 금본위제도다. 중앙은행은 화폐 보유자가 요구하면 언제든지 금을 교환해주어야 했는데, 이를 금 태환conversion이라고 한다.[18] 19세기 초 당시 최강국 영국에서 처음 도입되어 20세기 초 제1차 세계대전까지 세계 경제질서를 주도하던 통화제도였다. 영국이 금본위제도를 도입하자 프랑스, 독일, 미국도 금본위제도를 시행하게 된다. 19세기 중반부터 20세기 초까지 급격히 증가한 국제무역을 뒷받침하기 위해 국제통화가 필요했고 각국은 금이 뒷받침해주는 파운드를 국제통화로 수용했다.

금본위제도에선 '금과의 태환 가능성'이 중력의 역할을 한다. 요구가 있으면 언제든지 금으로 교환해주어야 하는 의무가 있기 때문에 화폐 남발을 막는 것이다. 동서고금을 막론하고 **모든 정부는 화폐 발행에 관한 한 '가벼움'의 신봉자다. 반중력적이란 말이다.** 발목을 잡는 이런저런 중력이 없어야 가볍게 훨훨 날아갈 수 있다. 마음대로 돈을 찍어낼 수 있다는 말이다. 돈이 있어야 무슨 일이든 벌일 수 있다. 특히 국가 간에 전쟁이 있을 경우에는 전비 마련이란 명분이 거스르기 힘든 '반중력'으로 작용한다. 전쟁이란 명분이, 태환 가능성이 고수해왔던 중력을 압도해버린다.

영국도 19세기에는 프랑스와 전쟁을 치르면서 재정이 악화되었고 20세기에 들어와서는 독일 등과 제1차세계대전을 치르며 전비 마련이 시급해졌다. 영국 입장에서 보면 군사적으로는 승리했지만 경제적으로는 실패한 것에 가깝다. 1918년 전쟁이 끝난 후 영국은 자국의 경제능력을 두 배 이상 초과하는 부채를 지게 된다. 보유한 금이 가진 힘으로 발행된 화폐를 모두 잡아당길 수 없는 단계에 이른 것이다. 즉 화폐 보유자가 금으로 교환을 요구하면 갚을 수 없을 정도로 과도하게 화폐를 발행했다. 결국 영국은 파운드화와 금의 연결관계를 끊어내게 된다. 즉 태환을 금지하게 된 것이다. 화폐를 보유한 사람들에게 금으로 교환해줄 의무가 없어졌으니 마음대로 파운드화를 발행할 수 있게 되었다. 1925년 신임 재무부 장관으로 임명된 처칠은 다시 금본위제도로 복귀하지만, 1931년 마침내 영국은 금본위제도를 다시 포기하고 만다. 금과 연결고리가 끊긴 파운드화는 그 가치가 바닥으로 추락했다. 전 세계에 엄청난 혼란이 왔다. 외환보유고를 대부분 파운드화로 갖고 있던 네덜란드 역시 외환보유고가 급락했다. 네덜란드는 지금으로 치면 외환보유고로 달러를 많이 갖고 있는 중국과 유사한 처지였다. 무역 차원에서 경쟁자였던 미국이나 프랑스도 파운드화의 가치 하락에 대응해 각각 달러와 프랑의 금과의 연결고리를 끊는다. **금이 갖고 있던 안전장치가 풀어지면서 국제통화 질서에서 조화와 균형은 사라졌다.** 금본위제 포기는 결국 국가 간 화폐전쟁, 무역전쟁으로 이어졌고 제2차세계대전으로 귀결된다. 영국의 파운드화도 비잔틴 제국의 솔리두스처럼, 전쟁 때문에 발생한 비용 문제가 씨앗이 되어 기축통화의 자리를 잃게 된 것이다

## 금융의 역사는 1971년 이전과 이후로 나뉜다

금본위제도가 무너지고 각국은 전례 없는 보호무역주의에 몰입한다. 자국의 이익을 위해 무역방벽, 외환장벽 등 역사를 거스르는 장벽의 시대가 온 것이다. 더욱이 제2차세계대전을 겪으면서 금융시장과 외환시장이 혼돈을 거듭해간다.

아직 세계대전이 진행중이던 1944년 7월, 44개국 대표들이 미국 북동부 끝에 있는 뉴햄프셔 주 브레턴우즈에서 만나 새로운 세계통화질서를 논의했다. 핵심 내용은 금 1온스(31.1그램)를 35달러로 고정시키고, 다른 나라의 화폐는 1프랑이 몇 달러, 1마르크가 몇 달러, 1엔이 몇 달러 하는

식으로 달러와의 교환비율을 고정시키는 것이다. 각국 통화의 가치는 더이상 금을 기준으로 결정되지 않고 달러를 기준으로 결정됐다. 결국 금과 직접 연결되는 가치가 결정되는 권한, 즉 금 태환 권한을 미국에 집중시키고 이에 근거해 달러를 발행한 것이다. 브레턴우즈도 금 태환체제다. 쉽게 표현하면 브레턴우즈 체제는 이전까지의 분권적인 금 태환제도를 중앙집중형 금 태환제도로 바꾼 것이다. 이전의 금본위제도에서는 이런 기능을 각국 중앙은행이 했으니 브레턴우즈 체제는 결국 미국, 또는 미국의 중앙은행을 세계의 중앙은행으로 인정한 셈이다. 금본위제도에서 각국 중앙은행과 중앙은행이 보유한 금이 중력의 역할을 했다면, 브레턴우즈 체제에서는 중력을 일으키는 태양이 하나로 통일되었다. 중력의 원천은 미국 중앙은행과 미국 중앙은행이 보유한 금이다.

물론 각국은 보유하는 달러화를 금으로 교환할 수 있는 권한을 갖는다. 이런 체제가 도입 가능했던 정치외교적 이유는 미국이 이미 패권국이 되었기 때문이다. 보다 현실적인 이유를 보면, 두 차례 세계대전을 겪으면서 유럽이 군수물자 수입을 위해 미국에 금을 수출했고, 패전국들도 금으로 상환하는 경우가 많았다. 결과적으로 당시 전 세계 금의 약 70퍼센트를 미국이 보유하고 있었기 때문에, 미국을 금과의 유일한 연결고리로 활용하고 인정하는 것에 큰 무리가 없었던 것이다.

금으로 통하는 유일한 열쇠를 쥐고 있는 만큼, 미국은 충분한 양의 금을 성실하게 보유해야 할 의무가 있었다. 다시 말하면, 보유하고 있는 금의 가치를 초과하는 달러를 남발해서는 안 되었다. 브레턴우즈 체제는 1960년 중반까지는 기대보다 순조롭게 작동했다. 그러다 결정적으로 이 체제의 뿌리를 흔드는 사건이 발생했다. 솔리두스와 파운드의 경우에도 그랬듯이 이번에도 전쟁, 바로 베트남전쟁이 원인이었다. 베트남전쟁은 1964년에 시작돼 1973년에 종결되었는데 이데올로기 대결이 치열했던 당시, 자유민주주의국가를 대표하던 미국은 베트남전쟁에 실로 엄청난 자원을 퍼부었다. 그 과정에서 군비조달을 위해 엄청난 달러화가 발행되었다. 베트남전쟁 외에도 존슨 대통령이 새로운 사회복지 프로그램을 추진하면서 재원 마련을 위해 또 달러가 발행되었다. 달러 가치는 계속 하락했고 이에 비례해 각국의 금 교환 요구는 지속됐다. 특히 프랑스 드골 대통령이 집요하게 미국에 달러를 금으로 교환해줄 것을 요구했다.

1971년 8월 15일 마침내 닉슨 대통령은 미 달러와 금의 결별을 선언했다. 즉 달러를 금으로 교환할 수 없다고 발표했다. 미국으로서도 더이상 금 1온스당 35달러의 관계를 유지할 수 없었다. 그래서 금과 달러 간의 연결고리 자체를 끊어버렸다. 오디세우스가 묶여 있던 돛대의 밧줄을 끊어버린 것과 같다. 오디세우스가 세이렌의 유혹에 빠져 물속으로 뛰어드는 것은 시간문제가 됐다. 달러가 아무런 제약 없이 발행되는 것을 통제할 중력이 없어진 것이다. 잡아당기는 금이 없으니 미 달러는 마음대로 날아갈 수 있다. 얼마든지 찍어낼 수 있게 된 것이다. 역사상 최초로 무거운 중심추가 없는, 그야말로 명목화폐 형태의 기축통화가 탄생하게 된 것이다. 기초자산, 또는 담보물 역할을 하던 금과의 연결고리가 끊어지고 나니 달러는 너무도 가벼운 화폐가 되었다. 눈에 보이는 금이 달러를 뒷받침하던 시대는 지나갔다. 브레턴우즈 체제 붕괴 이후, 눈에 보이지 않는 미국의 힘, 시장의 신뢰, 시장의 지속적 수요만이 달러를 뒷받침할 뿐이다.

가벼운 것은 흔들리고 변동하기 쉽다. 결과적으로 달러의 가치는 다른 통화의 가치와 고정된 관계를 유지하는 것이 아니라 자유롭게 변동할 수 있게 되었다. 그 이전까지 유지되었던 고정환율제도가 변동환율제도로 바뀌었다. 경제의 뿌리인 화폐의 가치가 변동하니 화폐로 표시되는 다른 모든 자산의 가치도 변동성이 커졌다. 변동성이 커졌다는 것은 위험이 커졌다는 의미다. 모든 것이 변하고 불확실한 변동성의 시대가 온 것이다. 그래서 **금융의 역사는 1971년 이전과 이후로 나뉜다.** 1971년은 브레턴우즈 체제가 와해된 해, 그야말로 아무런 담보가 없는 종이화폐 달러가 기축통화가 된 해다.

## 화폐의 바다로 유혹하는 경제의 세이렌, 어떻게 극복할 것인가

뱃사람들이 파멸로 가는 길인 줄 뻔히 알면서도 세이렌의 노랫소리에 저항하지 못하는 것처럼, 어떤 국가도, 정부도, 정권도 돈을 찍어내 경제 문제를 해결하려는 유혹에 저항하기 힘들다. 나중 일은 나중 일이고 일단 돈을 풀면 마약효과가 있으니 그 유혹에 빠져 스스로 화폐의 바닷속으로 빠져드는 것이다. 반대로 무조건 화폐 발행을 줄이고 긴축하는 것은, 귀를 막고 있는 것과 같다. 경제의 세이렌이 불러주는 천상의 노래를 만끽할 수 없다. 그렇다면 오디세우스는 어떻게 두 마리 토끼를 동시에 잡을 수 있었을까. 앞서 말했듯 애인이었던 키르케가 아이디어를 주었다. 떠나는 오디세우스에게 이런 전략까지 알려준 걸 보면 키르케는 오디세우스를 정말 사랑했나보다.

첫째, 돛에다 밧줄로 자신의 몸을 묶게 했다. 가만히 놔두면 세이렌의 유혹을 견뎌내지 못할 것을 알았기에, 미쳐 날뛰며 바다 속으로 빠져들지 않게 자기 스스로를 속박하도록 했다. 원천적으로 움직일 가능성을 없애버린 것이다. 화폐도 세이렌의 유혹에 빠지지 않으려면 무엇인가에 화폐 발행을 묶어놔야 한다. 금본위제도에서는 각국 중앙은행이 보유한 금이었고, 브레턴우즈 체제하에서는 미국 중앙은행이 보유한 금이었다. 그런데 1971년 닉슨 대통령이 그동안 묶여 있던 밧줄을 끊어버렸다. 과도한 달러 발행을 통제하는 실물자원은 이제 더이상 존재하지 않았다. 이제 중력이 사라진 상태에서 달러를 묶어놓는 돛대는, 마구잡이로 달러를 발행하면 달러의 가치가 점차 하락하고, 결과적으로 기축통화로서의 신뢰를 잃게 된다는 가상적 위협뿐이었다. 하지만 너무 미약한 돛대였다. 미국의 의지에 따라 돛대가 움직일 수 있기 때문이다. 미국 달러에 대한 수요가 지속적으로 존재하고, 또 새로운 수요가 창출되고, 더욱이 이런 상황을 만들 수 있는 힘이 미국에 있으면 이런 가상적 위협은 더이상 위협이 되지 못한다. 너도나도 화폐의 바다 속으로 빠져들기 시작한 것이 바로 이때부터다.

세이렌은 한 명이 아니고 세 명의 자매라고 알려져 있다. 경제의 세이렌도 여러 가지가 존재한다. 20세기 중반까지만 해도 과도한 화폐 발행을 불러일으키는 경제의 세이렌은 주로 '전쟁'이란 이름의 세이렌이었다. 그후 복지국가 논의가 진행되면서 미국에서는 1970년대 이후부터 '과도한 사회복지'라는 세이렌이 활약한다. 사회복지 세이렌과도 밀접히 연결되어 있는 세이렌으로 '고령화'라는 세이렌도 있다. 선진국을 중심으로 고령화가 진행되면서 생산인구는 줄고 부양해야 할 고령인구가 늘면 필연적으로 복지부담이 늘어난다. 특히 경제성장률이 낮아지면 세금을 통한 재원 확보가 불가능하기 때문에 돈을 찍어내 부양하는 수밖에 없다. 최근엔 부실금융기관 구제, 그리고 기업구조조정이란 세이렌도 새로 나타났다. 화폐는 중앙은행이 발행하는 부채다. 국채는 정부가 발행하는 부채다. 순간적으로 달콤하지만 경제가 부담할 수 있는 수준을 넘어서면 위험하다.

둘째, 오디세우스는 자신을 제외한 모든 선원들로 하여금 밀랍으로 만든 귀마개로 귀를 틀어막게 했다. 세이렌의 노래를 듣지 못하게 원천적으로 봉쇄한 것이다. 전략적 관점에서는 오디세우스의 필사적 울부짖음, 애원, 협박, 명령을 차단하는 효과가 더 중요할 수도 있다. 오디세우스의 목소리를 들을 수 있다면 선원들의 마음이 흔들릴 수 있기 때문이다. 흔들리지 않는 그 무엇이 과연 무엇일까. 중앙은행의 독립성일 수도, 중앙은행법 개정권한을 가진 국회일 수도, 폴 볼커 연준 의장처럼 인플레이션에 강력히 맞서는 전사일 수도 있다.[19]

셋째, 오디세우스는 자신의 명령을 '취소 불가능$^{irreversible}$' 혹은 '원상복귀 불가능'하게 만들었다. 화투를 칠 때 흔히 말하는 낙장불입이다. 오디세우스 자신이 나중에 세이렌의 노래를 듣고 풀어달라고 아무리 애원하고 울부짖어도, 그런 자신은 제정신이 아닌 것이니 여기에 동요되지 말고 더 단단히 자신을 묶어두라고 지시한 것이다. 명령을 어기는 자는 모두 죽이겠다는 위협도 하지 않았을까 싶다. 경제도 위기나 미친 상태가 되면 정책이 자꾸 바뀐다. '취소 불가능' 또는 '돌이킬 수 없음'은 또다른 차원의 중력이다. '돌이킬 수 없음'을 어떻게 확보하느냐가 관건이다. 자꾸 바뀌고 흔들리면 아무도 믿지 않기 때문이다. 화폐 남발의 유혹, 그만큼 어렵다는 얘기다.

# 아인슈타인의 중력공간, 카푸어의 예술공간, 그리고 휘어진 글로벌 경제공간

## 아인슈타인의 중력은 휘어진 시공간 때문에 발생한다

바닥이 평평하면 빗물이 사방으로 흐른다. 하지만 바닥이 움푹 파여 있으면 빗물은 휘어진 아래쪽에 모두 모인다. 휘어진 공간에 모이는 것은 빗물만이 아니다. 중력도, 예술도, 경제도 오목하게 휘어진 곳으로 힘과 에너지가 집중된다. 아인슈타인의 우주공간도, 아니쉬 카푸어의 작품공간도, 미 달러 중심의 글로벌 경제공간도 모두 휘어져 있기 때문에 모든 에너지를 빨아들인다.

왜 야구공을 던지면 포물선을 그리며 밑으로 떨어질까. 계속 직선으로 날아가거나 휘어져 위로 올라갈 수도 있을 텐데 말이다. 바로 중력 때문이다. 그렇다면 중력은 왜 생기는 것일까? 자석처럼 사물을 끌어당기는 물체의 고유한 힘이 있기 때문일까. 아니면 휘어 있는 우주공간의 구조적 특성 때문일까. 중력의 원인에 대한 생각의 틀을 완전히 뒤집어놓은 사람이 바로 아인슈타인이다.

공중에 평평하게 활짝 펼쳐놓은 커다란 이불을 생각해보자. 막대기에 걸어놓았다고 생각해도 좋고 빨랫줄에 걸쳐놓았다고 생각해도 좋다. 그 위에 무거운 돌덩어리 공을 얹으면 아래로 움푹 휘게 된다. 이 휘어진 이불 위에 탁구공을 굴리면 움푹 휜 공간 속으로 빠져든다. 휘어진 공간이 탁구공을 끌어당기는 중력으로 작용하기 때문이다. 뉴턴은 눈에 보이지 않는 중력이란 힘이 사과를 밑으로 떨어지게 한다고 말했다. 하지만 아인슈타인은 중력이란 힘은 애초부터 없고 무거운 지구가 휘게 만든 공간 속으로 가벼운 사과가 움직이는 것일 뿐이라고 주장했다. 마치 돌덩어리 때문에 휘어진 이불 속으로 탁구공이 빨려들어가 돌듯이 말이다. 아인슈타인에게는 휘어진 공간구조가 곧 중력이다. 태양과 비교하면 지구가 가볍고 태양이 무겁다. 태양이 우주공간을 움푹 파이게 만들고 지구는 이 휘어진 공간 속에 끌려들어가 태양 주변을 돌게 된다. 아인슈타인은 공간의 휘어진 정도, 즉 곡률이 물체의 움직이는 방향과 궤적을 결정한다고 생각했다. 따라서 중력은 물체의 개별적 특성이 아니라 시공간의 구조적 특성에서 나온다고 주장했다.

## 카푸어의 휘어진 공간구조 작품

우주공간뿐 아니라 예술가가 생산해낸 공간에도 휘어지고 움푹 파인 구조가 있다. 카푸어의 작품도 아인슈타인의 우주공간처럼 오목하게 휘어

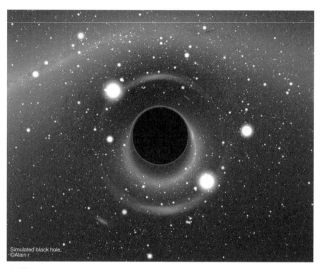

블랙홀

져 있다. 오목한 공간은 무언가를 담고 채울 수 있는 공간이다. 그릇처럼 말이다. 카푸어는 1980년대부터 '비움void'이란 주제하에 일련의 작품을 창출해냈다. 카푸어의 작품 〈나의 몸, 너의 몸〉은 생명의 에너지로 인해 움푹 파이고 휘어진 공간을 보여준다. 카푸어의 작품은 블랙홀을 닮았다.

  휘어져 들어가는 카푸어의 공간은 휜 우주공간처럼 신비로운 감정을 유발한다. 이 모양새는 생명이 잉태되는 여성의 신체를 상징하기도 한다. 아인슈타인의 우주공간처럼 무언가 보이지는 않지만 무거운 물체나 에너지에 의해 휜 공간이다. 그래서 카푸어의 작품은 평면적 그림이 아니다. 조각이라 해도 전통적 조각과는 다르다. 전통적 조각은 '외부로 돌출되는 볼륨positive volume'을 강조한 반면 카푸어의 작품은 '내부로 휘어 들어가는 볼륨negative volume'을 강조하기 때문이다. 카푸어의 작품들 중에는 규모가 워낙 커서 설치미술로 간주되는 작품들도 많은데 모두 휘어져 있다는 공통점이 있다.

휘어진 공간에선 무언가 에너지가 꿈틀거린다. 한번 빠져들면 영원히 빠져나오지 못할 블랙홀 같기도 하다. 블랙홀처럼 어둡지만 오히려 그 안에서 뜨거운 빛을 발한다. 카푸어가 표현하고자 한 것은 응축된 에너지를 녹여내어 스스로 빛을 발하며 솟아나는 그 무엇이다. 그래서 카푸어의 작품은 아름답다기보다 숭고하다는 느낌을 갖게 한다. 아름다움보다 숭고함을 목표로 했다는 점에서 색면화가 바넷 뉴먼과 비슷하다. 카푸어의 〈노랑〉이란 작품을 보면, 노랑은 태양과 같이 스스로 에너지를 발산해 빛나는 예술적 항성恒星을 의미한다. 엄청난 에너지로 주변의 모든 것을 끌어당겨 흡수하고, 다시 그것을 에너지원으로 하여 더욱 밝게 빛난다.

## 글로벌 자본을 끌어당기는 미 국채와 달러화

세계 경제는, 경제질량뿐 아니라 군사, 외교질량이 가장 무거운 기축통화국 미국에 의해 움푹 휘어져 있다. 세계 경제에서 가치 저장수단으로서의 역할을 하는 기축통화는 미 달러화이고 따라서 미 국채는 금융자산 중 가장 안전한 자산이다. 세계 외환보유고의 60퍼센트 정도가 달러로 운용되는 이유다. 아무리 한국이나 중국이 수출을 많이 해서 경상수지흑자를 거둔다 해도 흑자를 운용할 안전자산safe asset은 미국 국채일 수밖에 없다. 특히 경제위기나 지역분쟁으로 불확실성이 커질수록 세계의 자본은 미국 국채로 빨려들어간다. 아인슈타인의 휘어진 우주공간처럼, 카푸어의 움푹 파인 예술공간처럼 미 달러화와 미 국채는 글로벌 경제공간을 휘게 만든다. 휘어진 세계 경제공간은, 안전자산을 찾아 미 국채로 집중되는 자본 때문에 더욱더 휘게 된다. 사과가 땅으로 떨어지듯 글로벌 자본은 미 국채를 향하고, 지구가 태양 주변을 돌듯 각국의 자본들은 미 국채 주변을 맴돈다. 한국도 중국도 미 국채를 쉽게 팔아버릴 수 없고 투자를 계속하지 않을 수도 없다. 미 국채값이 하락할 때 가장 손해를 보는 나라는 미 국채를 많이 보유한 국가들이기 때문이다. 결국 카푸어의 작품 제목처럼, 미 달러화와 국채로 인해 휘어진 세계 경제구조는 나의 의지와 관계없이 '나의 몸이 곧 너의 몸'이 되어버렸다.

# '원근법'과 '소실점'으로 바라본
## 중앙은행의 통화정책 목표

### 원근법은 르네상스 시대정신의 산물

바퀴, 인쇄술, 나침반 등과 더불어 인류가 고안해낸 최고의 발명품 중 하나가 바로 원근법, 특히 선원근법linear perspective이다. 종이나 캔버스 같은 2차원 평면에 우리가 살고 있는 3차원 공간을 구현해낸다는 것은 어찌 보면 꿈과 같은 얘기다. 인간의 눈이 각각 좌우나 앞뒤로 붙어 있으면 시야가 훨씬 넓어질 수 있음에도 불구하고, 모두 앞에 붙어 있는 것은 공간지각, 즉 멀고 가까움을 정확히 인식하기 위해서다. 그만큼 공간적 깊이에 대한 지각이 인류의 진화와 생존에 핵심적 역할을 해왔다는 의미이기도 하다. 그림도 재현에 충실하려면 2차원 화폭에 3차원 공간을 담을 수 있어야 한다. 우리가 실제로 보는 것이 3차원 공간이기 때문이다.

3차원 물체나 인물, 그리고 풍경을 어떻게 2차원 평면에 재현해낼 것인가는 고대부터 화가들이 고민해온 주제다. 아니, 주제라기보다 회화 자체에 대한 본질적 질문이기도 하다. 이 문제를 해결한 것이 바로 원근법이다. 지금으로부터 약 600년 전 르네상스 시대에 활동했던 건축가 필리포 브루넬레스키가 선원근법을 개발했다.[20] 기하학에 근거한 과학적 선원근법이 르네상스 시대에 태어났다는 것은 어찌 보면 당연한 일일 수도 있다. 르네상스 시대의 시대정신은 신이 아닌 인간의 시각에서 사물을 바라보는 것이기 때문이다. 원근법은 르네상스 시대정신을 구현하는 가장 혁신적 산물이다.

그림의 차원을 떠나 우리 눈이 대상을 인식하는 것 자체가 원근법적이다. 사방에서 들어온 빛이 수정체에 초점을 맞추어 중앙집중적으로 통과하고, 다시 망막까지 사방으로 퍼져나간다. 그래서 우리 눈은 원근법으로 그려진 그림을 편안하고 자연스럽다고 느낀다. 중세 인물화를 보면 한결같이 부자연스럽고 공중에 붕 뜬 느낌을 받는데, 그림에 거리감과 깊이가 없기 때문이다.

그렇다면 원근법은 어떻게 평면 화폭에 깊이를 표현하는 것일까. 여러 가지 접근법이 있을 것이다. 중세 그림도 앞쪽 인물은 크게, 뒤쪽 인물은 작게 그린 그림이 많다. 로봇이나 인형같이 부자연스럽지만 중세에서 멀고 가까움을 표현하는 방식이었다. 또다른 원근법은 공기원근법이다. 우리 눈에 보이지는 않지만 공중에 있는 공기는 빛을 흡수하기 때문에 멀리 떨어져 있는 대상일수록 희미하게 보인다. 공기원근법은 가까이에 있는 대상은 색을 진하고 밝고 명확하게 표현하고 멀리 있는 대상일수록 희미하고 옅게 채색해 공간의 깊이를 표현하는 방식이다. 레오나르도 다빈치의 〈모나리자〉가 대표적 예다.

## 소실점이 한 개인 원근법 그림과
## 소실점이 두 개인 원근법 그림

원근법이 사람이라면 원근법 입장에 가장 서운한 감정을 많이 느낀 인물은 세잔일 것이다. 미술계에서 불문율처럼 떠받들던 원근법의 위상을 추락시킨 장본인이 세잔이기 때문이다. 세잔은 "그림의 본질은 3차원 현실을 2차원 평면에 재현하는 것이 아니다"라고 주장하면서 원근법 구도를 와해시켰다. 마네도 회화의 정체성이 2차원 평면성에 있다고 강조하며 원근법을 무시했다. 세잔과 마네 전까지는, 소실점이 하나인 선원근법 그림이 기본 틀을 구성했고 당연히 이것이 화단의 주류였다. 원근법이 제대로 지켜지지 않은 그림은 그림으로 인정받지도 못했다. 물론 지금도 원근법은 그림의 중요한 기초다. 그림에 공간감을 주기 위해선 지금도 르네상스 시대처럼 원근법이 사용된다. 원근법을 잘 활용했던 반 고흐의 그림을 보자. 건물, 길, 테이블, 사람 등 화폭에 포함된 모든 대상이 건물 끝 소실점을 향해 수렴해간다. 깊이가 살아 있기 때문에 구도가 체계적이고 안정적이다. 동시에 쾌적한 느낌을 준다.

반면 1877년 귀스타브 카유보트가 그린 〈파리의 거리, 비 오는 날〉을 보자. 카유보트는 인상주의 시대에 활동했고 인상파에도 몸담은 적이 있지만 쿠르베처럼 사실주의에 가까운 그림을 주로 그린 화가다. 그가 그린 도시나 전원 그림은 소실점이 매우 명확하다는 특징이 있다. 이 그림은 소실점이 두 개다. 가로등을 중심으로 왼쪽에 있는 건물이 소실점을 두 개로 나누는 역할을 한다. 소실점이 두 개면 건물의 양쪽 면을 모두 표현할 수 있다. 가로등 바로 왼쪽에 있는 건물을 보자. 정면으로 돌출되어

반 고흐, 〈아를르의 포룸 광장의 카페테라스〉

귀스타브 카유보트, 〈파리의 거리, 비 오는 날〉

나와 있는 수직선 형태의 교차점을 중심으로 건물의 양면이 모두 그려져 있다. 각 면은 각각의 소실점을 향해 뒤로 뻗어나간다.

고흐의 그림은 소실점이 하나이기 때문에 건물의 양쪽 면을 동시에 보여줄 수 없다. 한쪽 면만 표현할 수 있는 것이다. 카페테라스의 경우 노란색으로 칠해져 있는 건물의 오른쪽 면만이 표현되어 있다. 테라스 건너편에 있는 건물들도 한쪽 면, 즉 왼쪽 면만이 그림에 나타난다.

어느 것이 일방적으로 좋고 나쁜 것은 아니다. 단일 소실점 그림은 무엇보다 화면 전체의 구도에 통일감과 집중력을 부여해준다. 모든 대상이 하나의 소실점을 기준으로 거리감이 체계적으로 표현되어 있기 때문이다. 이에 비해 두 개의 소실점이 있는 그림에서는 통일감은 떨어진다. 하지만 대상의 한쪽 측면만이 아니라 다양한 측면을 보여줄 수 있다는 장점이 있다. 화가가 무엇을 강조해서 표현하고자 하느냐에 따라 소실점의 개수가 달라진다. 소실점이 세 개인 그림도 있다. 이런 그림엔 세번째 소실점이 화면의 아래쪽이나 위쪽에 위치한다. 소실점이 한 개이거나 두 개인 그림은 시각이 수평적이다. 소실점이 세 개가 되면 비로소 새처럼 위에서 아래를 내려다보는 듯한 시각, 또는 개미가 아래에서 위를 쳐다보는 듯한 시각을 표현해낼 수 있다.


## 물가안정 목표는 중앙은행의 소실점


중앙은행도 통화정책을 통해 경제의 구도를 그린다. 전통적 목표는 인플레이션을 억제해 물가를 안정시키는 것이다. 중앙은행은 물가안정이란 단일목표를 소실점으로 삼아 경제 화폭의 중심을 잡는 것이 일반적이다. 한국은행은 물가안정 목표제를 명시화하고 있는 대표적 중앙은행이다. 독일 분데스방크의 철학을 이어받은 유럽중앙은행ECB도 여기에 가깝다. 소실점이 화폭의 중심점으로서 역할을 발휘하려면 형태나 색채, 어떤 힘에도 흔들리지 않고 고정돼 있어야 한다. 경제의 소실점도 마찬가지다. 그래서 중앙은행의 독립성이 중요한 것이다.

시대에 따라 회화를 주도하는 공간 인식이 달라지듯, 시대가 변함에 따라 중앙은행의 목표도 달라진다. 회화에서 단일 소실점에 대한 비판은 자연스럽게 소실점이 여러 개인 복수 소실점 그림을 낳았다. 극단적 예가 피카소 같은 입체파 그림이다. 통화정책도 비슷하다. 물가목표와 함께 실업률 7퍼센트를 '선도적 안내forward guidance' 지표로 내세우는 미 연준은 정책의 소실점이 두 개인 경우다.[21] 물가안정과 최대고용이 그것이다. 미 연준은 한국과 달리 물가목표를 명시적으로 제시하지는 않는다. 암묵적으로 인플레이션 경로를 전망하고 시장과 소통함으로써 기대 인플레이션을 조절한다.

앞에서 언급했듯이 원근법에 대한 근본적 비판은 세잔과 마네로부터 시작된다. 회화의 정체성을 평면성에서 찾았기 때문에 마네의 그림엔 입체감이 없다. 캔버스에 딱 달라붙어 납작하고 평평한 느낌을 준다. 한 걸음 더 나아가 피카소 같은 입체파 화가들에겐 소실점이 여러 개다. 그래서 파편화된 다수의 관점이 동일 화폭에 존재한다. 공간 인식은 화가의 전유물임을 인정해야 하겠지만 어쨌든 충돌하는 공간은 보는 이의 시점을 어지럽히기도 한다.

중앙은행의 경우도 비슷한 현상이 발생한다. 글로벌 금융위기는 중앙은행의 물가안정 목표와 독립성에 대해 근본적 의문을 제기했다. 경제가 가라앉는데 물가안정이나 독립성이 무슨 소용 있냐고 비판의 목소리가 높다. 고용률이나 GDP성장률이 함께 고려되어야 한다는 주장도 있다. 그림으로 치면 단일 소실점 구도를 복수 소실점 구도로 바꾸자는 말이다. 경제위기와 디플레이션 시기엔 중앙은행의 독립성보다 다른 경제정책기관들과의 협력 및 조화가 더 중요하다는 주장도 있다. 이쯤 되면 피카소 그림처럼 물가안정 목표라는 단일 소실점은 완전히 무너진다.

## 키리코의 극단적 원근법과 통화정책의 신원근법

딜레마에 빠진 중앙은행을 생각나게 하는 그림이 있다. 초현실주의 선구자 조르조 데 키리코의 〈거리의 신비와 고독〉이다. 원근법을 극단적으로 활용해 신비감과 불안감을 동시에 표현한 이 그림은 초현실주의 회화의 선구적 작품이다.

이 그림엔 밝음과 어둠, 햇빛과 그림자, 익숙함과 낯섦이 공존한다. 소실점을 향해 깊은 공간 속으로 치닫는 하얀색 건물과 그림자가 드리운 검은 건물 간의 대비가 팽팽한 긴장감을 확산시킨다. 그림자 형태로만 보이는 지팡이를 든 현자는 굴렁쇠를 굴리는 소녀에게 뭔가를 말해줄 듯하다. 아스라이 멀리 보이는 소실점이 물가안정이라는 목표라고, 고독해도 누가 뭐래도 흔들리지 말고 그리로 가야 한다고 말해주는 듯하다. 소녀가 저 멀리 회랑이 끝나는 소실점을 향해 달려가듯 결국 중앙은행도 물가안정이라는 소실점을 향해 가야 하지 않을까. 물가안정은 지극히 복합적이고 총체적인 변수다. 물가안정은 물가안정만으로 끝나지 않는다. 특히 저성장, 저금리, 고령화 시대에 가장 중요한 복지정책은 물가안정이다.

조르조 데 키리코, 〈거리의 신비와 고독〉

그래야 저축이든 고령연금이든 퇴직연금이 의미가 있기 때문이다.

평면에서 좌충우돌하던 중세회화는 원근법을 통해 르네상스의 입체적 회화로 진화했다. 마네로부터 평면성이 강조되는 현대회화가 시작됐고 이어 입체파 회화로, 심지어는 원근법 자체가 무의미한 추상화로 변해왔다. 그런데 최근 첨단산업계에선 3D영화, 3D프린터를 통해 원근법이 부활하고 있다. 가히 신원근법 시대라고 부를 만하다. 통화정책에서도 지금은 비난받고 있는 물가안정 목표가 다시금 각광받는 통화정책의 신원근법 시대가 부활하지 않을까.

시대에 따라, 국가에 따라 통화정책의 목표는 다양하다. 물론 가장 대표적인 목표는 물가안정이다. 물가안정 외에도 환율안정, 통화량안정이 통화정책의 목표인 경우도 있었다.[22] 어쨌든 이들 경우는 모두 소실점이 한 개인 원근법 그림처럼 통화정책 목표가 한 개인 경우다. 통화정책의 목표가 하나면 중앙은행이 그리는 통화정책 그림의 중심이 명확하고 통일성이 있다. 미국처럼 통화정책의 목표가 두 개인 경우도 있다. 소실점이 두 개인 카유보트의 그림이 건물의 양 측면을 모두 그려낼 수 있듯이 통화정책의 목표가 두 개면 경제의 다양한 측면을 고려할 수 있다는 장점이 있다. 단 목표 간에 상충이 존재하면, 정책의 집중력과 통일성이 떨어진다는 단점도 있다.

누가 뭐래도 여전히 통화정책의 핵심은 물가를 안정시키는 데 있다. 흔히 쓰는 말로 물가상승, 즉 인플레이션을 잡는 것이다. 요즘처럼 물가가 지속적으로 떨어지는 디플레이션 시대엔, 물가가 지나치게 떨어지는 것을 막는 것도 물가를 안정시키는 것이다. 물론 금융안정, 고용안정, 환율안정, 심지어 경제성장도 통화정책의 목표로 언급되지만 중앙은행이 수행하는 통화정책의 본질은 물가안정이다.

물가안정이 그토록 중요한 이유는, 물가가 안정되어야 가계나 기업이 제대로 미래를 계획할 수 있기 때문이다. 물가가 안정되어야 불확실성이 적어지고, 이렇게 불확실성이 적어야 가계라면 얼마나 소비하고 얼마나 저축할지, 기업이라면 얼마나 투자하고 생산할지 쉽게 결정할 수 있다. 미래 생활비가 얼마나 오를지, 등록금이 얼마나 오를지 불확실하다면 마음놓고 소비할 수 없다. 미래 유가가 얼마나 오르고 내릴지 불확실하면 생산계획을 수립하기 힘들다. 가계의 입장에서 소비결정이 힘들고, 기업 입장에서 생산과 투자결정이 힘들어지면 경제가 제대로 돌아갈 수 없다. 소비와 생산이 위축되면 경제성장도 달성하기 힘들다. 통화정책은 물가 안정을 통해 이런 불확실성을 최소화한다. 그리고 궁극적으로 경제성장 이나 고용안정에도 공헌하는 것이다.

자국통화와 타국통화 간의 교환비율인 환율의 안정성을 유지하는 것을 통화정책의 목표로 삼는 경우가 있다. 이런 관점에서 보면 고정환율 제도를 택하고 있는 나라의 통화정책 목표는 환율안정이라고 이해할 수 있다. 주요국 통화에 연동된 페그peg제도도 넓은 의미의 고정환율제도다.

고정환율제도는 미국처럼 물가가 안정된 기준국가의 통화가치에 자국 통화가치를 고정시킴으로써 자국 물가의 안정을 도모한다. 미국과 같이 잘나가는 국가의 통화가 **'오디세우스의 돛대와 밧줄'** 역할을 하는 것이다. 단점은 금리결정에서는 독립성을 확보하기 힘들다는 점이다. 미 달러에 연동되어 있는 홍콩의 예를 들어보자. 미 달러 공급이 늘어나 홍콩 달러 가치가 급등하면 홍콩중앙은행은 고정환율을 유지하기 위해 홍콩 달러 의 금리를 낮출 수밖에 없다. 오디세우스의 돛대 역할을 하는 국가의 통 화가치에 통화정책이 구속될 수밖에 없는 것이다. 물가안정은 얻었지만 통화정책의 독립성은 잃었다. 하지만 이렇게 스스로 구속됨으로써 돛대 에 묶인 오디세우스처럼 인플레이션이란 경제 세이렌의 유혹에 빠지지 않고 경제를 건실하게 운영해갈 수 있다.

통화량, 보다 구체적으로는 통화량증가율이 통화정책의 목표로 활용 된 시절이 있었다. 1970년대 중반 이후 인플레이션 문제가 심각해지고 밀턴 프리드먼을 중심으로 한 통화론자들의 주장이 호응을 얻으면서 많은 국가들이 통화량 자체를 통화정책의 목표로 도입하였다. 미국에서는 1979년 폴 볼커가 연준 의장으로 취임하면서 인플레이션을 잡기 위해 철저히 통화량을 통제하는 정책을 펼쳤다. 이때부터 '인플레이션 파이터'라는 말도 사용되기 시작했다. 세상에 공짜는 없는 법. 통화량이 목표면 금리는 수단이 될 수밖에 없다. 통화량을 목표수준에 안정시키기 위해서 금리가 크게 오르고 변동하는 부작용을 용인해야만 했다. 고금리에 견디다못한 사람들이 매일 연준 앞에서 데모하고, 심지어 폴 볼커를 위협하기에까지 이르렀다. 폴 볼커가 살해위협 때문에 권총을 소지하고 다녔다는 일화도 있다. 폴 볼커는 통화량 남발을 막기 위해 고금리라는 밧줄로 미국 경제를 스스로 묶은 21세기 경제의 오디세우스라 비유할 수 있지 않을까.[23]

혁신 때문에 변하는 것은 비즈니스뿐만이 아니다. 정책도 변한다. 통화정책도 마찬가지다. 통화량 목표는 통화라는 개념 자체가 혁신적으로 변하면서 흔들리기 시작했다. 금융혁신으로 인해 다양한 금융상품, 특히 단기금융상품이 개발되면서 통화량의 개념이 변했다. 결과적으로 전통적인 통화량과 물가 간의 안정적 관계가 끊어지기에 이르자 미 연준은 중심통화지표를 M1에서 M2로 확대 변경하였다. 그리고 마침내 1990년대 들어와서는 통화안정 목표를 포기하고 금리를 안정시키는 정책으로 전환했다. 어떤 시스템이든 문제가 발생하면 먼저 그 시스템 내에서 지표를 변경하거나 확대한다. 그러다 기존 체제 내에서의 문제 해결이 불가능해지면 마침내 지표 자체를 재정의하게 된다. 통화정책의 역사를 봐도 비슷하다.

통화량 자체를 정책목표로 삼는 것은, 오디세우스로 치면 세이렌 또는 세이렌의 유혹 자체를 통제하겠다는 것이다. 과연 가능하겠는가. 가벼울 대로 가벼워진 화폐제도하에서 제우스 정도 되면 모를까, 세이렌의 노래를 듣고도 유혹에 빠지지 않는다는 것은 고양이가 생선의 유혹에 빠지지 않기를 기대하는 것과 같다.

자본주의 경제에서 어떤 일을 추진하려면 가장 먼저 필요한 것이 돈이다. 기업과 가계뿐만이 아니다. 정부는 더 그렇다. 정부 입장에서 할 일은 많은데, 그리고 쉽게 찍어낼 수 있는 명목화폐가 있는데, 가만히 있으라고 하는 것 자체가 어불성설이다. 돈을 푸는 것, 즉 통화량을 늘리는 것 자체가 경제적 유혹이다. 통화량 자체를 통제하겠다는 것은 유혹 자체를 통제하겠다는 것이기 때문에 사실상 불가능한 일이다. 미국 등 주요국이 통화량 목표를 포기한 이유기도 하다. 통화량 목표가 정치적 압력에 매우 취약하기 때문에, 이 목표를 유지하는 한 중앙은행은 계속 정치권으로부터, 정부로부터 시달려야 한다.

통화정책의 목표가 물가안정으로 전환된 이유 중 하나는 과거에 목표로 삼았던 통화량이나 환율이 목표로서 적합성이 추락했기 때문이다. 사격으로 비유하면, 물가안정이란 궁극적인 과녁을 맞히기 위해 통화량이란 중간 과녁을 이용했다. 총알이나 화살이 중간 과녁을 통과하면 자연스럽게 최종 과녁에 명중한다는 원리다. 그런데 통화와 관련된 금융혁신이 진전됨에 따라 중간 과녁의 모양이 변하고 크기가 너무 커졌다. 때문에 최종 과녁을 조준하기 위한 중간 단계로서의 기능을 상실한 것이다. 다시 말하면 중간 과녁을 조준해 사격을 하면 최종 과녁과 전혀 다른 곳으로 총알이 날아가기 일쑤였다.

물가안정이 부각된 또다른 이유는, 무엇보다도 1980년대에 들어와서 인플레이션을 안정시키는 것이 '시대정신'이 되었기 때문이다. 두 자릿수 인플레이션이 기승을 부리자, 인플레이션을 억제하는 것이 경제적 차원뿐 아니라 정치적, 사회적 안정을 위한 필수요건이 되었다. 물가안정 목표는 무엇보다 목표가 간결하고 명확하다. 물가는 총체적인 변수이기 때문에 원근법의 소실점처럼 모든 경제변수들을 여기에 집중시킬 수 있다.[24]

　무거움과 가벼움이 모두 필요하지만, 아무래도 **중앙은행의 중심축은 무거움**이다. 금본위제도도 아니고 고정환율제도도 아닌 상태에서, 중앙은행의 무거움이야말로 너무나도 유혹적인 경제 세이렌의 노랫소리에 빠져들지 않게 하는 오디세우스의 돛대다. 흔들리는 통화정책을 묶을 수 있는 오디세우스의 돛대는 바로 중앙은행의 의지요, 신뢰요, 무거움이다.


## 통화정책 목표가 하나든 두 개든, 결국 핵심은 물가안정

이제까지 통화정책 목표가 하나인 경우를 살펴보았다. 그림으로 치면 소실점이 하나인 구도다. 만일 목표가 여러 개가 되면 어떻게 될까. 목표가 두 개인 경우를 생각해보자. 소실점이 두 개인 그림과 비유할 수 있다. 미국의 경우, 물가안정과 함께 최대고용이라는 두 가지 임무가 연준에게 부여된 통화정책의 목표다. 보통 두 개의 목표dual mandate라고 한다. 1970년대 미국에선 인플레이션 문제와 실업 문제가 동시에 악화되는 스태그플레이션 문제가 심각했다. 이런 문제에 대처하기 위해 1913년 제정 후

개정이 없던 연준법을 1977년에 개정해 최대고용, 안정된 물가, 적절한 장기이자율을 연준의 법률상 목표로 구체화하였다.[25] 물가안정과 적절한 장기이자율을 함께 합쳐 물가안정 목표로 이해한다. 그 이유는 연준이 인플레이션 기대심리를 염두에 두고 장기명목이자율을 결정하기 때문이다. 또한 최대고용은 실업률 0퍼센트를 의미하는 것이 아니다. 경제에는 항상 자발적 실업이 있고 직장을 옮기는 과정에서 실업이 발생할 수도 있기 때문이다. 미국에선 5퍼센트 정도 실업률이면 거의 완전고용 상태라고 판단한다.

　고용을 중앙은행의 목표로 삼는 것을 반대하는 학자들이 많은데, 그 이유는 고용이 통화정책만으로 결정되는 경제변수가 아니기 때문이다. 고용은 통화정책 외에 재정정책 등 다양한 요인의 영향을 받기 때문에 물가안정과 같은 수준에서 연준의 목표로 논의되는 게 합리적이지 않다는 주장이다. 물가가 안정되면 그만큼 안정적인 경제환경이 형성되어 가계는 소비를 늘리고, 기업은 생산을 늘리게 된다. 결국 경제가 성장하고 고용도 증가하는 것이다. 통화정책의 목표가 하나든 두 개든 세 개든 그 핵심은 물가안정이다. 여기서 물가안정은 인플레이션뿐 아니라 디플레이션을 통제하는 것을 모두 포함한다. 디플레이션 시대엔 인플레이션 시대보다 고용목표가 더 크게 부각된다. 어쨌든 고용이란 거시경제변수는 경제적 차원에서뿐 아니라 정치적으로 중요한 변수이기 때문에 미 연준의 목표 중 하나로 명시화되어 있다. 특히 2008년 서브프라임 사태 이후, **고용의 증대가 새로운 '시대정신'으로 등극**하였기 때문에 오히려 연준으로서는 편안하게 고용에 신경쓸 수 있게 되었다. 1970년대와 1980년대 인플레이션을 잡는 게 시대정신이었던 것과 유사한 맥락이다.

물가안정 외에 또다른 통화정책의 목표로 언급되는 것이 금융안정이다. 금융이라는 것이 기본적으로 '돈'의 흐름과 관련되어 있기 때문에, '돈'을 공급하고 돈의 가격, 즉 이자율을 결정하는 중앙은행이 금융안정에 관여하는 것은 당연한 일이다.

　과거 각국 중앙은행의 목표에 금융안정이 구체적으로 명시되지 않았던 이유는 금융안정 목표가 추진되어야 할 상황, 즉 금융위기가 지극히 이례적인 경제현상으로 간주되었기 때문이다. 지금은 시대가 달라졌다. 마치 과거 인플레이션이 그랬던 것처럼, 금융위기가 빈번하게 발생하는 경제환경하에서는 금융안정을 구분해 명시화하는 것이 합리적일 수 있다. 왜냐하면 물가안정은 대개의 경우 돈줄을 조이는 정책이고, 금융안정은 돈줄을 푸는 정책이어서 그 방향성이 반대이기 때문이다. 다른 시각에서 보면 물가안정의 개념을 확장해 단일 물가안정 목표 속에 금융안정 개념을 포함할 수도 있다. 금융위기가 대부분 신용팽창으로 인한 자산가격 거품과 관련되어 있다면, 자산가격 안정을 물가안정 목표 속에 포함하는 것이다. 즉 전통적인 관점에서의 물가안정이 소비자물가를 안정시키는 것이라면 금융안정은 자산가격을 안정시키는 것이기 때문이다. 소비자물가도 가격이요, 부동산 같은 자산가격도 가격이니 물가의 개념을 자산가격도 포함하는 넓은 의미로 정의하면 금융안정정책도 물가안정정책이란 하나의 목표 안에서 생각할 수 있다.

# 비잔틴 성상화의 역원근법을 닮은
## 마이너스 금리의 세계

### 세상을 바라보는 두 개의 시선: 원근법과 역원근법

세상을 바라보는 방식이 다양하듯, 그림에서 화가가 공간을 표현하는 방식도 다양하다. 르네상스 시대 이후 공간에 대한 인식을 주도해온 프레임은 원근법이다. 그런데 원근법과는 전혀 다르게 세상을 바라보는 방식이 있다. 바로 역원근법reverse perspective이다. 역원근법이란 비잔틴 시대의 성상화, 그리고 러시아 성상화에서 흔히 발견되는 공간감의 표현방식이다.[26]

15세기 러시아의 유명한 성상화가였던 안드레이 루블료프의 작품 〈삼위일체〉를 보자. 왠지 자연스럽지 않고 불편하다는 느낌을 준다. 왜 그럴까. 결론부터 얘기하면 공간적 깊이가 있는 그림, 즉 우리에게 익숙한 원근법 규칙에 따라 그려진 그림이 아니기 때문이다.

안드레이 루블료프의 〈구약 성 삼위일체〉(좌)와 마사초의 〈성 삼위일체〉(우)

동일하게 '삼위일체'란 제목이 붙어 있지만 마사초가 그린 그림은 느낌
이 전혀 다르다. 마사초의 이 그림은 원근법에 따라 그려진 최초의 그림
이다. 원근법을 따른 그림은 화가의 고정된 눈이 화면 밖에 있고 눈이 지
각할 수 있는 제한된 상하좌우 범위 내에서 대상을 바라본다. 가까이에
있는 것은 크게, 멀리 있는 것은 작게, 대상의 크기도 자의적으로 변하지
않고 저 멀리 소실점으로부터 방사되어 나오는 가상의 직선을 따라 비례
적으로 변한다. 그래서 원근법에 따라 그려진 그림을 보면 모든 인물, 건
물, 그리고 풍경이 소실점을 향해 집중화되면서 깊이와 통일감을 준다.
　그런데 루블료프의 〈삼위일체〉는 그 반대다. 맨 밑에 있는 발 받침대
나 테이블을 보면 가까이에 있는 부분이 작고 멀리 있는 것이 크게 표현

되어 있다. 인물도 누가 가까이 있는지 멀리 있는지 파악할 수 없게 납작하게 붙어 있다.[27] 왜냐하면 소실점이 저멀리 깊은 곳에 있는 것이 아니라 바로 그림 앞쪽에 있기 때문이다. 이것이 바로 비잔틴 원근법, 또는 러시아 원근법이라 불리는 역원근법의 특성이다. 원근법은 화가인 내가 중심이 되어 바로 여기, 그리고 지금 이 순간을 재현하는 기법이다. 내가 바라본 세계다. 그래서 인간중심적 시각이다. 이에 반해 역원근법에서는 보는 이가 '내가 아니다'. 화면 안 깊은 곳, 또는 화면 밖 저멀리 어딘가에 있는 그 누군가다. 그 누군가를 신이라고 한다면, 바로 신이 본 세계를 그리고자 한 것이 역원근법이다. 그러니 우리 눈에는 부자연스러울 수밖에 없다.

역원근법은 원근법의 기준에서 볼 때 원시적이고 비과학적이라고 경시당해왔지만, 역설적이게도 세잔과 마네가 회화의 평면성을 회화의 본질로 부각시켜 의도적으로 원근법을 무시하면서 회화의 전면으로 다시 부상했다. 역원근법의 또다른 특징은 시각이 여러 개 존재한다는 점이다. 즉 대상을 앞에서뿐만 아니라 좌우 옆에서도 그리고 위에서도 바라보고 이런 다양한 시각을 하나의 평면에 그대로 병렬시켜 표현한다. 바로 입체파 그림 아닌가.

이렇듯 원근법과 역원근법은 그림에서 공간을 인식하는 방식인 동시에 세상을 바라보는 프레임이기도 하다. 예술적 차원에서 무엇이 더 우월하거나 열등하다고 말할 수는 없다. 하지만 원근법 그림은 우리 눈에 자연스럽고 역원근법 그림은 부자연스럽다는 것은 엄연한 사실이다. 우리 눈, 보다 정확히는 우리 뇌가 원근법에 따라 그린 그림을 더 편하게 느끼기 때문이다. 우리 눈은 공간적 깊이를 인식하기 쉽게 두 개가 모두 앞에 달려 있다. 파충류나 조류처럼 좌우 옆에 달려 있으면 시야가 훨씬 넓어졌을 텐데 말이다. 공간적 깊이, 즉 멀고 가까움을 보다 정확히 인식하기 위해서다.

우리 조상은 사물을 입체적으로 인식하기 위해 넓은 시야를 희생했다. 왜 그랬을까. 원시 시대엔 공간적 깊이에 대한 지각이 뛰어난 조상들의 생존 가능성이 더 높았을 것이기 때문이다. 가까이에 있는 맹수와 멀리 떨어져 있는 맹수를 잘 구별한 조상들이 더 효과적으로 도망칠 수 있었을 테니까. 사냥도 마찬가지다. 추격하는 사냥감이 얼마나 떨어져 있는지를 정확히 인식한 조상들이 사냥에 성공할 확률이 더 높았을 것이고 생존확률도 높았을 것이다. 현대 인류는 이런 식으로 살아남은 조상들, 즉 공간적 거리감각이 뛰어난 조상들의 후손들이다. 그래서 우리는 3차원 공간에 편안함을 느끼고 2차원 평면에서도 3차원 공간을 재현해내려 한다.

## 경제의 원근법은 금리를 통해 구현된다

'경제를 그린다'는 표현도 있듯이 경제를 그림이라고 보면, 바로 눈앞 가까이에 있는 것은 현재요, 멀리 떨어져 있는 것은 미래다. 공간적 멀고 가까움을 시간적 멀고 가까움으로 바꾸어 생각하면 경제에도 그림처럼 원근법이 있다. 금리는 시간의 멀고 가까움에 따라 변하는 화폐의 가치를 반영함으로써 경제라는 그림에서 원근법과 같은 역할을 한다. 멀고 가까움을 체계적으로 표현할 수 있다는 말이다. 금리를 통해 경제란 캔버스에 깊이와 공간감을 부여할 수 있다는 뜻이기도 하다.

같은 백만 원이라도 6개월 후, 1년 후, 3년 후의 가치가 모두 다르다. 원근법 그림에서 소실점에 가까워질수록 대상의 크기가 작아지듯, 미래로 멀리 떨어져갈수록 화폐의 가치가 줄어든다. 이때 그 가치가 어느 정도로 낮아져야 하는지 결정하는 것이 금리다. 보다 정확히는 금리의 기간구조term structure라고 한다. 금리를 활용하면 경제에서도 단순히 현재에만 매달리는 평면적 그림이 아니라 미래까지 고려하는 3차원 그림을 그려낼 수 있다.

화폐 대신에 소비의 관점에서 생각해보자. 같은 질과 양의 소비라도 오늘의 소비와 내일의 소비, 한 달 뒤, 그리고 1년 뒤의 소비는 각기 가치가 다르다. 현재에 가까울수록 가치가 크다. 그래서 오늘의 소비를 포기하고 저축하면 그에 상응하는 이자를 주어야 한다. 1년 뒤 만 원을 받을 바엔 지금 9천 원을 받겠다는 사람도 있고, 8천 원이라도 기꺼이 교환하겠다는 사람도 있다. 후자가 미래가치를 상대적으로 더 낮게 평가한다. 그만큼 미래에 비해 현재가치를 높게 평가하는 사람이다. 원근법 그림으로 생각하면, 조금 뒤쪽에 위치하는 건물도 앞쪽 건물보다 크기가 확 줄어들게 그리는 그림이다.

원근법을 사용하면 앞에 있는 사람이나 물체는 크게, 뒤로 갈수록 작게 그려지듯, 플러스 금리가 존재하면 현재가치는 뒤로, 즉 미래로 갈수록 가치가 작아진다. 원근법과 소실점을 통해 화면에서 공간적 거리감이 표현되듯 금리를 통해 경제에서 현재와 미래 간의 거리감이 표현된다. 원근법이 3차원 공간을 2차원 평면에 재현하는 것처럼 금리는 경제라는 화면에 현재뿐 아니라 미래까지도 공간감 있게 모두 그려넣을 수 있게 해준다.

## 마이너스 금리는 경제의 역원근법, 그래서 부자연스럽다

유럽중앙은행에 이어 일본까지 마이너스 금리를 도입하면서 경제에서 마이너스 금리가 최고의 화두다. 마이너스 금리란 말 그대로 금리가 마이너스란 말이다. 예금하면 금리를 붙여주는 것이 아니라 원금에서 보관료를 빼간다고 보면 된다. 사실 글로벌 경제가 한 번도 가보지 못한 길이기 때문에 더 혼란스럽고 이에 대한 관심도 많다. 화폐를 풀고 풀어도 경기 회복이 안 되니, 유럽, 일본에서 이 미지의 세계에 발을 들여놓기 시작했다. 물론 스위스, 스웨덴, 덴마크 등이 일시적으로 마이너스 금리를 도입한 적은 있었지만 상대적으로 규모가 작은 국가들이었고, 지금처럼 경제대국들에 의한 본격적 도입은 아니었다.

**마이너스 금리는 역원근법으로 그려진 비잔틴 성상화처럼 모양새가 매우 부자연스럽다.** 예금한 사람에게 이자를 붙여주는 것이 아니라 오히려 이자를 받는다. 반대로 돈을 빌리면 이자를 지불해야 하는 것이 아니라 오히려 이자를 받는다. 돈을 지금 소비하지 않고 저축하면, 아무리 작은 차이라도 미래에 더 많은 돈을 받아야 하는 것이 상식인데 오히려 원금이 줄어든다는 말이다. 돈을 그냥 가지고 있으면 은행에 예금했을 때 받을 수 있는 이자만큼 손해를 봤는데, 이제는 옷장 속에 보관하는 것이 예금할 때보다 이익이다. 돈을 활용하지 않고 그냥 가지고 있으면 시간이 지나면서 가치가 줄어드는 게 '원근법 세상'인 반면, 뒤로 갈수록 크기가 커지는 것이 '역원근법 세상'이다.

1970년대 초반 스위스 중앙은행은 사상 초유의 마이너스 금리를 실험한다. 당시는 미국이 베트남전쟁을 거치면서 경제적 어려움을 겪으면서 달러에 대한 시장 신뢰도가 추락하던 때다. 중동에선 이스라엘과 아랍국가들 간의 전쟁 이후 산유국들이 유가를 급등시켜 전 세계적인 인플레이션과 마이너스 성장을 유발했다. 미국과 소련 간의 이데올로기 대립도 첨예하던 때다. 물론 달러와 금의 연결고리가 끊어진 브레턴우즈 체제의 붕괴도 시장의 불확실성을 증폭시켰다.

이런 시대적 상황에서 전 세계의 자금은 알프스산맥을 넘어 이념적으로 중립이고 경제적으로도 단단한 스위스로 몰려들었다. 당시 언론들은 스위스로 몰려드는 자금을 일컬어 스위스 경제를 덮치는 알프스 눈사태 avalanche라고 표현했다. 스위스 화폐인 프랑의 가치는 급등했고, 품질이 뛰어나 그렇게 잘나가던 롤렉스 시계나 네슬레, 노바티스 등도 수출이 안 되어 스위스 경제 전체가 흔들리는 상황이 되었다. 그래서 스위스 중앙은행이 고육지책으로 꺼내들었던 카드가 마이너스 금리다. 스위스로 몰려드는 자본을 봉쇄하고 스위스 프랑을 평가절하하기 위함이었다.

경기침체를 극복하기 위해 흔히 쓰는 정책은 금리를 낮추는 것이다. 최근에 경험했듯이 아무리 금리를 제로금리에 가깝게 낮추어도 효과가 없을 경우, 직접 통화량을 늘리는 정책을 쓰게 되는데 이것이 양적완화다. 이것도 안 통하면 마지막으로 쓸 수 있는 카드가 마이너스 금리다. 돈을 보유하고 있는 것 자체를 불편하게 만드는 것이다. 마이너스 금리를 도입한 중앙은행이 두 손 모아 기대하는 국민의 반응은 다음과 같다. '은행에 저축해봐야 이자를 받기는커녕 보관료를 내야 하니, 차라리 소비해버리는 게 낫다.' '이자를 받을 수도 있으니 돈을 빌려 집이나 자동차를 사자.' '자금조달에 부담이 없으니 투자와 생산을 늘리자.'

그런데 과연 사람들이 정말 이렇게 생각할까. 현실에선 다음과 같이 생각하는 사람들이 더 많다. '마이너스 금리정책은 통화정책의 최종수단 policy of last resort이라는데, 오죽 경제가 안 좋으면 마지막 카드까지 꺼냈을까.' '경기침체가 오랫동안 계속되겠구나.' '아들 등록금을 마련해야 하는데 이젠 예금금리도 못 받으니 외식을 줄이는 수밖에 없다.' 이렇게 생각하는 가계는 소비를 늘리지 않는다. 예금하는 것에 벌을 준다고 반드시 소비를 늘리는 것은 아니라는 말이다. '오죽했으면 중앙은행이 금리를 마이너스로 내렸을까. 미래 경기가 생각보다 훨씬 나빠질 것 같으니 내년도 투자계획을 반으로 줄여라.' 이렇게 생각하는 기업은 마이너스 금리시대가 도래했다고 해서 생산이나 투자를 늘리지 않는다. 이렇게 국민의 반응이 중앙은행이 기대했던 바와 다르면 마이너스 금리는 경제를 왜곡한다. 비잔틴 역원근법 그림처럼 부자연스럽게 공중에 붕 떠 있는 경제가 될 수 있다.

자연스럽다는 것은 아름다움을 표현하는 최고의 찬사다. 얼굴과 외모뿐만이 아니다. 경제도 제대로 돌아가려면 무엇보다 자연스러워야 한다. 마이너스 금리가 화두로 떠오른 시대다. 논리적 옳고 그름을 떠나 일단마이너스 금리는 자연스럽지 않다. 자연스럽지 않으면 편안하지 않고, 편안한 느낌을 갖지 못하면 환영해 받아들이기 힘들다. 원근법은 참으로 놀라운 인류의 발명품이다. 경제의 원근법도 마찬가지다. 저축을 하면 플러스 이자가 붙는다는 것, 어찌 보면 당연한 이치인데 **당연한 것이 당연하지 않은 시대**가 왔다.

# 새로운 해법은
# 어디서 나오는가

예술의 거장들은 시퍼렇게 날이 선 상상의 칼로 예술의 장막을 가른다. 답을 가리고 있는 휘장을 단칼에 베어내고 답을 끄집어낸다. 로스코, 에셔, 세잔, 고흐, 쿠르베, 몬드리안, 들라크루아, 앵그르, 클레, 미로, 무하 같은 화가, 미켈란젤로, 브랑쿠시, 무어, 그랩 같은 조각가, 그리고 프랭크 게리나 르코르뷔제 같은 건축가 모두가 그렇다. 예술사에 획을 긋는 거장들의 공통점이다.

상상을 초월해 판을 뒤집어버리는 예술 거장들의 새로운 해법은 과연 어디서 나오는 것일까. 바로 예술에 대한 새로운 질문, 그리고 새로운 정의에서 나온다. 새로운 질문을 통해 새로운 답을 얻는 것이다. 평범한 질문에서 아무리 기발한 답을 찾아봐야 한계가 있다. "어떻게 하면 밑 빠진 독에 물을 채울 수 있을까", 이렇게 평범하게 질문하면 절대 밑 빠진 독에 물을 채울 수 없다.

400

새로운 질문은 그냥 나오는 게 아니다. 고난과 좌절을 겪으며, 몸부림치고 고뇌하며 쏟아부은 에너지가 새로운 에너지로 응축되어 발현되는 것이다. 바로 예술을 움직이는 다섯 가지 힘이다. 상황을 꿰뚫어봄으로써 닮음과 다름을 새롭게 가르는 투시력, '오래된 미래'를 보고 활용하는 원형력, 스스로를 죽여 새롭게 태어나고 자신의 몸속에서 미래의 적을 키우는 생명력, 무겁게 중심을 잡아주지만 동시에 가볍게 떨치고 날 수 있는 중력과 반중력, 그리고 답이 없어 보이는 불가능한 상황을 자연스럽게 해결 가능한 상황으로 새롭게 정의하는 재정의력이 예술을 움직이는 힘이다.

　경제도 마찬가지다. 국가경제나 기업이나 단순히 지붕을 보완하고 수리하는 것만으론 부족한 시대가 왔다. 저성장, 저금리, 고부채, 고실업의 시대, 경제도 비즈니스도 새롭게 정의되어야 한다. 새로운 정의를 바탕으로 새로운 질문을 던질 수 있어야 경제도 새로운 해법을 찾을 수 있다. **새로운 질문은 바로 새로운 '시대정신'이기도 하다.** 경제 전체로는 '과연 무엇이 잘사는 것이냐'라는 가장 근본적인 문제부터 시작해 새로운 경제성장모델, 새로운 화폐 및 통화정책, 마이너스 금리의 세계, 젊은이들의 창업에 이르기까지 한국 경제 자체가 재정의되어야 한다. 기업도 마찬가지다. 기업이 혁신을 통해 지속적으로 성장하려면 제품, 기술, 비즈니스 모델, 산업, 시장이 모두 재정의되어야 한다. 사람관리도 재정의되어야 한다. 위대한 리더는 자신의 칼로 인재를 조각하려 들지 않는다. 미켈란젤로처럼 인재를 뒤덮고 있는 회반죽을 털어내고 원형을 꺼내줄 뿐이다.

　경제도 기업경영도 새롭게 질문하고 새로운 답을 찾으려면, 예술을 움직이는 힘처럼, 경제를 움직이는 투시력, 재정의력, 원형력, 생명력, 중력–반중력이란 다섯 가지 힘을 철저히 이해하고 있어야 한다. 이 책에서 소개된 다양한 예술작품과 예술가들이 제기한 기발한 질문, 그리고 도출한 대답들이 한국의 경제가 다섯 가지 힘을 강화하는 데 미력하나마 도움이 되었으면 하는 바람이다. 다섯 가지 힘은 사방이 꽉 막혀 출구가 보이지 않는 경제가 새로운 출구를 찾는 데 필요한 열쇠다. 사람들이 예술을 통해 경제를 보고, 경제를 통해 예술을 볼 수 있으면 자기 분야에만 집착할 때 발생하는 집중의 딜레마, 전문가의 역설, 그리고 전문용어의 역설도 극복할 수 있으리라. 경제에도 예술처럼 자연스럽다, 아름답다, 기발하다, 따뜻하다, 조화롭다, 에너지가 넘친다 같은 단어가 많이 사용되면 좋겠다.

PART 01. 투시력

1   추상표현주의란, 말 그대로 추상주의와 표현주의가 결합해 있다는 의미다. 형식적으로
    는 추상화지만 그 안에 담긴 내용은 격렬한 감정을 표현하는 표현주의에 가깝다는 뜻
    이다. 원래는 미국 평론가 알프레드 바가 칸딘스키의 작품을 보고 한 말인데, 1940년대
    부터 잭슨 폴록이나 윌렘 드 쿠닝 같은 미국의 대표적 화가들을 총칭하는 의미로 사용
    되고 있다.
2   Simon Schama, *Power of Art*, Ecco, 2006.
3   색면화란, 1950년대에서 1960년대까지 미국에서 유행한 화풍으로, 넓은 캔버스를 지
    극히 단순한 형태로 나누어 넓적하게 칠해진 색이 평면으로서의 화폭을 주도하는 그
    림이다.
4   Jared Diamond, *Guns, Germs, and Steel*, W.W. Norton & Company., 1999.
5   Carmen Reinhart·Kenneth Rogoff, 'Growth in a Time of Debt', *American Economic Review*, 2010.
6   George Wells, *The Invisible Man*, CreateSpace Publishing, 1997. 『투명인간』은
    1898년에 처음 책으로 발간되었으나 그동안 다양한 출판사에 의해 다양한 버전으로
    재출판되었다.
7   어떤 상품이든 미래의 상품가격은 불확실하기 마련이다. 선물이란, 이런 가격 불확실
    성을 피하기 위해 미래의 특정 시점에 인수 또는 인도할 상품가격을 현재 시점에 확정
    해놓는 계약을 뜻한다.
8   예대비율이란, 예금자로부터 받은 예금 중 대출로 쓰이는 비중을 말한다. 이 비율이
    높을수록 위험이 높다고 평가된다. 외평채는 외국환평형기금채권의 줄임말로, 환율
    안정을 위해 발행하는 채권이다. 일종의 국채로 이해하면 된다. 신용부도스와프는 기
    업의 부도 가능성에 대한 일종의 보험이고, 프리미엄은 보험료다.
9   이하 내용은 다음 칼럼에 사용된 예를 바탕으로 작성되었다. 김형태, '마이너스 금리,
    국민이 로봇이면 성공한다', 매일경제, 2016. 2.
10  덴마크의 설탕세 도입계획이 취소된 이후, 최근에는 영국과 미국 등에서 설탕세 또는
    탄산음료세란 명칭으로 그와 비슷한 제도화를 다시 시도하고 있다.
11  볼프강 울리히, 『예술이란 무엇인가』, 조이한·김정근 옮김, 휴머니스트, 2013.
12  Kim Hyoung Tae, 'Does Korean Economy Depend Too Much on Samsung?',

*Korea Economic Institute of America*, 2015.

## PART 02. 재정의력

1 Les Drew·Kaj Pindal, 〈What on Earth〉, National Film Board on Canada, 1966.

2 Jill Farrant, 'How We Can Make Corps Survive without Water', www.ted.com, 2015.

3 시오노 나나미, 『십자군 이야기』, 송태욱 옮김, 문학동네, 2011.

4 투자은행이란, 우리가 일반적으로 은행이라고 알고 있는 상업은행에 대비되는 개념이다. 상업은행은 예금을 받아 대출을 하는 것을 핵심업무로 하지만 투자은행은 기업이 발행한 주식이나 채권을 인수해 기업에 자금을 공급하는 역할을 한다. 한국에서는 자본시장법상 금융투자회사가 투자은행이다.

5 패시브펀드란, 시장의 평균적인 수익률, 즉 종합주가지수 수익률 정도를 획득하기 위해 분산투자 위주의 소극적인 투자전략을 수행하는 펀드를 말한다. 이에 반해 액티브펀드란, 시장의 평균적 수익률 이상의 수익률을 얻기 위해 위험을 부담하며 보다 적극적으로 운용하는 펀드를 의미한다. 워낙 운용방식이 다르기 때문에 두 유형의 펀드를 동시에 운용하는 것은 쉽지 않다.

6 John Pollack, *Shortcut*, Gotham Books, 2014.

7 윈스턴 처칠과 국방장관의 전화통화 내용은, 당시의 상황을 고려해 그러했으리라고 필자가 상상한 내용이다.

8 John Pollack, *Shortcut*.

9 앤더슨이란 가명, 그리고 그가 인지부조화를 느끼며 생각하는 일련의 내용들은 쉽게 설명하기 위해 필자가 추측해 첨가한 것이다. 벤저민 프랭클린 일화는 유명한 이야기인데, John Pollack의 *Shortcut*을 주로 참조했다.

10 Steven D. Levitt·Stephen J. Dubner, *Think Like a Freak*, William Morrow, 2014.

11 Jose Manuel Campa·Simi Kedia, 'Explaining the Diversification Discount', *Journal of Finance*, 2002. Berger Philip G·Ofek Eli, 'Diversification's Effect on Firm Value', *Journal of Financial Economics*, 1995.

12 Robin L. Lumsdaine·Daniel Rockmore·Nick J. Foti·Greg Leibon·J. Doyne Farmer, 'The Intrafirm Complexity of Systemically Important Financial Institutions', 2015.

13 Marc Lewis, *The Biology of Desire*, Public Affairs, 2015.

14 Ibid.

15 Ibid.

16 다음 책에 다양한 사례들이 설명되어 있다. Johann Hari, *Chasing the Scream*, Bloomsbury, 2015.

17 자아고갈이란, 사람의 정신력, 집중력 또는 의지력에는 한계가 있기 때문에, 예를 들어 집중력을 한곳에 너무 지나치게 쏟으면 집중력이 고갈되어 다른 것에 집중하기 힘들다는 개념이다.

18 출자회사 할인에 관한 보다 상세한 내용은 다음을 참조 바람. 빈기범, 『출자회사 할인과 경영권 분쟁』, 한국증권연구원, 2005.

19 Ben paynter, 'Suds for Drugs', *New York magazine*, 2013. 1. http://nymag.com/news/features/tide-detergent-drugs-2013-1/

20 Mark Perry, 'Tide Laundry Soap as a Street Currency', *American Enterprise Institute*, 2014. 4.

21 김형태, '미 연준의 경쟁자는 아마존?', 매일경제, 2015.11.

22 김형태, '왜 미국 대선에선 1인당 GDP를 말하지 않는가', 매일경제, 2016. 3.

23 Zachary Karabell, *The Leading Indicators*, Simon & Schuster, 2014.

24 Eric Beinhocker·Nick Hanauer, 'Redefining Capitalism', *Mckinsey Quarterly*, 2014. 9.

25 Ibid.

26 Sendhil Mullainathan·Eldar Shafir, *Scarcity*, Times Books, 2013.

27 Ibid.

## PART 03. 원형력

1 원형의 사전적 의미는 근원적 형태다. 다른 형태로 변해가기 이전의 원래 모습을 의미하기도 한다.

2 『월간미술』의 정의에 따르면 회화에서 사실주의란, 현실을 존중하고 객관적으로 묘사하려는 예술 제작의 태도 또는 방법을 의미한다. 묘사하려는 대상을 양식화, 이상화, 추상화, 왜곡화하는 방법과 대립하여 대상의 세부 특징까지 정확히 재현하고 객관적으로 기록하는 것을 말한다. 사실주의의 진정한 의미는 단순히 대상을 정확하게 묘사하는 데 있는 것이 아니라, 현실 그대로의 일상생활을 주제로 삼는 것이다. 시대정신의 객관적 표현과도 관련된다.

3 낭만주의란, 합리적 고전주의에 반발해 개인의 주관적 감정, 열정, 환상을 강조하는 미술사조다.

4  명목화폐의 '가벼움'이 야기하는 문제는, '중력'을 다루는 장에서 보다 상세히 다룬다.

5  증가한 이유가 다르다는 말이다. 세계적 경기침체로 분모인 GDP가 감소해 분자인 금
   융자산이 조금만 커져도 이 비율이 증가한다.

6  David Galenson, *Old Masters and Young Geniuses*, Princeton University Press,
   2006.

7  Ibid.

8  Alex Stone, *Fooling Houdini*, Harper, 2013.

9  Steven D. Levitt·Stephen J. Dubner, *Think Like a Freak*.

10 전문가의 역설은 절대 전문가의 전문성을 경시하는 말이 아니다. 전문가들이 자신의
   분야에 대해 많이 알고 있고 전문성이 높고 그만큼 뛰어나기 때문에, 자신의 전문성에
   만 지나치게 젖어 있을 경우, 패러다임이 전혀 다른 사건에 대해선 상대적으로 취약할
   수 있다는 말이다.

11 Christopher Chabris·Daniel Simons, *The Invisible Gorilla*, Harmony, 2011.

12 세잔은 1839년에, 클레는 1879년에 태어났으니 두 사람은 40세 정도 차이가 난다.

13 바이오 아트의 특성상, 바이오 아티스트들은 생물학, 특히 생명공학이나 유전공학을
   전공한 생물학자 출신들이 많다.

14 로댕의 제안이 거절당한 후, 로댕과 브란쿠시의 관계는 완전히 단절되었다고 한다.

15 사실은 불륜 이야기라기보다 완전히 속아서 추남이자 절름발이인 파올로의 형과 결혼
   한 프란체스카의 슬픈 사랑이야기라고도 할 수 있다.

16 브란쿠시는 이런 조각을 눈먼 사람을 위한 조각이라고 말했다.

17 당시 조각가들이 기초작업을 할 때 조수들의 도움을 받은 것과는 달리, 브란쿠시는 처
   음부터 끝까지 혼자서 작업을 한 것으로도 유명하다.

18 브란쿠시의 후기 작품을 보면, 달걀 모양이 원형을 이룬다. 새의 알이든 닭의 알이든
   달걀 모양은 생명을 잉태하고 있는 원형적 형태다.

19 혁신만큼 많이 연구되고 논의된 개념도 없을 것이다. 하지만 혁신에 대한 우리의 생각
   은 결코 혁신적이지 못했다. 무조건 혁신은 많으면 좋다고 생각한 것이다. 분명히 기
   억해야 할 점은 혁신은 그 자체가 목적이 아니라 기업이 추구하는 목적이나 전략을 실
   천하는 수단이라는 점이다. 혁신이 과도하게 강조되면 기업이 추구하는 목적이나 핵
   심전략까지 흔들리는 경우가 생기는데, 이런 경우의 혁신은 과도한 혁신 또는 잘못된
   혁신이다. 앞뒤가 바뀌고 주종이 바뀌는 것이다. 배보다 배꼽이 더 커진 상황이라고도
   할 수 있다.

20 레고 제품에서 촉감과 촉각, 그리고 이를 구현하는 재질이 중요한 이유다.

21 www.lush.com

22 신조형주의는 일종의 추상화로서 기하학적인 구성을 통해 간결하고 본질적인 아름다

움을 표현하는 미술사조다. 네덜란드 화가 몬드리안으로부터 시작되었다.

23 버지니아 울프는 19세기 말부터 20세기 초까지 활동했던 영국의 소설가다. 우리에겐 박인환 시인이 쓴 「목마와 숙녀」의 시 구절을 통해 잘 알려져 있다. 올비가 왜 이런 제목을 붙였는지는 추측만 있을 뿐 정설이 없다.

24 뉴먼은 유대인이다. 미술평론가들이 뉴먼 그림에 항상 등장하는 수직선을 성전의 장막, 그리고 숭고함과 관련지어 해석하는 이유다. 숭고함은 뉴먼 자신이 즐겨 쓴 단어이기도 하다.

25 엘즈워스 켈리는 평생 동안 선, 형태, 색채와 같은 그림의 본질적인 요소들에 대해 탐구한 화가이다. 켈리 작품이 보여주는 단순한 형태와 색은 미니멀리즘의 진수를 보여주는데, 그는 개인적으로 '단순한simple'이란 말을 좋아하지 않는다고 했다. 켈리는 르네상스 이후 그림이 너무 인간중심으로 변했다고 주장하기도 했고, 그의 그림에 나타나는 형태는 이집트, 로마네스크, 비잔틴, 세잔, 모네, 고흐의 작품에서 영감을 받았다고 했다.

26 르코르뷔지에는 현대건축에 가장 큰 영향을 미친 건축가다. 현대건축의 아버지라고도 불린다. 그는 인간중심적인 건물, 살기 편한 건물을 지향했고, 현대건축의 5원칙으로 알려진, 필로티(철근콘크리트 기둥), 옥상정원, 자유로운 평면, 자유로운 파사드(정면부), 연속적인 수평창을 정립했다. 활동 후기에 와서, 롱샹 성당과 같은 심미적이고 예술적인 건물들을 지었다.

27 오벨리스크는 위로 갈수록 좁아지는 사각형 형태의 탑으로서 맨 꼭대기는 뾰족한 기념탑이다. 왕의 업적이나 전쟁 등을 기록한 것으로 원래 이집트에서 건축되었다. 현대에 건축된 비슷한 모양의 탑이 미국 워싱턴 DC나 프랑스 파리에도 있다.

28 구겐하임 미술관은 미국 뉴욕의 본관을 비롯, 이탈리아 베니스, 독일 베를린, 스페인 빌바오에 분관을 두고 있다. 그리고 아랍에미리트의 아부다비와 핀란드의 헬싱키에 분관을 짓고 있는 중이다.

29 질 들뢰즈·펠릭스 가타리, 『천개의 고원』, 김재인 옮김, 새물결, 2001.

30 프랭크 게리는 건축 공사장에서 볼 수 있는 짓고 있는 건물, 짓다 만 건물에서 영감을 얻는다고 했다.

31 실제로 빌바오 구겐하임 미술관을 건축할 때 빌바오 조선업의 쇠퇴로 일자리를 잃은 전문 용접기술자를 적극 활용했다.

32 참을성 있는 자본에 대해서는 다음을 참조 바람. 김형태, '새 정부가 축적해야 할 세 가지 자본', 매일경제, 2013. 1.

33 Adbusters, 'Western Pyramid vs. Islamic Rhizome: which Strategic Archetype Has the Edge', 2013.

1 반 고흐를 대상으로 한 영화 중에선 2013년에 개봉된 〈반 고흐: 위대한 유산〉이 가장 유명하다.

2 우키요에는 17세기 일본 에도 시대부터 시작된 일반인들의 풍속을 그린 풍속화를 말한다. 대개의 경우 화려한 원색을 위주로 한 목판화다.

3 Michael S. Schneider, *A Beginner's Guide to Constructing the Universe*, Harper Perennial, 1995.

4 대표적 그리스 건축 양식에는 이오니아식 외에 도리아식과 코린트식이 있다.

5 공진resonance이란, 어떤 파동wave이 고유진동수natural frequency가 같은 파동을 만났을 때 진폭이 확대되는 물리적 현상을 말한다.

6 원형archetype에 대해서는 '원형력'을 다루는 장에서 상세히 설명한다.

7 용기도 관리되지 못하면 무모함이 되고 믿음도 관리되지 못하면 맹신이 된다. 혁신도 '관리된 혁신'이 못되면 과도한 혁신이 되기 쉽다.

8 넷플릭스 사례는 다음 책과 사이트를 참조함. Dave Power, *The Curve Ahead*, Palgrave Mcmillan, 2014. www.netflix.com

9 Ibid.

10 외화자산을 대부분 중앙은행이 보유하고 있고 시중은행은 주로 외화부채를 갖고 있어 다양한 목적의 시장거래가 발생하기 힘들기 때문이다.

11 변동성의 변동성을 통계학적으로는 첨도kurtosis라고 한다.

12 Kurt Vonnegut의 소설 *Welcome to the Monkey House*(Delacorte Press, 1968)에 나오는 내용인데, Michael Sandel의 *Justice*(Farrar, Straus and Giroux, 2010)에도 원용되어 있다.

13 점성이란 쉽게 말해 달라붙는 힘이고 관성은 움직여온 방향으로 계속 움직이려는 힘이다.

14 임석재, 『기계가 된 몸과 현대건축의 탄생』, 인물과사상사, 2012.

15 Ibid.

16 GE가 관계사인 GE캐피탈을 분리매각하고 금융업을 포기하게 된 구체적 이유는, GE 캐피탈이 규제당국에 의해 '시스템적으로 중요한 금융회사'로 지정되었기 때문이다. 금융회사가 지나치게 커지거나 복잡한 연결관계를 갖게 되면 경제에 시스템 위험을 유발할 수 있다. 이를 사전에 통제하기 위해 이런 금융회사와 관계회사엔 보다 강력한 규제가 가해진다. 강력한 규제는 비즈니스에 커다란 제약요인이기 때문에 2015년 GE는 제조업에 집중하기 위해 금융업에서 철수한다고 발표했다.

17 김형태, '한국 경제, 죽어야 산다', 매일경제, 2015. 9.

18  Andrew Grove, *Only the Paranoid Survive*, Random House, 1999.

19  후쿠오카 신이치, 『생물과 무생물 사이』, 김소연 옮김, 은행나무, 2007.

20  하이젠베르크의 불확정성 원리는 양자역학에만 적용되는 것이 아니라 '파동과 같은 시스템wave-like system'이면 어디서나 성립하는 물리학의 기본 원리 중 하나다. 양자역학에서 전자는 입자가 아니라 파동이기 때문에 당연히 이 원리가 적용된다.

# PART 05. 중력과 반중력

1  금본위제도는 금의 가격을 기준으로 화폐의 가치가 결정되며, 금과 화폐 간에 고정된 비율로 전환이 가능한 통화제도다. 금환본위제도란, 금본위제도를 채택하고 있는 외국 통화의 가격을 기준으로 자국 통화가격이 결정되는 제도다. 예를 들어 브레턴우즈 체제는 미국만이 금본위제도를 채택하고 있고 다른 국가들은 미 달러화를 기준으로 가치가 결정되기 때문에 금환본위제도를 채택하고 있는 국제통화제도다.

2  다니엘 엑케르트 지음, 『화폐트라우마』, 배진아 옮김, 위츠, 2012.

3  Ibid.

4  집단무의식이란, 인류가 오랜 기간에 걸쳐 진화를 거치면서 축적한 잠재적 기억의 총체를 의미하는데 문화나 성격 형성의 원형이 된다.

5  경제의 중력이론은 무역뿐 아니라 해외직접투자foreign direct investment도 실증적으로 잘 설명하는 것으로 알려져 있다.

6  물감을 캔버스에 뿌려대니 그 모양이 지극히 불규칙하고 아무런 질서와 패턴이 없어 보인다. 하지만 생각해보자. 사람 팔의 길이, 팔꿈치 같은 관절이 도는 각도(물론 360도가 아니다), 팔이 어깨에 붙어 있는 위치와 회전 각도는 의외로 많은 제약을 받는다. 그래서 얼핏 보면 폴록의 그림이 무질서해 보이지만, 세밀하게 살펴보면 유사한 패턴이 반복되고 있음을 알 수 있다. 마치 프랙털fractal처럼 말이다.

7  순간적 힘의 균형을 포착해 작품화한다는 점에서, 순간적 빛의 변화를 포착해 작품화한 인상주의 화가들과 공통점이 있다. 돌 쌓기 균형이 오래 유지될 수 없기 때문에 대부분의 작품은 사진이나 비디오로 남겨진다.

8  게오르그 짐멜, 『모더니티 읽기』, 김덕영·윤미애 옮김, 새물결, 2005.

9  ibid.

10  초시간성은 순간적이고 단편적인 시간을 넘어서는 절대적인 시간개념이다.

11  반공유재의 비극이란 용어는 마이클 헬러가 다음 책에서 만들어낸 용어다. 마이클 헬러, 『소유의 역습: 그리드락』, 윤미나 옮김, 웅진지식하우스, 2009.

12  우리가 잘 알고 있는 소방차나 응급차의 사이렌도 바로 이 세이렌에서 유래했다. 사이

렌 소리에는 강한 경고의 의미가 포함되어 있다.

13 오르페우스는 그리스신화에 나오는 최고의 음악가다. 오르페우스가 연주하는 수금은 천상의 소리를 냈기에 동물도 감동시키고 나무도 음악이 들려오는 방향으로 휘게 하고 심지어 무생물인 돌도 움직였다고 한다.

14 화폐를 찍어낸다는 부정적 의미가 함축된 단어가 바로 프린트print다. 'print money'는 '돈을 찍어낸다'는 우리말에 정확히 대응되는 영어표현이다.

15 fiat는 명령 또는 지시란 의미다. 'fiat money'는 법과 제도의 명령과 지시에 의해 화폐로서의 자격과 가치를 인정받은 법정불환지폐다. 비유적으로 표현하면, 기초자산 underlying asset이 없는 유동화증권asset-backed security으로 볼 수 있다.

16 제임스 리카즈, 『화폐의 몰락』, 최지희 옮김, 율리시즈, 2015.

17 로저 크롤리, 『부의 도시 베네치아』, 우태영 옮김, 다른 세상, 2012.

18 태환은 일종의 교환 또는 전환이란 뜻인데, 특히 종이화폐를 이와 연결된 금과 같은 정화로 교환하는 것을 전문용어로 태환이라고 표현한다.

19 인플레이션을 잡기 위한 폴 볼커의 고금리 정책은 엄청난 저항에 부딪혔다. 미 연준 앞은 매일 데모 군중으로 들끓었고, 볼커는 살해 위협까지 받아 총을 소지하고 다녔다는 일화도 있다.

20 선원근법을 처음 개발한 브루넬레스키는 유명한 건축가였다. 피렌체에 있는 그 유명한 산타마리아 델 피오레 성당의 지붕, 즉 돔도 그의 작품이다. 선원근법으로 그려진 최초의 그림은, 브루넬레스키의 친구이자 제자였던 마사초가 그린 산타마리아 노벨레 성당의 〈성 삼위일체〉 그림이다.

21 선도적 안내 또는 선제적 안내란, 통화정책의 불확실성을 줄이기 위해 말 그대로 중앙은행이 미래 통화정책의 변화를 미리 예고해주는 정책을 의미한다. 미 연준은 2012년 12월 처음으로 실업률 6.5퍼센트, 기대 인플레이션율 2.5퍼센트를 금리인상의 조건으로 제시한 바 있다.

22 통화정책의 목표에 관한 논의는, 한국은행이 발간한 『한국의 통화정책』(2012)을 주로 참고하였다. 환율목표, 통화량목표, 물가안정목표의 구분도 이 책의 분류기준을 따른 것이다. 실질적인 통화정책 운용경험에 입각해 현실적인 고민과 대안이 체계적으로 반영되어 있다는 점에서, 통화정책의 목표와 정책수단에 관한 한 가장 정리가 잘되어 있는 책이다.

23 보다 정확히 표현하면, 볼커는 오디세우스 자신이라기보다 오디세우스의 몸이 묶인 돛대로 비유하는 게 더 정확하다. 여기선 이해하기 쉽게 오디세우스로 비유하기로 한다.

24 중장기적 관점에선 필립스 곡선이 성립하지 않는다는 주장, 즉 경제성장을 위해 반드시 인플레이션을 부담할 필요가 없다는 주장이 각광을 받은 게 정책 전환의 계기가 되었다.

25  M. Johnston, 'Breaking Down the Federal Reserve's Dual Mandate', *Investopedia*, October 2015.

26  비잔틴 성상화는 러시아 성상화라고 불리는 경우도 있다.

27  그림에서 묘사되는 인물과 대상이 입체감을 상실하고 평평하고 납작하게 그려져 있다는 점에서 비잔틴 성상화는 회화의 정체성을 평면성에서 찾은 마네의 그림과 비슷하다.

예술과 경제를 움직이는 다섯 가지 힘
ⓒ 김형태 2016

1판 1쇄 2016년 6월 16일
1판 6쇄 2020년 4월 21일

지은이 김형태
펴낸이 염현숙
기획·책임편집 고아라 | 편집 구민정 | 모니터링 이희연
디자인 최윤미 이효진 | 저작권 한문숙 김지영 이영은
마케팅 정민호 박보람 우상욱 안남영 | 홍보 김희숙 김상만 오혜림 지문희 우상희 김현지
제작 강신은 김동욱 임현식 | 제작처 한영문화사

펴낸곳 (주)문학동네
출판등록 1993년 10월 22일 제406-2003-000045호
주소 10881 경기도 파주시 회동길 210
전자우편 editor@munhak.com | 대표전화 031) 955-8888 | 팩스 031) 955-8855
문의전화 031) 955-8895(마케팅) 031) 955-2671(편집)
문학동네카페 http://cafe.naver.com/mhdn | 트위터 @munhakdongne
북클럽문학동네 http://bookclubmunhak.com

ISBN 978-89-546-4114-2 03320

www.munhak.com